樂府

·

心里满了，就从口中溢出

Seymour Stein with Gareth Murphy

SIREN SONG

MY LIFE IN MUSIC

听见天才 塞尔唱片和独立音乐的故事

[美] 西摩·斯坦 [法] 加雷思·墨菲 —— 著

余永黎 —— 译

北京联合出版公司
Beijing United Publishing Co.,Ltd.

戴维·斯坦比格和多拉·斯坦比格，琳达·斯坦和西摩·斯坦在戴维和多拉结婚四十周年庆典上（西摩·斯坦提供照片）

十三岁的西摩和他的阿姨伊迪丝·韦斯伯格（Edith Weisberg）、表弟表妹们，在从纽约到底特律的途中（西摩·斯坦提供照片）

布雷特·拉特纳和曼迪·斯坦（西摩·斯坦提供照片）

西摩和安东尼·兰登（西摩·斯坦提供照片）

婚后生活（西摩·斯坦提供照片）

琳达、曼迪、萨曼莎和西
摩·斯坦在萨曼莎的婚礼上
（西摩·斯坦提供照片）

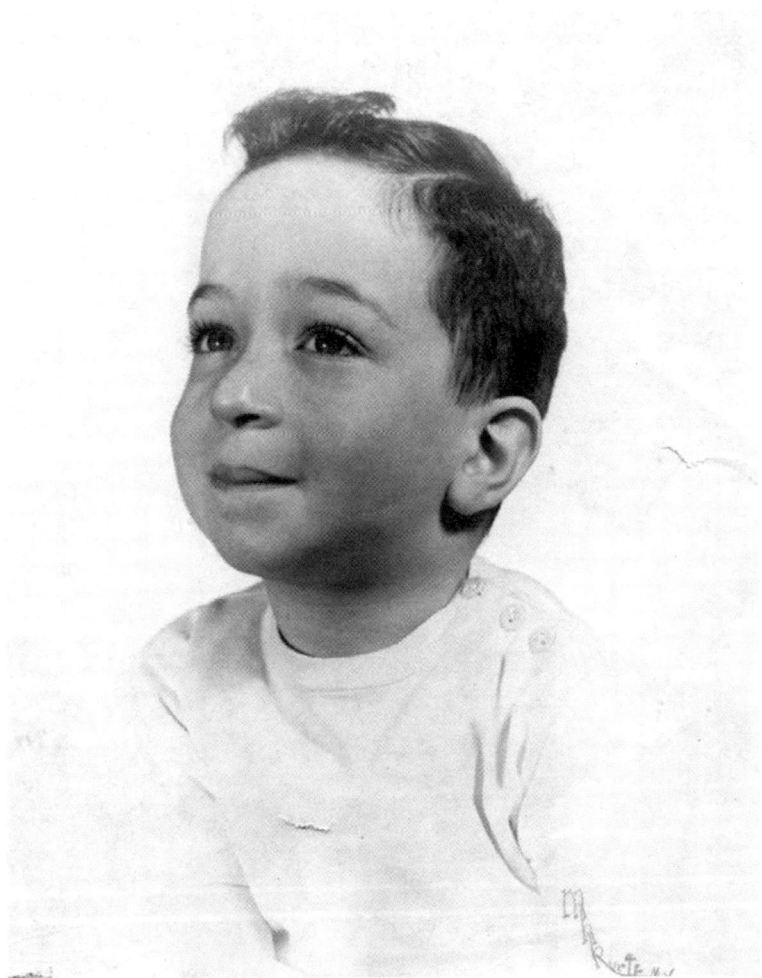

孩提时代的西摩（西摩·斯坦提供照片）

西摩和伦尼·凯（鲍勃·格伦提供照片）

西摩和拉里·阿塔尔（鲍勃·格伦提供照片）

西摩和乔·加尔金（Joe Galkin），以及导师保罗·阿克曼（鲍勃·格伦提供照片）

西摩和悉德·内森（西摩·斯坦提供照片）

西摩和贝特·米德勒以及亨利·爱德华兹（Henry Edwards，鲍勃·格伦提供照片）

西摩和丹尼·菲尔兹、大卫·鲍伊以及"雷蒙斯"乐队（鲍勃·格伦提供照片）

西摩和汤米·雷蒙，以及伦尼·凯（鲍勃·格伦提供照片）

艾斯–T在第十四届摇滚名人堂颁奖典礼上介绍西摩（鲍勃·格伦提供照片）

西摩和戴维·伯恩、麦当娜在第十四届摇滚名人堂颁奖典礼上（图片来自Getty Images）

西摩和贝特·米德勒、丹尼·德维托（Danny DeVito）在第十四届摇滚名人堂颁奖典礼上（图片来自Getty Images）

MADONNA

RICHIE
DEE DEE

JOEY
JOHNNY

Photo Credit: George DuBose

RAMONES

SIRE

RAMONES

RAMONES

MALCOLM FOSTER
ROB MACINTOSH

MARTIN CHAMBERS
CHRISSIE HYNDE

PRETENDERS

SIRE

MARTIN CHAMBERS   ROB MACINTOSH   CHRISSIE HYNDE   MALCOLM FOSTER

PRETENDERS

SIRE

"伪装者"乐队

保罗·韦斯特伯格

"替补"乐队

卢·里德

LOU REED

k.d.lang

K.D.朗

Barenaked Ladies

Billy Duffy   Craig Adams   Scott Garrett   Ian Astbury

THE CULT

中文版序 1

妖声碟影，音乐人生

1

二十世纪九十年代初，中国开始流行"打口带（唱片）"，在一些城市的地下交易市场，打口带（唱片）非常抢手。实际上这东西是欧美唱片公司处理的滞销货（或残次品）。这些滞销货不会给艺人结算版税，会用物理方式销毁，以免再次流入市场，侵犯艺人的权益。但它还是拐弯抹角，以工业垃圾的方式登陆中国。

但这种物理毁坏大都还有修复可能，磁带打断可以接上，唱片可能打坏一两首歌，靠近圆心的音轨还能播放。这些残次品看上去也许不那么完美，但对如饥似渴的中国摇滚乐迷来说如同宝藏。有段时间，我几乎每周都要到北京一些隐秘角落买打口带，是这些犄角旮旯才让我真的知道北京城面积有多大。不到一年，我的书架已被打口带填满。除了一盘一盘地听，没事我还爱摆弄这些磁带，比如按艺人名字的字母顺序排列，或者按封面的颜色排列，或者按唱片公司分类排列……当我按唱片公司分类排列时，发现我喜欢的很多乐队大都来自一个叫塞尔的公司，比如"雷蒙斯""伪装者""传声头像""回声与兔人""史密斯""赶时髦""替补""圣徒""阿兹特克相机""治疗""现代英语""驾驭""农场"和乔纳森·里奇曼……这个公司的标识也很好辨认，很像中国古代的阴阳鱼太极图。

　　我那段时间对一些偏门的乐队比较感兴趣，比如朋克、后朋克、新浪潮，这些音乐展示出的美和冲击力让我十分痴迷，而带着塞尔标识的专辑更符合我的口味。很多音乐在今天听来仍然会觉得比较晦涩，甚至不那么悦耳，但它一直引领我在偏门的路上越走越偏。我当时不知道自己为什么会对这些奇怪的音乐情有独钟，后来，看到英国摇滚社会学家西蒙·弗里思的一个观点，说喜欢偏门晦涩的音乐，是一种空想主义冲动，是对日常生活的否定。再后来，我看了丹尼尔·列维廷的《迷恋音乐的脑》，在这本书中，他解释了人为什么会喜欢比较古怪的音乐。学术观点先放一边，在我看来，可能这些古怪的音乐是专门为我迟来的青春期叛逆馈赠的礼物吧。

　　这些音乐不仅激活我的叛逆，还给我带来很多启发：在标准化摇滚乐之外，还有种不一样的声音，不管是音乐结构、乐器音色、歌曲主题、演唱方式，甚至封面设计、乐队形象，都与众不同，这正是让我着迷的地方。摇滚乐也许是分层的，最顶层的可能是"披头士"或迈克尔·杰克逊，越往下走，越会发现更多陌生、怪异的名字。随着对摇滚乐和唱片业的整体结构了解得越来越多，我才知道，这些稀奇古怪的音乐是唱片业的基石，任何明日之星可能都暂时沉睡在最底层。同时也慢慢发现，任何形态的摇滚乐之间都有血缘关系——它们都源自民歌、布鲁斯、乡村音乐，甚至古典音乐。它后来的演变都是时代背景、文化潮流、审美情趣、技术革新这些因素混合在一起的结果。摇滚乐最初被一些文化评论者定义为亚文化，当它最终变成一种文化时，那些在底层的摇滚乐成了真正的亚文化。恰恰是这些处在边缘地带的摇滚乐不停地发酵，才推动摇滚乐不断改头换面。

那时我只能朦朦胧胧地认为，在世界很多角落，有一些人出于对音乐的热爱，用自己的方式表演出来，然后会有喜好相投的唱片公司发行他们的唱片，这些声音并不像"阿巴"或"披头士"那样容易让人一见钟情，它仿佛来自遥远的另一个世界，但总有人会喜欢。只是很巧，在那个时期，它们以一种奇怪的方式流入中国，摆在我的书架上。

我无论如何也没想到，二十年后，塞尔公司的老板西摩·斯坦会坐在我面前，接受我的采访，给我讲述他当年签约那些我曾为之痴迷的摇滚乐队的故事。

2

我有个朋友叫王江，一九九〇年认识他时，他还在北京航空航天大学念书，学的是导弹设计专业。我认识他不是因为我对军事感兴趣，而是因为摇滚乐。一九九二年，王江大学毕业回上海，我们也一直保持联系。因为喜欢摇滚，王江在导弹发射轨迹和人生轨迹之间纠结了很长时间，最终他选择了"要音乐不要战争"，后来他所做的事都跟音乐有关——给上海的摇滚乐队"铁玉兰"当经纪人、去《音像世界》杂志做记者、去环球唱片公司做企划、做"甜蜜的孩子"乐队经纪人，至于他设计的那颗导弹，早让他发射到九霄云外了。

二〇一一年的某一天，王江在电话里跟我说："你有没有兴趣采访塞尔唱片公司的老板西摩·斯坦？他最近来北京参加一个音乐论坛。"我一听喜出望外，没想到我当年听到的那些音乐都指向一个人，而这个人就要出现在我面前。人一生中会经历不少幸事，采访西摩·斯坦是我人生的幸事之一。

后来我才知道，王江这些年结识了不少国外唱片界的人，甚至与一些著名制作人有过合作，他成了西方唱片业了解中国音乐的一个窗口。在一次国际音乐论坛上，王江认识了西摩·斯坦，斯坦对这个来自中国的年轻人很好奇 —— 他怎么对"治疗"乐队这么了解？中国有人听"治疗"的音乐？就这样，他们成为朋友。

我和斯坦先生约在工人体育场西路的一家意大利餐馆见面，不巧那天他得了重感冒，我想另约时间，但他日程排得满满的。我实在不忍心打扰他休息，因为我是带着很多问题来的，这些问题可能当年听到那些音乐时就在心里画上问号了，那些在网上公开的关于他的故事还不能完全满足我的好奇心，没有三四个小时这个采访是不完整的。看到老人家不停地咳嗽，我只能放弃刨根问底的追问策略，先把一些最重要的问题排在前面。

没想到斯坦先生一聊起音乐，就像是变了一个人，顿时来了活力，开始讲他十几岁敲开《公告牌》杂志的大门做实习生，到他和朋友创办塞尔唱片公司，介绍那些帮助或影响过他的导师，以及又是怎么签下那些后来成为传奇的摇滚艺人。他总在强调，他不识谱、不会乐器、不会创作，但他有一双好耳朵，能听出音乐好在哪里。我像放电影一样把我喜欢的那些塞尔公司的乐队迅速在脑子里过一遍，感觉斯坦先生的耳朵可能还有常人不具备的功能 —— 能听出未来人们喜欢的音乐。塞尔之所以成功，跟他这种判断有很大关系。

一个半小时的采访，我的问题只问了三分之一，斯坦也正聊在兴头上，但他突然打断了我们的谈话，说接下来还有事情。我有点失望。斯坦大概也看出来了，想了想说，晚上我们继续聊。

尽管晚上我们又聊了一个多小时，但我还是带着些许遗憾跟斯坦先生道别——他的很多传奇故事还没讲。回家的路上，我想，他的人生故事要是写本书，绝不比那些明星传记逊色。没想到，二〇一八年，他真的出版了这本传记《听见天才：塞尔唱片和独立音乐的故事》。

3

西摩·斯坦的经历让我想起美国唱片业另一个传奇人物：约翰·H.哈蒙德。他在哥伦比亚唱片公司担任制作人和星探期间，挖掘出大量的美国传统音乐，包括发现了布鲁斯奇才罗伯特·约翰逊。经他手签约的歌手包括：鲍勃·迪伦、布鲁斯·斯普林斯廷、比莉·霍利迪、贝西伯爵、皮特·西格、阿蕾莎·富兰克林、乔治·本森、莱纳德·科恩、史蒂维·雷·沃恩……哈蒙德的兴趣在于挖掘根源音乐，爵士、布鲁斯和民歌是他的阵地，因为在那个时代，流行音乐迅速发展的同时，也需要追根溯源，为未来的音乐提供更原始的"弹药"，他在某种程度上做了音乐史学家该做的工作。

如果说哈蒙德在探索音乐的根源，那么斯坦就是在探索音乐的边界。创始之初，塞尔无法在美国唱片丛林中捕获到猎物，这反而让斯坦把目光投向同行们一直忽略的海外。可能在唱片业同行眼中，一家独立唱片公司把目光投向大西洋彼岸的英国是不得已而为之的权宜之计。六十年代的英国摇滚乐刚刚结束它的蹒跚学步。但斯坦看到的是英国文化的厚重——他十几岁在《公告牌》杂志实习时从学习英国文学的主编保罗·阿克曼身上得到启发，英国是美国文化之根，英国人一定会玩出不一样的摇滚乐。从斯坦第一次踏上英国的土地时起，他就知道英国摇滚乐对他来说意味着什么。而且，恰恰是英国摇滚拯救了当时处于困境的塞尔公司。

唱片人的眼光很重要，你不可能拿着水晶球去预测未来，但唱片人一定要有灵敏的嗅觉，能嗅到别人嗅不出的味道，并且知道这个味道是音乐在演变过程中从哪个缝隙散发出来的，以及导致这种味道合成的社会、文化甚至技术上的关键因素是什么。很多时候，唱片人因无法像化学家一样搞清楚这里面的成分而忽略、放弃它们。但总有人会有超乎常人的敏感，率先一步抓住它，剩下的就是让更多人接受它。西摩·斯坦就是这样的人。

塞尔成立于一九六六年，"披头士热"横扫美国的余温还在。"不列颠入侵"现象让人记忆犹新，但并不是从英国来的乐队都像"披头士"一样。美国唱片业当时仍然以一种审慎的态度来判断英国音乐，也许这只是文化融合中最常见的现象，一阵风潮过后，仍各归其位。而斯坦则比更多的美国同行早一步闻到了从遥远的英国飘过来的独特气息。

斯坦的判断没错，这股气息后来弥漫在美国上空，尤其是到了八十年代，塞尔像当年的"五月花"号一样，载着一批批英国摇滚乐队登陆美利坚。

塞尔和很多独立唱片公司一样，着眼于那些刚出道未成名的艺人。斯坦说："我的工作是找到伟大的未成名艺人，而且希望是先于他人一步，然后使出浑身解数帮助他们成为明星。"在这本书中，你会发现，斯坦对签下的每一个艺人都有相对宽松的条件，让他们独立发展，充分展示才华，剩下的就看自己的造化。独立唱片公司签约艺人，很像刮彩票，就斯坦而言，他刮出来的可能是布赖恩·威尔逊，作为六十年代"海滩男孩"乐队的成员，一代偶像，却以惨败的方式结束八十年代的这次复出。但是麦当娜这张"彩票"却让斯坦中了"大奖"。独立唱片公司有时就像靠天吃饭一样，仰望天空，真不知道哪块云彩会下雨。

斯坦是唱片业少有的不是靠音乐性来判断艺人的人。这让他面对新型音乐时会比那些靠音乐性来判断的人多了几分风险，但恰恰是他的天生"乐盲"，让他能以更纯粹的方式大胆冒险，他像玩赌石游戏一样，玩出了"雷蒙斯"、"传声头像"、麦当娜、艾斯-T这样的艺人。而无一例外的是，当他第一次听到他们的音乐时，都搞不懂那是什么。就像他第一次听完"雷蒙斯"表演后的反应——这他妈是什么玩意儿！但斯坦从来没有盲目去判断，几十年来他一直有一个标准：艺人与作品（A&R）。即有才华的人和优秀的作品。这也是他在书中一再强调的。甚至，他还用这个来分析唱片公司内部高层在判断艺人与作品方面的能力，进而能看出这些人在公司的上升空间有多大。

4

国王唱片公司的老板悉德·内森对西摩·斯坦的父亲说："你儿子的血管里流的是虫胶。"这句话给年仅十五岁的斯坦指明了未来方向。十年后，斯坦和他的朋友理查德·戈特尔成立了塞尔唱片公司，这家小公司跟所有刚刚成立的独立唱片公司一样，最初都是带着狂热的激情上路的，更何况斯坦这样的音乐疯子呢。在他们煎熬了几年后，幸运之神眷顾，斯坦打通了英美两地的朋克血脉，让塞尔这艘航船可以全速前进。斯坦也迎来了一时无两的风光时刻。

但是，独立唱片公司从诞生之日就注定了它的命运，要么坚持不住倒下，要么膘肥体壮后被大公司收编，塞尔也难逃这个宿命。最终，华纳唱片公司用一百万美元收购了塞尔百分之五十的股份。

斯坦每每回忆起这次收购，心里都充满纠结：

> 塞尔唱片只是一堆母带、一摞艺人合约以及一间有大约十来个好打发的员工的 A&R 办公室。莫花了两百万美元，就几乎完全买断了之前和之后的我，以及我文件柜里的所有内容。他用花哨的术语和大额的数字把我晃晕了，然后让我在其后相对平静的数年间签了很多乐队。最终，当我的游戏时间结束时，他精打细算的账房先生把所有的一切都卷走了。

> 莫·奥斯汀所做的只是用一根价值百万美元的胡萝卜在我面前晃来晃去，而我忙着垂涎欲滴，完全没注意到随之而来的是根终生痛击我自己的大棒。

> 有那么几年，你的确享受了两个世界里最好的一切，一半是独立音乐，一半是主流音乐，你疯狂地用他们的钱种下许多种子，天真地认为到了收割的季节收成也会有你的一

半。然而残酷的现实是，到种子破土而出、长出嫩芽的时候，整座果园都是他们的了。

　　如果当初塞尔拒绝华纳唱片那根价值一百万的胡萝卜，或许也可以继续坚持下去，但是没有大财团做后盾的独立公司想在残酷的丛林法则中幸存下来，会非常艰难，早晚难逃倒闭或并购的命运。加入大公司，可以不用担心战舰沉没，只是你不再是那个发令的船长 —— 这是让斯坦最不爽的。

　　从这本书中，你能看到斯坦对崭露头角的新艺人有种近乎疯狂的痴迷，他总是希望给这些稀奇古怪的人一份合同，让他们起飞，看着他们身后的追随者越来越多，并一步一步攀上巅峰。对唱片人来说，站在一旁看着艺人成功是最开心的事。但是，斯坦失去了财权，无法随心所欲地把他喜欢的艺人笼至帐下。在整个华纳唱片公司内部，斯坦都是一个异类，他被顶头上司莫·奥斯汀称为"购物狂"。斯坦每签下一个乐队，费用申请单在公司内部都像走迷宫一样蜿蜒曲折，最终从老板的手指缝里抠出有限的费用，再兴冲冲地把合同送到那些无名之辈面前。

　　斯坦在书中花了大量篇幅讲述华纳唱片内部争斗的故事，也是本书的"华彩乐段"。我们作为旁观者，可能经常在新闻中看到国际大企业分分合合的故事。然而当我们绕开这些扑朔迷离的新闻，跟着斯坦走到幕后，会发现，这个让人敬仰的闪闪发光的品牌上布满了龌龊的污点。

　　独立品牌与大企业的区别除了规模，还有一点是，独立品牌往往由专业人士管理，大企业往往由职业经理人操盘。独立品牌注重产品的独特性，大企业注重产品的市场。就唱片公司而言，经营者必须懂音乐、爱音乐，还要有灵敏的耳朵。但公司规模越大，越到高层，经营者的这些"功能"就越弱，甚至在高层人眼中，制作音乐和生产汽车、汉堡包无异。

每当华纳内部出现人事变动或权力真空，就会出现一轮争斗，这家世界上最大的唱片公司，常常上演三流电视剧的狗血剧情。媒体不断通过内部人士从钥匙孔里传出的信息来编写一些花边新闻，让全世界的读者享受这些顶级"演员"出演的低级肥皂剧。

斯坦不是个擅长玩弄权术的人，他只希望老板能高抬贵手，多给他点签约费用，好让他寻找那些被埋没的艺人。每当公司发生权力争斗，他都像猎犬一样警觉地守护着塞尔这座家园，以免沦为鱼肉。因为争斗后总要重新组合一番，以平衡权力。最终，斯坦的权力被一步步削弱，塞尔也几乎成了徒有虚名的空壳。

这种混乱局面其实就是每个人为自己争夺利益的典型例子，就像在玩抢椅子的游戏，董事会里道格·莫里斯和鲍勃·莫加多在为谁能执掌大权而斗争，一群五十来岁的老男人们则围着圆桌，在各个方向胡乱踩踏。也许因为我本来就是个不入流的人，始终没有真正成长为像道格·莫里斯那样西装革履的公司高管，于是我就成了个束手无策的傻瓜。

作为一个"局外人"，斯坦总是观察分析这些高管们谁会笑到最后。他判断的方式也很简单，就是在做唱片这行当是不是专业，很多位高权重的高管在斯坦看来，他们不会走多远，尽管他们擅长管理，但热爱权力胜过音乐，尤其是，他们没有一双好耳朵。

在经历了一阵混乱之后，华纳慢慢回到正轨，这时，高层才慢慢意识到斯坦的价值，塞尔又重新起航。但此时的塞尔，已风光不再。

> 于是，我就像一个满脸胡茬、从十年内战中蹒跚归来的老兵，又回到了当初的起点。嗯，差不多是这样吧。塞尔唱片在九十年代已经被剥夺了旗下艺人所有作品的版权；我只有一间小办公室和一名助理。但是，名义上，我又成了老"塞尔"先生。再也不用接受什么双重领导了，只有我和塞尔唱片的旗帜。你可以说我想得简单，但我一直想要的就是继续驾着我自己的船驶向伟大的未知。

5

《听见天才：塞尔唱片和独立音乐的故事》是一本唱片人的传记，如果你对唱片业有一些了解——尤其是对英美唱片业比较了解的话，那么它非常值得一读。斯坦先生不仅通过塞尔这家独立唱片公司的兴衰讲述了二十世纪五十年代以来唱片业的故事，更重要的是，他讲述了很多从业经验和教训。如果你是一个唱片业的从业者，或者你是从事任何工作但对流行文化有兴趣的人，那这本书太有启发性了。

对于那些被诸多陌生名字搞得一头雾水的普通读者来说，此书阅读起来可能有些障碍，你可能看上几页就放弃了，因为这本书没有那些成功学或励志学书籍中散发出的廉价香水的味道。

如果你能坚持看下去，会发现，这个你感觉陌生的唱片业故事，讲的就是成功和励志，尤其是对人生的感悟——

> 当你活到我这个年纪时，你会发现身边的事物看上去竟是如此奇妙！生活是一场残酷的考验，我们被置身于一个实际上并不需要我们的世界，想干什么就干什么。我们都是些迷失的灵魂，被塞进了无法卸下的皮囊里。从我们生下来发出第一声啼哭开始，人生的压力就随之而来。我们要学会掌控人生，要演好自己的角色，要混圈子，要订计划。往后余生，我们的日常就是不断重复出生后的这种顺序。我们醒来，我们渴望，我们看着镜子，渴望更多。然后我们开始疗愈。我们一边煮着咖啡，一边听着收音机。随着咖啡因流经血管，歌曲振奋我们的精神，我们渐渐地把心思转移到狩猎和收割这样的低级劳作中。

自始至终，斯坦都在讲一件事：热爱。因热爱而发生的故事才是最感人的，他的励志和成功才是最精彩的。

西摩·斯坦是一个脾气很怪的人，他喜欢离群索居，但又像个嬉皮士一样加入一场场的疯狂派对之中；他的心脏有先天缺陷，不能参加体育运动，但他却一直让这颗心脏超负荷工作；他是个同性恋，却选择结婚生子，但又不能尽到一个丈夫和父亲的责任；他是个慷慨宽容的人，但却比任何人都尖酸刻薄；他不懂音乐，却一辈子做着跟音乐有关的事……他是一个矛盾体，在各种矛盾冲突中走过自己的人生。步入古稀之年，慢慢安静下来回顾过往，才会把他一路的迷茫和困惑看得如此透彻，有些看似信手拈来的深刻感悟，多是在痛苦中历练出来的。

也许你会羡慕斯坦所经历的玩世不恭、无所畏惧、跌宕起伏的人生，但他在书中会随时提醒你，热爱需要付出代价。你无法用任何数学公式算出这其中的成本，你只能在选定的道路上一路狂奔。他这样写道：

> 在我们这个圈子里，每个人都是半个疯子，常常是比着赛地吹牛，但我想正因为我们同病相怜，所以彼此之间才有一种说不出来的共鸣。我们可能是竞争对手，但我们会在专业上互相帮助，甚至在个人生活方面，我们是彼此同父异母或者同母异父的兄弟，要知道大多数人在实际生活中还真没有这样的兄弟。我们知道彼此的挣扎，在运动场上都是干啥啥不灵，在家里是失败的丈夫，都曾破产或有更糟的问题。我们都被困在游戏中，没法回头去过普通人的日子，也都不想退出。我们都有类似的人格障碍，可以轻易地在彼此身上看到它，却又不敢独自去面对。

所以，他才会这样感慨："好时光只是额外的收获。"

6

我不知道用手机听着流媒体长大的一代，看这本书时会不会有工厂的车工看《天工开物》的感觉。传统唱片业已经离这个时代越来越远，那些传统唱片业时代造就的台前幕后的英雄也已逐渐变成古老的传说和陌生的符号。在点击、流量为先的数字时代，老一代听众会感叹造乐工厂的没落，再也听不到像过去那样精彩的音乐了；新一代网民则只是更关注他喜欢的艺人能红多久，能带来多少热门垃圾话题填满他空虚的心灵。至于音乐给人们带来的美好和感动，早已变得不再重要，人与音乐的关系只要能变成社交媒体上的炫耀就够了。

不管老一代和新一代听众在欣赏音乐习惯上有多大分歧，但都有一个共识，那就是好音乐越来越少。这个事实总是在某些音乐事件成为公共话题时被人顺带拿出来浮皮潦草地讨论或感慨一番，以证明自己好像还有那么一点审美，但人们从未真正思考过，为什么好音乐越来越少。是因为缺少这方面的人才吗？好像不是，全世界的音乐院校在招生时都门庭若市，所有家长都希望自己的孩子将来能在艺术方面有出奇的造诣。是因为从事这门艺术工作的人缺乏天赋吗？好像不是，既然想踏进音乐殿堂的人排成长龙，那么最终经过一番残酷的淘汰会把天才们留下。那是因为数字时代音乐变成免费午餐，让音乐人失去创作动力了吗？好像不是，从事音乐行业的人一直有增无减。那是因为我们能想象到的音乐表现形式和优美的旋律都被前人创造出来，现在的人再找不到新的创作空间了吗？当然更不是，人的创造力从来就没有极限！

那到底是因为什么？

西摩·斯坦在这本书中，从一开始就在强调唱片人最核心的生命力——A&R，即艺人与作品。可以说，唱片公司变成一部强大的不停运转的机器，都是建立在"艺人与作品"的基础上，它就是发动机。当"艺人与作品"停止运转，唱片业就变成一堆废铁，最多能吸引硅谷或者华尔街的资本家廉价收购回炉。但资本家才不会管艺人与作品的重要性，他们只想称一称这堆废铁还能卖多少钱。

我们听不到更新的好音乐是因为"艺人与作品"这门手艺在资本化的数字时代被弱化甚至消失了。那么，什么叫"艺人与作品"？斯坦是个最典型的从事"艺人与作品"这门手艺的唱片人，他所做的并为之疯狂的一切都在解释这个概念。如果你有兴趣了解这些，不妨从斯坦的字里行间寻找答案。如果迫切想知道答案又没有耐心把此书看完，那么，我可以简单地打个比方，唱片公司的"艺人与作品"这个部门，或者说后来演变成一种挖掘、培养艺人的运作模式，无非是伯乐找到千里马，把最有才华的人推向成功，唱片公司要设置重重关卡，提升门槛，只有通关的人才有可能成功。这是铁律，一个艺术与市场结合非常完美的标准，二者缺一不可。

当那些严厉的、手持艺术标尺的伯乐如今换成手欠的点击爱好者，你看到的就是一群在大草原上狂奔的野驴。

好在"艺人与作品"这门手艺还没有完全失传，正如斯坦先生所说：

　　我希望在本书的字里行间，你可以更好地了解到热门歌曲是如何被发掘，明星又是如何诞生，以及我们是如何靠音乐这种看不见摸不着的东西赚钱的……天才常有，但总得有人发现他们，为他们提供实际的帮助。归根结底，音乐世界的运转靠的是发掘才华横溢的人和伟大的作品，这是制造音乐炸药的两种核心成分。

未来，西摩·斯坦们会回来的。

7

很荣幸我能为西摩·斯坦先生的《听见天才：塞尔唱片和独立音乐的故事》中译本写序言。最后，用他书中的一段文字作为本文的结尾。

只有伟大的音乐才能通过真正表达那些我们可以感知但却无法自行解释的情感，从而提高唱片业游戏竞争者下的赌注。最伟大的艺人通常也是最伟大的创作者，虽然你从未见过他们，但他们却是你最好的朋友。当我们需要一个肩膀去依靠，去哭泣，我们最心爱的、最珍藏的那些歌曲就像是小小的许愿蜡烛。它们以一种正面的方式让我们落泪，让我们能够重新跟真实的自我和谐共处。是它们，让我们成为更好的人。

王小峰

二〇二一年六月十二日

中文版序 2

成就西摩·斯坦的逻辑

我刚接触摇滚乐，四处在打口带、打口唱片中紧张搜求那会儿，没有资讯，没有书籍，没有光盘百科，当然更没有互联网。选中什么全凭耳朵，也靠一点儿眼睛的辅佐，拼命吸吮、捕捉封面上、歌纸上的信息，像是在密林中，从一棵树的指引倾身向另一棵树。

封面上、歌纸上的信息，不只是词句，还有图像：歌手的形象、乐队的形象，不知是什么的形象，还有 —— 这是最重要的 —— 那个制作、出版公司的形象，后来我们把它叫作"厂牌""厂标"。有一个厂牌和厂标，很早就引起我的注意：它的名字是四个字母构成，SIRE；图标是蓝色、绿色、紫色、黑色，有时也印成玫瑰色，一个圆被一个 S 从中分成两半，我们叫它"那个太极图"。

有"那个太极图"标记的唱片，往往独特并且大气：一定是有些怪异的，但一定又都落落大方。用比较通行的行话说，独具个性又大牌。后来，随着唱片阅历的愈加丰富，我渐渐发现，相当一部分"那个太极图"的歌手和乐队，真的很大牌。

这些歌手、乐队数量众多。除了 SIRE 这个厂牌，他们也都傍身于某家著名唱片公司，比如伊莱克特拉、大西洋、华纳、百代、索尼……那段时间令人激动的发现，那些闪闪发光的、有时把我们眼睛亮瞎的时代人物，我现在依稀还记得有："治疗""赶时髦""史密斯""传声头像""雷蒙斯""伪装者""疯狂""除了女孩之外""回声与兔人""驾驭""替补"和艾斯 -T；当然，也还有麦当娜，她的有些唱片上，居然也有"那个太极图"标记！

SIRE 后期作品，与我后来更奇异的发现 —— 发现 4AD、发现"乞丐宴会"、发现"粗鲁交易"，也就是发现今天众所周知的所谓 Indie 独立音乐，连成了一体。在我的脑部地图里，SIRE 就是那个最大牌的独立音乐，旗下一众艺人标新立异、形象鲜明又光芒四射、颠倒众生。那个满世界寻找音乐的年代，就像是在一个信息爆棚、五光十色、令人眼花缭乱的万国博览会上，眼睛不够用、耳朵不够用、脑子不够用，穿行其中往往目不暇接、不求甚解，无暇定住心神探究、看清所看见的。SIRE 是什么，这个词是什么意思，甚至它怎么念？我始终不明究竟。时过境迁直至今日，甚至把这个问题都忘了。

最近几个月，武汉打口岁月中认识的老友，唱作人、乐手、音乐节创办者也是译者的余永黎，发给我一部译稿，美国 SIRE 公司创始人西摩·斯坦的传记《听见天才：塞尔唱片和独立音乐的故事》。这本书把我的这一片记忆又兜起来。在繁忙的报纸业务间隙，一二十分钟或者半个小时，我会把它从手机或者电脑中调出来，匆匆读上几页。阅读的过程充满了欣喜，有时我一个人在半夜或者凌晨，会忍不住哈哈大笑。

这本书解除了我的迷惑，包括那些音乐家背后的部分谜题。比如 SIRE，这个厂牌名是两位创办合伙人名字开头四个字母的杂混拼写（Seymour & Richard）。SIRE 这个词的意思可以是指"陛下"，用夸张的英国腔，英国人这样称呼他们的国王。它合乎这个字母组合的发音规律，所以中文音译成"塞尔"。而那个 S 分割的圆形图标，真的就是

"太极图"，斯坦在构思这个设计时，想到的就是中国的"阴阳"符号。

　　而书中最引人入胜的，是西摩·斯坦这个人的人生故事，这个在"太极图"背后的"屁股喷着火却没装'停止'按钮的火箭"的人。他是唱片界的非凡人物，创下了如一个王国般的辉煌业绩，但这个人终生并无音乐上的才能。他不弹乐器，不识谱，也不操作录音、混音、制作，作曲、作词、演唱这些活儿他更是不沾边。西摩·斯坦的角色，就是老板，或者说得稍具体，他是唱片环节中"A & R"那个角色。通俗地说，照斯坦自己所言，他是一名星探。

　　这是一个目光犀利，足以令同行望而生畏的星探。斯坦所经手的许多案例，早已成为这个行业里的传奇。比如，"传声头像"是他在俱乐部门口跟人喝酒时，仅仅听到了里面的吉他声，就冲进去要把这支乐队签下来，当时他连乐队的名字都不知道。而只听了麦当娜一首歌，他就决定给她合同，当时的麦姐是个穿着二十五美元行头，拿着样带四处碰壁的灰姑娘 —— 他觉得她的嗓音特别，觉得凭这就有戏。

　　这是颠覆了惯常认知，似乎有违于艺术规律的一个个例。好像成功并不靠专业上的学识和能力，不靠专业人所倚重的在这个领域的专业和才华。那么斯坦凭什么？仅仅凭走运，靠天上掉馅饼吗？

　　斯坦给我们提供的答案，是"狂热"。他是个疯狂的热爱音乐的"极端分子"。是的，因为缺乏音乐专业能力，一个歌手唱得好不好，一个乐队演奏水平高或者低，他其实并不能判定。事实也确实如此，在这方面他经常看走眼，也毫无专业上的自信。但是，他的热爱补足和构建了一切，他听遍了电台里、排行榜上几乎所有的音乐，因此从某个新人身上，他能清晰地识别此人是否独特，其作品是否卓异。

"我见得多，听得多，所以知道才华长什么样。"

"乱世出英雄"，斯坦为这句俗话又写下一个注解。看上去，他像是又一位成长在动荡年代，靠着猛打猛冲大获成功的草莽英雄。但理性地看，即便是乱世，也只是增大了草民发迹的机遇而已，英雄之所以能横空出世，依然在于他身上拥有成为英雄的素质和才华。

人生的造化，所谓天才种种，有时全写在机运里。斯坦生下来就是个有缺陷的孩子，心脏左右心室的中间有一个洞。今天我们管这种疾病叫"室间隔缺损"。在斯坦出生的二十世纪四十年代，室间隔缺损修补手术还没有发明，所以他的胸腔里就像是有一颗定时炸弹，计时器嘀嘀嗒嗒地响，不知哪一天会爆炸。从生命的开始，斯坦就是一个看着别人玩儿，自己不敢疯、不敢动的男孩儿。他是天生具有孤独本性，因此相应地拥有独立个性，并且又脆弱又敏感的人。

音乐与斯坦的人生相伴，与他结下的是非同寻常的缘分。正是一个音乐大爆炸的年代，斯坦由电台和排行榜拥有了广博的杂食本能，并且非常幸运地，他具有常人所不具有的如照相般的非凡记忆力。他的大脑就像个唱片库。他不是没有音乐才华，只是这种才华并非如音乐专业式的输出，不呈现为任何一种音乐形态。

二十世纪四十至七十年代，是人类历史上一个非凡的时期。巨变性的、颠覆性的、革命性的变化涌入，世界不再是原来的格局，不再是条条框框块块。诸多重要事物并不从原有秩序和传统中有序地推陈出新，而是破坏、纠结、交集、融合、聚变式的创生、涌现。而斯坦之所以能够脱颖而出，正是在这个背景上，因为他有与之匹敌的吞吐量和识别力，甚至他自身就是这种破坏、纠结、交集、融合、聚变式的创生物。

　　这是最难以说清之处，但它就是斯坦的机运，是成就斯坦的艺术逻辑所在。并且，最吊诡的是，音乐作为艺术中极为独特的门类，尤其具有专业阐释的无能，具有说不清道不明的秉性。区别于科学、哲学甚至所有的语言学科，音乐其实是无法用逻辑去证明、用语言去澄清，进而说服众人的。音乐的示现从来不靠逻辑论证和语言演绎，其极致处就是一种天才的能力。一个有能力的音乐鉴赏者可以清晰地区分和指出一件优秀作品和一件平庸作品，即使后者有更高的专业技能、更复杂的音乐构造，但他无法用逻辑论证去折服你，像科学、哲学甚至文学所做的那样。斯坦的幸运在于，他用商业成就和历史事实，用他发现、促成、展开的非凡音乐版图，具现和认证了他的这种能力，证明了他那仿佛完全出于素人的个性和直觉的辨识力，确实是真的，是不凡的，甚至高过许多具有超凡专业音乐才能的同行。

　　这也有助于解释，国王唱片创办人悉德·内森，为什么一眼就识别出斯坦的才能，仅仅是从斯坦的品行，从他对一些作品的好恶、判断，就知道他是唱片业罕见的人才，"血管里流的是虫胶"。内森也是凭直觉。这种直觉达到了这样的信任程度——把身后衣钵传给他，而不留给自己的子孙。

　　西摩·斯坦出生于一九四二年，属于"二战"中出生的一代。摇滚乐的巨人们，举凡鲍勃·迪伦、保罗·西蒙、吉米·亨德里克斯、乔妮·米切尔、埃里克·克拉普顿、尼尔·扬、卢·里德、鲍勃·马利、约翰·丹佛，以及"披头士""滚石""感恩而死""齐柏林飞艇""平克·弗洛伊德"这些乐队的主要成员……都出生在这个年代。

此时人类社会发生了波澜壮阔的、从未有过的事件，世界发生了波澜壮阔的、从未有过的巨变，他们都生逢乱世，是动荡年代的孩子，天生拥有动荡的磨难和恩赐。

这就是因缘际会，这是成就一个伟大艺术家最重要的因素。从某种意义上来说，他们也都是草莽英雄，在乱世中横空出世，不是从原有秩序生成，而是从破坏、纠结、交集、融合、聚变中创生。他们凭着貌似素人的个性，吮吸和饕餮所有不源于常规世界和正常教育的给养，凭勇往直前的直觉和本能行事。但是大时代的赋予以及因缘际会的时空共情，让这个性、直觉和本能不只是个人的，更有一种共同命运，那来自于整个世界和人类的重量。

在紧接着的一个时代来临后，万物渐渐纳入正轨，重新走向秩序化的生长，世界再无深刻巨变。此时由上一代英雄所示现和激发的，出自非专业的个性、直觉和本能的创造，依然会大行其道，甚至以个人自由、个性独立、野蛮生长的名义，传统、秩序、权威和卓越一时遭遇更大挑战。一个仿佛是标榜自由、民主、多元价值、众生平等的时代降临，却不幸落入不过是小个性、小趣味的个人主义的小世界。这是后话。

李皖

二〇二〇年十二月二十六日

听 见 天 才 : 塞 尔 唱 片 和 独 立 音 乐 的 故 事

目录

CONTENTS

前言

《听见天才：塞尔唱片和独立音乐的故事》谨献给我美丽的女儿萨曼莎（Samantha）和曼迪（Mandy），我亲爱的朋友理查德·戈特尔（Richard Gottehrer），以及无与伦比的悉德·内森（Syd Nathan）。

萨曼莎走得太早。二〇一三年二月八日，她在与脑癌进行了漫长而勇敢的斗争后撒手人寰，撇下了一个漂亮又聪明的女儿——多拉·韦尔斯（Dora Wells），还有在葬礼上像潮水般涌入教堂的一众亲友。

我的小女儿曼迪是一位电影制片人及导演，一直是我的灵感源泉，在我写作本书的过程中给予了宝贵的帮助与支持。同时，她也负责从鲍勃·格伦（Bob Gruen）、萝伯塔·贝利（Roberta Bayley）、博比·格罗斯曼（Bobby Grossman）等知名摄影师那里为本书寻找和挑选照片，以及搜罗斯坦家族的照片，大部分来自我亲爱的已故堂弟布赖恩·韦斯伯格（Brian Weisberg）。

理查德·戈特尔和我一起创办了塞尔唱片公司（Sire Records），并在之后的七年里担任合伙人。那段时光最艰难，但也最美好。

在此之前，理查德·戈特尔已经是一位相当有名的词曲作者和制作人。其作品中不乏热门歌曲，例如"天使"（the Angels）演唱组的《我的男朋友回心转意了》（My Boyfriend's Back）、"麦考伊斯"（the McCoys）乐队的《等等，斯路比》（Hang on Sloopy）、杰里·巴特勒（Jerry Butler）的《放弃去爱》（Giving Up on Love）以及他和鲍勃·费尔德曼（Bob Feldman）、杰里·戈德斯坦（Jerry Goldstein）组建的"奇怪的爱"（The Strangeloves）演唱组的《我想要糖果》（I Want Candy）。对我而言，理查德不是亲兄弟，胜似亲兄弟。我们之间的友情跨越了半个多世纪。诚实和公平地说，没有他，就没有我后来取得的那些成就。无限的爱意和谢意献给理查德和他可爱的妻子安妮塔（Anita）。

悉德·内森是我当之无愧的最伟大的导师。他在辛辛那提创办了国土唱片公司（King Records），是一位地地道道的音乐人。悉德在我身上看到了某种潜质，正因为他相信我能行，不断地训练我，将行业知识传授给我，我才能一路过关斩将，特别是在塞尔唱片公司最早期、最困难的那些年，一直走到今天。在我整个职业生涯里，我都努力指导和帮助那些伟大的音乐人，哪怕是以最微小的方式，将毕生所学倾囊相授，推着他们往前走并且承担起导师的责任，确保音乐事业在全球范围内能够持续进步，任何时候都拥有一席之地，取得一个又一个成功。

以上就是我写作本书的主要目的。

序言

我无法想象一个没有音乐的世界。

每一个时代中最好的那些歌曲帮助社会崛起并步入光明。在我的一生中，我亲眼见证了流行音乐如何促进人权、种族平等、性别平等，并在原本充斥着无知和不公的领域激发出如此多的爱和希望。

歌曲影响了现代文明的进程，例如在法国大革命后立即问世的《马赛曲》（La Marseillaise）[1]。《星条旗》（The Star-Spangled Banner）是在美国独立战争结束近四十年后创作的，与其不同的是，《马赛曲》是号召法国公民奋起保卫第一共和国，抵抗暴君侵略的战斗号角。乔治·M.科汉（George M. Cohan）在第一次世界大战时期创作的《在那里》（Over There）也是一个例子。同样，在英国，有艾弗·诺韦洛（Ivor Novello）创作的歌曲《家园战火一直熊熊燃烧》（Keep the Home Fires Burning）。美国最重要的两个全国性假日：国庆节[2]和阵亡将士纪念日[3]，均是为庆祝我们的自由和纪念在战争中

---

[1] 鲁热·德·利尔创作于一七九二年，最初名为《莱茵军进行曲》（Chant de guerre de l'Armée du Rhin），以激励被普鲁士军队围困的法国士兵；同年八月，来自马赛的志愿军前赴巴黎支援杜乐丽起义时高唱此歌，该歌曲由此改为现名，成为法国大革命鼓舞斗志的自由赞歌。一八七九年正式成为法国国歌。——译注（如无特殊说明，本书注释均为译注）

[2] 美国独立日，每年的七月四日。

[3] 美国阵亡将士纪念日（Memorial Day，原名纪念日或悼念日），是美国的一个纪念日，悼念在各次战争中阵亡的美军官兵，为每年五月的最后一个星期一。

牺牲的战士而设。倘若失去自由，活着又有什么意义？为自由，去战斗！这一点毋庸置疑。

我记得自己曾经参加过几次民权抗议活动，还唱了《我们要战胜一切》（We Shall Overcome）。这首歌和其他歌曲一起，改变了很多人的思想，将民权思想上升为国民意识。巴里·麦圭尔（Barry McGuire）的歌曲《毁灭前夜》（Eve of Destruction）则是另一个例子。鲍勃·迪伦（Bob Dylan）的《像一块滚石》（Like A Rolling Stone）及其许多其他歌曲，还有"西蒙与加芬克尔"（Simon & Garfunkel）民谣二重唱的《寂静之声》（The Sound of Silence）和《美利坚》（America）、约翰·列侬（John Lennon）的《女人》（Woman）、C.S.N.Y.乐队的《教教你的孩子们》（Teach Your Children）、海伦·雷迪（Helen Reddy）的《我是女人》（I Am Woman）等，这些经典之作也都承载了重要的民权思想。塞尔唱片公司曾在一九八二年南非实施种族隔离的最后一段日子里，发行了一首由约翰尼·克莱格（Johnny Clegg）和南非混血乐队"祖鲁卡"（Juluka）创作的歌曲《散落非洲》（Scatterlings of Africa）。

我之所以要写下我这辈子在音乐这一行经历的种种，很大程度上是出于对音乐产品销量下滑以及文化上人们对流行音乐兴趣减退的担忧。数千年来，音乐在生活、历史以及宗教中都扮演着核心的角色。它大于我们任何人，但同时属于我们所有人。

正是我签下了"雷蒙斯"（the Ramones）、"传声头像"（Talking Heads）、麦当娜（Madonna）、"伪装者"（the Pretenders）、"死男孩"（the Dead Boys）、"替补"（the Replacements）、说唱艺人艾

斯 -T（Ice-T）、布赖恩・威尔逊（Brian Wilson）、K.D. 朗（k.d.lang）、卢・里德（Lou Reed）、"遗弃的缪斯"（Throwing Muses）以及其他众多艺人。我也是独立音乐圈里跨大西洋的头号操盘手。在跨越五十年的经济高潮与低潮间，我追踪英国乐队的整支血脉，发掘了"高潮布鲁斯乐队"（Climax Blues Band）、"巴克雷・詹姆斯・哈维斯特"（Barclay James Harvest）、"赶时髦"（Depeche Mode）、"回声与兔人"（Echo and the Bunnymen）、"邪典"（the Cult）、"史密斯"（the Smiths）、"低调"（the Undertones）、"雷兹罗斯"（the Rezillos）、M、"治疗"（the Cure）、"疯狂"（Madness）、"英国节拍"（the English Beat）、"软细胞"（Soft Cell）、"雅茨"（Yaz）、"我的血腥情人"（My Bloody Valentine）、"驾驭"（Ride）、"原始尖叫"（Primal Scream）、歌星西尔（Seal）、电子音乐人"孪生阿菲克斯"（Aphex Twin）等乐队，并将他们引进美国。

塞尔唱片是我的音乐厂牌，还能维持，还在运营，也在庆祝成立五十周年[1]。我居然还活得好好的，是这其中最大的谜。是的，我依然蹒跚在塞尔这艘好船的甲板上，拒绝放弃与那只多年前就几乎杀死我的巨兽对峙。

在开始讲述我的故事前，我要告诫读者的是，我并没有任何可轻易定义的技能或天分！我是一名"职业杀手"，一名唱片业里的企业家。但我不是像菲尔・斯佩克特（Phil Spector）或者昆西・琼斯（Quincy Jones）那样的制作人。我不会演奏任何乐器，不会操作录音

1　指二〇一六年。

棚，也绝对做不到念念咒语就能变出一张金唱片。我的工作准确地描述起来就是"A&R"——"艺人及其作品"[1]，这是演艺界的行话，其实就是星探。但是当我照镜子时，看到的是一个"狂热分子"。我实际上是一名极端主义者。我在流行音乐圈里引发的每一次幸福的意外，都是我身上的狂热碰撞到了艺人身上的才华所产生的结果，而这些人需要的只是有人看见他们，相信他们，最重要的是，支持他们。

我并不是一个拥有任何正式概念上的高超技能或技艺的音乐人，这反而使我经常能够发现天才当中的异类——那些遭人拒绝的标新立异者。以传统标准来衡量，或许他们唱得一般，弹得也不行，但他们却自有独特之处，而这恰好是世界为之等待的。如果我的生平和遗产对他人能有什么启发，我希望是，所谓的"失败者"可以放手一搏并且赢得漂漂亮亮。我看走眼的次数远比我赌赢的次数多，但是我依然在这里。

我至今不知道拥有发掘他人身上才华的能力本身算不算是一种天分。我似乎拥有一种与众不同的天赋，这听起来可能有些不可思议，那就是我的耳朵有一种照相机般的记忆力。从我还是个小男孩起，我就在不停地"吞噬"着一个又一个的名字，将那些早已被世界遗忘的老旋律加到我的个人收藏里。我的脑袋就是一部巨大的自动点唱机，也是一列满载众多已故艺人的幽灵列车，在我心中这些人都不会死。他们都在这里，在电话中尖叫着，说笑着。我能模仿出艾哈迈德、悉

---

1 A&R（Artist and Repertoire）是唱片公司或音乐版权公司的一个部门，负责人才搜寻和监督艺人（歌手、乐手和乐队等）和词曲作者的艺术发展。同时还担任艺人与唱片公司或版权公司之间的联络人。

德、杰里 [1] 他们每个人的独特口音和行为举止。你看，唱片业对我而言要么是民间风俗喜剧，要么是领养家庭，抑或是两者之间。从前辈身上学到的越多，我就越能清楚地从如今的熙来攘往中发掘出新人。

　　所以，这就是我，一名生活的幸存者，七十五岁了，还在这个行业里继续观察着。变老这件事的实质是，真相已经不伤人了。我知道，我生来就有某些缺陷，但并不明显，也未经诊断。我甚至不知道六十年来混迹于摇滚乐这座"疯人院"里，到底是让我的情况变好了还是变坏了。放纵肯定是让我变得更加疯狂，可成功也的确让我放松下来。在歌曲和冒险中，我同时找到了慰藉和目标。同样重要的是，我遇到了像我一样的人。

　　当你活到我这个年纪时，你会发现身边的事物看上去竟是如此奇妙！生活是一场残酷的考验，我们被置身于一个实际上并不需要我们的世界，想干什么就干什么。我们都是些迷失的灵魂，被塞进了无法卸下的皮囊里。从我们生下来发出第一声啼哭开始，人生的压力就随之而来。我们要学会掌控人生，要演好自己的角色，要混圈子，要订计划。往后余生，我们的日常就是不断重复出生后的这种顺序。我们醒来，我们渴望，我们看着镜子，渴望更多。然后我们开始疗愈。我们一边煮着咖啡，一边听着收音机。随着咖啡因流经血管，歌曲振奋我们的精神，我们渐渐地把心思转移到狩猎和收割这样的低级劳作中。

　　不论我们选择哪种方式来解释生活的奥秘，过日子的方式都只有一种，那就是保持积极向上的精神。音乐是可以达到这个目的的一

1　指艾哈迈德·埃尔特根（Ahmet Ertegun）、悉德·内森（Syd Nathan）、杰里·韦克斯勒（Jerry Wexler）。

种方式——当然，还有很多其他方式——但我们每走一步，空虚感都如影随形。你知道活着是一种幸运，你也知道应该尽最大努力好好活，但你总觉得自己没有抓住宝贵的时间，并因此产生挫败感，这才是人类杀手。我们每个人都在遭受这种痛苦，不管你是有钱大亨还是流行明星。但实际上，我们中最优秀的那些人正是因为克服了这种挫败感才获得成功。

正如你将看到的，由于设计上的缺陷超出我的掌控，我就像一架即将迫降的飞机一样别无选择，只能奔跑，一路奔跑。也正因如此，我才学会了如何把我疯狂、饥渴的不满足感变成火箭燃料。好吧，我确实一直像是屁股喷着火却没装"停止"按钮的火箭一样忙碌不休，但至少我没有坐在一旁为自己强烈的挫败感而自怨自艾。我的缺陷成就了我的奋斗。我无处安放的疯狂转化成我的创业激情，我离群索居的天性转化成我的独立精神。

我希望在本书的字里行间，你可以更好地了解到热门歌曲是如何被发掘，明星又是如何诞生，以及我们是如何靠音乐这种看不见摸不着的东西赚钱的。你将看到，尽管我对音乐痴狂，但在公司经营方面我非常务实，毫不手软。我还有一个私心，就是读完这本书，你愿意投资当地的音乐团体，并将"前浪"的所有秘诀传授给"后浪"。天才常有，但总得有人发现他们，为他们提供实际的帮助。归根结底，音乐世界的运转靠的是发掘才华横溢的人和伟大的作品，这是制造音乐炸药的两种核心成分。

不论你是去听演唱会，买音乐产品，还是真正以音乐为生，我们都参与到帮助天才崛起这项古老的仪式中。在集体层面，演唱会、排行榜、在派对上播放唱片，这些都是异教徒仪式的现代变种。但在个人层面，它更像一个街头仪式。你寻寻觅觅，你评判高下，你自娱自乐——在如今这个满是屏幕的世界里，大多数听众只需要按下按钮就可以得到他们的每日热门歌曲。不过我是个相信集体高潮的人，所以我几乎不签那种不能进行现场表演的乐队。然而有什么东西真正改变了吗？这跟你每天是通过数字形式还是通过黑胶唱机的唱针获取音乐有什么关系吗？不同的人有着不同的传统和仪式。我们真正想得到的，其实就是歌曲所唤起的精神。

随着流媒体服务的增长，看上去现在我们要从"瓶装药"的旧体系过渡到"片装药"的勇敢新世界了。但其实所有的方式都可以并存并不断演进，因为在这一切表象之下，它还是那个老行当——疗愈数百万计的，像你我一样，挣扎着从床上爬起来应对生活中喜怒哀乐的人。这就是为什么我无法忍受人们关于技术的无尽争议。我知道我是一个老家伙，但是相信我，音乐最终会回归到歌曲本身。只要你坚持本质，人们就会追随你。

唱片厂牌的任务是要找到那些能够燃炸全场的人，要知道什么能驱走人们的痛苦，并且时不时地要能推出传奇人物。在"时机是关键"的繁杂市场上，我们的厂牌标志能够提供一种保证，能令经销商和行家轻易识别并且趋之若鹜。唱片厂牌总是被需要的，因为只有像我这样的狂热分子才有足够的疯狂去游历全球，一点点在垃圾堆中搜罗，只为时不时地捡起一颗小小的钻石。这是一场由纯粹的沉迷所驱使的、大海捞针式的寻宝游戏。至于版权这种濒危物种，别担心，当律师们追踪来到"丛林地界"，音乐的权益将由一连串目标明确的法院令状和永不停歇的法槌敲击声来捍卫。

所有的变化都仅仅关乎音乐的销售方式和我们欣赏音乐的方式，而这些变化自从我的孩提时代起就一直在进行，也从来没有对音乐本身起到过什么作用。很大程度上硅谷新贵们已经接手了把产品销售给人们的肮脏生意，同时，我的大多数老朋友，那些靠经营仓库或者开着卡车四处推销音乐产品的人，早已被削弱、被忽视、被排挤，最终就像尽人皆知的那样，被整垮了。这就是争地盘，但可笑的是，新贵们仍然需要老唱片厂牌。鉴于这种彼此依赖的关系，和平共处的局面正在渐渐形成。

从今往后一百年，不论未来几代人以什么方式听音乐，它最终还是会回归到歌曲创作本身。"A&R"这种表达是往大里说，听上去像是法语，其实指的就是"人与创作"。热门歌曲还是得直击人心。只有伟大的音乐才能通过真正表达那些我们可以感知但却无法自行解释的情感，从而提高唱片业游戏竞争者下的赌注。最伟大的艺人通常也是最伟大的创作者，虽然你从未见过他们，但他们却是你最好的朋友。当我们需要一个肩膀去依靠，去哭泣，我们最心爱的、最珍藏的那些歌曲就像是小小的许愿蜡烛。它们以一种正面的方式让我们落泪，让我们能够重新跟真实的自我和谐共处。是它们，让我们成为更好的人。

我可能不具备音乐家那样炫目的才华，但我见得多，听得多，所以知道才华长什么样。我一生都在发掘伟大的艺人，都在为他们提供服务，这教给了我一个道理：才华意味着疯狂，但很珍贵，我们都不免承受其害。它既是负担也是恩赐。根据我们各自不同的个性特质，才华可以是一种毁灭我们的能量，但也可以为我所用。简单来说，有才华就意味着从事一项坚定的事业——将一个人所有的内在精神投射到我们不得不生存于其中的真实世界。

　　录制音乐的魔力在于，我们都能达到和伟大的艺人一样的高潮。甚至在某些更好的情况下，我们会见证他人身上真正的天分，从而能够遴选出我们这一代人中最优秀的思想。不用向我鞠躬致谢，不是我让这些明星声名鹊起，而是我们一起帮助他们成就盛名。我们以各自不同的方式感受到了某些东西，它促使我们把自己的财富拿出来，让我们甘于用上百万只臂膀托起这些孩子。希望这种传统得以延续！

　　所以，我的旅伴，这是一段漫长而狂野的旅程。我的旅程终将结束，而你们的旅程刚刚开始。

Chapter 1

他血管里流的是虫胶

　　我出生于一九四二年四月十八日，名叫西摩·斯坦比格（Seymour Steinbigle），是多拉·斯坦比格（Dora Steinbigle）和戴维·斯坦比格（David Steinbigle）唯一的儿子。我这辈子一贯风风火火，赶早不赶晚，唯独出生时磨磨叽叽，姗姗来迟。这可真有意思。生物钟接近午夜时，送子白鹳[1]把我扔进了我家的烟囱。我父亲时年四十一岁，是家族中最后一个仍然使用"斯坦比格"这个姓氏的人，原本已经放弃祈求天赐一个儿子来继承祖姓。而我唯一的姐妹安（Ann），那时候已经六岁了，当时她可能已经认定自己是家里唯一的孩子。

　　我出生时，大家长舒一口气："啊，总算出来了！"可问题是，这孩子能活下来吗？我天生有心脏缺陷，在左右心室中间有一个洞！在当时，这个毛病被称为"心脏杂音"。当然我们现在都知道，那颗小心脏像鼓一样保持跳动，所以我还能好好地坐在这里写自传，但在当时谁又能打这个包票呢？这就是我的命运：从生下来体质就弱，属于残次品，在学校不用上体育课。母亲对我百般溺爱，总觉得我的胸腔里

1　在西方传说中，白鹳是送子鸟，它落在谁家屋顶筑巢，谁家就会喜得贵子。

有颗定时炸弹在嘀嗒作响，是个当妈的遇到这种情况都会这样做。她握紧我的小手，满怀最大的希望，珍惜与我共处的每一秒时光。

在人们现存的记忆里，那是最阴郁的一个冬天。在前一年的十二月，日本刚刚偷袭了珍珠港，美国举国上下一片震惊，整个世界不可逆转地滑向了战争。然而就在我出生的那一天，战争终于迎来了转折点——"山姆大叔"[1] 奋起反击。毫不夸张地说，正当我母亲在布鲁克林的一家医院分娩，忍受着一个又一个小时的阵痛时，十六架 B-25 轰炸机连续从位于西太平洋的"大黄蜂号"航空母舰上起飞。为了躲避雷达的监测，它们不得不在海平面上仅五十英尺[2] 的高度飞过长达八百英里[3] 的距离，整个过程惊心动魄。到达日本海岸线后，它们才开始编组飞行，分别对位于日本东京、横滨、横须贺、名古屋、大阪和神户等地的十座军事和工业设施进行了轰炸。

我这一辈子，母亲总是开玩笑说，正是因为出生当天这些轰隆隆的炸弹声，我才变得这么疯狂。但我真正觉得不可思议的是，轰炸机投下炸弹后，全体八十名飞行员都无法返航，不得不继续向西飞行。当他们到达"自由中国"的海岸线时，天色已晚，暴风雨即将来临。有的飞机设法在简易跑道上迫降成功，但大多数飞行员不得不在稻田上方弃机跳伞，无人驾驶的飞机纷纷坠毁。最终，三名飞行员死亡，八名飞行员被俘（其中四人被处死）。一架飞机因为油箱漏油不得不提前右转飞至苏联。最终，在村民、游击队员和传教士的帮助下，还

---

1 即美国。

2 约十五米。

3 约一千二百八十七公里。

是有大约六十名飞行员得以返回美国。

在这次组织不善的冒险行动背后，带队长机[1]吉米·杜立德（Jimmy Doolittle）的名字简直是反讽。[2]他回国后发现，每一个预设的轰炸目标都没被击中，他已经等着上军事法庭了。但考虑到在战争开始的头几个月，我们所处的情况是如此的令人沮丧，"杜立德空袭"这种纯粹鲁莽的英雄主义行为就这样在新闻记者的笔下被宣传成了"直接命中目标"的伟大胜利，并成功地鼓舞了美国人原本沉到谷底的士气。最终，杜立德被政府授予了荣誉勋章。

这并不是漫画书里的场景，而是恐怖的现实。不幸的是，微笑的杜立德和美国公众根本不知道他这次捅了多大的娄子。日本上下惊恐万状，日本军队在中国沿海一带仔细追查那些坠毁或被弃的轰炸机，他们发现了美国飞行员的降落伞、香烟盒、钱币和飞行手套，这些东西是美国飞行员送给当地百姓的礼物，以感谢他们的帮助。因此，日本人采取了至今都令人难以想象的极端暴力手段，开始对整个区域的中国人民进行折磨、杀戮和强奸。他们烧掉每座房屋，毁掉每块农田，甚至让生化专家从日本专程飞过来，用瘟疫、炭疽、霍乱和伤寒病菌向井水施毒。仅仅数周时间，太平洋西岸就沦为了充满恐怖、饥饿与疾病气焰的地狱。

同时，在整个东欧和苏联腹地也发生了一些大规模事件，而这些事即便在我犹太祖先们最糟糕的噩梦里都无法想象。我的四位祖父母

1　战斗机双机编队有长机、僚机之分，而大编队轰炸机通常设有带队长机，负责编队指挥、领航、轰炸瞄准和带领编队首先投弹。
2　杜立德（Doolittle）的姓氏在英文中与"do little"谐音，意为"啥也干不成"。

都是在十九世纪末二十世纪初从加利西亚移民而来，那是一个乡村地区，曾经是奥匈帝国的东北边界，又在两次世界大战之间分裂为波兰和乌克兰。一九四〇年，这片土地被斯大林吞并，次年夏天被希特勒占领，我们祖祖辈辈生活的土地就此消失殆尽，只余一片死寂。

我当时年龄太小，很难记住有关战争的任何事情，但就像任何经历过战争的孩子会告诉你的那样，战争的阴影一辈子都烙在你身上。在我成年后的无数次白日梦里，无论是坐在飞机上填写护照信息，还是坐在医院等候室里填写诊疗表格，我都会不由自主地被上面"1942"的字样吸引。它就像是一块巨大墓碑在凝视着你。然而，它会赋予人一种奇怪的力量，就像是你十几岁时了解到的恐怖行径还在被孩提时代漫画书里的英雄射杀和复仇。

很久以来，我一直好奇为什么这么多天才创作者都出生在战争期间。在音乐史上，从来没有这么多重量级的艺人来自同一代人：布赖恩·威尔逊、鲍勃·迪伦、"披头士"（the Beatles）全体四位成员、"滚石"（the Rolling Stones）的米克·贾格尔和基思·理查兹（Mick Jagger and Keith Richards）、吉米·亨德里克斯（Jimi Hendrix）、吉姆·莫里森（Jim Morrison）、阿雷莎·富兰克林（Aretha Franklin）、乔妮·米切尔（Joni Mitchell）、保罗·西蒙（Paul Simon）、斯莫基·鲁滨逊（Smokey Robinson）、阿瑟·李（Arthur Lee）、雷·戴维斯（Ray Davies）、吉米·佩奇（Jimmy Page）、皮特·汤申德（Pete Townshend）、罗杰·沃特斯（Roger Waters）、杰里·加西亚（Jerry Garcia）、奥蒂斯·雷丁（Otis Redding）、贾妮斯·乔普林（Janis Joplin）、柯蒂斯·梅菲尔德（Curtis Mayfield）、"斯莱·斯通"（Sly Stone）、兰

迪·纽曼（Randy Newman）、约翰·丹佛（John Denver）、斯科特·沃克（Scott Walker）、卡萝尔·金（Carole King）、尼尔·塞达卡（Neil Sedaka）、斯蒂芬·斯蒂尔斯（Stephen Stills）、戴维·克罗斯比（David Crosby）、埃里克·克拉普顿（Eric Clapton）、乔治·克林顿（George Clinton）、唐娜·萨默（Donna Summer）[1]、约翰博士（Dr. John）、"牛心上尉"（Captain Beefheart）、伊恩·杜里（Ian Dury）、戴安娜·罗斯（Diana Ross）、莱昂·拉塞尔（Leon Russell）、罗伯特·怀亚特（Robert Wyatt）、弗兰克·扎帕（Frank Zappa）、尼尔·戴蒙德（Neil Diamond）、尼尔·扬（Neil Young）、塔米·威妮特（Tammy Wynette）、鲍勃·马利（Bob Marley）、卢·里德……这些音乐人都是战争期间出生的孩子！这是巧合吗？我表示怀疑！我们出生在一片巨大的乌云之下，我想正是它迫使我们更快地跑向生命中光线最亮的地方。我自己当然不能跟上述艺人相提并论，但是我知道，我一辈子都觉得自己特别幸运，也许这就是我总在不断尝试冒险的原因。

当然了，幸运不仅仅与时机有关，身处合适的位置也很重要。在我的旅程到达终点，演职员表开始滚动时，排在我"鸣谢"名单首位的，将是一切故事开始的那座城市——布鲁克林[2]。我说的可不是它现在这种时髦郊区的样子。在我的孩童时代，布鲁克林就是一座"人类动物园"，也难怪我们那代人所熟悉的卡通形象几乎都操着布鲁克林腔：兔八哥、大力水手、崔弟鸟、猪小弟、达菲鸭，会说话的喜鹊哈克和杰克，还有"摩登原始人"弗雷德·弗林斯通和巴尼·拉布尔。

1　唐娜·萨默出生于一九四八年，可能作者记忆有误。
2　布鲁克林原来是一个独立的城市，在一八九八年与纽约市合并，见后文。

实际上，大力水手那句著名的台词"我就是我，爱谁谁"（I yam what I yam and dat's all what I yam）让我在成年生活的无数次尴尬境况中一笑而过。每当我感到自己被人愚弄，像个来自第三世界贫民窟的弱智时，我就像小孩子掏出水枪一样抛出这句话。

你看，我生来就笨手笨脚，你在我身上还会发现更多的怪癖和不寻常的事情。后来我心脏上的洞引发了严重的健康问题，但真正让我与运动场无缘的却是我的蠢笨。我手笨不说，还是个左撇子，每天都神神道道的。我会因为急着要告诉你自己最近迷上的东西而面红耳赤，会被自己的鞋带绊倒，还会一不小心把芥末酱喷到你胸前的衬衫上。换句话说，我是那种只有亲妈才会爱的孩子。我很难相处，没有耐性，需要别人关注，但人们只要看我一眼都会觉得头晕。理论上讲，我的生活应该和我的身体状况一样，是个巨大的灾难——但请试着按老布鲁克林人的方式去定义"正常"这个词。我们并不彬彬有礼，我们并不漂亮，我们也绝不自以为是。

我们布鲁克林人或许没有财富，没有美貌，没受过教育，但我们用性格来弥补。我们是世界上肤色最多样、文化最多元的"杂种狗"，而我们唯一的共同点就是，每个人都是带有移民背景的工人阶级。我们是波多黎各人、黑人、亚洲人、爱尔兰人以及至少上百万的意大利人，我觉得除了新以色列之外，没有任何地方像布鲁克林一样。这里有每一个分支的阿什肯纳兹犹太人[1]——来自俄罗斯、波兰、波罗的海、罗马尼亚、奥地利、匈牙利、德国和捷克的犹太人，其中还包括

---

[1] 德国莱茵兰一带的犹太人后裔。

五万名左右的集中营幸存者。这里还有你根本不知道其存在的遗失犹太人部落 —— 叙利亚人、伊拉克人、波斯人、也门人、埃塞俄比亚人，甚至有些西班牙系犹太人的族谱可以蜿蜒追溯到西班牙、北非、中东和南美。我相信，任何一个在周六下午无意中开车经过布鲁克林的非犹太人，都会看见无处不在的黑色叶什维什礼帽[1]，看到我们聚拢在一起，组成一个庞大的、忧郁的家庭。但在我们内部，每个犹太人社区都是独一无二的，通常有着自己本族的食物和语言。

我们甚至有自己的时区。举个例子，在我父母还是孩童时，加利西亚就已经不在任何教学地图上了，但是成千上万和我们一样的家庭从来不说自己来自波兰或者乌克兰 —— 这种荣幸通常只留给集中营幸存者，毕竟算不上什么好事。当我那些说着意第绪语的祖辈在十九世纪末移民到美国的时候，波兰和乌克兰根本还不存在，而且在那个时代，现在所谓的乌克兰人是被称为"鲁塞尼亚人"的民族群体。我们的加利西亚祖先早早避开，没有沦为与来自东边的那些蠢货为伍 —— 他们只会狂饮伏特加，拿着草叉子叉草。最终，这些人演变为乌克兰民族主义者，他们排着队为希特勒做最肮脏的事 —— 这些并不是秘密。

不，谢谢你 —— 我们不想跟乌克兰有什么干系。我们是骄傲的美国人，是加利西亚人的后裔，加利西亚代表着一段特定的时间，一个特定的地方，当时处于尊敬的维也纳哈布斯堡王朝统治之下。像伦贝格[2]这样的加利西亚古城，曾是"哈斯卡拉运动"或称"犹太启蒙运

1　美国犹太人的男式礼帽。
2　今乌克兰利沃夫。

动"的诞生地，在那个世纪里，犹太人拥抱科学、文学、艺术和世俗
职业等，甚至填补了哈布斯堡王朝行政部门中的众多职位。犹太人尤
为推崇尊贵的国王和繁荣的时代，而"加利西亚"这个词含义丰富，
无须解释。

　　布鲁克林的意大利人也有自己的帮派和家族，他们从不同的邻居
身上敛财。虽然布鲁克林和纽约在一八九八年就合并成了一座大都
会，但你要记住的是，它们依然是不同的，尤其是当你向东朝着海
岸走的时候。除了布鲁克林高地和威廉斯堡是面朝曼哈顿的，从湾脊
区、戴克高地、本森赫斯特、羊头湾一直到科尼艾兰的大半个布鲁克
林都背对纽约，面朝大海。大多数居民要么在当地工作，要么想住在
靠近海滩的地方——那时候海滩还干净、壮观，也是夏天的好去处。

　　我们家住在达希路一套两居室的小公寓里，就在国王高速公路上
靠近本森赫斯特的地方，这里是布鲁克林的"小意大利"，也有一处
叙利亚人的聚居区。我们搭乘电车到科尼艾兰和卡纳西都只需二十
分钟——在那里我的外祖父母本尼·韦斯伯格（Benny Weisberg）和
埃丝特·韦斯伯格（Esther Weisberg）经营着一家意大利 - 美国杂货
店，而外祖母的姐姐罗丝（Rose）在克罗普西大街附近开了一家类似
的店。她们的兄弟，我的舅祖父莫里斯（Morris）是家里的大人物，
他经营橄榄油的进口生意，做得很好。我可能是关于阿尔·卡彭（Al
Capone）[1]的电影看多了，像老莫里斯这样二十世纪三四十年代能在意
大利人地盘上混得开的犹太人，我总觉得他跟黑帮难逃干系。我可不

1　传奇黑帮头目。

能妄下断语，毕竟是莫里斯舅祖父帮助他的姐妹们开起了杂货店，而正是这些杂货店为我提供了衣食无忧的生活，还供我念书。

我外祖母的杂货店位于第十五和第十六街之间的海王星大道，我母亲是在那里长大的，她一直把科尼艾兰当作自己的家。我们经常到外祖父母那里去，一路上经过海王星大道、美人鱼大道、冲浪大道，光是看着这些名字，你就仿佛闻到了海风的味道，感觉到大西洋离你越来越近。隔着三四个街区，你就能看到摩天轮、跳伞和飓风过山车等游乐设施。欧洲不仅仅是蓝色海洋那一端的大陆，它在我们的日常生活中也触手可及。但是如果像很多人那样，简单地把布鲁克林称作"大杂烩"，那将是对这里高水平烹饪的一种侮辱。我们都是美食家。我们的杂货店进口每一种罗马文明里已知的美食。我们有各种意大利面和橄榄油，有上百种调味品，还有那些看上去有点吓人的干鳕鱼或者叫"巴卡拉"——它们被挂在天花板上，看起来很像被制成木乃伊的蝙蝠。当你头一回推开厚厚的玻璃门进到这家杂货店时，简直会被浓郁的奶酪味儿给顶出去。我们存着各种一般人叫不上名的、蒸气腾腾的进口奶酪，当你吹着口哨离去，它们的味道真的会一路跟着你。

我们的杂货店再往下几家店就是"托托诺家"，这是布鲁克林最有名的比萨店。就像制作一张伟大的流行唱片一样，做出一张世界级的比萨也是一门艺术，而且只是看起来简单。这家店在一九二四年研究出一个顶级配方，此后吸引了一大批忠实的拥趸。老板托托诺是一个黝黑、粗鲁的那不勒斯人，他一辈子都穿着白背心，因为不管外面是冬天还是夏天，他每天都在比萨炉旁的高温环境中辛勤工作。他还是一个狂热的歌剧爱好者，对歌剧和对生面团、手工马苏里拉干酪的科学有着同等的情感和完美主义要求。他只选择最浓郁最结实的手工马苏里拉干酪——并且永远是新鲜捏制的，而不是冷冻过的。他用盘子烘烤出的十五英寸比萨，洒满上等橄榄油，又薄又脆，每块比萨都会在你的齿间爆出神圣的味道。

托托诺的杰作过去吸引了——并且至今仍然吸引着——整个布鲁克林乃至整个纽约垂涎欲滴的意大利人。我坐在他家店里的椅子上脚还够不着地的时候，他的长子杰里接手了比萨店。他们一家人常常跑进我家的杂货店买这买那，最近我才知道，因为我外祖母允许他们赊账，而这是意大利人自己之间都难以接受的事。作为回报，任何时候我们想吃比萨都可以去他们店里拿一张。每逢周五，我们两家就理一理账目，把钱付清。

在布鲁克林，犹太人和意大利人不只是门挨门地做生意——实际上我们彼此欣赏。我认为他们尊重我们的家庭价值观，当然那也有我们自律的原因。犹太人通常不酗酒，不打老婆，最重要的是，我们只关心自己的事情。我的外祖母埃丝特是个精明强悍的人，但这也是迫不得已，她们那个时代的女士通常都这样。我还记得她拿着扫帚从店里出来一路追赶波多黎各小孩的情形——因为她觉得他们偷东西。然而，轮到她喜爱的意大利顾客时，她根本意识不到他们中的一些人根本就是当地小混混中的杰出代表而这又意味着什么。我的外祖父则是看破不说破。他的名字叫本杰明[1]，是一个安静的人，尤其是事不关己的时候。每当他见到一群意大利人在人行道上殴打某个可怜家伙的

---

1 即前文的本尼，本尼是本杰明的昵称。

时候，他都会拿起一张报纸或者干脆消失在储藏室里。

我还记得有一次那些长相凶狠的西西里人停车进店买了些杂货。一分钟后，两个警察到店里问："看见什么可疑的人上了卡车吗？""什么卡车？"祖父问。当警察离开跑向街道时，他回过身来对我微笑着说："要是你外祖母刚才在，她肯定会把车牌号告诉警察。"

在我们看来，意大利人有一种素养，叫作"arte di vivere"，不论在意第绪语还是英语里都找不到这个词，翻译过来就是"生活的艺术"。这不仅是指他们饭做得好，还有他们在工作时纵情歌唱的方式，他们戴浅顶卷檐软呢帽以及穿"西纳特拉风格"西服的方式。他们是布鲁克林的原住潮人。我们可别忘了，在犹太人建立起好莱坞的几十年前，美国的第一位娱乐超级明星就是意大利歌剧演唱家恩里科·卡鲁索（Enrico Caruso），他和弗兰克·西纳特拉（Frank Sinatra）、佩里·科莫（Perry Como）、迪恩·马丁（Dean Martin）、托尼·贝内特（Tony Bennett）、维克·达蒙（Vic Damone）以及那个时代的其他歌星一起，教会了二十世纪的人们怎样唱歌。当然，流行音乐在很大程度上要归功于黑人，但我们绝不能忘记将高雅艺术带到街头的意大利人。

意大利人与女人调情的手段和追求享乐的人生态度，很大程度上消除了自十九世纪以来就统治美国的白种盎格鲁－撒克逊人维多利亚文化[1]中的死板，我确定它对犹太移民也有着深远影响。我可以想象出所有科尼艾兰犹太人的样子，他们仍然背负着阿什肯纳兹犹太人的

---

[1] 原义是指美国英语系精英群体及其主流文化、习俗和道德标准，后泛指信奉基督新教、母语为英文的欧裔美国人。

重担，沉浸在数个世纪以来的恐惧和悲痛中。他们为什么还要抵抗托托诺比萨上的意大利辣香肠，并为此忍受犹太洁食的折磨呢？当然，他们大多都让步了。"去吧，你只管去欢欢喜喜吃你的饭。"《传道书》9：7（*Ecclesiastes*）如是说。罗马人和犹太人最终和平共处。

在这个意大利烹饪的海边世界，我父亲戴维却是一个局外人，上帝保佑他，他从没有屈从于意大利熏火腿的诱惑。父亲生于一九〇一年，在下东区长大，就是威廉斯堡桥下的德国和犹太人贫民租住区，在那个时候垃圾分类就算是当地的工业了。那里一直被叫作"警长街"，直到二十世纪四十年代才因为住房计划被推平。虽然我父亲从没忘记他来自哪里，但我猜童年居住地的全面拆除对他来说是一种解脱。跟我母亲家族那边每个人都有一份生意的情况比起来，父亲为他低微的出身而感到尴尬，这也在一定程度上解释了为什么我们很少跟他的兄弟姐妹及其家人来往。

他在城里上三十大街和第七大街之间的服装区一家名叫"J.F. 迪特曼"的服装店工作。像所有打双份工的人那样，他也是本地犹太教堂——沙瑞·特费拉会众的副主席，这座教堂位于西第一大街和昆汀路拐角处，离我家只有一条街的距离。每天早上六点钟，他会先到教堂看看再乘地铁去曼哈顿，然后在店里待上一整天，销售女士套装和外衣。而每天下班回家路上，他总会在教堂停下，组织晚祷。

从外表上看，他是一名典型的衣冠楚楚的正统犹太教徒，但是，父亲私下里很有自己的特点，因为他敏锐的幽默感，老朋友们都把他称作"快乐先生"。搞笑的是，他并不是一直这么虔诚。年轻的时候在下东区，他也爱跟女孩约会、吃中餐、看杂耍表演。他是家里三个孩子中最年长的一个，所以当他的父亲阿舍－扎尔齐·斯坦比格（Asher-Zalki Steinbigle）去世的时候，他觉得自己应该继承传统。于是他承担起父亲的责任，开始照顾寡母。

这就是我的父亲成家很晚的原因。谢天谢地，他的一个姐姐把我母亲介绍给了他，巧合的是我母亲也出于类似的原因迟迟没有成家。你看，埃丝特并不是我的亲外祖母。我母亲的亲生母亲在生第六个孩子的时候去世了。把这个悲剧故事往短里说，我外祖父本杰明后来娶了他去世妻子的姐姐埃丝特。听上去很怪是不是？但是，嘿，像任何伤痛欲绝的姨妈一样，埃丝特很爱那些没妈的孩子。这个家庭需要被拯救，因此她挺身而出，最终也坠入了爱河。她和本杰明生的女儿受小儿麻痹症的折磨，一直需要照顾，所以我母亲不得不帮忙照看杂货店。在我一九四二年出生的时候，我母亲三十六岁，而我父亲四十一岁。

父亲曾经报名参军，但人家嫌他岁数大，不能参加第二次世界大战，不过部队让他担任了空袭管理员，他对这个职位心存感激——因为他只需要负责执行演习。邻居们都认识并信赖我的父亲，把他看作社区的一员，就连那些没有宗教信仰的邻居也因为他给民主党拉票而对他有所了解。当时布鲁克林的许多犹太人都是共产主义者，但我父亲坚决反对共产主义，全身心地热爱美国。他从来没有在这些人的家门口指手画脚或者表现得高人一等，只是为他们感到难过，觉得他们正是因为受到了纳粹的创伤才会被轻易地引入歧途。他甚至还有一些跟共产党人一样的忧患。在服装区，他与黑人密切工作并且强烈地感受到他们在社会中受到的不公待遇。

我从没觉得我们家穷。一贫如洗在布鲁克林和曼哈顿市中心很常见。那意味着饥饿,而且你不知道下一块美元从何而来。虽然父亲的薪水并不高,但算起来我们家可以被定义为下层中产阶级。父亲做着城里那份稳定工作,母亲负责接我们放学,照顾我们的种种需要。此外,我外祖父母的小店就在附近,可以让我们吃得像罗马贵族一样好。话虽如此,从我记事起,我就了解金钱的珍贵。任何我赚来的钱或者别人给予的钱,我都会谨慎地存起来。

我们一家四口挤在两居室的公寓里,但即使这样也有一个潜在的好处——我们都喜欢出门在外,各忙各的。我们一家人不是在犹太教堂、杂货店或者学校,就是在海滩、游乐园、电影院、城里或者干脆在街上玩。甚至连晚上我们都不放过出门的机会。夏天,几乎每个周二傍晚,我和姐姐都会爬上我家那栋楼的屋顶,看科尼艾兰游乐园上空的烟花。

那时我沉迷其中的爱好是收集邮票、瓶盖和收藏卡等任何看上去闪闪发亮又有趣的东西。跟学校里的大多数男孩不同,我不喜欢购买“美国之叶”或“鲍曼”口香糖时附赠的棒球球星卡。我喜欢的是香烟盒或面包袋上附带的知识卡。我最喜欢“二战”主题的“恐怖战争”卡。不过,我最心爱的珍藏却是一枚真品外国邮票。母亲知道我最喜欢和好朋友布鲁斯(Brucie)一起搭火车去曼哈顿,他父亲也是我父亲自下东区孩提时代起的好友。她会给我几枚硬币,而我和布鲁斯在曼哈顿分开后就会独自跑到“金贝尔家”邮票商店去寻宝。

大约从开始换牙的年纪起,我在后来的职业生涯中展现出的“话痨”本质就开始显山露水了。每次我姐姐带她高中的朋友们到家里,她们都会跟小斯坦开玩笑，叫我背诵《葛底斯堡演说》[1]。我会站起来，不假思索地一句句背诵，就像个神经质的神童一样。当我筋疲力尽的时候，她们又开始考我美国各州首府的名称——我记得塞勒姆、俾斯麦和普罗维登斯等名字。有时候父母出门在外，我姐姐照看我的一个小把戏，就是在客厅里趁我在她腿上半睡半醒的时候，考我美国总统的名字。"美国第二十任总统是谁？"她轻轻地问我，而我显然是嘟囔着说："詹姆斯·加菲尔德。"她考哪一任，我就答哪一任。

　　我不记得我在学校里曾是一名好学生，顺便说一句，这在布鲁克林也不算是个事儿。当时，上大学可不是每个家庭都能做到或者指望孩子做到的事。我对知识的渴求，或者被我姐姐称为"照相机般的记性"，让父母乃至整个家族都把我看作一个呆子，而他们的态度对我来说才是至关重要的。那些最懂我的人，特别是我姐姐，认为我是个天才，我才不在乎我的数学或者科学老师怎么看我！

　　我同样要感谢姐姐给我的音乐启蒙教育。因为她比我年长六岁，而我们住在同一间卧室里，所以我小时候听的都是她十几岁时听的歌，这也一定程度上解释了为什么我的耳朵比我其他地方发育快得多。二十世纪五十年代早期，最流行的音乐是带弦乐伴奏的乡村音乐，姐姐最喜欢的歌包括帕蒂·佩奇（Patti Page）的《田纳西华尔兹》（Tennessee Waltz）、乔妮·詹姆斯（Joni James）的《你欺骗的心》（Your Cheating Heart）、托尼·贝内特的《冷冷的心》（Cold，Cold Heart）——后面这两首歌原唱是汉克·威廉姆斯（Hank Williams）。

1　指美国总统亚伯拉罕·林肯在葛底斯堡国家公墓揭幕式中发表的演说，是美国历史上最有影响的演说之一。

另一首歌是《晚安，艾琳》（Goodnight Irene），是"织工"（the Weavers）翻唱自"铅肚"（Lead Belly）的版本。它的B面歌曲[1]是《泽娜，泽娜，泽娜》（Tzena，Tzena，Tzena），这是一首献给新以色列的歌曲，歌词为希伯来语、带有班卓琴拨弦声，相当鼓舞人心。甚至连我的父母都喜欢跟唱。我那时候不过九岁或十岁，也没在有意识地听音乐，但是所有这些旧标准的音乐作品，像萦绕在空气中的香烟烟雾一样"熏黄"了我的耳膜，并影响了我的一生。

在我的记忆中，我最早对音乐着迷，是周六从犹太教堂出来一路往家跑，赶着回去听"虚拟舞厅"（Make Believe Ballroom）每周排行榜前二十五名的歌曲，这是马丁·布洛克（Martin Block）主持的一档热门电台音乐节目。那时候，我并不知道有"唱片业"这回事，但是在马丁·布洛克那满是歌曲和独家新闻的魔法世界，音乐就像从一座想象中的歌曲工厂的传动带源源不断地送出来一样。对这档节目，我有一段特别深刻的记忆。那是一九五一年初，看到帕蒂·佩奇的《田纳西华尔兹》连续十三周位列排行榜第一，节目主持人马丁脱帽致意，惊呼"这首歌怎么还在榜首"？仿佛在说"经久不衰"是音乐的最高价值。

不管我是否知道，我已经爱上了音乐。我不光爱记歌词，还非常

1　原指七寸黑胶唱片（单曲）的两面，二十世纪五十年代开始流行 A、B 面说法。A 面通常是艺人、制作人或唱片公司希望电台播放，并成为热门歌曲的录音。B 面是相对次要的录音，带有额外附送的性质，通常不太受关注；但有些 B 面歌曲和 A 面一样成功，甚至比 A 面更成功。进入数字时代后，由于没有 A、B 面之分（如 CD）或没有实体（如流媒体），这种说法已逐渐减少。但一些唱片公司或艺人仍然使用 A、B 面来描述一个特定专辑版本的内容。

期待每周榜单给我带来惊喜。我父亲经常需要待在犹太教堂，而我会拿着本子和笔坐在餐桌旁，记下电台节目里的歌单，还有歌曲排名和注释。看着我入迷的样子，母亲有些担忧，在隔壁房间悄悄地问我姐姐："这孩子以后会变成什么样的人？"

　　然而，安是最相信我的人，所以她总是安慰母亲说："等着瞧吧，妈妈。西摩一定会出人头地。"

　　每周等待马丁·布洛克排行榜的结果已经让人感到煎熬，而父亲要求我每周参加犹太安息日仪式，更让这份煎熬雪上加霜。当他从犹太教堂回来的时候，我不得不躲在毯子下面，把晶体管收音机音量调得很低，把耳朵贴上去听。在那些犹太人周六传统的紧张气氛中，我屏住呼吸躺在那里，大气儿也不敢喘，收听每一首新歌和每一段新闻，它们就像是生活的蜜糖一样从电波中渗出。

　　对我来说，把父亲描述得这么严厉也不太合适，因为就算他逮个现行，我怀疑他也不会把收音机从我耳边夺走。他生性温和，虽然有着正统的宗教信仰，但到底抗不过母亲这边家庭的力量。作为骄傲的意大利美食经销商，我母亲家族的大部分人很少吃犹太洁食，看不上阿什肯纳兹犹太人的饮食，并且只在特殊的日子才去犹太教堂。我们是一个正统犹太人和非正统犹太人组合的家庭。在家里，我们百分之百地恪守洁食的要求，但是在外面，我母亲很容易心软。周六下午，母亲总会给我五十美分，悄悄把我送出店门，让我去看日场电影。父亲从没阻止她的做法，甚至从没对此说过什么。这五十美分可当钱花了，我能买到一瓶苏打水、一只热狗面包、一袋薯条、一张《飞侠哥顿》的电影票，还有五本彩色漫画书。这是母亲对我尊重父亲虔诚信仰的奖励。

我们大家族的聚会并不在周五傍晚的安息日，而是周日在店里享用一顿丰盛的意大利午餐。在去科尼艾兰的路上，父亲会先到犹太洁食熟食店买一个盐腌牛肉三明治，然后在一群姑舅娘姨、外甥侄子狼吞虎咽埃丝特传奇意大利面和番茄酱的时候，礼貌地坐在桌旁把它吃完。每当托托诺家的比萨送来的时候，大家都会欢呼起来，而这时我父亲良好的幽默感总能让他轻易地融入这一阵近乎天主教式的"骚乱"中。我确信这种场景在布鲁克林并不少见。大多数犹太人家庭是正统和世俗的混合体。有一条不成文的规矩是，随每个人去吧，但永远要把家庭和谐放在第一位。

我父亲唯一坚持让我去做的事情，就是我在成人礼之前必须学习《塔木德》[1]律法课，那是十二岁犹太男孩必经的标准程序。放学后，我需要去犹太教堂，坐在其他满脸长毛的刚到青春期的邻家男孩旁边。我们的老师是罗森菲尔德拉比（Rabbi Rosenfeld），他的课总是令人鼓舞。他算是个潜修者，之前刚刚发现哈西迪犹太教的一个分支，叫作"布雷斯洛夫"。这些课程传授的是十八世纪哈西迪教圣徒雷比·纳赫曼（Rebbe Nachman）的教诲，他提出了关于幸福的革命性思想，并在封建沙俄犹太人中引起了强烈的共鸣。这种思想认为，你是不是贫穷或者受压迫，这些都不重要，关键在于一旦选择做个幸福的人，不管怎样，你都会慢慢掌控你的生活。和某些哲学思想一样，"布雷斯洛夫"强调快乐的仪式，例如歌唱及拍手。

---

1 犹太古代法典。

不用说，很多布鲁克林的母亲们不能理解这种犹太教福音传道。她们围着我父亲诉苦，因为作为犹太教堂的副主席，只有他能够严格约束这位古怪的新老师。她们抱怨道："我们只是把儿子送到希伯来语学校接受成人礼教育，我可不希望他变成一个极端正统的犹太教徒。"十二岁的男孩们奉行安息日的教规，回家时依然佩戴打结的流苏，戴着犹太圆顶小帽，在卧室里静坐。与此同时，他们的父亲们正在客厅一边看电视一边大吃特吃爆米花。父亲们以这种愉快的方式安慰了所有担忧的母亲——她们的孩子并没有被洗脑。成人礼是犹太教教义规定必须接受的教育，是的，它就是一个男孩停止孩童行为开始为"上帝"工作的仪式。它可不仅仅是妈妈梳妆台上金色相框里的一张成人礼纪念照。

我相信在二十世纪五十年代中期这种争论是普遍现象。在那个城镇兴起的时代，越来越多的犹太人是第二代或第三代美国人，他们想保持犹太人的身份，但又想摒弃所有烦琐的仪式。我父亲所在犹太教堂的管理人员们对这种"世俗"潮流一直持有怀疑态度。对他们来说，犹太教并不像一首老歌一样，你跟着哼哼就行。你要学习教义，真正弄懂其中的含义。你要么像犹太教徒那样生活，否则就只是个伪犹太教徒。如果一名十二岁男孩来到当地的犹太教堂学习祖先们的宗教，他会得到重视传统的老师们的正确教导。而在此之后，年轻人想过什么样的生活则是他自己的事情。

一九五五年三月我进行成人礼的那一天，我记得非常清楚，我浑身因恐惧而战栗，被我未来的姐夫——马丁（Martin）和他的父亲卢·韦德克尔（Lou Wiederkehr）架起来护送到犹太教堂。我父亲早上七点就已经到了教堂。那是逾越节前的那个周六，邻居们把教堂挤得满满当当，我们整个大家族的人都挤坐在前排的长凳上。社区领袖卡汉拉比从先知的书中节选出关于牺牲、"什一税"和慈善义务的章节进行朗读，而我在舞台上傻呆呆地站了快两个小时。当我的重大时刻来临，我上前一步唱了一首歌——《安息日》(Shabbat HaGodol)，忍着不去看台下第一排我母亲哽咽的样子。

我开始变声了，美国的音乐同样也"变声"了。《戴维·克罗克特的歌谣》(The Ballad of Davy Crockett) 是那一周的排行榜冠军。这是一首讲述一位漫画英雄砍掉树木，竞选国会议员，"最终死在阿拉莫"的新颖的民谣歌曲。在美国南方，一个名叫埃尔维斯 (Elvis)[1] 的小伙子开始在太阳唱片 (Sun Records) 旗下制造出一些"噪音"——虽然那只是在当地闹出动静，并没有被传播到纽约，但在每个大城市，节奏与布鲁斯 (R&B)[2] 音乐已经开始在白人青少年中疯狂传播，听众人数快速增长。接着，在我成人礼之后几个月，我姐姐结婚离开了家。突然间，卧室里就只剩下我一个人，上帝为证，我是个男人了——我进入了青春期，就在这时"摇滚乐"(rock and roll) 开始爆发。也就是从这时起，一切开始走向失控。

一九五四年，我已经听过当时流行的一些嘟－喔普歌曲 (doo-

1　即埃尔维斯·普雷斯利 (Elvis Presley)。

2　节奏与布鲁斯：Rhythm and Blues(简称 R&B)。指二十世纪四十年代出现的非裔美国人表演的受灵歌和布鲁斯音乐影响的流行音乐，最初被称为"种族音乐"(Race Music)。时任《公告牌》杂志的编辑杰里·韦克斯勒为规避种族歧视之嫌，创造了一个市场化的音乐概念"节奏与布鲁斯"，并在一九四九年用"节奏与布鲁斯排行榜"替代了"哈莱姆歌曲排行榜"(Harlem Hit Parade)。

wop)[1]，例如"乌鸦"（the Crows）演唱组的《唧》（Gee）、"和弦"（the Chords）演唱组的《嘘 —— 》（Sh-Boom）以及"奥蒂斯·威廉姆斯与魅力"（Otis Williams and the Charms）演唱组的《铁石心肠》（Hearts of Stone），但当我听到伟大的节奏与布鲁斯音乐时，我立刻被迷住了，并终生着迷。我不停反复播放的第一批节奏与布鲁斯热门歌曲是胖子多米诺（Fats Domino）的《那不是可耻的吗》（Ain't That a Shame）和《去河边》（Going to the River）。另外一首让我如痴如醉的歌曲是乔·特纳（Joe Turner）的《摇、晃和滚动》（Shake, Rattle, and Roll）。在充满变化、喜欢喃喃自语、总是玷污了毯子的成人礼的年纪，如果你第一次听到一种声音如同闪电般打动你，那不论这是种什么样的声音，通常它都会成为你往后的生命中听唱片时耳朵自动偏爱的旋律。对我来说，它一直都是嘟 - 喔普音乐和查克·贝里（Chuck Berry）、詹姆斯·布朗（James Brown）、萨姆·库克（Sam Cooke）、小理查德（Little Richard）、汉克·巴拉德（Hank Ballard）、艾沃里·乔·亨特（Ivory Joe Hunter）、劳埃德·普赖斯（Lloyd Price）、约翰尼·埃斯（Johnny Ace）、雷·查尔斯（Ray Charles）、小威利·约翰（Little Willie John）等音乐家天然的嗓音。毫无疑问，在所有我喜欢的早期摇滚音乐人中，我最喜欢的还是胖子多米诺。

这些第一批节奏与布鲁斯音乐人不仅仅是歌手，他们大多数会自己写歌，还会将他们的常规表演推向极致。比如胖子多米诺会在舞台上把钢琴推来推去，比如小理查德会在摄像机镜头里跑进跑出，又比

1　该类型音乐在演唱时，会经常发出"嘟"和"喔普"的声音，因此得名。

如查克·贝里总是在弹吉他的时候走鸭子步。当然，我并不知道这些舞台上的戏剧效果其实都来自黑人歌曲的杂耍传统，它们与节奏与布鲁斯音乐的传播融合在一起。当年十三岁的我只知道，除了他们，电视上再也没有其他人敢这样搞怪。

我想要收集这些艺人的所有唱片，所以开始在海滩上贩卖冰激凌或者搬运躺椅，这种行为本身也变成了一种教育。在那些日子里，如果你把曼哈顿头朝下拎起来摇晃几下，掉下来的肯定是科尼艾兰。一场夏日的热浪可以在一天中吸引上百万人像沙丁鱼一样挤进游乐园，整个海滩上目之所及人山人海，他们想尽一切办法把腰部以下浸入水中。这里的每个人：各个年龄段的孩子、母亲、父亲、老年人、水手、士兵、算命先生、擦鞋匠，成百上千的蓝领色狼在涂着亮红色唇膏、打扮得漂漂亮亮的姑娘们面前卖力炫耀。他们展现着美国人生活中的各种面孔——穿泳衣的、袒胸露怀的、衣着考究的、喝醉的、被日光晒伤的、在报纸下睡着的、失落的、被找到的、还在找寻中的。在后来的生活中，如果我要想象一下"公众"这个词，我只需要想想某个炎炎夏日里的科尼艾兰就够了。

冲浪大道是地铁终点站，成群结队的人们从这里拥入科尼艾兰。这里也是酒吧和路边摊聚集的主要街道。就像游乐园里有很多项目可选一样，这里充满着热腾腾、油腻腻、黏糊糊的街头食品，对于一个年仅十三岁、兜里又有点零钱的孩子来说，它们大都看上去挺恶心但吃起来很香。说到食物，科尼艾兰上应有尽有，可以说是继承了十九世纪"世界博览会"的传统。小摊上什么都卖，从炸蛤肉、炸螃蟹到炸馅饼、泡菜、土耳其烤肉、中国炒面、比萨、汉堡包、波浪纹炸薯

条、蒸玉米棒、烤花生、华夫饼、烤面团、絮状棉花糖、太妃糖苹
果、块状棉花糖、根汁汽水、麦芽奶、切成块的新鲜西瓜或菠萝。就
连热狗 —— 我们布鲁克林土著管它叫"弗兰克斯"，都是十九世纪末
游乐园开园时在冲浪大道被发明出来的。某个聪明人灵光乍现，想到
了要把法兰克福香肠卖给过路人，最简单的办法就是把它卷进面包
里，十美分一个。加点儿芥末，起个有趣的名字，搞定！

对于我们这些住在附近，能接点零活儿的人来说，那就像在马戏
团旁边长大一样。我的外祖父母见证了科尼艾兰在二十世纪的黄金岁
月，那时候富有的曼哈顿家庭会在这里的豪华酒店过夜。到了五十
年代，富人们早已搬去长岛海滩居住，科尼艾兰充斥着工薪阶层的
味道，但它依然充满魔力。当我还是一个孩子的时候，伍迪·格思里
（Woody Guthrie）住在离海滩仅一个街区的地方，在那里，他写下了
"美人鱼大道，所有肤色的好人都在这条街上相遇"[1]，他如此感动于科
尼艾兰的嘉年华氛围，还专门写了一张儿歌专辑，里面甚至有几首歌
是献给犹太文化的。

生意忙碌的一天下来，我最多能在海滩上赚到十美元，这对一个
少年来说是一笔相当不错的收入。当然，我会像松鼠一样把它们藏进

---

[1]　美国民谣歌手伍迪·格思里生前创作了大量作品，但很多作品并没有录制成唱片，
甚至很多歌词并没有谱曲。一九九五年，格思里的女儿诺拉·李·格思里（Nora Lee
Guthrie）联系到英国歌手比利·布拉格（Billy Bragg）和美国乐队"威尔科"（Wilco），
启动一个计划，将一批歌词谱上曲，制作成唱片，最后以《美人鱼大道》的名义发行了
两张专辑，但并没有收录《美人鱼大道》这首歌。二〇〇三年，美国乐队"克莱兹莫"
（The Klezmatics）的成员弗兰克·伦敦（Frank London）为这首歌谱上曲，并收录到乐队
二〇〇六年专辑《神奇之轮》（Wonder Wheel）中。

我的秘密树洞里。我说得轻巧，但老实说，在能将人融化的温度中，背着沉重的冰激凌箱走来走去令人疲惫又尴尬。说回买唱片，在布鲁克林有几家唱片店，但如果想买到全套的节奏与布鲁斯音乐专辑，我就得搭乘地铁去哈林区的"沙克"唱片店或者"博比的幸福小屋"唱片店，再或者去后来在布朗克斯区开的"表亲"唱片店。在那个时候，四十五转和三十三转格式的唱片几乎已经成为主流，但是仍有很多节奏与布鲁斯唱片被压制成七十八转的十英寸唱片[1] ——这些又大又重的"饼干"由一种叫虫胶（shellac）的物质制成，是黑胶唱片的前身。我个人最喜欢四十五转的唱片。

任何少年达成野心的第一步，就是佯装成自己想变成的那个人，第二步就是你自己先相信。我开始在星期天带着我新买的唱片去我外祖父母店里，并且像马丁·布洛克那样对着任何愿意听我讲话的表亲或姨妈手舞足蹈。我不会忘记有一次在周日的午餐上，我说出一个接手整个美国演艺行业的计划，我的舅祖父莫里斯微笑着给了我一些中肯的建议。他直截了当地指出"经久不衰"这个概念，这也是马丁·布洛克对《田纳西华尔兹》的评价。莫里斯舅祖父也许只是一名橄榄油进口商，但他明白纽约是怎样运转的。"每个人都有可能进入

---

[1] 二十世纪初出现的一种录音介质，即唱片。最初是用虫胶材料制成，转数为每分钟七十八转，直径十英寸的唱片每面可容纳三分钟的录音，十二英寸的唱片每面可容纳五分钟的录音。当时也有十四英寸、十六英寸和二十一英寸规格的虫胶唱片，但比较罕见。一九四八年，哥伦比亚唱片公司推出用乙烯基为原料，转数为每分钟三十三转的唱片，十二英寸的唱片每面可容纳二十分钟的录音。一九四九年，RCA 维克多唱片公司（RCA Victor）推出转数为每分钟四十五转的七英寸唱片，每面可以容纳六分钟左右的录音，一般用来录制单曲和迷你专辑（EP）。

演艺行业一段时间，"他说，"但真正的百老汇之王却胜在坚持。"

现在该是我去对马丁·布洛克"虚拟舞厅"背后的机器一探究竟的时候了。我知道是《公告牌》杂志（Billboard）[1]在编辑他公布的排行榜，所以我在一九五六年的夏天进行了一次城市探险——拜访了《公告牌》杂志社。它是皇宫剧院的一部分，位于四十七大街和百老汇之间。"你好，女士，"我对前台女接待员说，"我对你们的排行榜非常感兴趣，想知道你们是否需要实习生。"

她好心地叫来《公告牌》排行榜负责人汤姆·努南（Tom Noonan），一位年纪不超过三十岁并且格外友善的人。我知道自己年纪太小不能去工作，所以解释说我只想抄下他的排行榜档案以完成学校布置的一个项目。让我高兴的是，他拿出一堆装订成册的期刊，腾出桌子一角，允许我在那里用左手潦草地抄写。

我怀疑没有任何人在意我的"项目"，甚至包括我母亲。幸运的是，汤姆·努南允许我在整个假期和平时放学后到他那里深入挖掘早期的《公告牌》排行榜，我抄写的最早一期榜单甚至追溯到我出生那周。我就这么抄啊抄，记住一些名字，观察汤姆的工作，想看看我能坚持多久。天知道他和《公告牌》的其他撰稿人怎么看待我。他们大多都是贫穷又单身的音乐狂热分子，几乎住在办公室里。要说我对音乐有着病态的痴迷，他们又何尝不是。

拉法叶高中位于我们社区的西侧，是一座巨大的四层建筑，有大

---

1 创办于一八九四年的美国音乐杂志，最初以广告海报为主，着重介绍户外娱乐活动，后来专注音乐领域，内容包含许多音乐种类的介绍与排行榜，一九四六年总部迁至纽约。其提供的音乐排行榜一直以来都是美国最具权威性的公信榜。

约四千个孩子在那里读书。不是我觉得上课没意思，实在是因为跟在
《公告牌》抄东西或者在科尼艾兰上卖冰激凌比起来，进教室这件事
本身就是一种束缚。我总感觉自己身上有些东西与众不同，但我花了
很长时间才知道它到底是什么。我不知道什么使一个人变成同性恋，
我只记得我会站在操场一隅，盯着我们学校最好的运动员看。因为
我不能参加体育运动，所以我觉得为别人的力量和敏捷而惊叹是一件
很正常的事。我对女孩也不是没有"性"趣，我也能轻易看出她们中
谁漂亮，但我还是逐渐了解了男人之间的特殊友情——那种我觉得
就算是最"直"的男人也能认出的强烈情感。随着少年的旋转木马越
转越快，所有的线索织成了蕾丝花边，形成了越来越强的吸引力。当
然，我不让自己去想这些事。我只知道，如果被父亲发现了，这会跟
杀了他一样。

　　我的"尤里卡时刻"（Eureka）[1]是看到里基·纳尔逊（Ricky
Nelson）在电视上演奏胖子多米诺的《我在漫步》（I'm Walkin'）。那
一刻，我才确认我的确是。我的言行举止并不女里女气，举手投足也
没有露出端倪。如果我在学校被点名批评——大多是因为我搞的那
些恶作剧，比如我曾把一个微型半导体耳机伪装成听力治疗器，以便
在课堂上听歌。我知道自己笨手笨脚，惨兮兮的，人家也觉得我古
怪，但我也明白我最酷的地方就是我所拥有的唱片。我们学校曾出过

1　据说阿基米德洗澡时福至心灵，想出了如何测量皇冠体积的方法，因而惊喜地叫出了
一声："Eureka！"后来人们把凡是通过神秘灵感获得重大发现的时刻叫作"尤里卡时刻"。

许多棒球手，包括道奇名人堂[1]成员桑迪·库法克斯（Sandy Koufax）[2]，但是我们学校在二十世纪四十年代的毕业生里确实也出过一位流行明星，名叫维克·达蒙。他证明我们学校同样可以产生音乐界的明星，所以我只希望其他孩子能理解，胖子多米诺和里基·纳尔逊歌唱时，舞台点亮了日落时分的世界，我心驰神往。我并不认为有谁怀疑我是个同性恋，因为那是艾森豪威尔和多丽丝·戴（Doris Day）的年代，人们并不会去怀疑谁是同性恋，就连我们这些满嘴脏话的布鲁克林坏孩子也不会。就连我自己也把这件事深深埋藏在心底——我真的相信，如果我足够长久地忽视它，它也许会自己走掉，就像打嗝这种现象或是挨家挨户兜售东西的推销员一样。

我的秘密可能造成了我的孤独，但我不能说它对我产生了什么特别的伤害或让我遭受了什么痛苦。只有当音乐从我身上流淌而过的时候，我才能感到自己正在被治愈。在我起初没意识到自己可能会有一些"不适"的情况下，我会突然觉得"好多了"。我躺在床上研究唱片封套上的厂牌小图标：国王（King）、阿波罗（Apollo）、水星（Mercury）、阿拉丁（Aladdin）、精益求精（Excelsior）、大西洋（Atlantic）、奇迹（Miracle）、太阳、切斯（Chess）、维杰（Vee-Jay）、现代（Modern）……它们就像遥远之地的城堡和旗帜一样令我着迷。不论我是坐在学校的课桌旁，还是与父母坐在餐桌旁，我唯一想去的

1　洛杉矶道奇队（Los Angeles Dodgers）是美国洛杉矶一支美国职业棒球大联盟球队，隶属国家联盟西区，原名是布鲁克林道奇队，于一八八三年在布鲁克林成立，一九五八年迁至洛杉矶后更名。其杰出成员会被选入道奇名人堂。
2　美国著名职业棒球手，以投出的球快速刁钻闻名。

就是离这些音乐源泉更近的地方。

我对唱片的沉迷似乎没有让我父母过于担心，因为年轻人总得入一个行当学一门手艺，而且正经说来，我还在纽约一家受人尊敬的杂志社里当实习生呢。《公告牌》的人甚至给我了一张媒体采访证，它可以让我蒙混进场，观看在布鲁克林市政厅举行的汉克·巴拉德、杰基·威尔逊（Jackie Wilson）、劳埃德·普赖斯还有其他音乐家的演出。此外，我还会带着独家新闻回家，例如有一天乡村音乐协会的人来见《公告牌》的编辑保罗·阿克曼（Paul Ackerman），向他抱怨埃尔维斯·普雷斯利被列入了乡村歌曲榜。保罗·阿克曼是一位了不起的老师。他很乐于告诉我一些内幕消息，就比如刚提到的，乡村音乐协会的人来《公告牌》，抱怨埃尔维斯·普雷斯利在太阳唱片出的歌打入了乡村音乐榜，虽然那个时候他的歌也只是在排行榜上第十或第十五名的位置。他们对他说："保罗，你知道的，这算什么玩意儿呀，根本就是黑鬼音乐（nigger music）！"他为自己当时没把那些家伙赶出办公室感到羞愧，但是这些人确实很有影响力。保罗是个敏感的知识分子，而且是节奏与布鲁斯和黑人音乐的真正推动者。

我父亲看到我在理财方面还算精明，依然对我成为一名医生或者律师心怀希望，不过最值得称道的是，他让我自己选择要走的路，并站在我身后看着我成长，而非横加干涉。他和汤姆·努南成了朋友，原因很简单：虽然努南不是犹太人，但他是虔诚的爱尔兰天主教徒，他的大家族里还有几个人在波士顿当修女。我父亲很感激汤姆把我护在他的羽翼下，于是邀请他夫人到服装中心以示感谢。在那个时期，汤姆挣的钱可能和我父亲一样少，所以给努南太太置办一身漂亮的新套装和大衣，可以算得上是诚意满满。

　　然而，令父亲印象最深刻的却是主编保罗·阿克曼。他并不信教，但他是典型的犹太好人，是正直的知识分子。他受过教育，处事有原则，并且把在《公告牌》的日常工作视作一项更崇高的事业。保罗当然有一些个人爱好，例如诗歌和园艺，但是由于他作为音乐撰稿人的奋斗以及对编辑的内容要言之有物的信念，使他成为二十世纪复兴力量的代表。通常一个犹太家族总会有一位甚至多位富有的商人，在任何一座犹太教堂这样的人都很常见。但对我父亲那样的信教犹太人来说，最高等级的人是能够公开表示支持态度的杰出拉比或是社区领袖，保罗·阿克曼显然是这样的一个人。

　　父亲尊重《公告牌》，并为我正在建立的关系感到骄傲。让他害怕的是，我这么年轻就被吸引进了唱片业，还为此弃学。保罗·阿克曼可是在哥伦比亚大学学习过英国文学的，所以像我这样的人，将来无论如何也当不上老板。哪怕按照二十世纪五十年代末布鲁克林工人阶层的标准，我都算得上是个异类。我父母不知道的是，《公告牌》的排行榜其实为我未来将要拥抱的事业提供了实实在在的教育。我学到了很多东西，其中包括电视台和电台如何将公众的注意力集中在大牌明星身上，以及销售报告如何真正反映市场的广阔性和多样性。汤姆不仅在编辑全美的数据，同时也收到欧洲的排行榜。看他整理那些庞大的数据就像上《圣经》课一样。名字，名字，还是名字。你必须尽自己所能去记住更多的名字——艺人、歌名、唱片厂牌、版权代理商、歌曲创作者。但只要你能够把所有琐碎的参考信息拼凑起来，就会发现一些有趣的模式。

当我按年份往回抄写《公告牌》的排行榜档案时，我注意到了从二十世纪四十年代以来引进的所有外国歌曲。每个月都有数量惊人的版权目录，它们直接授权自意大利、法国或者德国。有些是翻译成本土语言的翻唱版本，有些是改编成叮砰巷（Tin Pan Alley）[1] 风格的版本。海外的情况也一样，美国的热门歌曲直接被翻译成外语或者重新改编。所以，我学到的唱片业的第一条金科玉律就是：好歌，就像食谱或是服装行业的时尚潮流一样，会轻而易举地在全世界范围传播开来。

对一个布鲁克林孩子来说，这并不是一个大发现。你很难找到一个比月亮主题公园或是越野障碍赛马公园更能体现唱片业的例子了。在那种人潮汹涌、色彩斑斓的游乐园里，有能够吸引很多人的大型游乐设施，而新奇的小型设施和外国主题的美食摊则为游乐园增添了奇妙的元素。但玩了一天下来，人们并不在乎这些玩意儿到底来自哪里。事实是，有些东西一眼看上去可能有点怪，却反而因此能更吸引人。如果这东西恰好合乎心意，他们很快就能完全接受。

在那个时代，《公告牌》的排行榜尽其所能做到准确。它有三个分榜，分别反映唱片店的销量、点唱机播放次数以及电台播放次数。此外，还有一个乐谱销售榜（chart for sheet music sales），这在当时非常重要。当时也有一个综合了所有项目的总榜，称为《热门歌曲荣耀榜》（*Honor Roll of Hits*）。但是当《电台排行榜前四十名》（*Top 40 radio*）开始风靡全国的时候，汤姆想到一个点子，将这个榜的排名结果和唱片销量结合起来，最终形成了《排行榜前一百名》（*Top 100*

---

1 美国纽约百老汇附近一个地名的别称，又译作"锡锅街"，是二十世纪初一直到摇滚乐出现之前美国主流流行音乐风格的代名词。

chart）。在当时那个关键的时间节点，传播跟热门歌曲有关的新闻拼的是速度和时机，这样一来，《排行榜前一百名》就成了很有价值的工具。

汤姆·努南和保罗·阿克曼是我的启蒙导师，但是在我在《公告牌》经历的种种幸运之中，冥冥之中的一次邂逅算是彻底改变了我的命运。在一个周三傍晚的乐评时间，我第一次看到这个大腹便便、膀大腰圆的男人，他似乎有着非凡的力量。他的名字叫悉德·内森，是辛辛那提音乐厂牌国王唱片的掌门人。他大约五十五岁，但看上去恨不得有七十岁，而且他视力很差，近乎盲人，仿佛随时都可能碰到某个门框，所以不得不架着一副"厚可乐瓶底"眼镜。我以前从没见过他这样的眼镜，镜框加固过，镜片很厚几乎成了球状，当他转动脑袋向四周看去，他的眼睛会随着焦点的远近而忽大忽小。

悉德·内森话很多，他一开口，你最好盯着他的嘴巴，因为他患有慢性哮喘，所以这张毛茸茸、圆嘟嘟的嘴总是在喘着粗气。他滔滔不绝地讲述那些我闻所未闻、演艺行业最不可思议的内幕故事。由于肺和声带都受损严重，他不得不竭尽全力才能让人听见他说的话。悉德正是用这种呼哧带喘的嗓音，把一些圈内知识、搞笑段子和奇闻异事从各个角度说了又说。对于《公告牌》的每一位撰稿人，特别是保罗·阿克曼来说，这位老人是美国的传奇人物。在经济不景气的时期，他向听众销售了数以千万计的唱片，其中大多是乡村音乐和黑人音乐。他是唱片人的原型，他疯狂的天分深深地吸引了我。

他造访《公告牌》是为了送来一些新发行的唱片，这些唱片如果获得好评，可能会让他光是在用点唱机听歌的人当中就卖出七万五千张。但是，和那些总是吹嘘自己旗下垃圾唱片的其他厂牌老大不一样，悉德向来只是播放一下他带来的唱片，和熟人闲聊几个小时，了解一些新闻，然后听听竞争对手带来的唱片。唱片业里的人常常夸夸其谈、东拉西扯，过去是这样，现在是这样，一直都是这样，对此悉德总是抛出他的经典评价"都他妈扯淡"。

在乐评时间，编辑们正在筛选一堆新发行的唱片，有一名撰稿人嘟囔了一句："哦，我们用不着听朱比利公司（Jubilee）的唱片吧。我听说他们都快垮了。"悉德一下子坐直了身子，从他的"厚可乐瓶底"眼镜后面望着他说："我不在的时候，你们是不是也这么说我啊？"他总有办法让整个屋子都安静下来。"你们好歹听听人家这些唱片！"他告诉乐评人们，"它有问题是它的事，跟你没关系。那么多唱片里，或许就有那么一张，里面有你或许需要了解的东西。"

"杰里·布莱恩（Jerry Blaine）一定是你的好朋友。"一位撰稿人打趣道，他说的是朱比利唱片的老板。

"不，我正在起诉那狗娘养的家伙！"悉德的语气平淡如水。于是我们播放了朱比利公司送来的新唱片，果然，唐·朗多（Don Rondo）的《白银沙滩》（White Silver Sands）脱颖而出，后来成了一首热门歌曲。

当乐评时间结束时，我抓住机会像一只海豹一样扑腾着迎上去。"噢，我的上帝，太荣幸了，内森先生。我买过一些你出的唱片。"

"哦？是吗？是哪些？"

"是汉克·巴拉德和詹姆斯·布朗的唱片，先生。"

很显然我给他留下了不错的印象，因为后来悉德每次造访《公告牌》时都会在汤姆的办公室驻足，跟我打个招呼。一天，他带着一脸父亲般的关切神情开始考我。也许他已经问过保罗·阿克曼或者汤姆·努南我整天在这里晃荡什么，但是不管他透过厚厚的"可乐瓶底"看到的是怎样一个可怜兮兮、孤儿般的小人儿，他一定在我身上看见了几十年前的自己。

直到若干年后我才知道他的故事。就在一九一〇年前后，年仅五岁的内森得到了叔叔的一套架子鼓，在整个不幸的童年时代他都在敲鼓。也许正是如此，他才能保持清醒，因为他的视力缺陷非常严重，看不清黑板，考试回回不及格。他的哮喘是慢性病，孩子们在嘲笑他厚厚的眼镜时，他都没法绕着操场跑步躲开他们。到十五岁时，他再也忍不了了。他跟随自己的耳朵，径直走出了校门，在遍布美国中西部的爵士俱乐部、婚礼和其他演出活动中打鼓，释放自我。那才是悉德生命真正的开始。

在二十世纪二十年代，他曾经梦想成为一位明星鼓手，带着他的"福里斯特·布拉德福德管弦乐团"（Forest Bradford Orchestra）一起演出，但在那个动荡年代，收音机逐渐兴起并将留声机产业送入长达十五年的危机中，只有最优秀的音乐家才能闯出一条生路。贫困、经济衰退、理想破灭最终将悉德推向了生活的阴暗面。他在一家当铺找了个差事，又被牵扯进辛辛那提两个家族的一场政治宿怨中。他曾贿赂城里的工人，让他们在工会选举中投某位当地领袖的票，这段"工作经历"几乎让他遭受牢狱之灾。后来，他开过一家珠宝店，但总是被偷；他推广过摔跤比赛；还开过一家射击馆，但由于没有付给比赛获胜者奖金被告上法庭。作为一名大萧条时期的年轻人，悉德·内森是人们说的那种"有故事的人"，人到中年，他又回归到了自己钟爱的东西上来。他开始销售收音机、留声机以及二手唱片，到了一九四三年，他把所有生活的经历都融入到了"国王唱片"的事业中，这是一个前卫的音乐厂牌，发行了许多结合了乡村以及节奏与布鲁斯风格的音乐。这些音乐影响深远，演变成了后来的摇滚乐。

等到悉德·内森瞪大眼睛发现我这个人时，他已经功成名就。他足够聪明，足够有钱，可以无所顾忌地去发现一个在世俗社会中找不到立足之地的异类，并且为他指出通往最近的竞技场之路。"孩子，"一九五九年的某个下午他对我说，"我喜欢《公告牌》。保罗·阿克曼是唱片业中最诚实的人。我可以告诉他任何事情，因为我知道他会守口如瓶。但是听我说，你是想亲自参加这场游戏，还是只想做一名观众？因为《公告牌》就只是这样一名观众。你只能报道其他人正在做什么。你的确能发现某些唱片，但别人在此前已经签下了它们。或许，仅仅是或许，你能参与进来，帮助它们成为热门歌曲。但是你不想自己上手做这些事情吗？"

"是的，我想。"我用婚礼誓言般的口气回答道。

"那好，来和我一起工作。"他微笑着说，"来辛辛那提。"

我当时并不知道，但这就是唱片业最大的悲剧——唱片厂牌创始人的亲生儿子通常并没有耳朵或胆识去继承父亲的冒险事业。唱片业的整部历史中，这样不成器的儿子随处可见，音乐城堡的钥匙从来就不该交到他们手中。在所有独立音乐巨头中，悉德是最年长也是最成功的一位，但他没有任何接班人，甚至没有一个被宠坏的败家子去挥霍他的希望。他的独生子纳特（Nat）总被他描述为"差不多是得了痉挛性麻痹症"，现在想来应该是自闭症患者，只不过在当时连医生都不知道这个术语。

我那时太年轻，还想不到我的亲生父亲可能对这个出人意料的剧情转折有所抵触。当我把内森邀请我去辛辛那提工作的大好消息带回家时，父亲看上去并不高兴，他坚持要打电话给《公告牌》，问保罗·阿克曼一些问题。

"悉德·内森在纽约有办事处，"保罗·阿克曼告诉我父亲，"你为什么不亲自去见见他呢？"让我害怕的是，父亲真的打电话到国王唱片，得知要等好几个月悉德才会再来纽约出差。我觉得很尴尬，几个星期都不想跟父母说话。

当那个重要的日子来临，父亲带着我来到国王唱片位于纽约西五十四街的办事处，悉德已在门廊等我们。他一定是看到了我父亲把雪茄扔进了阴沟，或者，考虑到他的视力，也许他只是闻到了廉价烟草的味道。他从口袋里掏出一支粗大的古巴雪茄。"来，抽我的。"他对我父亲说。父亲的脸色像被蜡烛照亮一样缓和下来。

"我知道你是从辛辛那提来的大忙人，"父亲开始说道，"我不想占用你太多时间。我只有两个问题。"

"斯坦比格先生，"悉德打断他的话，"我只有一个问题，我可以先问吗？"

"是的，当然。"

"你有多少钱？"

看到我可怜的父亲脸色红成了甜菜根一般，我几乎恨不得钻到最近的下水道里去。悉德这么说好像这次会面还不够羞辱人似的，他早就知道我是个穷小子呀。"我并没有自己的产业,"父亲一时语塞,吞吞吐吐地说,"我在服装中心工作,干了一辈子了,还在一步步奋斗中。西摩和他姐姐从来也没伸手要过什么……他们总是去夏令营。"

"斯坦比格先生,"悉德再一次打断他,"我只想知道,你是否有足够的钱为西摩买一条送报路线。"

"一条送报路线?"我父亲完全被搞糊涂了,"但是西摩没干过这些呀。"

"听我说,你儿子的血管里流的是能制造唱片的虫胶。他只想从事唱片业。现在我对他看得很清楚,他要是入不了音乐这一行,他这辈子就毁了。到时候,他什么也干不了,只能去送报纸。但我能带他进入唱片业。"

我亲爱的父亲那天受到了严重的打击。幸运的是,他是一位明智而有信仰的人,相信儿子的幸福比他个人的尊严更重要。在回布鲁克林的火车上,父亲看着窗外,陷入沉思,而我就像一棵圣诞树那样熠熠发光。刚刚,我得到了老前辈的赞赏,传奇的悉德·内森认为我有潜质成为一名唱片人。傍晚,一回到达希路的公寓,父母就开始动手为我收拾六月底离开家的行囊。那时才四月,他们显然太着急了。

Chapter 2
悉德和当年那个孩子

那年夏天，我十五岁，渴望冒险。我飞到辛辛那提，悉德在机场出口处等我。"欢迎来到肯塔基州！"他微笑着说，因为机场位于卡温顿市，正处在俄亥俄州和肯塔基州的边界线上。

悉德挤进了别克轿车的方向盘后，载着我上了高速公路。他从飞机舷窗般的眼镜后面斜着眼看路，不由得让人生出一种不祥的预感。我可没料到会是这样。根本不该给一个视力这么差的人发驾照，不过他这个人我了解，没准儿是贿赂了警察才搞到手的。后来我才知道，他出过很多次车祸，还被一个朋友起诉过。不论何时只要是悉德开车——他偏偏又喜欢开——坐车的人最好看路边的风景，把注意力放在车载电台上。

在肯塔基州，一切都是绿色的，空气闻起来味道有些不同——更温暖、更黏稠，充满了花粉和小虫子。"这里是 WCKY，在肯塔基州卡温顿市为你广播，"电台里传来声音，"从这里驾车经过路易斯维尔和纳什维尔铁路大桥到'皇后城'——俄亥俄州辛辛那提的喷泉广场仅六分钟。"正如电台主持所描述的那样，我们经过了俄亥俄河，"她"就在对面的河堤上。"辛辛娜塔"是悉德对他深爱的家乡的称呼。

这是我两次夏季实习中的第一次，每次实习大约四周时间，我都是在国王唱片工作，住在悉德家里。我很快感觉到悉德的妻子泽拉（Zella）并不太乐意我来这里。这我能理解，因为我自己也很痛恨与纳特住在一个房间里，他实在太怪了，让人很不舒服。纳特跟我年纪相仿，体重超标，总是像小孩一样胡言乱语。实际上他是悉德第一段婚姻的结果，我知道他在学校总是因为"痴呆"被人戏弄。当然，纳特希望我成为他最好的伙伴，所以总是像地毯上的屎一样黏着我。

幸运的是，国王唱片和辛辛那提很欢迎我。虽然辛辛那提是我去过的最靠近加拿大国界的地方，但这里有些河畔景色跟小说《哈克贝利·芬恩历险记》[1]里描写的几乎一模一样。老蒸汽船驶往路易斯维尔，驳船载着沉重的货物向下游航行，一直到密西西比河。国王唱片开在这里是有原因的：它利用了美国古老的运河网络，以及许多伟大的音乐都出自这里。悉德只要驾车几个小时就能到达纳什维尔、底特律和芝加哥[2]，自"二战"以来国王唱片就在这些地方的音乐市场上占据一席之地。

国王唱片创立于二十世纪四十年代，起初是一个乡村音乐厂牌，很快发掘了一大批乡村音乐明星，包括"牛仔科帕斯"（Cowboy Copas）、"德尔莫尔兄弟"（the Delmore Brothers）、"琼斯爷爷"（Grandpa Jones）、"斯坦利兄弟"（the Stanley Brothers）、韦恩·拉尼（Wayne Raney）、霍克肖·霍金斯（Hawkshaw Hawkins）、汉克·彭

1　美国作家马克·吐温创作的长篇小说。
2　这三个城市均为美国著名的音乐城市。纳什维尔是乡村音乐的圣地；底特律是北派灵魂乐（Northern Soul）重镇，摩城唱片（Motown）所在地，也是泰克诺音乐（Techno）、浩室（House）等音乐的主要发源地；芝加哥则是布鲁斯音乐的圣地。

尼（Hank Penny）、邦妮·卢（Bonnie Lou）、"唐·雷诺与雷德·斯迈利"（Don Reno and Red Smiley）二重唱组合，以及穆恩·马利坎（Moon Mullican），一位早在比尔·黑利（Bill Haley）之前几年就已经结合了黑人音乐和乡村音乐的小酒馆唱作人，等等。但是在整个五十年代，节奏与布鲁斯开始替代乡村音乐，成为国王唱片的主打产品。悉德最新的大牌明星是詹姆斯·布朗，此外他旗下还有其他一大批明星，诸如汉克·巴拉德、小威利·约翰、乔·特克斯（Joe Tex）、比尔·多格特（Bill Doggett）、布尔·穆斯·杰克逊（Bull Moose Jackson）、艾沃里·乔·亨特、厄尔·博斯蒂克（Earl Bostic）、伦尼·约翰逊（Lonnie Johnson）、弗雷迪·金（Freddie King）、"奥蒂斯·威廉姆斯与魅力"演唱组等。

　　国王唱片的整个运作实际上是靠几家相互关联的公司来组织，它们分散在同一区域相邻的几栋楼里。沿着楼后一条旧火车铁轨是被称为"皇家塑料厂"的压盘厂，一九四三年悉德就是在那里创办了国王唱片。当时几乎没有任何唱片压盘厂或者乡村销售商能从经济大萧条中生存下来，所以从国王唱片成立的第一天开始，悉德的疯狂梦想就是帮助重振唱片业，他当时还是个酷爱音乐的小伙子。说起来真是"瞎子牵瞎子"，他们推出的第一张唱片是"牛仔科帕斯"的《菲律宾宝贝》（Filipino Baby），当第一团唱片虫胶原料滑到托盘上的时候，悉德就站在一旁看着。一个穿白色外套的员工把压机放下后却无法把它升回原位。他们面面相觑，然后意识到他们忘了给这台机器装上复位弹簧。他们抓起一把六英尺长的撬棍，"哐啷哐啷"地设法把压机撬回原位。最后悉德用一把小折刀把唱片从托盘上撬了下来。他举起这堆焦炭一样的碎屑，像天主教神父在准备圣餐礼一样，对他的员工宣布："这堆……唱片……价值六万五千美元！"国王唱片就这样开张了。

早在一九四七年，悉德就对《商业周刊》宣称，他的使命是"开辟一个市场"，实际上他也做到了。在工厂附近，他建起了办公室、车间、仓库和录音棚。录音、混音、封套设计、印刷、压制唱片，一切都在公司内部完成。卡车把化学原料和纸张运进来，然后把包装得利利索索的唱片运出去。他建立了销售网络，招募销售人员，开始一个城市接一个城市地开设批发分销点。随后他扩展了自身业务，增设了下属子厂牌：皇后和联邦（Queen and Federal），还买下了诸如奢华（De Luxe）、伯利恒（Bethleham）、四星（Four Star）这样的独立厂牌。同时，他们也为贝尔通（Bel-Tone）、柳树（Willow）、奇迹、感觉（Sensation）、四星（4 Star）、费尔兰（Fairlane）、新碟（New Disc）、明星日（Starday）、休伦人（Huron）和韵律（Cadence）等大批第三方厂牌提供唱片分销或压盘服务。

随着唱片销量的上升和明星的诞生，悉德迅速意识到歌曲创作的重要性，并成立了几家音乐版权管理公司，请那些有经验的歌曲创作者运营。他拥有路易丝音乐（Lois Music），一家用他老情人的名字命名的公司；但最成功的却是监狱和教堂（Jay & Cee），它是为国王唱片里才华横溢的 A&R 亨利·格洛弗（Henry Glover）而建立的，他是一名黑人歌曲创作者。悉德也给格洛弗机会，让他担任制作人，并承诺说："我会把你从监狱里弄出来，把你带进教堂。"公司的名字就是这么来的。亨利·格洛弗是我遇到过的最有才华的音乐人之一。时至今日，我还在继续奋斗，争取让他入选摇滚名人堂（the Rock and Roll Hall of Fame）。"监狱和教堂"不仅为国王唱片自家的节奏与布鲁斯歌手提供歌曲，同时也为很多竞争者提供歌曲，例如雷·查尔斯、查比·切克（Chubby Checker）以及阿雷莎·富兰克林。其他的 A&R 制作人有拉尔夫·巴斯（Ralph Bass）、桑尼·汤普森（Sonny Thompson），还有最重要的亨利·斯通（Henry Stone），后来他去了迈阿密的 TK 唱片公司（TK Records），大获成功。

在不到十年的时间里，悉德·内森围绕着一群才华横溢的音乐疯子，打造了一个多元化的、繁忙的市场。国王唱片这时候已经是美国最大的独立音乐厂牌，直接雇用大约四百名员工，为数百家合作公司提供服务，并且涵盖了当时所有的音乐流派：乡村、蓝草、热爵士、西部摇摆、三角洲布鲁斯、比波普、布吉、牛仔舞曲、波尔卡、黑人圣歌、儿歌，甚至包括一些他从特立尼达岛和古巴挑选出来的曼巴舞曲和卡利普索民歌。奇怪的是，悉德很少做流行音乐唱片。在音乐上和地理上，他都坚守边缘地带。他也不是没尝试过发行流行歌手的唱片，诸如盖伊·米切尔（Guy Mitchell）、罗斯玛丽·克鲁尼（Rosemary Clooney）的妹妹贝蒂·克鲁尼（Betty Clooney），最后还有史蒂夫·劳伦斯（Steve Lawrence），但都没有成功。

在那两个夏天里，为了学习唱片制造业的方方面面，我在公司的各部门轮岗。悉德特别为他的压盘设备感到骄傲，他常说这套昂贵的机器"能碾出我们自己的饼干"。有一次可真把我吓坏了，他命令我去后面那栋楼，楼里有重型机械和桶装酸性材料，臭烘烘、脏兮兮的。那天，生产线上正在压制的唱片是妮娜·西蒙（Nina Simone）版的《我爱你，波吉》（I Loves You，Porgy）。一名技师让我站到一台机器前，一团融化的虫胶原料滑落下来。我的任务是把压机牢牢地压下去，再把它抬起来，这个动作需要重复一整天。由于我是出了名的笨手笨脚，我很怕自己会把妮娜·西蒙的唱片熔在我手上。我勉强压了十张左右唱片就跑出去找悉德："求求你，别把我送回纽约，但我再也不想在压盘车间干活了。"他没有炒掉我，甚至没有对我发脾气，但是无论何时我听到那张唱片，总会觉得好笑，因为歌词里有一句："别用他炙热的双手掌控我。（Don't let him handle me with his hot hands.）"

我经常被分配一些不同的任务，不过有时候悉德会让我随他一起出行。作为老板，他总是花大量时间打电话来施展魔法，用他招牌式的、信口胡来的幽默解决问题，鼓舞团队。他总是在录音棚里表现得最快乐，不管是旁观还是制作，有时候他甚至会捡起鼓棒打一段节奏。他偶尔也写写歌，一般是写歌词，因为他才思敏捷，能想出朗朗上口的佳句和画面感很强的歌词。我最喜欢他那首《签名、封缄并送达》（Signed，Sealed，and Delivered），是"牛仔科帕斯"的一首热门歌曲。悉德是一位企业家，但是你能看到他对音乐的热爱才是他企业的心跳。

然而，他最强的能力却是销售。大约在一九五二年，即便是大唱片公司都没有他那样的区域运作能力，他从东海岸到西海岸一共建立了三十四家分店。在亚拉巴马州伯明翰那样的小城，他只靠一名员工在一个不起眼的社区经营一家唱片店就可以把生意覆盖到整个片区。店员接到订单，把唱片包装好，每周一次，车里装满唱片就上路，看见路边有天线就停下来。在大一些的城市，每家店会有两名员工，一个内勤，一个外勤。而在纽约的分店则有三名员工。我不怀疑他们都会把贿赂悄悄塞进电台主持人的口袋里，不过不会是大数目。这些小城镇的电台主持人大都是些音乐疯子，生活拮据。在那个年代，没有人能靠做电台音乐节目发财。

尽管悉德不是洛克菲勒，但他在辛辛那提也有很好的别墅，在迈阿密有一套公寓，此外他还买下了运作国王唱片所需的大部分房屋。他对现金流很谨慎，总是把收入投资到房地产或者由他信任的人运营的合作公司上。我记得有一次在路上，他解释说虽然他可以轻松买下一辆凯迪拉克，但一辆拥有同样标准发动机的顶配别克在价格上却便宜了一半。他衣着朴素，总穿一套旧西装，似乎并不在意金表、豪华餐厅，或者任何你能跟一位唱片业大佬联系在一起的身外之物。

有一件事情他很喜欢，那就是旅行。除了自驾跑遍中西部和定期去纽约之外，他还会安排一些长途商务旅行，会搭乘飞机去见关键的生意伙伴，特别是去伦敦见百代唱片（EMI）常务董事 L.G. 伍德（L.G.Wood），此人负责打理国王唱片海外销售事务。通常，悉德的行程会从伦敦开始，然后是巴黎、汉堡、米兰或者其他地方，他去见词曲版权代理商。他最喜欢去的一个地方是意大利的圣雷莫音乐节（Sanremo Music Festival），它是欧洲最大的音乐盛会，虽然它主要是为词曲版权代理商而不是唱片公司举办的。

关于圣雷莫，我最喜欢的故事之一跟我的朋友库尼·穆雷（Kuni Murai）有关。他有一个音乐厂牌，我把它带进了华纳音乐日本公司，而它旗下的艺人中有一支乐队叫"黄色魔术交响乐团"（Yellow Magic

Orchestra）。我最后一刻才决定去圣雷莫，所以请华纳的人给我弄门票。他们跟我说门票已售罄，但如果我不介意音乐节第一天到场的话（我当然不在意），他们可以给我保罗·西蒙和罗德·斯图尔特（Rod Stewart）的演出通行证，因为他们在音乐节第一天晚上有演出。我邀请了库尼同去，当我们在后台找乐子的时候，一个保安朝我走来问道："罗德·斯图尔特？你看上去不像罗德·斯图尔特啊。"我不假思索地说："要是你不相信我是谁，那你问我那边的朋友保罗·西蒙。"那边的朋友就是库尼·穆雷。悉德让我充分认识到拥有国际化视野的重要性，也让我坚定了那些从我年轻时就已建立的信念：热门歌曲可能来自任何地方。《飞翔（蔚蓝之蓝）》（Volare[Nel Blu Dipinto Di Blu]）仅仅是在圣莫雷崭露头角随后风靡全世界的众多热门歌曲之一。悉德擅长在所有恰当的场合交朋友，他甚至一路聊进了辛辛那提的"白人盎格鲁-撒克逊清教徒俱乐部"，真是了不起，你要知道中西部的上流社会骨子里有多看不起喧闹的犹太人。他们的私人会所是加菲街上一栋宏伟的老房子——库维尔新闻俱乐部，仅对会员开放，木质装修，到处都是真皮大沙发。悉德和他的律师阿尔·罗戈夫（Al Rogoff）都加入了俱乐部，他们在那里叼着古巴雪茄吞云吐雾，而在旁边，法官和市政厅要人们坐在沙发上呷着威士忌。悉德和罗戈夫倒是能进入角色，除了他头一回带我去的那次，泽拉说服悉德带上纳特，而纳特根本坐不住，嘴里一直胡说八道。没有哪个白人老男孩从他们正在看的报纸后面抬起头，去看一眼角落里的这场犹太人骚乱，但是你能闻到空气里那种经过两个世纪蒸馏出的种族主义气味，不过悉德似乎并不在意这些。

悉德这个人有意思的地方在于，在某些时候任何一方都有可能指责他言行不端。当邻居们意识到这家伙是电台里播放的节奏与布鲁斯音乐（他们称之为"黑鬼音乐"）的幕后操手时，悉德家的前窗玻璃就被不知从哪儿飞来的瓶子神不知鬼不觉地砸碎。当政府发起反贿赂运动时，他们同样把矛头指向了悉德这些节奏与布鲁斯音乐背后的白人老板们，联邦调查局最早搜查的就是这些人的办公室。虽然调查并未发现任何定罪证据，但悉德却在其后公开承认行贿。是的，贿赂是源于电台主持人私人的敲诈行为，而他每个月要为此支付两千美元，这惹恼了他的同行。悉德死后，音乐历史学家还指责他和他的竞争者们剥削黑人音乐家。

你相信谁呢？我不怀疑在合同方面，悉德的确是占了黑人音乐家们的便宜，但是我敢说，他压榨起乡村歌手来一样的毫不留情。至少悉德还签了合同，发布了版税报告单，并且付给艺人们应得的版税，而当时，他的大部分竞争者以上种种一样也不会做，并且也没受到什么惩罚。他在节奏与布鲁斯音乐方面的竞争者，臭名昭著的莫里斯·利维（Morris Levy）曾对一位前来找他要版税的黑人艺人开玩笑说："版税？如果你想要版税，滚到英格兰去吧！"

靠舞弊昙花一现只是懒人的做法。悉德·内森不是这样的，他建立了一家更大的公司，并着眼于音乐事业本身。他需要长期的职业艺人，以确保公司像钟表一样不停运转。他的一切工作都在公司内部完成，这样可以让成本最小化，因为他知道大多数发行的唱片都会亏钱。如果他没有支付一大笔预付款，或者只是象征性地支付少量预付款，那是因为所有的风险都由他一己承担。大多数第一次录音的艺人都是业余歌手或巡演乐手，他们很高兴可以制作一张唱片供他们在朋友面前炫耀，或者通过这张唱片得到更多演出机会。但是千真万确，当一张唱片火了后，哪怕是最没脑子的新人也会飞快想到怎样爬到食物链上端。悉德总是随时准备好指导新人中涌现的精英，帮助他们获得持续成功。他总是照顾他旗下最好的艺人，并且随着他们的事业进步与他们建立新型的合作关系。

　　就拿詹姆斯·布朗来说，当悉德第一次听到他的唱片，"《求求你，求求你，求求你》(Please，Please，Please)，"他扮着鬼脸说，"孩子，你真的需要问一百遍'求求你'吗？你就没别的话可说了？"当时詹姆斯·布朗还太年轻，被吓住了，不敢用一个机灵的答案去反击老板，但他最终还是会学会的。让每个人高兴的是，詹姆斯的第一张唱片大获成功，卖出了一百万张。这份头奖要是落入其他不地道的厂牌怀中，那么詹姆斯可能只能是昙花一现。但悉德却把他护在羽翼下，为他安排巡演，找来词曲作者给他写歌，与他针对最热门的音乐题材进行合作。悉德确保他能够赚钱，并且在事业上一直进步。詹姆斯·布朗是一个乡下孩子，没读过什么书，但他逐渐学会了如何打理生意。若干年后，他乘着自己的飞机到世界各地，在独裁者的私人派对上表演，收取高额演出费。相信我，当詹姆斯·布朗自己当上了国王，他对手下的艺人、词曲作者或员工也不会扮演圣人的角色。这个活儿吃力不讨好，但总得有人做。

　　悉德喜欢表现得粗鲁和无礼，这容易让人误会他。他总是徘徊在粗鲁和下流之间的边缘地带，但我认为这也正是有天分的人信任他的地方。他会兴致勃勃地胡扯一气，然后突然喊道"我押六个点"，接着大声放个屁，再继续口若悬河地东拉西扯，好像什么都没发生过一样。那是一种滔滔不绝的疯狂，而他极端的行为正是一种把男人和男孩区分开的方式。心脏脆弱的人绝对没法对付悉德·内森，但真正强大的人却会喜欢他并容忍他玩自己的游戏。他是一个妙趣横生的人。有一次出差途中，我们在一个公厕旁停下方便，不久我就听到悉德所在的隔间传来一声巨响——他太胖了，把马桶圈坐断了。他骄傲地走出来，手里举着裂成两半的马桶圈，说："我要把它们留给我那些只长一半屁股的朋友们。"[1]

黑人音乐家和乡村音乐家都是在巡演巴士上成长起来的，但我觉得正是悉德那种毫不畏惧的性格引起了保罗·阿克曼这类严肃知识分子的共鸣。悉德会绕开所有屁话——所有那些装聋作哑、种族主义、政治正确、害怕失败等等，直奔主题。有一次，我们在路易斯维尔的一个穷乡僻壤停下车等红绿灯，纳特突然用路上所有行人都能听见的嗓门叫喊起来："爸爸，这里真的有很多黑鬼呀！"

悉德转身冲着后座，咧嘴笑道："黑鬼？黑……鬼？孩子，你想让人把我们都宰了吗？这里不是辛辛那提，我可保护不了你。这里是迪克西。你应该叫他们'黑鬼渣'（niggaaahz）！"绿灯一亮，悉德踩足油门开溜了。这实在是很不明智，因为就在那一次的出差途中，他开着车，差点撞上纳什维尔的火车。

嗯，是的，悉德·内森会用"黑鬼"这个词以及其他亵渎的字眼，但你能指望一个前爵士乐鼓手和摔跤运动推广人说出怎样的话呢？在

1　原文为half-assed，意为"半个屁股"，悉德这里是语带双关。

悉德狂野的内心世界里，一切都是正当的，但是他并不是种族主义者，不像辛辛那提或巴尔的摩那种边界城市里的大多数人。在那里，种族歧视的情况可能比美国南部更严重。在库维尔新闻俱乐部，我亲眼目睹过一件事，可以证明这一点。黑人女歌唱家莉昂泰恩·普赖斯（Leontyne Price）在电视上一出现，满满一桌酒醉的男人开始向电视机扔水果。悉德转过身来，对着他们大喊，让他们爬回动物园的笼子里去。这件事让他简直出离愤怒，立马就起身离开了。但我觉得悉德和保罗·阿克曼投身黑人音乐事业的政治立场不一样。悉德为之着迷的是天才。我认为正因为他太瞎、太丑，所以才不会以外在的标准评判任何人。只要你会唱、会演、会写、会讲故事，甚至只是能理解他的幽默，他才不管你长啥样儿或者从哪儿来。国王唱片就是证据，公司里有一半都是黑人，但我从没听他吹牛说自己是个为社会上的弱势群体提供平等机会的雇主。

　　我应该料到，我一直混迹于他一路网罗来的各种肤色的怪人中，最终我从中获得了第一次性经验。悉德为新奥尔良两家生意很好的唱片店压制了大约一千张特别订购的唱片，里面的音乐由新奥尔良国王唱片的老派艺人录制。这两家店一家在市中心，另一家在机场。他们派来验货的家伙跟我年纪相仿，也像我一样，恨不得拿唱片当早餐吃。悉德从他钱包里抽出一张钞票，对我说："你今晚为什么不带蒙特（Monte）出去吃顿大餐呢？"然后他潦草地写下一个地址，用他那朴实的逻辑解释说："我喜欢迈尔斯餐馆的原因就是，你可以直接看到食物，想吃什么就自己放进盘子里。"我听从了他的建议，但他钟爱的这家餐馆里面的食物一整天都在锅里焖着。我倒是在那附近找到一家中餐馆，我最怀念布鲁克林的地方就是那里的中餐馆。

　　享用完几周以来最好的一顿大餐，我开始真正觉得和蒙特这个来自新奥尔良的帅小伙儿之间擦出了火花。当然了，他抑扬顿挫、拖腔拉调的南方口音让我有一种新鲜感，想必我的布鲁克林式鼻音也让他有同感。喝完咖啡，我们都知道接下来将发生什么。我们直接去了他的酒店房间。

　　"这是我的第一次，"他说道，"我感觉很新奇。"

　　"这也是我的第一次。"

　　我们都知道该做什么，但是都不知道完事之后该说什么。幸好，蒙特想了个不错的主意，打破了这惊愕之后的沉默。"我想我们应该去看些滑稽表演。新奥尔良有这样的演出，辛辛那提这里一定也有。"天色已晚，不过酒店前台还是给我们介绍了一家俱乐部，在那里我窝在椅子里，看了我人生的第一场滑稽表演，整个人几乎在黑暗中发着光。现在我知道性爱的滋味是什么样的了。我没有临阵退缩，那小伙子的眼睛在舞台灯光的照射下闪闪发光，似乎说明他也未曾对此感到后悔。

　　我在辛辛那提度过的那两个夏天确认了我一直以来都知道的事——我属于唱片业。十七岁那年，我刚高中毕业就报了长岛大学的新闻学课程，当时的计划是提高我的写作和编辑技能，然后去《公告牌》混个收入不错的工作。但不幸的是，我在国王唱片的实习经历让我对此产生了怀疑。在见识过悉德生活中的刺激、富有和满足后，我无法再如从前那般确信自己适合从事新闻工作，因此当新学期开始时，我并没有出现在课堂上。就像任何一个类似处境下的、前程未卜的年轻人都会告诉你的那样，高中毕业后的第一个九月是很可怕的。整个夏天我并没有感到任何压力，但是现在压力扑面而来，我突然意识到自己需要全力以赴。很幸运，汤姆·努南把我招回了《公告牌》的排行榜部门，给了我一份周薪八十美元的全职工作。

二十世纪六十年代到来了，排行榜开始变得真正重要了。自从《单曲榜前一百名》诞生开始，《公告牌》的电话就一直响个不停，形形色色甜言蜜语的唱片厂牌老板和推广人轮番轰炸。汤姆是个天主教徒，容不得任何人接受贿赂，但有时候他会对我们这些人享受其他形式的"人道关怀"睁一只眼闭一只眼。

摩城唱片的老板是贝里·戈迪（Berry Gordy），他的艺人从没有获得过排行榜冠军。他和他的首席销售员巴尼·阿莱斯（Barney Ales）会定期打电话到我们办公室，当然我也非常高兴和他们讨论音乐。有一天，戈迪从底特律打电话来，非常兴奋地说："我有一首排行榜冠军热门歌曲了！"

"在哪儿？我没看到啊。"

"还没录好。我们刚写完一首歌，它绝对会成为冠军歌曲。西摩，我打电话给你的原因是，我希望你能来底特律，这样我们录音的时候你能在场。"

"什么？为什么是我呢？"

"因为你耳朵灵。"

"很高兴你能这么想，但是，贝里，听我说，有一个推广人你应该见见。他的名字叫皮特·贝内特（Pete Bennett），在第十大街一家叫'剑桥'的分销商那里工作。他们这一路的人我见多了，他绝对是最棒的。"

"那你俩都来。你把他也带上。你跟他说一下，然后回个电话给我。"

当我和皮特·贝内特到达底特律时，我们受到了盛情的款待。他们说的那首歌就是"小奇迹"（the Marvelettes）演唱组的《求你了，邮差先生》（Please Mr. Postman）——贝里的人一边录，我们一边等。我们回到纽约时，感觉好像冠军就是我们的了，但是这张唱片出人意料地花了很长时间才火起来。它在电台里播出了六个月，在排行榜上稳步攀升，最终在圣诞节前一周拿到冠军，摩城唱片终于有了诸多排行榜冠军中的第一首冠军歌曲。

我很愿意告诉你们，是我晃着汤姆·努南的胳膊，求他给贝里·戈迪一个来之不易的冠军，但是我相信它也赢得光明正大，毕竟它成为冠军歌曲时我早已回到辛辛那提了。所以，现在你们明白了。你需要一首好歌作为开始，但是其他所有的一切——诸如电台播放、媒体报道、电视节目露脸、分销、商店上架、点唱机点播，当然还有净销售额——整个打榜系统是围绕着人进行的，说到底，就是一部分人如何取悦另一部分人的把戏。

人们不可能不喜欢围绕着《公告牌》发生的种种趣事，因为它已经进入了一个颇具影响力的黄金时代。但是我知道我在《公告牌》的前景是有限的。排行榜部门是汤姆的孩子，而他所需要的仅仅是一两名资历浅的员工。再说说写作，我很高兴花几天时间想出唱片封套上的内容简介，例如国王唱片一九六一年发行的"冠军"·杰克·杜普雷（Champion Jack Dupree）的合集。如果有几个晚上的时间，我能编出一个好故事，但是想以音乐记者的身份来写文章，那就不得不每天码出两千字，还要挤出时间给许多人打电话，得到他们的看法、感悟以及独家新闻。我干不了这个。我知道我更像悉德·内森而不是保罗·阿克曼，而且我怀疑他俩讨论过这件事，因为在一九六一年十月，我收到了悉德的邀请，让我回辛辛那提做国王唱片的 A&R 和宣传培训生。

悉德和保罗甚至在《公告牌》上发布了一条公告，宣称"业内人称'比格猎犬'的西摩·斯坦比格将在国王唱片担任 A&R 并从事宣传工作"。这他妈是什么鬼？

"斯——坦——比——格——？"他像吃到一个烂苹果一样蠕动着嘴巴，"你是希望人们把你和这个……名字联系到一起？"

"但是，悉德，在我们整个大家族里的男人里面，我是最后一个还用这个姓氏的。"

"什么？你是说其他人都不用这个姓氏了？"

"我父亲的两个兄弟都把姓改成了斯坦伯格（Steinberg）。"

"你的叔叔们做得对。听着，孩子，行行好，摆脱'斯坦比格'带来的痛苦吧。"

"但我父亲会怎么说？"

"如果你真想干音乐这一行，你得有个叫着上口的名字。仅仅是名字而已。你好，我是悉德·内森，你是谁？"

悉德所言不虚。唱片业只有一个地方容得下你的多愁善感，那就是在那些催泪的热门唱片的纹路里。当你追逐幸福的时候，你必须残忍。他自己的父亲放弃了加利西亚先祖的姓氏"科利维安斯基"

（Krivinsky），选用了"内森"这个姓氏。考虑到老人家的名字为纳特，这是一种勇敢的选择。纳特·内森这个名字胜在简练。悉德的本名叫悉尼（Sydney），他把"砍名字"变成了他公司里的一种仪式。每当一名乡村歌手或是犹太律师加入公司，报出的名字老长老长，悉德就会拿出他的屠刀，下手就砍，不管人家喜不喜欢。

　　悉德该抱怨抱怨，我也不搭理他，直到有一天下午他终于开骂了。在大办公室里，有一个大喇叭用来呼叫那些没有自己电话的员工。接线员呼叫了"西摩·斯坦比格"八九次，他的话音刚落，悉德那不会被认错的、呼哧带喘的声音从同一个喇叭里传来："要么叫斯坦（Stein），要么叫比格（Beagle），要么滚回纽约去！"你听说过"火的洗礼"，这是老板对我的洗礼，用解雇我对我进行威胁。当我面有愧色地走向电话时，办公室里的每个人都惊恐地看着我。我感到被侮辱了，强忍着泪水，按照他说的做了。比格猎犬（beagle）是一种小型英国猎犬，如果用"比格"这个姓氏，也就意味着，如果任何人拾起一张秘书留的便条，电话号码旁潦草地写着"请致电'看到更多比格猎犬'[1]"，他们将认为我代表的是一家慈善机构，恳求志愿者帮忙遛那些被收留的狗。所以我选择了一个更简单的名字，西摩·斯坦（Seymour Stein），果真，从此我再也没需要向别人拼写我的名字。

　　在用新的人格面具武装了我之后，悉德派我随詹姆斯·布朗进行十天的巡演。这不是我第一次见到明星，但可能是我第一次见识到究竟是什么打造了一位世界级的传奇人物。詹姆斯·布朗是一个有

1　SEEMORE BEAGLE，即 Seymour Beagle 的谐音。

强迫症的工作狂，像一只老鹰一样盯着他的对手们。他有自己喜爱的歌手和词曲创作者，不过说到舞台表演，他那时候最妒忌的人就是杰基·威尔逊，一位前拳击运动员，是当时节奏与布鲁斯领域运动能力最好的舞蹈家。詹姆斯编排了他自己的小动作，有着惊人的舞台表现力，但是他极其渴望像杰基·威尔逊那样劈叉。我的天哪，我曾看到可怜的詹姆斯那么努力地尝试这个动作，都快把他自己撕出一条产道来了。

我在国王唱片的主要工作是与 A&R 人员一起听磁带，然后把唱片交给悉德的推广人员，这些人形成了一个全国范围的电台推广人网络，再加上我在《公告牌》工作时挑选的联系人，为我迅速扩大人脉奠定了基础。这是一种培训，但是在辛辛那提待了两年之后，我开始变得心痒难耐。我想念大城市，而且在这里的收入也不够住得舒适，吃得满意。悉德对待培训生的态度像一句非洲谚语说的那样："授人以鱼，不如授之以渔。"[1] 我知道他不会快速把我提到管理岗位，他有很多有才华、有经验的人可供选择。聘用我的成本不高，所以他让我观察学习，帮忙做事，直到我准备好走自己的路。悉德成了我的音乐教父，我知道，只需一个电话就能得到他的建议、联系人和八卦。我的成败不取决于其他人，而取决于我自己。

我还有拖了很久的家务事要处理。悉德把我安顿在辛辛那提的一间小公寓里，但是我的家当还都在布鲁克林。我感觉到我的家人正在

---

[1] "授人以鱼，不如授之以渔。"这句谚语究竟出自哪里目前尚有争议，有据可查的是英国作家安妮·伊莎贝拉夫人在一八八五年出版的小说《戴蒙德夫人》中第一次使用"授人以鱼，不如授之以渔"。

等着我搬出达希路，好让他们可以准备退休的事。父亲已经六十岁了，我知道他和母亲已经在四处物色更好的公寓，开始翻阅旅游宣传册。他们走过了漫长而艰苦的旅程，现在终于可以喘口气了，所以非常渴望趁着身子骨还硬朗的时候，好好享受余生。于是我离开了辛辛那提，一个人搬进了位于海洋公园路的一所公寓，在那里，我意外地接到了悉德的一通电话，这次是关于我在纽约的工作机会。

这份工作是是帮赫布·艾布拉姆森（Herb Abramson）做推广，他是一位疯狂的牙医，与艾哈迈德·埃尔特根联合创办了大西洋唱片。就像大家都知道的那样，在大西洋唱片刚刚起步的时候，赫布曾应征入伍去西德给美国大兵看牙。在那里，他养成了吸食可卡因的嗜好，他可以按处方药来购买可卡因，据称是把它作为牙科诊疗使用的牙床麻醉剂。他嗑药把脑子嗑坏了，为了填补服役期间的空虚，他搞上了一个美国女军人，而他远在纽约的妻子米丽娅姆·宾斯托克（Miriam Bienstock）正是大西洋唱片的"男人婆"经理，负责管理整个后勤事务，包括会计、合同、办公室行政。大西洋唱片很幸运，艾哈迈德向保罗·阿克曼寻求关于替补人的建议 —— 保罗推荐了他的明星记者杰里·韦克斯勒，因此公司经营得还算不错。

演艺行业有一条规矩："绝不要把你的老二插进收银机里。"或许就这件事来说，还有后半句："如果你这么做了，就不要尝试其他任何愚蠢行为。"当赫布带着他的新情人回到纽约时，米丽娅姆提出了离婚，还不允许他进入自己在公司里的办公室。而另一个问题是，这时的艾哈迈德·埃尔特根已经变成了一个夜间动物，几乎每晚都要去各种俱乐部找寻天才。他早就把公司朝九晚五的经营交给米丽娅姆打理，因此根本没法解雇她，甚至无法在不危及整个公司的情况下偏袒任何一方。最后，艾哈迈德还是采纳了保罗·阿克曼的忠告，为赫布成立了一个姐妹厂牌，叫作阿特科（Atco）。理论上，这是一种干净利落的妥协方式。但很不幸，赫布那时的状态糟透了。他丧失了信心，最终离开了大西洋唱片，拿钱走人——这是一个可怕的错误。

悉德对赫布的这种困境感到很难过，尽管这是赫布自己造成的。他同意帮助赫布成立一家新的音乐制作公司，并允许他使用国王唱片的分销渠道。作为回报，赫布将给我一份工作。我喜出望外，因为这份工作在纽约。"我不会拦着你，"悉德警告我说，"你知道我把你当儿子，但是西摩，你会发现这个男人很疯狂。他是天才，但他很疯狂。六个月后你就会失业。"实际上，我干了三个月就失业了，因为赫布把钱都败光了。他太自以为是了。

我靠着存款节俭度日，四处打电话找工作。我曾给俄亥俄州的一位推广人戴夫·西格尔（Dave Segel）留下过很深的印象，因此他主动说要把我推荐给他圈内的朋友。在唱片业里，推广工作要比跑腿儿高级，而且行业正处于快速增长的时期，有数以百计的小唱片厂牌需要工资低、干活儿卖力的年轻人，好把唱片"喂"进音乐主持人和记者的嗓子眼儿里。我不仅直接认识《公告牌》的每一位撰稿人，还能接触到一些有影响力的音乐节目主持人，例如默里·考夫曼（Murray Kaufman）和杰克·莱西（Jack Lacy）。有国王唱片和《排行榜前一百名》出具的推荐信，我的履历对于一个二十一岁的年轻人来说是相当不错的。

戴夫·西格尔帮我联系了一个在费城的大人物，名叫哈罗德·鲁滨逊（Harold Robinson）。他是世界上最大的克莱斯勒和普利茅斯汽车特许经销商之一，但他真正的最爱却是音乐。他在费城一家大的流行电台WIBG买下了一档自己的节目，用某种方式将他最喜欢的节奏与布鲁斯唱片和汽车销售混搭到一起。他也创建了自己的厂牌——新城唱片（Newtown Records），并为他发掘的艺人"帕蒂·拉贝尔和蓝美人"（Patti LaBelle and the Bluebelles）演唱组发行了几首单曲。我建议他把帕蒂·拉贝尔的一张现场演出专辑推销给悉德·内森，因为我知道詹姆斯·布朗的《阿波罗现场》（Live at the Apollo）是国王唱片卖得最好的专辑。哈罗德眼睛都不眨一下，出钱叫我陪他一起去一趟辛辛那提，随行的还有他一位忠心耿耿的手下。

　　我给悉德留了消息，请他为我预订两个酒店房间，客人是哈罗德·鲁滨逊和他的助理拉里·赖利（Larry Riley），还说清楚了我们抵达的时间。我那次仍然住在悉德的家里，就像过去一样。当悉德见到哈罗德·鲁滨逊和我带着一个黑人去的时候，他忍不住又开始玩他一贯的那一套把戏："那么，拉里·赖利在哪儿？"

　　哈罗德的司机答道："先生，我就是。"

　　"光听你这名字，我还以为你是爱尔兰人呢。"

　　"先生，对不起让你失望了。"可怜的拉里喃喃地说。

　　"不不不，拉里。我很欢迎你到我家做客，汉克·巴拉德[1]经常住我那里。"悉德说道，试图让我们的旅伴放轻松。然而悉德的问题在于，他严肃不了多长时间。过了一会儿，他掏出他那把折刀，在手上

1　悉德·内森这里强调汉克·巴拉德也是一个黑人。

转了起来："别担心，拉里，我们马上就能把你变成犹太人！"

"我已经割过包皮了，"拉里极其严肃地说，"而且我是虔诚的基督教徒，也为此感到骄傲。"天哪，不管拉里给自己挖了个什么地洞，我都想钻进去。

"已经割过包皮了？"悉德说，如果你没看惯他那副怪异的眼镜，他笑起来还是挺能唬住人的，"好，那么，下一刀就割你的蛋蛋。"

仅仅两句话聊下来，拉里·赖利就没能通过悉德的人格测试。悉德在酒店门口把拉里放了下来，拉里似乎松了一口气。悉德连个借口都没找就开着车把我和哈罗德接到他家吃晚饭去了。这是我唯一一次看到悉德怠慢一个黑人，但并不是因为他的肤色。悉德对不懂幽默的无趣之人没有耐心，不论是黑人、犹太人还是火星人。当然，事情办得很顺利，悉德和他手下同意发行帕蒂·拉贝尔的现场演出专辑，它在国王唱片的目录上紧挨着詹姆斯·布朗的经典现场专辑。不用说，哈罗德·鲁滨逊为他的唱片公司做成了这么完美的一笔生意欣喜若狂，高兴得像拉里一样（请原谅这里的双关语）[1]。虽然我只挣到了推广人的佣金，但确切地说，这是我取得第一次胜利的标志，而且这趟的差旅费、酒店和开支也都由别人包了。我还记得自己当时想："你会习惯这种生活的。"

那张现场专辑《阿波罗甜心》(Sweethearts of the Apollo) 里面有一首打入《电台排行榜前四十名》的热门歌曲《走过通道（婚礼之歌)》(Down the Aisle [The Wedding Song])，这首歌让"帕蒂·拉贝尔和蓝美

---

[1] 原文为 happy as Larry，意为"欣喜若狂"，恰好哈罗德的助手也叫拉里。

人"在全国范围内为人所知。可惜那时候我已回到纽约，要待几个月。最终，我也不得不干一些唱片推广的活儿。我会把唱片发给一个叫丹尼·吉特尔曼（Danny Gittleman）的唱片批发商，他所在的美国唱片公司（U.S. Records）位于马萨诸塞州福尔河。我在《公告牌》工作的时候就认识他，因为他的销售报表在排行榜所采纳的样本里排名一直是比较高的。我与丹尼建立了合作关系，他在销售报表里纳入了我的"客户"的唱片，这些唱片的榜位也会随之提高。我对这段迷失的岁月并不感到自豪，但那时候我年轻，没有工作，总得生存。

　　幸运的是，我有个朋友叫特迪·特鲁布（Teddy Troob），他的父亲沃伦·特鲁布（Warren Troob）是个律师，客户都是唱片业的顶尖人物，例如切斯兄弟（Chess Brothers）、电台主持人艾伦·弗里德（Alan Freed）[1]、唱片制作人乔治·戈德纳（George Goldner），我在《公告牌》工作的时候遇到过乔治几次。特迪知道我的境况，他听说词曲作者二人组杰里·莱伯（Jerry Leiber）和迈克·斯托勒（Mike Stoller）成立了一个新唱片厂牌。他们刚刚聘请了乔治·戈德纳运作演出，所以特迪的父亲给我争取了一次跟乔治面谈的机会，乔治很快聘我当助理。

　　他们的新厂牌叫作红鸟（Red Bird），这一次，我真的很幸运。我们在布里尔大厦（Brill Building）的八楼工作，一九六四年五月，厂牌发行的首张唱片是"迪克西杯"（the Dixie Cups）的《爱的教堂》

1　美国二十世纪五十年代著名音乐节目主持人，他在广播节目中最早用"摇滚乐"（Rock & Roll）一词来形容当时的黑人节奏与布鲁斯音乐，并使"摇滚乐"一词进一步得到普及，最终成为描述这种新型音乐的词汇。他的节目也开始让白人听众和黑人听众开始听同一种音乐，打破了流行文化的种族障碍。

（Chapel of Love）。在"披头士""入侵"美国的几周后，这张唱片像卫星上天一样于六月冲上排行榜冠军，最终卖了一百多万张。这种规模的成功可不常见，但对我来说，通过这一次，我学习到了怎样在一位王牌推广人的监督下，针对大唱片公司做好流行歌曲的推广工作。

自二十世纪四十年代起，传奇的乔治·戈德纳就一直很活跃，他因推出蒂托·普恩特（Tito Puente）、乔·洛科（Joe Loco）、玛吉托（Machito）以及其他拉丁明星而成名。虽然他的名字一直等同于古巴节奏，但乔治有着一双金耳朵，能够鉴赏任何流派的音乐，他在整个五十年代的一系列嘟-喔普热门歌曲上大获成功，包括"乌鸦"演唱组的《唧》，这首歌被普遍认为是摇滚乐的第一首热门歌曲。他既是一位优秀的舞蹈家，也是一位天才 A&R，能从海量的小样里挑出一首可以一鸣惊人的歌曲。我不知道，也许他的天分就是一只耳朵听着旋律，一只眼睛看着歌词，一种乐感把握着节奏，还有一只超感官的鼻子能嗅到成功的味道。不管到底是什么，乔治·戈德纳是个有真本事的人。

他的生活节奏很快，用我用得也狠。我的工作是把唱片送到各个电台，联系节目总监，组织商务旅行，以及做任何能够让我们的唱片进入适当渠道的工作。我们推出了"迪克西杯"的更多热门歌曲，像《人们说》（People Say）和《艾科，艾科》（Iko, Iko），还有一首横扫全球的冠军热门歌曲，"香格里拉"（the Shangri-Las）演唱组的《群体领袖》（Leader of the Pack）。从一声"启动"开始，红鸟唱片就是货真价实的热门歌曲工厂，这也意味着乔治必须去伦敦乃至整个欧洲处理版权授权交易，雇用当地推广人，并进行全方位的运作。但是因为他对坐飞机有一种莫名的恐惧，所以他会派我打前站，搞定会议安排、酒店预订、唱片递送等所有必要的准备工作，而他自己则搭乘轮船或者火车随后到达。我那时才二十二岁，根本不够格去做这些事，不过我还是硬着头皮前往意大利的圣雷莫音乐节，拜访伦敦的大唱片厂牌，例如派伊唱片（Pye）和迪卡唱片（Decca），并且千方百计确保在乔治乘坐的轮船靠岸前别把事情搞砸。

我并不想过分强调此事，但对于像我这样的孩子来说，被委派到欧洲是一种特权。跨大西洋的飞机票价相当于今天的三千美元，那是富人才能享受的奢侈。"披头士"热正如火如荼，这让伦敦的音乐产业似乎变成了世界的中心。不仅仅是流行音乐产业，当我在希思罗机场走下飞机的时候，我感觉英格兰的一切都在吸引我。自五十年代末以来，我一直受到保罗·阿克曼的熏陶和影响，他喜欢提醒《公告牌》的撰稿人们，"我们的祖先英国人，不仅仅是用轮船和火枪来殖民全世界"。正是他们的学校，他们对公众生活的态度，孕育出了在写作、音乐、戏剧和广播方面的高标准。如果你为《公告牌》写评论，英格兰的那些潮流就算是怪异，你也不能不当回事，否则将引来保罗·阿克曼的怒火。

当我第一次探索伦敦的街道时，我想到了很多关于保罗·阿克曼的事情。虽然我不知道我该走哪条路，但我能感觉到他曾经说过的英国如此这般的好处。伦敦不是一座普通的城市，英国也不仅仅只是个岛国。

英美之间的"特殊关系"在音乐领域也有所体现，使得"纽约－伦敦"成为很多唱片业人士的繁忙旅行线路，包括越来越多的我的同龄人，例如有一天下午，有两个英国小伙子来到红鸟唱片寻找歌曲。高个儿的那位自我介绍说他叫安德鲁·奥尔德姆（Andrew Oldham），是"滚石"乐队的经纪人。我听说过这支乐队，但是在那时候，"滚石"刚在英格兰闹出点动静，乐队还不成熟，也鲜有自己写的原创歌曲。第二个人叫基思·理查兹，看上去不到二十一岁，很害羞，一直让安德鲁说话。我找了一堆红鸟唱片发行的专辑给他们，里面有一首阿尔文·鲁滨逊（Alvin Robinson）的《回家的女孩》（Down Home Girl），后来被他们翻唱过。我们聊了一会儿，安德鲁和我交换了电话号码并约定保持联系。要想干成事，你就得拿起电话，敲开别人的门，在圈子里晃荡，但是最重要的是，结交朋友和留住朋友。

布里尔大厦是一个和人会面的好地方，不管你信不信，整个六十年代中期我在红鸟唱片的那些年里，我总共交过三个女朋友，创下了我的个人纪录。其中一个叫萝伯塔·戈德斯坦（Roberta Goldstein），是尼尔·塞达卡妻子的表妹。她家很有钱，她奶奶在卡茨基尔地区拥有一家名为"埃丝特庄园"的酒店。尼尔·塞达卡就是在那里演出时被首次发现的。我总觉得萝伯塔是因为嫉妒她表姐夫的名气才投身唱片业，这也是表亲之间的一种竞争。她其实干啥啥不行，就会开大派对，就是有草坪，种种所需应有尽有的那种。在她的一次派对上，鲍勃·迪伦出现了，"扑通"一下坐在我旁边，沙发上挤满了人。那时候他还不是明星，但是他发展得很好，已经是我们这类音乐人士眼中的"硬通货"了。我不知道他是精神恍惚还是无聊到犯浑，随着夜幕降临，他开始用烟蒂烫一株盆栽植物。"这不太好。"我想。我猜真正的天才在某些时候都会表现出真正的古怪吧。

我天真的父亲不知怎么看出了萝伯塔性格狂放，直截了当地对我说："要是娶这个女孩，你想都别想。"尽管萝伯塔是个犹太人，但我父亲显然更喜欢我在红鸟唱片"三部曲"里的第三位女朋友萨拉·史密瑟斯（Sarah Smithers），她是那种令人一见倾心的美女。"现在，西摩，"这一次我父亲说，"如果你娶了这个女孩，我们绝对不会难过，哪怕她不是犹太教徒。"萨拉的母亲多琼·塞曼（DoJean Sayman）是圣路易斯某个大家族的继承人。萨拉的父亲彼得·奥特韦·史密瑟斯（Peter Otway Smithers）是一位律师、园艺家、摄影家和全能型冒险家，曾担任英国大使。战争时期他当过间谍，听命于伊恩·弗莱明（Ian Fleming）。伊恩笔下的人物詹姆斯·邦德显然借鉴了彼得·史密瑟斯的一些特点 —— 同样相貌英俊，多才多艺。出身于这样的家庭，莎拉本身就是一位公主，她的品味配得上她那堵塞交通的容貌。我是真的爱她。

我在那段日子里，夜夜流连于派对，不停地听专辑。我们将红鸟唱片的产品版权授权给英国的派伊唱片，作为回报，我们也收到了他们发行的所有专辑的预听版，以供我们参考。一九六五年初，我捡到的一颗小宝石是多诺万（Donovan）的专辑《宾做过的和宾隐藏的》（*What's Bin Did and What's Bin Hid*），里面有他的处女作单曲《兜风》（Catch the Wind）。很显然，他受鲍勃·迪伦的影响，不过他自己的某些歌写得相当好，已经有了自成一脉的英国民歌独特风格。我把它放给乔治·戈德纳听，他允许我向我们在派伊唱片的常用联络人询价。唉，多诺万的北美版权已经被山胡桃木唱片（Hickory Records）拿下了，不过多诺万一炮而红，而且他最为轰动的单曲与我的预测并

无二致，这在我个人的成长曲线上有着重要的意义。《兜风》在那个
夏天成为美国排行榜前二十名的热门歌曲，不到一年，多诺万又以
《阳光超人》（Sunshine Superman）这首歌问鼎排行榜。这简直就像看
着一条大鱼在我眼皮底下游走了。

　　在音乐上，相对于红鸟唱片发行的那些女歌手唱的流行歌曲，我
还是更喜欢国王唱片那些强劲的节奏与布鲁斯音乐，但在红鸟工作意
味着可以在纽约市中心成功推出全球热门歌曲，随之而来的兴奋之情
足以弥补音乐偏好方面的差异。对于成人而言，布里尔大厦是一个赌
场和夏令营的结合体。你甚至不需要登记，也不用有钱，它的大门向
任何玩家敞开，不论大小。电梯里能撞见明星，卫生间里吹口哨的人
吹的是未来的热门歌曲，搞笑的人物在不同的楼层转悠，兜售他们
的破烂，就像约翰尼（Johnny）那样。他是一位歌手，常年健身，晒
得黝黑。埃莉·格林尼治（Ellie Greenwich）把他介绍给我们，埃莉是
歌曲《做我的宝贝》（Be My Baby）和《哒嘟隆隆》（Da Doo Ron Ron）
的创作者。约翰尼经常拜访我们红鸟唱片，播放他最新的作品给我们
听，他一定从我眼中看出我是同性恋。他开始私下给我打电话，直到
我最终答应带他到我那可以俯瞰下东区河水的新公寓。他是我的第二
次同性恋体验。

　　实际上是乔治·戈德纳建议我买下那间公寓的。他需要一个安全
的地方来和最新情人约会，他先付了三千美元，我付了剩下的房款，
也比他多不到哪儿去，我还做了装修。乔治占用了更好一点的那间屋
子，不论何时他要带女伴回来都会事先打电话提醒我。我待在自己的
房间，就当什么都没发生。最重要的是，如果他疯狂的妻子逼问我，

我就一问三不知。他有两任前妻，光是已知的孩子就有六个，并且我们还曾在办公室里收到过一些照片，照片上一个孩子在微笑，是一位古巴女士寄来的，她声称乔治是那孩子的父亲。他显然对西班牙美人有着强烈的嗜好，特别是那些火辣的女歌手，就像他那迷人的妻子苏珊那种。苏珊知道他这副德性，所以像侦探一样盯着他。

乔治·戈德纳确实是一位连环猎艳高手。本来就帅得要命，又总是衣冠楚楚，哪怕他并非有意，也总能散发出一种让女人融化的魅力。他接受过几次我父母的邀请来布鲁克林参加安息日晚餐，我甚至看出我上了年纪的母亲在招待他时的激动和慌乱。乔治不信仰任何宗教，但他喜欢她做的鸡汤和马铃薯饼。母亲有一次在厨房里对我悄声说，"他是真帅"，好像这句话烫嘴一样。周五晚上来我家吃饭可能是乔治躲避麻烦的方式，谁知道呢？也许他只是先大吃一顿，然后他真正放纵的夜晚才刚刚开始。你永远都不会知道乔治·戈德纳能干出什么事。他不酗酒也不吸毒，但是他的私生活有着比兔子窝还要深的秘密。

他最危险的恶习是赌马。我听到过小道消息，但是没把这当回事，直到有一天我在底特律的榛子公园赛马场偶遇了他。我当时还在红鸟唱片工作，碰巧去底特律帮安德鲁·奥尔德姆在即刻唱片（Immediate Records）的一位合伙人会见摩城唱片的人。我提出给他们做中间人，但是在经历了种种不顺后，最终与一位名叫乔安妮·布拉顿（Joanne Bratton）的黑美人共度了一个下午。她的男朋友是底特律的博彩业大亨埃德·温盖特（Ed Wingate）。乔安妮拉着我去了榛子公园赛马场，告诉我在这匹马或者那匹马身上下注两美元。让我高兴的是，这些马要么得了第一，要么得了第二。这时候，我在人群中发现乔治·戈德纳和底特律顶尖推广人萨米·卡普兰（Sammy Kaplan）在一起。我跑过去，大呼小叫地告诉他我的"内部消息"，但是当乔治转过头来看到乔安妮·布拉顿时，他冲着我笑："我绝不会采纳女人的建议！"这句话够经典。那天我一直在赢，而乔治在他自己看好的热门赛马身上浪费了几百美元。

乔治·戈德纳应该专注于唱片生意。一个能够那么精确地发现潜力歌曲的人，根本就等于能从稀薄的空气里抽出钱来，然而他对赛马的热衷却成了一种诅咒。我们很快发现，红鸟唱片可能是乔治从头再来的最后机会。虽然杰里·莱伯和迈克·斯托勒听说过有关乔治恶习的玩笑，他们创办公司时天真地以为，只要他们拥有自己的音乐厂牌，那么一首热门歌曲每卖出一张他们就能净赚十一美分，而不像词曲作者一样只能拿到两美分收入。有乔治·戈德纳这样的音乐老手加入进来，他们就像一支"梦之队"——公平地说，第一年确实如此。然而很不幸，他们不知道乔治在赌博这档子烂事上陷得有多深。还真没人知道，除了那个在暗地里观察他的人以外。

我永远不会忘记有一天早上，我刚要走进百老汇街一千六百五十号，两个混混儿出现在人行道上，其中一个对我说，"莫里斯·利维先生想跟你谈谈"。我压根不知道他们是谁，也不知道他们为什么找上我。我唯一能感觉到的就是我的腿发软。

"你们找错人了吧，"我告诉他们，"我的名字叫西摩·斯坦。"

"没错，找的就是你。走吧。"

"但我不认识莫里斯·利维。"

"你自己跟他说去。现在你得跟我们走。"

他们押着我去了轮盘赌唱片公司（Roulette Records），他们的老板，臭名昭著的莫里斯·利维正在打电话。我从没亲眼见过他，但是他那张脸很符合他的名声。他长着墨索里尼式的下巴，眼神凌厉，就跟警方拍摄的罪犯面部照片还有悬赏海报上的嫌疑人照片一个模样，甚至连他沙哑的嗓音都带着布鲁克林口音。乔治曾告诉我，莫里斯·利维二十世纪六十年代从"鸟岛"开始发迹，陆续买下了其他俱乐部，如"轮盘赌坊""圆桌酒吧"和"薄荷酒吧"。他的兄弟扎卡赖亚（Zachariah），由于被人误当作是他在"鸟岛"被枪杀。明面上，他拥有很多不同的唱片公司，还有一些"草莓"连锁唱片店，但是莫里斯·利维的主要生意是洗钱。没人知道莫里斯·利维的势力范围有多大，但根据最终泄露出来的消息，他是纽约黑手党吉诺维斯家族的打手文森特·"下巴"·吉甘特（Vincent "the Chin" Gigante）[1]孩提时代的朋友。因为一有法院传讯吉甘特，他就装成精神病，因此又被称作"疯子唐"（Demented Don）或"怪爸爸"（the Odd Father）。

我坐在利维面前，浑身战栗得内脏像要打结一样，直到利维挂了电话转向我。"放松。"他说。他不知道，我要是稍一放松，就要把屎拉在他那可爱的椅子上了。

"利维先生，这一定是弄错了。"我抽泣道。

1　文森特·"下巴"·吉甘特，曾是一名职业拳击手，后被纽约著名黑手党之一的吉诺维斯培养成一名打手。他曾经在吉诺维斯指使下刺杀卢西亚诺黑手党首领弗兰克·科斯特洛未遂，后被诊断出患有严重的精神分裂症，多次逃脱罪责。一九八一年，吉甘特成为吉诺维斯家族的老板。一九九七年，吉甘特被判处十二年监禁。

"等一下，"他说。这时从旁边办公室里走过来一个人，跟他那双变态的眼睛一比，利维简直就是一个唱诗班少年。"这是多米尼克。"利维说。我对被邀请到轮盘赌唱片公司并不是关于黑手党的生意这一点还残存着最后一点微弱的希望，神秘的意大利人一眼看穿到我的后脑勺，问了我一个跟音乐完全无关的问题："今天是几号？"

两天前我刚过了二十三岁生日，所以虽然很害怕，但我还能答得上来，"四月二十号"。

"嗯，那么五天前呢？"

"四月十五号？"

"对。就是这天！你应该帮我付我的所得税。"

"所得税？我不明白你的意思。"

"乔治·戈德纳说你会给我一万美元来帮我付我的所得税。"

"什么？我没这笔钱呀。"这其实不是真的，因为远在成人礼之前，我就是个攒钱小能手。但是乔治并不知道这些。"一定是哪里弄错了，"我恳求道，"乔治从没跟我提起过这事儿，我发誓。"

"等一下，"莫里斯·利维打断道，"事情不太对劲儿。"然后他把那部电话转过来朝着我说："你给乔治打电话，告诉他你在这儿。"接着利维拿起电话分机以便监听，又用他的肥手指示意我不要让乔治知道。我像个乖孩子一样拨通了红鸟唱片的电话。在那种情况下，要是莫里斯·利维叫我当面射杀乔治，我也会照办的。

"乔治，是我，西摩。"

"你他妈到底在哪儿？我有一堆事要你去做。我们马上要上路了。"

"我在莫里斯·利维这里。"

"什么？离开那儿！赶紧！"

利维抓着电话对着乔治大叫："我马上把他送回去，但你最好给我过来，赶紧。"

回到红鸟唱片，我一整天都像一片树叶那样发抖，当乔治从利维那里回来的时候，他的脸色也不太好。

"没什么事吧？"我问他。

"哦，没事，权当没这事。"关于整件事乔治只说了这句话。但接下来的日子里，我却从他的言行举止中发现一种沉重的压力。乔治·戈德纳天生就是一个很努力的人，然而现在，他需要比以前任何时候都更努力地销售唱片。让人伤感的是，办公室的气氛跟以前再也不一样了。就像那句老话说的，"当贫穷来敲门时，爱情就从窗户飞走了"，对乔治而言，应该是"当多米尼克来敲门时，贫穷就从窗户跳了进来"。

这并不是我最后一次从莫里斯·利维那里听到乔治债台高筑的事。几个月后，我接到一个意外的电话。"嘿，西摩，我是莫里斯·利维。我希望你马上来我这里一趟。"

"利维先生，我不明白。我希望这不是另外一个误会。"

"不。我只是想让你知道我实际上是个好人。我有些事情想让你了解。这里有个人我想让你见见。"

"我希望不是多米尼克吧？"

"不，是一个跟你年纪差不多的小子。"

你永远无法对莫里斯·利维说"不"，尤其是当他表现出友好的时候。到了轮盘赌唱片公司，我看到一张略显熟悉的、看上去吓坏了的面孔，坐在上次我吓得屎差点出来的那把椅子上。

"这是米基（Mikcy），是纽约电台的节目总监。"利维说道，"米基，为什么你不把有关乔治·戈德纳的小故事告诉西摩呢？"

这位肥胖的年轻人实际上在恐惧中瑟瑟发抖地道出了关于我们最新发行的唱片——"随意"（the Ad Libs）演唱组的《来自纽约市的男孩》（The Boy from New York City）的事情。这一连串事情的开头本来也没什么特别的，几周前，我们公司的节奏与布鲁斯主要推广人约翰尼·布兰特利（Jonny Brantly）送给他这张唱片。节目总监并不喜欢它，所以乔治亲自打电话过去说："嘿，米基，约翰尼告诉我你不喜欢那张唱片。"

"嗯，唱片还行，"米基有一些猝不及防地回答道，"但是我们现在有太多唱片了。"

"再听一遍吧，"乔治恳求道，"这歌肯定会火的。"

米基又听了一遍，然后打电话给乔治："好吧，我试着安排到下周播放。"结果没播，乔治又打电话过去。

"对不起，还没空档，"米基道歉说，"看下周的情况吧。"

当这张唱片已经在国内其他地方陆续火起来的时候，米基这边还是没播。最后，米基觉得自己没能信守承诺，感觉很糟糕，于是他在那天早些时候给乔治打了个电话："乔治，我很抱歉，但是我们刚得到马文·盖伊（Marvin Gaye）的新唱片，不得不把它加入播放表。我尽力了，但是这周还是没有位置播放你的歌。"

然而，这一次，乔治的声音变得冰冷。

"米基，你是在外面办公还是有自己的办公室？"

"我有自己的办公室。很小，但是我需要私人空间。怎么了？"

"它有窗户吗？"

"是的，有个小窗户。"

"我希望你能看到好风景。"

"你这是什么意思？"

"我想要你站在窗边，米基，往外看。尽可能地把一切看在眼里。"

"呃，好吧。"

"现在，你告诉我看到了什么。"

"我看到一栋楼、一座停车场，再没什么了。怎么了？"

"因为这他妈是你最后看到的东西，米基。多米尼克正在去你办公室的路上。他会把你的眼球从脑袋里扯出来。"

我和利维都知道，乔治不可能让多米尼克去剪掉任何人的脚指甲。乔治与黑手党的唯一关联就是他欠他们钱。但他实在是太绝望了，于是把自己的痛苦转嫁给了别人。

"米基，你为什么来找我？"利维板着脸问道。

"因为每个人都知道你是'道儿上'的！"米基泪流满面，"我需要你的保护，利维先生。请帮帮我！"

利维像一个真正的行家那样收起他得意的笑容，然后转向我："看到乔治干的好事了吧？我希望你留点儿神，西摩。"接着他又转向米基："让我们一起听听这张唱片，看看是什么让乔治变得这么疯狂。"

米基带来了一张《来自纽约市的男孩》的唱片，利维把它放到他桌子旁的一部唱机上。在第一个和弦后，利维喊道："你觉得怎么样？"

"我第一次听就喜欢。"我开始解释道。

"闭嘴！"利维用黄蜂刺一般的眼神瞪着我，打断我，"让他说。"

"我不太喜欢它。"米基说，转向我寻求支持。

"好，那么，让我们继续听，"利维说，把唱针放回唱片的开头，"你现在开始喜欢它了吗？"

"是的，它开始让我喜欢了。"米基说，开始有点儿回过味儿了。

"你看，乔治还是懂行的。所以，把它加进播放表里，米基。我会告诉乔治注意他的行为，好吗？一切都会好的。播放这张唱片，然后忘掉这件事。大家都是朋友嘛。"

"谢谢，利维先生。"米基说，他拿回唱片，看上去气色好多了。

"这个是给你的，西摩。"利维说着递给我一张卡片。那是一张犹太联合捐募协会晚宴 —— 一场唱片业年度盛会的邀请函。"我只希望你知道我是个有心人。"利维用他最温和的语气说道。

正如我后来知道的那样，莫里斯·利维每年都会买一沓子这场晚宴的邀请函，并采取任何可能的方式要求人们购买。这是他解脱罪恶的仪式，除了现场有食物、酒和笑话之外，这还相当于他个人的"赎罪日"[1]。虽然官方的目的是为慈善事业募集资金，但所有犹太大佬都不会错过晚会上令人捧腹的滑稽演讲。不出意外的话，每年台上都至少有一个人会当着利维的面讲黑手党的段子，他会在众人面前放声大笑，显得很有雅量。他用这种方式来告诉圈内人："伙计们，我可没有那么

---

1 犹太新年过后的第十天，是犹太人一年中最庄严、最神圣的日子。在这一天禁食、不工作，并到犹太教堂祈祷，以期赎回他们在过去一年中所犯的或可能犯下的罪过。

坏。你看，你们这不是可以拿我开涮嘛。我是你们当中的一员。"显然，莫里斯·利维跟房间里的其他任何人都不一样，每个人都心知肚明，但我们都得看他好的那一面，没准儿哪天还有求于他呢。

在那一年的晚宴上，有两个犹太人对任何关于莫里斯·利维的段子都笑不出来，他们是杰里·莱伯和迈克·斯托勒。红鸟唱片在短短十八个月内推出了一系列热门歌曲，但是可怜的杰里和迈克开始担心这些"多米尼克式"的人物在办公室附近闲荡。悲惨的结局是，他们唯一的出路是把红鸟唱片以一美元的象征价格"卖"给乔治，好让乔治签字画押，把红鸟的一切都转让给莫里斯·利维来结清债务 —— 然后利维就让赌债神奇地消失了。

我们都应该预见到这样的结果。从五十年代后期开始，乔治眼看着自己付出一生心血的成果被同一拨人一次又一次地侵吞，直到最后，他的遗产只有债务，没有音乐。加起来，莫里斯·利维像饿狼一般吞噬了乔治参与的全部七个唱片厂牌 —— 蒂科（Tico）、拉马（Rama）、唧（Gee）、轮盘赌、离开（Gone）、结束（End）和红鸟 —— 这意味着十五年来回报可观的所有热门歌曲唱片、艺人合同和版权交易。你编造不出这样的故事。每当一个穿着高领衫的"垮掉的一代"的年轻人买下一张蒂托·普恩特的唱片《聆听我的节奏》（Oye Como Va），就有一美元滚进利维的存钱罐，买下一张"少年人"（the Teenagers）演唱组的《为什么傻瓜陷入爱河》（Why Do Fools Fall in Love）或"乌鸦"演唱组的《唧》也是如此。电台播放、唱片店售卖、国际版权授权、翻唱，还有任何你能想到的、对拉丁和嘟－喔普音乐标准曲旋律的改编和使用。数以万计的美元不停从乔治·戈德纳过去所拥有的一切倾泻进莫里斯·利维的腰包。

　　人们都说乔治·戈德纳最大的敌人是他自己，他的确是，但是我总为他感到惋惜。莫里斯·利维和他在赌场内部的朋友们利用乔治的弱点对他进行掠夺，就像皮条客使用毒品来役使妓女。这是一场悲剧，慢慢地把乔治送进了坟墓。他在所有扔匕首的拉丁女郎手下活下来，保住了他的金耳朵和电影明星般的相貌，但是最终只能带着破碎的心死去。只有他能这样无数次搞砸、毁掉无数次胜利的果实。到四十九岁的时候，乔治的内心已经崩溃了。

　　至于我，已经二十四岁了，再次失业，但是我从在科尼艾兰上卖冰激凌的日子开始，就一直想方设法把我的工作所得存下来。我是那种一直留着赚来的第一块美元的人。我已经存了五万美元，这在一九六六年对于一个年轻小伙子来说，绝对是一笔不小的财富。我生命的"飓风过山车"才刚刚开始攀升。

　　唱片业正处在一个巨大的十字路口，它并不只是从伦敦和加利福尼亚州涌现出来的迷幻音乐。此刻，世界各地的年轻人都在尝试以经纪人、推广人和独立音乐人的身份找寻自己的机遇。他们中的某些人，例如菲尔·斯佩克特和安德鲁·奥尔德姆，已经开上了豪华轿车，正在建立以百万美元计的音乐帝国。而我，则厌倦了四处找寻工作，也非常好奇自己能否做点别的什么。是时候该自己干了。

Chapter 3
创办塞尔唱片

在我们红鸟唱片被制成标本，塞进莫里斯·利维的文件柜中囚禁之前，我总会遇到一个在布里尔大厦十楼办公的人。他的名字叫理查德·戈特尔，他与鲍勃·费尔德曼和杰里·戈德斯坦创办了"FGG"歌曲创作与制作三人组，是其中一个姓氏以"G"开头的人。

理查德只比我大两岁，但从职业发展的角度说，他已经在上面提到的这个三人组里工作，相当于运动员踢上了联赛。他的同伴已经写出了一些大热门歌曲，例如"天使"演唱组的冠军歌曲《我的男朋友回心转意了》，还有"默西"（the Merseys）乐队的英国榜热门歌曲《悲痛》（Sorrow），七年之后大卫·鲍伊（David Bowie）将这首歌变成了不朽之作。他们还为"麦考伊斯"乐队制作了一首极为轰动的歌曲《等等，斯路比》。FGG现在自称"奇怪的爱"——三个留着蘑菇头发型的犹太人假装成一个澳洲牧羊人家庭。

当我遇到理查德的时候，他的乐队刚上过电视，他们打着斑马皮做的邦加鼓表演了自己的最新热门歌曲《我想要糖果》。他有些流行明星的气质，但我感兴趣的是，他是个全才：既是音乐人，又是歌曲创作者，还是制作人，甚至上过一年法学院，所以他比一般的音乐人脑子好使。最重要的是，理查德·戈特尔身上有一种我坚信创作者最

该具有的特殊品质 —— 他本身就是一个专业乐迷，密切关注唱片业的所有大事，并始终带着品味、热情和情感去聆听别人制作的唱片。

他和乐队成员最终分道扬镳，于是在汤姆·努南的帮助下，我俩决定开一家音乐制作公司。努南当时已离开《公告牌》，正在运营哥伦比亚（Columbia）唱片旗下的一个厂牌日期（Date）。理查德担任制作人，我担任 A&R 和推广人，我们把各自手头的联系人拢了拢，就成了一对拍档。现在，我们需要一个名字。把创始人的名字首字母混在一起创造厂牌标志是一种传统。例如，菲尔·斯佩克特和莱斯特·西尔（Lester Sill）就创办了菲利斯（Philles）唱片。另一个更明智的例子是巨响唱片（Bang Records），它是由伯特·伯恩斯（Burt Burns）、艾哈迈德·埃尔特根、内苏希·埃尔特根（Nesuhi Ertegun）和杰里·韦克斯勒 —— 杰里的真名是杰拉尔德（Gerald）—— 四个人合作在一九六五年成立的，因此叫"Bang"。我们很快就用西摩（Seymour）和理查德（Richard）这俩名字的头两个字母拼出"塞尔（Sire）"这个名字。在那个褶边衬衫和英国口音大行其道的年代，我喜欢"塞尔"这个名字，是因为它听上去像是戏剧化、英国腔发音的"国王"（King）这个词。

努南帮我们从哥伦比亚唱片争取到了五万美元作为运作资金，考虑到我们还很年轻，这真是一笔不小的投资。我们的计划是为哥伦比亚唱片提供一些真正的灵歌，这种音乐流派是他们一直试图进入的领域。我们还需要一间办公室，很幸运，悉德·内森把国王唱片位于纽约西五十四街一百四十六号的一栋老褐石建筑里的营业处租给了我们，租金优惠到二百三十五美元一个月。这栋老建筑有四个宽敞的房间，每间都带一个壁炉。理查德把一间里屋改造成了录音棚，我们把最大的一间以一百五十美元一个月的价钱转租给了一对兄弟——罗伊·里夫金德和朱利·里夫金德（Roy and Julie Rifkind）。罗伊·里夫金德在运作一家演艺经纪公司，他的弟弟朱利·里夫金德曾是巨响唱片的副总裁，当时刚刚开创自己的厂牌轰隆（Boom）。所以从诞生第一天开始，塞尔唱片就在第七和第六大道之间、布里尔大厦拐角的街上，直接步入了国王唱片的"旧轨"。公司对面是一家名为"阿尔和迪克斯"的牛排店，很受演艺圈行家里手的欢迎。沿着街再远一点是"拉·斯卡拉"，可能是当时最受唱片业人士欢迎的意大利餐厅。

我们塞尔音乐制作公司（Sire Productions）的第一张唱片是玛蒂·穆特里（Mattie Moultrie）翻唱的重磅灵歌《我的爱是如此强烈》（That's How Strong My Love Is），这首歌理查德制作得相当漂亮。我到现在仍然认为那是一张伟大的录音作品，但是让我们失望的是，它被湮没在哥伦比亚密集的唱片发行计划中。我们不断出击，尝试与其他艺人合作，例如老朋友皮特·贝内特给我们介绍了一支名叫"连锁反应"（Chain Reaction）的年轻乐队。"给你们介绍一支很棒的乐队，"他说，"他们来自扬克斯，主唱史蒂文·塔拉里科（Steven Tallarico）实际上是我铁哥儿的儿子。"

我们说："当然好呀，带他们来吧。"然后，这些孩子鱼贯而入，表演了他们写的一首歌曲《太阳》（The Sun），后来这首歌同样由理查德制作。

可惜这张唱片没能引起哥伦比亚纽约分部或伦敦分部里任何人的兴趣，唯一感兴趣的是哥伦比亚意大利分部，可能是因为史蒂文·塔拉里科的名字吧。当乐队意识到他们的首支单曲只能在意大利得到推广，主唱的父亲闯进办公室，要和我们解约。"什么？你在开玩笑吗？"我表示抗议。然后他掏出了一把枪。理查德以前在巨响唱片的时候遇到过类似的情况，所以很淡定地拿出了那份合同。"人生苦短。"他叹息道，把合同递给我。让人用枪抵着撕毁合同这事，肯定让我不爽，但数年后，当史蒂文·塔拉里科变成"空中铁匠"（Aerosmith）乐队的主唱史蒂文·泰勒（Steven Tyler）时，我们也就一笑了之了。

塞尔起步时犯的诸如此类的错误，让我们在短短一年内就失去了与哥伦比亚唱片的合同。但这些经历给我们上了重要的一课——仅仅把母带交给哥伦比亚这样的大唱片公司，就像在五十英尺外把飞镖投向靶子。我们知道，如果是我们自产自销，那结果肯定会好得多，这也意味着我们必须恰当地运营一个独立音乐厂牌。所以，在一九六七年，我们把公司名字从"塞尔音乐制作公司"改为"塞尔唱片"（Sire Records），在我马萨诸塞州的老朋友丹尼·吉特尔曼的帮助下，我们拿下了匹克威克唱片（Pickwick）的发行代理合同，这个厂牌是他朋友赛·莱斯利（Cy Leslie）经营的，预算有限，花钱谨慎。这桩交易不太靠谱，所以丹尼很快又帮我们从伦敦唱片（London Records），也就是英国迪卡唱片在纽约的分部那里搞到了一份更赚钱的发行代理合同。

只有一个小问题。丹尼·吉特尔曼的老婆确信，一位名叫菲莉丝·纽曼（Phyllis Newman）的三十四岁的百老汇女演员兼歌手具有成为流行明星的潜质。为了报答丹尼提供的宝贵帮助，我们给菲莉丝制作了一张专辑，希望借此为她打造出听上去更年轻、更适合在电台里播出的声音。不这么做，我们觉得对不起丹尼和他老婆。菲莉丝后来嫁给了词作家兼剧作家阿道夫·格林（Adolph Green），他们给我们介绍了一些古典音乐巨匠，例如莱纳德·伯恩斯坦（Leonard Bernstein）、艾萨克·斯特恩（Isaac Stern）等。菲莉丝是个可爱的女人，但当时理查德和我都是二十来岁的摇滚音乐人，大家在音乐风格方面差别太大，也存在代沟。理查德倒是迎难而上了，但我俩心里都清楚这种艺人和制作班底的组合完全是不对的。

为了找到能够"销售"出去的天才，我们当然不能只在布里尔大厦附近转悠，而应该到更多的地方去，所以在理查德给菲莉丝·纽曼做专辑的时候，我鼓起勇气出去物色乐队、谈国外版权、搭人脉，做任何能开阔我们视野的事情。多亏低廉的房租和我在为乔治·戈德纳工作时的积蓄，我能够参加在意大利举办的圣雷莫音乐节和在法国里维埃拉举办的第二届法国戛纳国际音乐博览会（Midem）。这样的旅行花销很大，即便是住在便宜的旅馆里，但我得以在不同的场合露面，走到哪里都会积极收集联系人、唱片和新闻。

一九六七年二月初，在从戛纳回家的路上，我在巴黎稍作停留，与来自纽约的老朋友芭芭拉·贝克（Barbara Baker）见了一面。她和丈夫米基·"吉他"·贝克（Mickey"Guitar"Baker）住在那里，米基是《爱是奇怪的》（Love Is Strange）这首歌的作者之一。他是黑人，她是意大利人，他们相信自己的混血孩子在巴黎会有更好的童年，因为在巴黎不同种族之间的融合度比纽约高。芭芭拉在巴黎一家有名的唱片公司迪斯卡兹（Disc'Az）工作，米基则跑遍整个欧洲做录音乐手。我到她家时，米基正在整理行李，准备去伦敦和一位他评价很高的制作人一同录制唱片。这是我第一次听到迈克·弗农（Mike Vernon）的名字，他是英国最纯正的布鲁斯音乐厂牌蓝色地平线（Blue Horizon）的制作人兼老板。

这听上去太吸引人了，不去看看怎么行。于是我改签了机票，跟着米基去了伦敦。当我们走进迪卡唱片录音棚的时候，现场出现了一点状况。歌手"冠军"·杰克·杜普雷要求迈克先付钱，否则他一句都不唱。可这会儿迈克·弗农身上没带那么多钱，于是我立即掏出钱包，表示不管他们接下来录的是什么，我都会买下它的发行权。杜普雷接受了我的五十英镑，录音才得以继续。

录音结束后，迈克·弗农把他弟弟理查德介绍给我，他也是蓝色地平线厂牌的合伙人。迈克是个可爱的家伙，他对美国布鲁斯音乐的了解相当深入，他也开诚布公地谈到维持一家厂牌的运营有多不容易。为了养活自己的厂牌，弗农兄弟俩都在外面接音乐制作的零活。尤其是迈克在给迪卡唱片和它附属的德拉姆唱片（Deram）担任制作人，正在录制大卫·鲍伊、"十年后"（Ten Years After）乐队、萨沃伊·布朗（Savoy Brown）、约翰·梅奥尔（John Mayall）以及埃里克·克拉普顿等人的首张专辑，他靠这个赚钱。

我在伦敦晃荡了几天，给一个联系人打了电话，我的前女友萝伯塔·戈德斯坦说这个人我绝对应该见见。她的名字叫琳达·基思（Linda Keith），算得上是伦敦的一个小明星，当时正在跟"滚石"乐队的基思·理查兹拍拖。琳达带我去了一家名叫"中土世界"（Middle Earth）的俱乐部，她的一位叫吉米·亨德里克斯的美国朋友正在那里演出。在大约一个小时震耳欲聋的布鲁斯表演之后，这个浑球儿开始砸吉他。很不幸，我当时站在琳达旁边，她简直是暴跳如雷。原来那把吉他是她从基思·理查兹那里借来租给亨德里克斯作当晚演出用的。我不得不说，在当时那种环境下，我很难欣赏这种戏剧性的效果。我后来才知道这是因为琳达伤透了亨德里克斯的心，尽管如此，一把芬达 Stratocaster 电吉他在当时也值两百美元，这肯定超过了亨德里克斯当晚演出获得的酬劳。看样子，琳达就是因为这把吉他跟基思·理查兹闹掰了。

伦敦的电声布鲁斯音乐圈炙手可热，但还是很小众。演出一般只有一百个听众，主要是其他音乐人和他们的女朋友。这时候，已经有少数几个经纪人在暗中观望，但没人知道即将爆发的风潮能有多大。我是说，谁能料到最终一帮英国白人把布鲁斯音乐卖回到美国了？但是，我一定是嗅出了什么味道，因为当我回到纽约的时候，我和理查德·戈特尔把我带回来的蓝色地平线公司的唱片放着听，都惊叹于音乐里那种朦胧模糊的氛围。

很快，伦敦的布鲁斯音乐圈开始发酵，在短短数周时间里，熟悉的名字在美国到处涌现。一九六七年五月，"精华"（Cream）乐队在纽约大西洋唱片的录音棚里录制了他们的第二张专辑《迪斯雷利齿轮》（*Disraeli Gears*），这是他们成为大牌摇滚乐队的转折点。六月，吉米·亨德里克斯在蒙特雷流行音乐节（Monterey Pop Festival）掀起了风暴，尽管直到八月他的首张专辑《你有经验吗？》（*Are You Experienced?*）才发行美国版。而今天已成为传奇的蒙特雷音乐节电

影 [1] 要一年以后才问世。在纽约，吉米·亨德里克斯依然只是个被快速传播开来的英国传说，那年七月，他让布利克街的"跳舞咖啡馆"（Café au Go Go）人满为患，事实上，埃里克·克拉普顿也加入了他的演出，在舞台上表演了几首歌。然而，那年夏末，竞赛开始了。美国大唱片公司们派出的星探混迹于西海岸的嬉皮士人群里，如同起了一片皮疹一样，而一些掌握了最新情报的美国独立厂牌则已经开始在伦敦电声布鲁斯音乐圈的新环境下四处嗅探。

那年秋天，由彼得·格林（Peter Green）领衔、约翰·梅奥尔乐队几个原始成员组成的"弗利特伍德·麦克"（Fleetwood Mac）乐队在蓝色地平线录制了他们的首张同名专辑。迈克·弗农制作的这张专辑融合了布鲁斯翻唱和原创内容，获得了英国排行榜第四名的好成绩。我极度震惊于他自己小厂牌的专辑也能在主流音乐排行榜上获得成功，于是给他发了贺电。仅仅三个月后，他再下一城，给"鸡舍"（Chicken Shack）乐队制作的《四十根蓝色手指，新鲜打包，即开即食》（Forty Blue Fingers，Freshly Packed and Ready to Serve）也打入了排行榜，主唱是当时还未婚的克里斯蒂娜·麦克维（Christine McVie），她后来加入了大名鼎鼎的"弗利特伍德·麦克"。我又适时地给他发了第二封贺电。就在那时，《唱片世界》（Record World）杂志发表了一篇关于蓝色地平线厂牌的专访，其中迈克·弗农提到塞尔唱片和我时赞誉有加。我大为吃惊，只能打电话过去亲自致谢。在那次通话中，他告诉我，虽然在排行榜上有所斩获，但他在厂牌经营方

1　指于一九六八年上映的纪录片电影《蒙特雷流行音乐节》（Monterey Pop）。

面遇到了困难，正在跟弟弟扯皮。他想知道我们是否有兴趣买下他公司一半的股份。我告诉他我们乐意之极，但是由于他声名鹊起，我们恐怕买不起。"我非常希望你们参与进来，"迈克说，"我会让你们买得起，当初创办这家公司时，父亲借给我们一万五千英镑。如果你能替我们还给他这笔钱，塞尔唱片就能成为蓝色地平线唱片的半个拥有者。"这是塞尔成立以来第一次严肃的商业讨论，我跟理查德·戈特尔坐下来，把这件事讲给他听："因为蓝色地平线已经跟哥伦比亚唱片有全球范围的合约，所以我们没法得到迈克·弗农唱片的任何版权。但是如果我们买下蓝色地平线厂牌一半的股份呢？迈克急需那笔钱来维持经营，而我们需要圈内的人脉。"虽然我们实际上买不起，相当于是用一大笔现金去赌一把，但理查德喜欢这个点子。我们凑齐了钱，成了蓝色地平线的全面合伙人。

　　理查德·戈特尔和我仍然需要找到我们塞尔自己的艺人，并且知道伦敦才是我们最该去的地方。没有人能像我们这样，仅仅靠买一张机票就可以签下这些怪里怪气的英国专辑的美国版权，我们那些有钱的竞争者们根本不会注意到它们。你只需要到那里，开始发掘，然后迅速拿下。我们就是这样找到了我认为的塞尔第一张正儿八经的专辑。那是一九六八年在伦敦被乐迷顶礼膜拜的迷幻专辑之一，"异人"（the Deviants）乐队的《噗》（Ptooff!）。这张专辑甚至在英国的唱片店里都买不到，一共只出了几千张，只能通过从伦敦地下音乐杂志邮购的方式购买。我们发现了两位制作人，彼得·谢尔瑟（Peter Shertser）和伊恩·西彭（Ian Sippen），他们很乐意将美国版权授予任何人。理查德和我知道《噗》在美国卖不了多少张，但是我们喜欢这张专辑里所体现的音乐态度。

在第一年的探寻中，我和理查德可以说是真正地在黑暗中乱摸一气。那时候理查德参考的是伊莱克特拉唱片（Elektra），它原先可能是某种波希米亚风格的厂牌，后来转向签约各种迷幻音乐领域的乐队和艺人，例如"爱"（Love）、"大门"（the Doors）、蒂姆·巴克利（Tim Buckley）等。因为我并不沉溺于毒品，所以对那些迷幻音乐都不太感冒。我还是热衷于节奏与布鲁斯和乡村音乐。别忘了，正是在我现在每天上班进进出出的那扇门里，悉德·内森告诉我父亲只有唱片业才能挽救我，让我不至于沦落为一个报童。你能想象得到在这扇门里工作对我心理上产生多大的影响吗？

但生活的讽刺并没有把我遗忘，塞尔的诞生和悉德的缓慢死去是同时进行的。我仍然经常和他联系，交房租，也聊聊生意。我们一有机会就见一面，不过也越来越难碰到。悉德已经六十三岁了，但看着像九十岁。除了他的肺喘起气来呼呼作响之外，他的心脏也有毛病，随时可能爆裂。他在迈阿密海滩已经得到了尽可能好的治疗，他的弟弟戴维是西奈山心脏研究所里一位受人尊敬的心脏病专家。我父母经常去佛罗里达度假，有时候我也会跟他们一起去。不论何时，只要可能，我们都会跟悉德见面，一起喝点什么或者吃顿饭。想到我父亲和悉德第一次见面的尴尬情形，我很高兴看到他们两人最终走得很近。

可怜的悉德一直是个"大胃王"，但现在出于健康原因不得不严格控制饮食。为了吃到朝思暮想的油滋滋的芝士汉堡和其他被严令禁止的食物，他总是想拉我去海港岛水疗中心附近的堤道转悠。拒绝这样一位行将就木的老人享受最后片刻的欢愉很不容易，但是我就像每一个拜访他的人一样，说服了他不要受这些诱惑。我们都知道悉德一条腿已经迈进了坟墓，他自己也知道。到这个时候，国王唱片已经进行了人员精简，他也为家人成立了信托基金，很多新唱片公司开始在詹姆斯·布朗身边转悠，这成了悉德最担心的事情。

他是在一九六八年三月去世的，保罗·阿克曼打电话给我，告诉了我这个消息。我立刻打电话给悉德的律师杰克·珀尔（Jack Pearl），了解关于葬礼的细节，我直接质问他："你为什么不给我打电话？"

"正要打给你，我在按照悉德通讯录上以名字开头字母的顺序挨个打电话。保罗·阿克曼在 A 开头的人里，所以他是头几个接到电话的人。"我当然知道杰克·珀尔需要打电话通知几百个人。悉德曾是许多人的老板、朋友和教父。"我会为你支付参加葬礼的机票费用，"杰克说，"我相信悉德会希望我这样做。但是你需要护送我老婆范妮（Fanny）一起去，因为我要先赶到辛辛那提，有些事情要在葬礼前处理好。"我只能猜测是些什么事。如果围绕着国王唱片发生任何欺诈事件，杰克·珀尔和詹姆斯·布朗的经纪人本·巴特（Ben Bart）肯定是最值得怀疑的人。因为他们是郎舅关系，本·巴特的妹妹就是范妮·珀尔（Fanny Pearl）。

我想只有我的父母能够理解悉德的去世对我影响有多大。在过去十几年里，甚至直到今天，他一直都是我的守护天使。如果没有他，我无法想象我的生活将在哪里终结。我和范妮·珀尔一起乘飞机去了辛辛那提。我很荣幸地与詹姆斯·布朗、汉克·巴拉德和亨利·格洛弗一起成为扶柩人。我想，在那个下午，他们也都以各自的方式意识到了自己的生活在多大程度上是被悉德改变的。我很欣慰地听到悉德的亲友们说他对我选择的道路有多骄傲。有人甚至说我就是他从来没有过的那种儿子。我会用尽余生来学习这个职业怎样通过导师和养子之间的关系得以延续。当然，一位即将入土的唱片人会把财产留给他的血亲，但是通常外姓的学徒会继承他的商业秘技。在每一位成功的唱片公司老板的坟墓旁边，总会有这样两个家族在用嫉妒的眼光彼此打量。

悉德的死是我职业生涯里的第一次心碎，但是我必须从悲痛中走出来。因为围绕着塞尔唱片有很多事情正在发生。我们前一年种下的种子已经开始发芽。每隔几个星期，我们就会收到迈克·弗农寄来的一些"杀手级"唱片。他给"弗利特伍德·麦克"制作的第一首引起轰动的作品是《黑魔女》（Black Magic Woman），之后是翻唱自小威利·约翰一九五五年恰好在国王唱片首次发行的经典歌曲《如此渴望你的爱》（Need Your Love So Bad）。接下来，经典的器乐曲《信天翁》（Albatross）斩获英国排行榜冠军，之后陆续进入欧洲所有国家的排行榜前五名，成了一首在欧洲走红的曲子。

不幸的是，"弗利特伍德·麦克"的早期音乐风格对美国电台听众来说过于"布鲁斯"。虽然他们的曲子《信天翁》在《公告牌》的《百名热门歌曲榜外榜》（Bubbling Under the Hot 100 Chart）上待了几周，但并没有产生很大的商业冲击。问题在于，哥伦比亚唱片位于纽约的总部并不认为"弗利特伍德·麦克"有任何特殊的地方。"弗利特伍德·麦克"在美国的情形，跟两年前我们塞尔公司面对同一公司时遇到的挫败经历几乎如出一辙。哥伦比亚唱片是北美最大的主流唱片公司，每周都发行很多唱片，第三方授权的唱片很可能会被疏漏。

还有代沟问题，即便在六十年代后期，唱片业仍然由中年人和守旧派主导，但是至少有一些小的音乐厂牌渴望尝试——他们不得不去冒这样的风险。哥伦比亚唱片的问题在于，他们可以承受懒惰带来的后果。他们没有接受"弗利特伍德·麦克"，是因为他们根本不需要。

现在回想起美国忽视了这么重要的一支乐队，依然会让人觉得这是一种可怕的不公。在我看来，彼得·格林比其他任何与之相提并论的英国布鲁斯音乐人都更有灵魂、更富魔力、更具创造性。然而，作为一项商业投资，至少我和理查德·戈特尔是蓝色地平线唱片的股东，蓝色地平线作为母公司享受着乐队在欧洲获得的巨大成功。毫无疑问，这里面也衍生出额外的形象价值。我确信，"弗利特伍德·麦克"在欧洲连连获胜的好消息已经在《公告牌》关于塞尔的简报中被报道，这让我们在美国音乐圈有了些额外的可信度，虽然我们也没有为乐队做什么。一点儿"扯淡"并不会杀死谁，特别是它半真半假的时候。

一九六八年八月，迈克·弗农邀请我参加在里士满举办的温莎爵士与布鲁斯音乐节（Windsor Jazz and Blues Festival），地点在伦敦郊外泰晤士河畔一处开满鲜花的河堤上。我们在那里考察乐队和为"弗利特伍德·麦克"捧场，他们与"精华"一起领衔表演。同场演出的还有蓝色地平线新签的乐队"鸡舍"，主唱是年轻的克里斯蒂娜·珀费克特（Christine Perfect），后来她改名克里斯蒂娜·麦克维，加入了后期的"弗利特伍德·麦克"。

有一刻，我坐在迈克和他的音响工程师格斯·达吉恩（Gus Dudgeon）中间，这时有一支叫"杰思罗·塔尔"（Jethro Tull）的不知名乐队走上了舞台。他们的经纪人是克里斯·赖特（Chris Wright）和特里·埃利斯（Terry Ellis），他们同时也是"十年后"和萨沃伊·布朗的经纪人，迈克正在为迪卡唱片制作这两支乐队的唱片。"嘿，这支乐队不错啊！"他们唱了几首歌后，我对迈克说，"我们应该立刻把他们签到蓝色地平线旗下。"

"西摩，乐队里只要有个'笛子手'（flautists）[1]，我就不想签。"迈克回答道。

笛子手？笛子手是他妈什么玩意儿？也许是迈克轻蔑的语气和台上那家伙用一条腿站着很像莎士比亚戏剧里弄臣的样子，但我猜想也许迈克知道一些我不知道的事情。在布鲁克林，一个吹笛子的人被称作"笛子演奏者"（flute player），不是吗？"笛子手"这个词听上去像那种喜欢被人拿鞭子抽的英国性变态佬。为了掩饰我的愚蠢无知，我只好闭嘴。

但是在演出之后，我转向格斯："迈克刚才说的是什么意思？那个乐队挺棒的啊。"

"我觉得他们很糟糕。"格斯不屑一顾地说道。大概是看到了我脸上傻乎乎的错愕表情，格斯盯着我说："我能问你一些事吗，西摩？"

"是的，当然。"

"你会演奏乐器吗？"

"这究竟跟这个乐队有什么关系？"

"因为如果你会演奏一样乐器，你就能听出所有弹错的音符。天

---

1 "吉他手"的英文为guitarist，这里表示迈克对"杰思罗·塔尔"乐队主唱兼笛子演奏者的不屑。

哪，他们太可怕了。"

被货真价实的制作人鄙视，这让我已经摇摇欲坠的自信彻底崩溃。就在那一刻，我宁愿切掉一侧的蛋蛋也想换来时光倒流，我从头学吉他，成为像迈克·弗农、格斯·达吉恩、理查德·戈特尔那样的音乐制作人。很多年来，我一直忍受着自己身上的音乐缺陷。讽刺的是，这一切很快都被治愈了。我想，你必须经历重大打击才能了解到自己真正的优势在哪里。这件事和其他一些事教会了我作为"乐盲"的好处，换句话说，我觉察到过分强调高超技艺的危险。有时候，你最好做个蠢货，和听众里所有其他蠢货一样。实际上，通常最好不要去了解制作火腿肠的令人作呕的秘密。

"去他妈的，"我想，"我得自己联系'杰思罗·塔尔'。"我向乐队经纪人特里·埃利斯和克里斯·赖特发去一份北美版权代理的报价，几周后特里·埃利斯给了我一封打字机打出来的复函："实际上，我们处于在两家公司之间进行最后选择的阶段，很有可能会选重奏（Reprise）唱片公司。"我非常沮丧，但这就是规矩。"我们听很多人提起过贵公司，他们都是赞誉有加，这给我们留下了很深的印象，"他以很官方的口吻结尾，"我们非常希望与贵公司在未来开展业务往来。"也许这不可能，但无所谓了。特里·埃利斯和克里斯·赖特作为蛹唱片公司（Chrysalis）的艺人经纪和厂牌老板，最终获得了巨大的成功。与此同时，我不得不满怀嫉妒地看着"杰思罗·塔尔"在美国崛起，就像我当年看着多诺万走红一样。不过，这一次，我有理由对自己笑一笑。就像一个神气地走来走去的英国"笛子手"一样，这一顿鞭子抽下来，我感到了一种令人愉快的宽慰。

虽然塞尔渐渐变成一家亲英派的音乐厂牌，但我们仍在六十年代后期签了一些美国音乐人。我们发行了戴维·桑托（David Santo）的《银色潮流》（*Silver Currents*），那是一张梦幻般的民谣专辑。在百老汇方面，我们从音乐剧《头发》（*Hair*）里发掘了激情歌手玛莎·贝莱斯（Martha Veléz）。我们把她送到伦敦迈克·弗农那里，他们制作了《恶魔与天使》（*Fiends and Angels*），这是一张妙趣横生的节奏与布鲁斯专辑，我们都引以为豪。这张专辑当中并没有热门歌曲登上排行榜，但我们玩得爽，日子也过得去，我们有理由保持希望。我们的听众正在收听一个全新的调频电台网络，那些电台主持人和节目总监大多跟我们年纪相仿。过去五十年的那些单声道唱片和调幅电台渐渐过时，人们对时髦的、立体声制作的摇滚乐专辑的需求正推动着数量庞大的年轻独立音乐人涌向风口。新一代的唱片厂牌，例如小岛（Island）、即刻、A&M、维珍（Virgin）、蛹，已成为迷幻摇滚乐领域的大玩家。我们只要不断出击，就会鸿运当头。

即使如此，作为一个仅够糊口的独立音乐厂牌，活下来可不容易。从上一笔支票到账到下一笔支票到账，经济上总有青黄不接的时候，当然，要想靠我的存款来维持生意也不是个办法。幸亏，我从乔治·戈德纳和他的推广人大鳄那里学到了一些魔法。看到成堆未开封的推广专用唱片从我们分销商那里退回来，我从母亲那里挽救了一个旧熨斗。我和理查德先把唱片封套轻轻地烫一会儿，然后轮流小心地剥下有着"非卖品，仅做推广之用"字样[1]的贴纸，这样唱片就能丝

1　"Not For Sale，Promo Only"，指唱片公司送给媒体作为推广之用，并不在市面上销售的唱片。

毫不留痕迹，整洁如新。等我们积攒了一堆揭了贴纸的唱片后，会给一站式供货商打电话，把这些破烂儿卖给他们来换取现金。处理这种唱片很麻烦，卖掉了也挣不出这点儿工夫钱，但好歹也有个一两百美元，在那些坐吃山空的月份里付房租是够了。

现在回头看，理查德·戈特尔和我的组合很搞笑。从科尼艾兰上的第一份工作起，我就像个小商贩。而理查德更像个大学生，读的都是东方哲学和健康食品这一类的书。他把我生拉硬拽到"苏恩"——一家位于休斯顿街下边的养生餐馆吃饭，那成了我俩在嬉皮士年代里的标准餐。至于塞尔唱片的"S"形标志，则改编自"阴阳"符号，我潜意识认为它很适合厂牌的两位创始人。我是负责钱的那个人，是潜水者；理查德则是穿着"古巴跟"皮鞋[1]、戴着瑞士手表的艺术家。在去意大利的旅途中，我跟着他去了罗马巴贝里尼大道的布里奥尼旗舰店，在那里我们特地量身定做了布里奥尼的全新西装，价格低得可怕，每套在两百至三百美元之间。

我们教给对方生意场上的各种把戏，灌输给对方不同的生活观念，并因此成为伟大的合作伙伴。当时，我认为自己是要担起责任的那个人。事实上，我是在心怀恐惧地东奔西跑。悉德·内森对我父亲说的话总是萦绕在我耳边："你儿子的血管里流的是制造唱片的虫胶……如果他进不了音乐这一行，他这一辈子就毁了。"对我来说，塞尔成功与否是一件生死大事。

大约在悉德葬礼过后九个月，我道听途说了一件怪事——纳特

1　一种中高跟男士皮鞋，后跟略呈锥形，前跟笔直，从马靴演变而来。拉美地区男舞蹈演员跳舞时经常穿这种皮鞋。

被逮捕了。这让我很难理解，因为我知道他不会偷窃更不会伤害任何人，所以我打电话到辛辛那提想问个明白。

"发生了什么事？"我问纳特。

"呃，我去看红人队的比赛，带了很多钱，"纳特解释道，跟他过世的父亲一样，纳特也是辛辛那提红人队的忠实拥趸，"我们赢了，所以我想给体育场里在场的每个人买一份热狗。"

"这就是你被捕的原因？"

"是啊，他们觉得我疯了。但是，西摩，你知道我没疯。那是星期三下午场的比赛，体育场里只有大约一千名观众。如果我真的疯了，我会在周末场的比赛给每个人买一份热狗。"

除了说"纳特，你心肠真好"以外，我还能说什么？他继承了巨额财产，愿意散尽千金换来他唯一想要的东西，那就是友谊。悉德把纳特从生母那里带走时，他还是个十来岁的孩子，我想，当悉德知道自己生病并且时日无多的时候，他肯定想为独生子安排好种种未来。不幸的是，他总是忙于打理国王唱片，我相信这一定让纳特无论是在生理上还是在情感上都觉得自己被忽视了。为了引起父亲的注意，纳特经常离家出走或者惹出麻烦，直到悉德把他送进了军校，希望学校能够教会这个孩子自律。遗憾的是，纳特还是要么惹麻烦，要么被人骗。

我不知道，也许我最终学会了独立成长，所以在悉德葬礼后的那几个月，我做出了一些重大决定。我从存款里拿出一万九千美元买下了位于中央公园西七十五号的一套两居室。它看不到公园的全景，但也相差不远。它面对六十七大街，位于街角。在汤姆·努南推荐的不怎么靠谱的家装设计师的帮助下，我把一只鱼缸装进了墙里，用大理石把浴室重装了一遍，另外还做了一间桑拿房。我为这些翻修被人宰了，这种家装新手犯的错误我以后肯定不会再犯了。尽管如此，这也是一项雄心勃勃的计划，当装修完成后，我就能安顿伦敦来的狐朋狗友住在我家，我在伦敦的时候他们也给我安排住宿。迈克·弗农和他女朋友是第一批客人。当他看到我收藏的《公告牌》杂志时简直兴奋至极，立刻像一位饥渴的布鲁斯音乐学者那样，开始钻研过去的音乐历史，一直追溯到五十年代。

我当时也算是混出个样子来了，但我还记得自己在坐地铁回布鲁克林看望家人时会长时间思索没有孩子的惨淡前景。我已经二十六岁了，而我的私生活仅限于几件秘密往事，想起来仍然让我不舒服。我并不感到孤独，我热爱我的事业，但是一想到家人把你看作一个悲惨的孤独者就让人心烦，也让人迷茫。我相信家人肯定在背后议论过我，因为有一天，我那单纯得像一只白鸽一样的小外甥女罗宾打电话到我办公室，兴高采烈地报告一条她刚发现的独家新闻。"哦，我很喜欢我的老师。她非常酷。你知道她今天在课堂上说了什么吗？她问我们是不是有单身的长兄或者叔叔、舅舅想要约女孩出去玩。所以我把你介绍给她了。"

"什么？"

"西摩，我知道你会喜欢这位阿德勒小姐。"

"你不是在开玩笑吧？"

"我真觉得你该打电话给她。"

不管"阿德勒小姐"是谁，她都可能被开除。即便是在一九六九年，三年级的老师在校园里让学生给她介绍对象也是不合乎犹太教规的行为。更为不幸的是，我佩服"阿德勒小姐"的胆量，于是我像被催眠了一样给她拨了个电话。电话里传来一个超大嗓门的女声，简直像雷霆般震耳欲聋，给我一种此人性格非常大大咧咧的印象。琳达显然是个有点疯狂的里弗代尔犹太女人。当我们真正碰面的时候，她在现实生活中甚至有着更加强烈的感情。她身高五英尺，体态丰满，有一头浓密的深褐色头发。一聊起那些她喜爱的摇滚明星、她旅行去过的地方和她想做的事情，她眼睛就会发亮，滔滔不绝。这就像站在小镇的主街上，眼看着龙卷风来袭。于是我兴味索然，过了很久才又给她打电话，然而，她竟然失踪了！我外甥女说，她已经请假去法国学法语了。

　　"阿德勒小姐"当然给我留下了很深的第一印象，但这印象不是非常好。无所谓，我太忙了，没时间过多考虑这件事，因为我们公司的第一次商业危机已经在伦敦爆发了："弗利特伍德·麦克"的新经纪人克利福德·戴维斯（Clifford Davis）在迈克·弗农背后捅了一刀。《属于世界的男人》（Man of the World）这首歌录到一半，戴维斯突然宣布，根据合同的技术条款，乐队已经离开了蓝色地平线。迈克的弟弟理查德负责公司文书，没有注意到他们合同中有权选择是否续签的日期已经过了，这让戴维斯可以趁机去谈更大的合同。更糟糕的是，他们正在接触的厂牌是我的老朋友安德鲁·奥尔德姆和托尼·考尔德（Tony Calder）的即刻唱片。

　　我和理查德·戈特尔立马跳上一架飞机赶往伦敦，虽然我们明白自己在法律上根本站不住脚。蓝色地平线唱片与"弗利特伍德·麦克"签订的合同是一张一页纸的文件，是一份彼得·格林签下的为期一年的合约，公司有权续签两年，但是错过了日期。为了绕开态度强硬的经纪人，我们与米克·弗利特伍德（Mick Fleetwood）在一家印度餐厅碰了面。他感到很惭愧，但是他和乐队无能为力。乐队与即刻唱片的合同已经签了。

在与克利福德·戴维斯进行了最后一次艰难的会谈后，我们同意接受五千英镑的补偿金，这代表了对方一个"谢谢，但你给老子滚"的姿态。他还承诺让迈克完成《属于世界的男人》的录制，蓝色地平线可以把这首歌作为最后一张为"弗利特伍德·麦克"发行的单曲唱片。可以想象，当克利福德·戴维斯把完成的母带交给即刻唱片时，迈克是什么样的心情。《属于世界的男人》成为乐队又一首引起轰动的单曲，在英国排行榜上斩获亚军，在整个欧洲也进入了排行榜前十名。迈克付出了所有的辛苦工作，但是从这时候开始，别人将收割最大的成果。他整个人都崩溃了，我们也是如此，但是"弗利特伍德·麦克"是他的朋友，而且也是自他为"布鲁斯破坏者"（Bluesbreakers）乐队制作音乐以来最值得骄傲的作品。对迈克来说，这不仅仅是生意，那是他一生中最美好的时光。

让迈克更为痛苦的是，克利福德·戴维斯坚持要求即刻唱片把迈克的名字放到单曲唱片封套的说明文字里，当作他拙劣的赎罪表示。但正是这个小小的荣誉把迈克推向了与哥伦比亚唱片关系的困境，公司因为失去这样伟大的一支乐队怒气冲天。虽然哥伦比亚在采取了种种法律威胁后并没有起诉迈克，但整件事都给每个人留下了难忘的苦涩。雪上加霜的是，乐队后来私下告诉迈克，他们没有阻止自己的经纪人搞这个愚蠢把戏的唯一原因，是哥伦比亚公司没有帮他们在美国火起来。要怪就怪美国佬吧，虽然哥伦比亚的那桩交易与我和理查德·戈特尔无关。

　　更糟糕的是，即刻唱片此后很快进入破产管理阶段，无法支付预付款。说说这场灾难吧。在美国，重奏唱片公司得到了"弗利特伍德·麦克"的北美版权，公平地说，他们做得比哥伦比亚过去做的要成功，但也强不了多少。即使在电视上露过脸，彼得·格林的"弗利特伍德·麦克"也没有在美国得到本该得到的突破。我敢打赌，一言不合就摔门这样的场面只是彼得·格林在接下来的十八个月里感到幻灭的原因之一。米克·弗利特伍德和约翰·麦克维（John McVie）说，彼得·格林在一次西德巡演途中嗑了大量 LSD 迷幻药，思想上有了大转变，最终选择了隐居。我并不怀疑这一点，我好奇的是，如果彼得·格林当初避免了经营不利的这些糟心事，并与乐队原班人马坚持下去，他是否有可能闯过难关？换句话说，如果你要挑一首歌曲作为彼得·格林开始走螺旋式下坡路的标志，那就是《属于世界的男人》了。在歌词中，你能听到某些东西在破碎。那正是克利福德·戴维斯迫使他屈服，让他为了名气而背弃朋友。

　　后悔的正确定义是，希望你当初用了不同的方式来处理事情。我知道理查德·弗农仍在自责没有更妥善地管理文书。我仍在自责没有在《信天翁》成为排行榜冠军的那一刻立刻逼着弗农兄弟俩聘请一位律师。从那时起没用多久，越来越多的大厂牌突然出现，手里摇晃着支票簿。我们还能指望什么呢？悲伤的是，在经历了一次巨大失败后，你梦中将会有毫无意义的小妖怪萦绕多年。最终，我们都到了二十五六岁的年纪，在后来相处的日子里也都渐渐和解了。这就是二十世纪六十年代后期的伦敦，就重要性而言，音乐本身仍然大于商业。给我们制造麻烦的是那个经纪人，他就是个骗子。经纪人抓住别人的错误为自己的乐队赚钱，这一点无可厚非，但是他应该更开明，应该允许蓝色地平线唱片还价。因为他这样那样的鬼把戏，"弗利特伍德·麦克"的剩余成员最终在几年后起诉了克利福德·戴维斯。正如他们所说的："哦，好吧。"

最终帮助塞尔唱片崛起的，是悉德在我还是少年时就介绍给我的一个人。乐呵呵的L.G.伍德，大家都叫他"莱恩"（Len）[1]，是英国最大的主流唱片公司百代唱片的董事总经理。百代唱片买下了国王唱片产品目录上所有唱片在欧洲地区的版权。莱恩先生从大萧条时代起就一直在百代唱片工作，是从销售这一路升上来的，他漫长的事业只因在"二战"期间担任英国皇家空军的飞行控制员而中断过一阵子。但在五十年代早期，当RCA唱片和哥伦比亚唱片都拒绝续签他们的矩阵交换协议时，百代唱片就失去了那些必火的美国热门歌曲，因而受到了沉重打击。正因为自身存在这样的危机，百代唱片在一九五二年斥资九百万美元买下美国四大唱片公司之一的国会唱片（Capitol）。在伦敦，百代不得不冒着更大的A&R的风险，把更多的签约权交给公司内部的制作人，比如诺里·帕拉莫（Norrie Paramor）和乔治·马丁（George Martin），他们在很大程度上为英国在二十世纪六十年代迎来音乐的黄金时代播下了种子。正如莱恩·伍德对《公告牌》说的那样："当我们回首往事，这些挫折恰恰是发生在我们身上的最好的事情。它们激励了百代唱片的拼搏精神，迫使我们从根本上重新思考我们的策略。正是这些经历让我们变得更

1　作者后面称其为莱恩·伍德，即 Len Wood。

好，但老实说，当初我们可不这么觉得。"

在百代进行深刻反思的那些年，悉德成为莱恩在美国的密友之一，他们关系非常亲密，莱恩每年访问美国时通常都会去辛辛那提。我想莱恩从没忘记悉德的忠诚，尤其是处境反转的时候。在一九六四年的前六个月，百代的艺人在美国的排行榜上保持了为期十六周的冠军纪录，这主要得感谢"披头士"。搞笑的是，国会唱片此前拒绝在美国发行"披头士"的首张单曲，正是莱恩出面解决了这个荒谬的问题。

当我在一九六五年左右再次遇到莱恩的时候，他已是行业翘楚，而值得称赞的是，他和我第一次遇到他时一样友善。他告诉我，一旦我有了自己的音乐厂牌就跟他联系，那时距离我创办塞尔还有十八个月。人们总是开出空头支票，但即便悉德已经去世，莱恩仍然信守承诺，并为我铺好了一条通往百代决策部门的红地毯。当我们处于生死攸关之际，是他以种种方式为塞尔的未来带来了生机。如果没有莱恩，我想我们作为一家身处百老汇的独立唱片公司根本没法撑过五年。在英国音乐占统治地位的那段时间，与伦敦音乐圈没有特殊关系的美国独立音乐厂牌纷纷落伍，很多都破产了。

出于对热门产品的迫切需要，我来到了伦敦。在希思罗机场，百代唱片一位名叫约翰·里德（John Reid）的职员来接我。他的苏格兰口音对我未经正规培训的布鲁克林耳朵来说实在难懂，就像他一直在跟我说中世纪的维京语似的。我推着手推车穿过到达大厅，问他是不是要开车载我去百代。他回复道："Ham on-lee tse-venteen, aye kayne drrryf。"我花了很长时间才明白过来，他说的是"我才十七岁，我不能开车"。我不能告诉你这个毛孩子就是后来的某某某，说了就没有惊喜了。当时他还只是一个在办公室打杂的小职员，公司会派他到机场接我这样的小人物。没关系，我们搭出租车来到百代唱片，一路上我正好有时间调整耳朵来熟悉这种苏格兰乡野腔。约翰·里德一周前才来到伦敦，他来自佩斯利，那是格拉斯哥最贫穷的地方。虽然他有着粗鲁的苏格兰口音，但其阴柔的特质却令我印象深刻。我后来才知道，他是苏格兰某电视台老板的情人，此人最近刚刚搬到伦敦。正是通过伦敦的同性恋圈子，约翰才找到了新工作。

在百代唱片，莱恩·伍德向我介绍了他们国际事业部的经理、公司内部的法务人员和其他员工，他们为百代产品签发海外地区的版权。我们的合作模式超级简单：在预付少部分钱款甚至不需要预付款的情况下，我可以签下百代唱片在北美的版权，只要它们尚未被国会唱片或别的什么公司签走。这意味着我要翻遍他们的垃圾箱寻找残羹冷炙，但这并没让我失望，因为我知道，国会唱片和其他的美国大唱片公司往往对出色的英国唱片不屑一顾。

莱恩·伍德格外渴望把我送上漫长的事业征程，所以又在唱片版权的基础上安排了词曲版权代理权交易。要知道我那时候还不是一个词曲版权管理商，这的确是很慷慨的举动了。为了给我的伦敦之旅提供更多便利，莱恩·伍德打了几个电话，给我在位于牛津街原 HMV 唱片店[1] 二楼的百代旗下的"阿尔德莫尔与比奇伍德"（Ardmore &

1　世界著名唱片和电影零售连锁店，一九二一年在英国伦敦开业。"HMV"是"主人的声音"（His Master's Voice）的缩写。该连锁店在实体音像制品时代一度非常知名。进入数字化时代，HMV 等实体音像制品连锁店受到严重冲击。二〇一一年之后，随着一些连锁店关闭，HMV 也不断被倒手收购。二〇一九年，被加拿大的日出唱片娱乐公司（Sunrise Records and Entertainment Ltd.）收购。

Beechwood）词曲版权管理公司借到了一间办公室和一张桌子，我甚至可以使用他们的电话。所以，多亏了神奇的莱恩·伍德，也多亏了百代唱片国际版权授权的手续简便，我和理查德没花多少钱就为塞尔唱片找到了热门产品的固定来源。这些唱片的美国版制作成本约为一两千美元，我们可以要求我们的分销商伦敦唱片垫付，将来从我们的销售报告里扣除即可。就这样，我们可以在那些尚且鲜为人知的英伦摇滚乐队身上下一个相对安全的赌注。这一切就像越洋电话操作员做的那样简单，只要把正确的电缆接入正确的频道就行了。我们拿下的众多百代授权的专辑里，第一张是"巴克利·詹姆斯·哈维斯特"乐队的同名专辑，那是一支来自曼彻斯特北部小镇奥尔德姆的迷幻摇滚乐队。

　　我在伦敦的狩猎之旅变得越来越频繁，而且我无意中还发现了一张有效的名片——纽约最美味的草皮芝士蛋糕。我最早是在"草皮餐厅"和"杰克·邓普西餐厅"发现它的，这两家餐厅都在布里尔大厦的大堂里。后来，我又在城里发现了供货源头的那家蛋糕店，如果买得多还是那里最便宜。我和理查德每次去拜访那些伦敦的唱片公司时，总是大包小包地拎着这些从纽约直接买来的顶级芝士蛋糕，大家都张着嘴欢迎我们。不知道为什么，芝士蛋糕在伦敦很罕见，所以不管是老板、小职员还是秘书，都会狼吞虎咽地抢着吃下每一块蛋糕，就像在啃"大苹果"[1]一样。哪怕塞尔唱片还没有出口过一张单曲唱片，那些芝士蛋糕已经成为我们在英国的第一支"美国热门单曲"。我们送的蛋糕越多，就越容易讨价还价，例如我们第二个获得百代授

---

[1] "大苹果"是纽约的别称。

权的大牌乐队——"高潮布鲁斯乐队"，它是一支电声布鲁斯乐队，来自英国中部一个叫斯塔福德的小镇。我们只付了一千英镑就拿到了授权，这跟我们后来赚回来的钱相比，绝对是个清仓甩卖价。

芝士蛋糕一直是我们的敲门砖。在宝丽多唱片（Polydor）[1]的伦敦办事处，我选了一个叫特温克（Twink）的迷幻摇滚唱作人，他那古怪的专辑《想念粉红》（*Think Pink*）得到了"异人"乐队的助阵。这张专辑后来演化出伦敦七十年代一支伟大的邪典风格乐队——"粉色精灵"（the Pink Fairies）。在位于丹麦街的一个独立厂牌斯派克（Spark），我们也选了一支叫"杀戮地板"（Killing Floor）的电声布鲁斯乐队。接着，我的名字在百代公司被口口相传。百代欧洲的代理人开始主动联系我，显然他们听说我是个专找无名唱片的傻子。忽然之间，他们都希望我在美国发行他们法语、意大利语、德语的破烂玩意儿。我知道我这种做法无异于大海捞针。虽然在音乐欣赏方面要翻越外语带来的屏障需要作品本身有些特别之处，但是惊喜偶尔也会发生，所以我一直在聆听，一直保持办公室大门敞开，直到我最终能发现点什么。

百代的荷兰分公司叫博韦玛（Bovema），它旗下一个叫帝国（Imperial）的热门小厂牌曾发行过一张由吉他手简·阿克曼（Jan Akkerman）演奏的器乐专辑《待售的天才》（*Talent for Sale*）。里面的

1　宝丽多唱片公司一九一三年成立于德国，是世界上现存历史最悠久的唱片公司之一。一九四一年，西门子收购了宝丽多唱片。一九七二年，飞利浦决定将旗下留声机唱片公司（Phonogram）和西门子的宝丽多唱片合并，取两家公司名字各一半组成新的唱片公司"宝丽金唱片"（PolyGram）。

吉他演奏出神入化，有一首《比利·乔的颂歌》（Ode to Billy Joe）格外突出，我听完后立刻发电报给阿姆斯特丹。"我钱不多，"我解释道，"但是我有兴趣把简·阿克曼的唱片推向美国市场。"

"你可以免费拿走它，"西奥·拉斯（Theo Russ）回复道，"只需要付给我们版税。不过这不包括任何附加内容，因为他已经离开我们了。听说他已经回到他'焦点'（Focus）乐队的老朋友那里去了。"

为了搞明白到底发生了什么，我立马跳上一架去阿姆斯特丹的飞机，找到了简·阿克曼和"焦点"的人——他们正在为百老汇歌剧《毛发》（Hair）荷兰版做伴奏乐队，以此谋生。但问题是，他们已经与卢森堡广播电台旗下一家比荷卢[1]的音乐版权公司广电音乐（Radio Tele Music）签了版权管理合约。合约明确规定了词曲版权管理商可以指定哪家厂牌能获得录音版权。所以我打电话给广电音乐的负责人休伯特·特黑根（Hubert Terheggen），他知道在鞋盒大小的欧洲国家他为"焦点"做不了什么。

"你去法国戛纳国际音乐博览会吗？"他问我。

"去呀，当然去。"

"那好，我们就在戛纳交易吧。"

我搭火车去了巴黎，打电话给我的法国联系人卢西恩·莫里斯（Lucien Morisse）。卢西恩不仅是欧洲一台（Europe 1）这个法国最受欢迎的流行电台的节目主持人，还经营着一家名为迪斯卡兹的唱片厂牌，我的老朋友芭芭拉·贝克在里面工作。正是芭芭拉把卢西恩介绍

1　比利时、荷兰、卢森堡三国并提时的简称。

给我，之后无论我何时到巴黎，都会打电话到他办公室，那里视野很好，能够俯瞰埃菲尔铁塔。卢西恩是一个真正的唱片人，他娶了法国流行明星达莉达（Dalida），发掘了重要的法国唱作人米歇尔·波尔纳列夫（Michel Polnareff）。卢西恩是犹太人，我们之间的一个小传统就是在圣路易斯岛他最喜欢的犹太洁食餐厅一起吃饭。

我把简的专辑放给他听，他立马出价一万美元购买"焦点"的法国版权；而当我在戛纳和休伯特·特黑根会面时，他只要价五千美元就把专辑除比荷卢地区以外的全球版权卖给了我。于是，在阿姆斯特丹、巴黎和戛纳绕了一大圈之后，我带着"焦点"的版权和我们还未卖出一张唱片就净赚的五千美元利润回到了美国。塞尔唱片就是这样得到"焦点"的，这桩交易最终改变了我们的命运，也让我们进入到全世界的音乐版图中。

经授权拿到欧洲唱片的成品，把它推向美国市场的流程非常简单：我们要么直接带着母带乘飞机回到纽约，要么等特快专递运达。我们会重新设计唱片封套，然后把东西一股脑儿发给我们的分销商，由他们进行印制并运送到唱片店。我说得轻巧，但你试试看，一路上拎着一大堆蛋糕坐经济舱去欧洲，还要花很多天时间在主流大唱片公司成堆的劣质唱片里淘出好东西。如果你坚持这么做二十次，我发誓你绝对能得到一首热门歌曲。

一天下午，在百代唱片的总部，飞机旅行造成的时差很严重，我肯定是趴在桌上睡着了。当我醒来时发现整个大厦一片漆黑，空无一人，门也被锁上了。这会儿时间还早，所以我给我的联络人约翰·里德打电话，但很不幸，他也没有大门钥匙。他只能打电话给公司里的一位大老板肯·伊斯特（Ken East），随后肯和他的妻子多莉（Dolly），还有约翰一起来到大厦。他们看我的样子又可怜又可笑，就带我去吃了消夜。

肯·伊斯特和多丽·伊斯特是众所周知的名流夫妇，特别是在演艺界的同性恋圈子里，两口子很喜欢这些人的陪伴和才思。坊间也有关于肯性取向的传言，据说他曾出现在百代唱片一个变装派对上，但我不认为他是同性恋或者双性恋。他只不过是好打扮，也喜欢说伦敦的同性恋俚语。在同性恋被视为非法的时代，男同性恋之间为了避免被偷听者发现端倪，就讲一种叫作"波拉里（Polari）"的暗语，这种行话已有百年历史。根据最可信的说法，它最早是由英国传统木偶剧《庞奇和朱迪》的表演者使用的，这些人基本上都来自意大利。自此，它在海军和戏剧圈子里传播开来，并不断演变、不断扩充。在我的美国耳朵听来，它就像电影《发条橙》里的俚语一样令人费解，但这并不影响我对此着迷。它显然是英国强大的同性恋亚文化的一种象征。

我越被百代唱片的人接纳，就越不敢相信英国唱片业里有多少人物是同性恋。在纽约的音乐圈里，人们总会问："你知道他是犹太人吗？"而在英国，人们总会问："你知道他是同性恋吗？""不列颠入侵"[1]乐队几乎所有的经纪人都是同性恋，"披头士"的布赖恩·爱泼斯坦（Brian Epstein）、"谁人"（the Who）的基特·兰伯特（Kit Lambert）、"新兵"（the Yardbirds）的西蒙·内皮尔－贝尔（Simon Napier-Bell）、"比吉斯"（Bee Gees）和"精华"的罗伯特·斯蒂格伍

1　指二十世纪六十年代中期，许多英国摇滚乐队纷纷登陆美国，在美国获得商业上的成功，并且彻底改变流行乐和摇滚乐历史的文化现象。

德（Robert Stigwood）——他虽然是澳洲人但在伦敦工作。"滚石"的安德鲁·奥尔德姆，就算不是同性恋也总是穿得花里胡哨。你是不是好奇过六十年代留长发的潮流源自哪里？没错，要怪就怪乐队的同性恋经纪人吧，首先就是布赖恩·爱泼斯坦，他既是同性恋又是犹太人。这种风俗甚至可以追溯到更久远的年代。在五十年代，有一个叫拉里·帕恩斯（Larry Parnes）的人，他是汤米·斯蒂尔（Tommy Steele）、比利·弗里（Billy Fury）和马蒂·怀德（Marty Wilde）等众多英国摇滚明星的经纪人，获得了巨大成功，他也是个同性恋。还有乔·米克（Joe Meek），他是"龙卷风"（the Tornadoes）乐队一九六二年的热门歌曲《电话明星》（Telstar）背后疯狂的天才制作人，这首歌是《公告牌排行榜前一百名》上第一首英国冠军歌曲。

甚至连百代唱片无所不能的董事长约瑟夫·洛克伍德爵士（Sir Joseph Lockwood）也是同性恋。从五十年代起，乔爵士——所有人都这么称呼他——在英国令人难以置信地崛起，成为流行音乐超级大国背后的银行家和战略家。正是乔爵士在一九五二年买下了国会唱片，也是他提拔了一位叫乔治·马丁的工人阶级天才来复兴百代处于困境的厂牌帕洛风（Parlophone）。随着"披头士"在六十年代源源不断地从美国赚钱回来，乔爵士开始在电视制作上投入巨资，以此永久地改变了英国广播公司（BBC）。英国应该为此人树一座纪念碑。

乔爵士看上去一直是一位规规矩矩的英国绅士，谣言说"他喜欢和他帮助过的经纪人做些粗暴的事"，我不知道这里面有几分是真的。这也许是恶意毁谤，但是你应该懂我的意思：在伦敦，如果真是同性恋也没什么大不了的，反正那么多大人物都是呢。而且不仅仅是在唱片业，在英国广播公司也是一样，那里很多极具天分的演员、制作人和电台主持人都是同性恋。伦敦西区的戏剧圈子是同性恋最密集的社区，同性恋文化根本就是从那里发源的。实际上，拉里·帕恩斯和罗伯特·斯蒂格伍德之前都是戏剧演出经纪人，后来才转行进入流行音乐圈子。

连我刚刚结交的苏格兰哥们儿约翰·里德也是通过同性恋圈子的关系才在百代找到工作的。他的上司名叫菲尔·格林诺普（Phil Greenop），是一个友善的家伙，他也会经常光顾肯·伊斯特和多丽·伊斯特安排的那种社交场合。我猜约翰·里德一定是看出来我也是同性恋，才邀请我去见他的新情人，一位名叫雷吉·德怀特（Reg Dwight）的年轻音乐人，他在舞台上的艺名叫埃尔顿·约翰（Elton John）。你别说，当我第一次在餐桌旁见到他时，并没有马上发现他身上星光闪耀。但当我听到他的歌曲《你的歌》（Your Song）时，一切都变了。作为唱片艺人，他的事业刚刚起步，当时我们这帮家伙总在下班后凑到一起玩。神奇的是，刚刚签下他的独立音乐厂牌 DJM 的老板是迪克·詹姆斯（Dick James），正是此人为"披头士"建立了专门的音乐版权管理公司北方歌曲（Northern Songs）。一九六二年，迪克·詹姆斯指点急于成功又心灰意冷的布赖恩·爱泼斯坦去找乔治·马丁，作为回报，迪克获准管理"披头士"的音乐版权。瞧瞧这运气。詹姆斯在"披头士"解散的前一年，签下了埃尔顿·约翰的音乐版权和录音版权。对于有些人来说，好运气是接二连三的，挡也挡不住。

埃尔顿·约翰迅速引起我注意的是他对音乐的深刻了解，不光是歌曲和艺人，他对各个厂牌和音乐流派以及之间的关系也了如指掌。他身上有音乐学家的影子，我相信这就是约翰·里德把他介绍给我的原因：他知道我们能聊到一块儿去。在他还没有使用"埃尔顿"这个艺名之前，他在伦敦最好的唱片店之一 —— 伯威克街的"音乐天地唱片店"为客户服务多年。我只能猜想，他所有的研究和唱片收藏使他成为一个高标准的听众，他最终将这些标准体现在了自己的音乐上。埃尔顿·约翰在个人生活方面一直保持着这个习惯，他一直都是一个真正的音乐狂 —— 他会每天花好几个小时聆听别人的唱片，并始终密切关注最新的艺人、唱片和行业动态。

生活的一部分是我们自己创造的，而另一部分则是由我们选择的朋友创造的。我刚二十七岁，但通过不断试错，以及经历大量的不幸中的万幸，我开始建立起一个由年轻音乐人和老派音乐人构成的国际网络，他们的天才和野心点燃了我，让我始终保持自信。你不可能靠自己就获得成功，我们都需要一群志同道合的盟友来保持激情燃烧，并从每天的战斗中获得乐趣。虽然我们还没有任何主流热门歌曲上榜，但我感觉到自己已然是音乐圈的一部分，那种被圈里人支持和认同的感觉让我对塞尔的未来感到安心。

现在到了我和理查德换办公室，昂首站在我们自家办公楼里的时候了。当我们与悉德的不动产管理方打交道时，我们付给国王唱片前纽约办公室的低额租金此时就成了一个问题。杰克·珀尔并没有把我们赶出去，但逗留太久使我们不再受欢迎，这让我开始思考悉德是怎样把他的钱投入房地产的 —— 他通常会把价格低廉的、破败不堪的建筑变成他生意的前哨站。这样操作下来就很完美了。一旦买下这栋房产，你就不用再把利润花在租金上；把你用不上的面积租出去，得来的钱还能用来支付薪水和办公的开销。除非苏联人用核弹把曼哈顿炸了，否则房产一定会升值。

鉴于塞尔几乎成了国际摇滚乐的代名词，买下整个百老汇地区任何地段的房产对我们来说也都不成问题。我们买下了位于上西区西七十四大街一百六十五号的一栋非常漂亮的褐石建筑，将其命名为"蓝色地平线大楼"。这个稍微有些衰败的街区非常靠近曼哈顿闹市区最令人赏心悦目的地段，不可能不升值，我们对此很有信心。这是我和理查德做过的最明智的决策之一。

我们的国际网络也开始带来惊喜。在我一九七〇年的一次伦敦之旅中，肯·伊斯特和多丽·伊斯特把我介绍给一位叫戴维·麦凯（David Mackay）的澳大利亚制作人，他是一九七〇年一首风靡英国和澳大利亚的热门歌曲的幕后人。一连数月，没有英国人或是澳洲人能躲得过这首新颖的歌曲，它就像水母流行病一样盘旋于电波之中。这首歌叫《推自行车之歌》（The Push Bike Song），是"芒戈·杰里"（Mungo Jerry）乐队风格的泡泡糖歌曲，由澳大利亚"混合"（the Mixtures）乐队创作并演唱。这首歌听起来傻里傻气但唱起来朗朗上口，所以我拿下了它的美国版权，结果，嘿，它成了塞尔唱片第一首登上《排行榜前一百名》的热门流行歌曲，最高时排到第四十四名，这个成绩不赖吧。

塞尔需要大量的长期出专辑的艺人，而不是偶尔出一两首幸运单曲的艺人，所以我们把利润拿来重新投资到我们的主要艺人身上，包括简·阿克曼的"焦点"乐队。他们一九六九年的第一张唱片《聚焦失焦》（*In and Out of Focus*），有着朦胧而迷幻的声音，但还缺乏足够的吸引力。我知道乐队经历了成员的变动，也在渴望更大的成功，于是我打电话给迈克·弗农，请他到荷兰见一下乐队，探一探究竟。迈克一直追踪到荷兰一个前不着村后不着店的巨型飞机库，他从电话亭打电话给我，跟我说他喜欢所听到的一切，他想为乐队制作下一张专辑。这是我对"杰思罗·塔尔"事件的报复，因为"焦点"的风琴手和主唱泰斯·范·里尔（Thijs van Leer）也演奏长笛。"这一次，"我开玩笑说，"不管你喜不喜欢，你都会为一位'笛子手'担任制作，好好享受吧。"

因为忙着到处出差，准备办公室搬迁，我完全忘记了那位教小学三年级的老师，但在一九七一年初，我的外甥女罗宾打电话到了我的新办公室："阿德勒小姐从法国回来了，她问起你了呢！"于是我给琳达打了个电话，结果你看，她跟以前完全不一样了。我们分享了自己过去一年的冒险经历，突然相处得非常融洽。我不知道是不是法国改变了她，但是在约会的第一晚，我们就上床了。

让我惊奇的是，我和一个女人做爱也完全没有问题。实际上，不论何时琳达把我推倒在床，我都能跟她做爱，我对此感到相当自豪。很快，她就有意无意地开始催婚。当然，这令我感到意外，同时也有些飘飘然。琳达看出我这个人能成事，不管我自己在性方面如何困惑，我的自信都有了反转。我猜，这么多年来我一直把自己的真实欲望隐藏起来，在我的意识层面我在乎的只有成功——对我来说这并不意味着金钱。我对成功的憧憬就是一种宽银幕般的多彩生活方式，我能看出琳达也有着同样的渴望。她想认识我遇到的每一位摇滚明星和大人物。她坐在那里，眼里闪着火花，仔细聆听每一个名字、每一处细节，仿佛她的生活就依赖于此。她并不像我母亲那样只是出于礼貌而听我讲话；琳达在努力学习，问的问题都对路，这个那个的名字都记得牢，对新闻报道的关注如记者一般，提出的关于策略的建议往往都很明智。

我们的约会开始变得认真起来，但我现在知道了，为什么我上了年纪的父亲会建议他二十八岁的儿子去仔细了解一下他女朋友的母亲。我不需要西格蒙德·弗洛伊德[1]的那一套理论就能发现琳达是从哪里继承到她那突击手般的特质。她的母亲梅布尔，哪怕用标准的布朗克斯区女族长[2]的标准来看，也是一位铁娘子。遗憾的是，没有人告诉我梅布尔的母亲早逝，否则我可以更好地了解她家这一脉到底出了什么差错。早年丧母的梅布尔在孩提时代过得并不容易，所以长大后才会如此铁石心肠。我只注意到琳达惧内的父亲，一个名叫艾拉（Ira）的可爱男人，是如何保护女儿们免受她们母亲那一张利嘴的攻击。对比一下我母亲是多么的温柔，我就更觉得梅布尔令人恐惧。在某个午夜，琳达正睡在我旁边，电话铃响了，我胡乱抓起听筒，沙哑着嗓子说"你——好"。当时我半梦半醒的，还以为电话是伦敦打来的。

"不好意思打断你们，但是我知道你在操我女儿！"——这就是梅布尔在凌晨三点钟的问候。这一通叫早电话就像桑迪·库法克斯把一块湿布砸在你睡意蒙眬的脸上。

1　奥地利精神病医师、心理学家，精神分析学派创始人。
2　Bronx，纽约五个区中最北面的一个，居民主要以非洲和拉美后裔为主，犯罪率在全美国数一数二。此处布朗克斯区女族长之称表达梅布尔的强势。

　　起先，我并没有为我们这种不可能的关系中显而易见带着的巨大问号而焦虑，但是当我订了我俩去百慕大度假的机票时，我突然被恐惧和愧疚击败。我知道，我必须在琳达登上飞机前告诉她关于我的真相。我一直把这事往后拖，但在我们起飞的那天早上 —— 我承认这有点迟了 —— 在阿德勒家的门厅里，我站在琳达面前。她已经整理好行李箱，正在等着我，她家里人都出去了。就在那里，我告诉了琳达真相：我被男人所吸引，我和男人上过床，不止一两次而是好几次。我永远无法忘记那个场面。她感到震惊，陷入沉默大概有十分钟，好像布朗克斯的天空被吸进她身体里坍塌的一个黑洞中。然后她爆发出号叫，"不！不！不！"，她攥紧两只拳头，狠狠敲打自己的脑袋。她的整个生命在眩晕中坍塌。对我的震惊、羞耻和憎恨，对她自己的憎恶，一切的一切，刹那间一齐涌上心头。酷酷的阿德勒小姐，小学三年级教师，以为遇到了她的"摇滚先生"。曾经的一切是如此完美。结果却是这个样子。

　　目睹了琳达的全面崩溃，我没有预料到自己的反应会是什么样子。我突然感到比之前更愧疚。我害怕失去她。我一生都在与同一个谜题较量。也许努努力，我就能学会喜欢女人？也许我喜欢男人这件事是能改变的？我当时依然不知道答案，因为我此前未曾尝试过。亲爱的读者，我知道你们在想什么，但是请试图理解一下。我可能是同性恋，但并不意味着我不是犹太人。犹太法典《塔木德》里有一句话：你不是被你的父母生下来的，而是被你的孩子生下来的。哪怕对非教徒的犹太人或是演艺圈的犹太人来说，我们的文化也都指向"要将火焰传递给下一代"。我们就应该成家。它被铭刻在我们的梦想中。"演出必须继续下去！"

那个早晨发生了一件意义深远的事情。两个自我主义的怪人都意识到，他们拥有对方的偏执性格中所缺少的部分。"我能改变。"我向她保证。我是说真的，我不想成为一个同性恋。我想拥有一个家庭，想和所有犹太子女一样让父母感到骄傲。"我很高兴你告诉了我这些。"琳达最后说。我的秘密把她吓得要死，但要说琳达真能理解一件事，那就是因陷在错误的肉身里所产生的挫败感。她那时二十六岁，上过大学，见识过世界了，在上千个小酒吧里跳舞直到天明。别看琳达咋咋呼呼，她内心一直觉得自己又丑又胖，比不上别的女人。她犯过错误，也有自己的缺点，但是胆怯却不在其中。实际上，危险的东西可能对琳达更有吸引力。

我们就像两具醉酒的僵尸，把行李箱装到出租车上，去机场的路上默默无语。离开这里，去往没人认识我们的地方，也许是此时唯一可做的事情。我们需要在海里游泳，需要凝视太阳，借此消除痛苦。任何一对奇怪的夫妇都应该能懂得这个道理：虽然生活是一座太遥远的桥，但其中还有一些是更高境界的事物，它们会飞越云端，俯瞰生活。我们困扰在这种悲情之中，抽泣着，攥紧对方的手，憧憬着百慕大三角此情此景之外的美好生活，一个强大的磁场将我们吸引到了一起。就称它为信任、同情、命运、爱或者历经世事后得到解放的精神吧。不管它是什么？它就在那里。我们必须结婚。我不想走过没有家庭的人生，而琳达又是如此渴望加入我的圈子，我想她能够接受生活比计划中的更为疯狂。

Chapter 4
在堪萨斯州冲浪

真正到了办婚礼的时候倒是简单了 —— 琳达的父亲本身就承办犹太洁食酒席。婚礼的日期定在一九七一年十月二十三日，但是随着这重要日子的临近，我的父亲开始问阿德勒家人很多宗教方面的问题，这引起了梅布尔的愤怒。她显然觉得我们斯坦比格家族也不怎么样，也震惊于我妈妈教出我这样一个"妈宝男"，以至于她曾经叫我"犹太佬"[1]。这种双方家庭紧张对立的关系让我和琳达在周六婚礼前的那个周二大吵了一架，这对我们来说没什么不寻常的，只是这一次琳达把自己锁在卧室里进行了公开的抗议。

没过多久，梅布尔就通过电话找到我，"西摩，我知道你和琳达大吵了一架。现在，艾拉正在为准备婚礼的宴席忙活。我们曾经遇到过取消的情况，一般是因为家庭成员去世或发生了某些可怕的事情。但是现在，事情是这样的 —— 基本上所有的东西艾拉都可以先冻起来，比如那些烤牛肉、羊羔肉、鸡、汤、蔬菜，甚至你最喜欢的甜面包。他唯一不能冻上的是维也纳甜品台。"她指的是那种用来装点犹太宴会的用大盘子装着的不含乳制品的甜点，通常是犹太洁食、各种

---

1 "mocky"，美国俚语，含贬义。

无乳冰激凌和蛋挞、酥皮挞。"现在，西摩，艾拉做的维也纳甜品台是最好的，但是如果没有婚礼，他也没有办法冻上它。那你告诉我，你还要不要娶我的女儿？"

我永远不知道梅布尔是一个"告别曲"[1]，还是她本人真的和她听起来一样厉害。就像一个听话的小女婿那样，我没有冒任何险，而是请我未来的丈母娘把我未来的老婆从她卧室里哄了出来。琳达打开门，出来接电话，一切归于平静，维也纳甜品台也保住了，否则它还说不定是什么下场呢。

当大婚之日来临，我和父亲、理查德穿戴上了挺括的西装和礼帽，我的父母和我们一起驱车前往位于里弗代尔的保守派犹太人中心，艾拉的同事们在为当天的各项活动做着准备，就像瑞士的铁路网一样有条不紊。虽然我能感觉到大厅里我这一边的家人并不是完全认可琳达盛气凌人的性格，但所有的长者都唱着歌，祝福我们幸福美满。我的家人们多年前就已经不再试图去理解我的所作所为，现在，我正式终止了他们作为家长的合约，我甚至开始不去担心他们怎么想了。

琳达的家庭对我也并不认可。我们的争吵在整个街区都已经不是秘密了，我们曾经在里弗代尔的人行道上互扇耳光，琳达甚至对她的儿时姐妹阿琳暗示过我的异常性行为。然而，阿德勒夫妇知道琳达是怎样的人，也接受她嫁到摇滚圈，这是她唯一可能归属的地方。我觉得他们甚至还有些许好感。我那时候二十九岁，有一家成功的唱片公司，在中央公园还有自己的一套两居室。琳达很难嫁得更好了。

1　"winder-upper"，电台节目结束时播放的最后一首歌曲或音乐。

我清楚琳达嫁的是财富和演艺行业，但是没人意识到，她是我真正对其公开同性恋身份的第一人。她对我的钦佩和信任是真挚的。是的，我忍不住产生了男人的自豪感，想把她带出教室，带入她向往已久的灯红酒绿的生活。好吧，所以我们的童话城堡也许是建在沙子上，但是不知道怎么回事，我就是觉得我们注定会成为摇滚王国的国王与王后组合，尽管谁是国王谁是王后我还有一点点困惑。

众目睽睽之下的婚礼令我筋疲力尽，第二天早上醒来的时候，我心里燃起一种想去旅行的冲动。幸好琳达忙于学校的工作，所以我等了一阵儿就奔向了一个人的蜜月之旅，宣称要去印度和澳洲做生意。我需要远离每个人——琳达、理查德、塞尔唱片、我父母、梅布尔和我生活中所有"不能冻上"的维也纳甜品台。

没有什么事情比旅行更能让你的灵魂回归正轨。我是伴随着四五十年代的电影长大的，电影里如果想要从地理上表现那些去往东方的飞机旅程，就在一张旧地图上缓缓画出一条红线。从欧洲途经阿拉伯和波斯飞向印度，比我之前的任何一次飞行体验都更令人激动。我正在去东方冒险，天知道我可能发现什么，也许是下一个乔治·哈里森（George Harrison）[1]或拉维·香卡（Ravi Shankar）[2]正单脚着地站在树下。万一办不到，我也有个隐秘的动机，那就是体验真正的印度美食。伦敦有很多印度餐馆，但是我知道纽约只有一家很好的印度餐

---

1 "披头士"乐队吉他手乔治·哈里森受印度音乐影响，在乐队后期作品里加入了印度民族乐器西塔尔琴的演奏，为作品增添了许多迷幻音乐元素。作者希望印度之行能发现一些融合东方音乐的西方音乐家。
2 印度西塔尔琴演奏家。

馆 —— 坐落在四十九街的"锡兰印度酒馆"。当然了,还有什么地方能吃到比印度本地更好的印度大餐呢?

在孟买机场,一位宝丽多唱片的员工迎接了我,把我送到已经预订了房间的泰姬陵宫酒店。在进城的路上我们聊了一会,我问到孟买是否有犹太人社区。他脸上露出了微笑,解释道,他女儿正好在一所私立学校上学,而学校正是由一个有影响力的犹太家庭开办的。"今天是周五,"他眉开眼笑地说,"我相信他们很乐意带你去犹太教堂。"所以,当我入住酒店时,这位友善的印度向导就回到他的办公室,开始为我安排在本地犹太教堂与这家犹太人会面的事。

但是,由于该死的旅途和十个小时的时差,我肚子空空,晕头转向,偷偷跑出去附近一家叫"新德里达帕"的餐厅,先用美味的咖喱把自己喂饱了。在我到达犹太教堂后,这家犹太人匆匆把我带到他们富丽堂皇的家,用满桌的东方美食款待我,这不是典型的印度食物,但也不像任何阿什肯纳兹犹太人的烹调方式。印度犹太人吃的是辣味的犹太洁食,让我想起了曾经在叙利亚或西班牙餐厅吃过的食物。我又像猪一样地吃了一顿,结果第二天一整天都在床上呻吟。

我倒是愿意在印度待上一个月,一路吃吃喝喝,一直吃到喜马拉雅山,但是在我见过印度宝丽多唱片的人,体验了孟买的疯狂混乱之后,我不得不南下澳大利亚继续我的旅程。在悉尼和墨尔本,我结识了更多的唱片业人士。

大概三四周之后,我途经洛杉矶回到纽约,我的第一次环球航行结束了。在这次旅程中,我沿途找到了新的海外合作伙伴,他们有的答应销售我们的唱片,有的会把他们自己的唱片递送给我们。我这一趟也实实在在地谈成了买卖，也就是说，琳达不能因为我刚刚办完婚礼就像魔术师胡迪尼一样玩了一把遁逃术而撕烂我的脸。

我的公寓现在变成了我们的公寓，婚后没几个月琳达就怀孕了。当我把这个消息告诉我父母时，父亲把我拉到一边，建议说因为母亲总是最辛苦的人，所以应该请琳达来为孩子起名字。他解释道，这样妈妈和孩子之间会建立起更牢固的纽带关系，同时也会促进整个家庭的和睦。琳达热爱她的父亲，所以，作为向艾拉已故父母的致敬，琳达根据希伯来名字萨拉·莱亚（Sara Leia）给我们的第一个女儿起名萨曼莎·李。我父亲的那一套说辞一开始听起来似乎有点奇怪，但是后来它确实产生了许多实际的效果。

那是一段快乐时光，埃尔顿·约翰和约翰·里德常常往来纽约，通常他们会住进我家的客卧。得益于《你的歌》和《火箭人》（Rocket Man）这些火爆全球的热门歌曲，埃尔顿在纽约的街头也开始被人认出来。约翰·里德既是他的情人又是他的经纪人，他们两人可以轻易负担起城里最好的酒店，当然有时候他们也会住那样的地方，这取决于他们来纽约干什么。但是不管出于什么原因，他们喜欢和我们聚在一起，哪怕在我们嗷嗷直叫的小家伙到来后也是如此。我们喜欢他们来家里，也一直以上好的食物、大麻和娱乐活动来款待他们。

埃尔顿那时正处于风暴中心，我认为他很享受在一个真正的家里、身边围绕着真心为他的成功感到高兴的朋友们。这就是成名的烦恼：你并没有变，但是身边的每个人都变了。一个名人自然渴望老朋友的陪伴。不幸的是，老朋友很容易感到自己高攀了，甚至起了嫉妒心。尽管我们有这样那样的缺点，但琳达和我却表现出了截然相反的一面。我们喜欢听他们征服世界的故事，而且我们一直都在背后支持他们。当然，再加上我们是地球上最不会对他们同床共枕进行评判的夫妇。别的不说，他们至少比我和琳达更正常。

站在职业角度，我根本不是埃尔顿·约翰团队的人，但是根据塞尔唱片自己的独立音乐标准，我们的主要艺人"高潮布鲁斯乐队"和"文艺复兴"（Renaissance）乐队的唱片销量数据都很不错。我送芝士蛋糕到伦敦并带着划算的协议价回纽约的工作进展得很顺利，在我一九七二年离开百代唱片总部时，甚至带走了克利夫·理查德（Cliff Richard）的《给我所有朋友的力量》（Power to All Our Friends）这首歌的美国版权，此人称得上是英格兰对埃尔维斯·普雷斯利的回应[1]。另一支以低成本轻易得到的乐队是由乔治·马丁担任制作人的英国摇滚乐队"斯塔克里奇"（Stackridge）。但是，荷兰的"焦点"乐队在一九七二年一飞冲天，令我们其他所有在售的唱片黯然失色。

正因如此，迈克·弗农在制作"焦点"的第二张专辑《移动的浪潮》（Moving Waves）时，大胆地增添了一种电子声响，把他们的演奏水平提升到了一个全新的高度。在我们收到母带时，我和理查德都感觉到我们签的乐队里有了一个潜在的获胜者，可想不到我们的新分销商宝丽多否决了它。我没有得到一个清晰的答案，所以我敲开了宝丽多老板的门。"好吧，我来告诉你为什么。"杰里·舍恩鲍姆（Jerry Schoenbaum）说。他是德国的企业集团——德意志留声机公司（Deutsche Grammophon）美国分部的负责人。"在荷兰，有一个叫

1　克利夫·理查德被誉为"英国的埃尔维斯·普雷斯利"。

弗雷迪·哈恩（Freddie Haayen）的浑蛋在经营着宝丽多，他看上荷兰一支叫'金耳环'（Golden Earring）的倒霉乐队，然后一直催我发行他们的唱片。听着，我不是对'焦点'有意见，但是我实在不想发行'金耳环'的专辑。所以，很抱歉，我只是现在不能接受任何荷兰的东西。"

"但是，杰里，'金耳环'也不错。你会错失某些东西的。"

"哦，又来了，西摩。你说话的口气跟他一模一样。"

杰里·舍恩鲍姆是一位老派的民谣音乐人，对他喜欢的音乐流派有着很好的鉴赏力。他做出过正确的选择——在美国销售蓝色地平线厂牌的唱片，但是他没法欣赏华丽摇滚[1]和前卫摇滚[2]的魅力和气派。在美国，我们有自己的弗兰克·扎帕、"牛心上尉"、约翰博士，但英国和欧洲大陆引领非主流音乐的潮流，在当时已经变得更具实验性。从类似"杰思罗·塔尔"和"是"（Yes）乐队这样的艺人身上可以看到，所有音乐风格都可以被进口到美国，而欣赏这些音乐的听众正是我们要去找寻的。如果我们真心想让"焦点"在美国火起来，那么我们必须找到正确的分销商。在货比三家之后，我们在没有预付款和提成比例高得惊人的情况下，最终与托尼·马泰尔（Tony Martell）签

1　华丽摇滚（Glam Rock或Glitter Rock）又称闪烁摇滚，是上世纪七十年代初在英国出现的一种摇滚乐和流行音乐风格，特点是性别模糊的装扮、衣着华丽、造型化妆艳丽。代表人物包括大卫·鲍伊、"皇后"（Queen）、"暴龙"（T-Rex）、"洛克西音乐"（Roxy Music）等；在美国，"吻"（Kiss）乐队被认为是华丽摇滚的代表。

2　前卫摇滚（Progressive Rock）是二十世纪六十年代后期在英国出现的一种融合了古典音乐和爵士乐或民间音乐的摇滚风格，其特点是曲目冗长、歌词晦涩、乐器以电子合成器为主，多以概念专辑方式出现。

下了分销合约。他是海湾和西部唱片（Gulf and Western）旗下分支厂牌著名音乐（Famous Music）的老板。他们自己也在拼命寻找成功机会——他们是我们六年里的第五个分销商，这可能是谷底了，但是绝不要低估弱者的决心。

我绝不会忘记我们第一次应邀参加派拉蒙唱片（Paramount）的晚会，那是为纪念老板已故的儿子 T.J. 马泰尔（T. J. Martell）而举行的。在马泰尔生命最后的那几个月，我和理查德曾带着他去看埃尔顿·约翰的演出，还带他到后台与埃尔顿见面。我们了解这可怜孩子的去世给他父亲带来了多大的影响，他父亲是我们最新的分销商，所以我和理查德穿着得体的婚礼西服出现在慈善晚宴上。活动司仪是华纳的副总裁乔·史密斯（Joe Smith），他经常在犹太联合捐募协会晚宴上表演滑稽的脱口秀，很会活跃气氛。在史密斯介绍宴会厅里的众多来宾时，他转向了我们。"下面，这两位是来自塞尔唱片的西摩·斯坦和理查德·戈特尔。什么？你们从没听说过他们？塞尔对唱片业来说就跟冲浪对堪萨斯州一样重要。"[1]

宴会厅里的人们低声轻笑，我们咬紧牙关，报以微笑。但是，哎哟，这句话是真伤人啊。幸运的是，在头顶俯视我们的音乐之神也有幽默感。在音乐的疯人院里，一夜成名只需要三分钟时间——对堪萨斯州而言，要冲浪只需要奔出门去买一块冲浪板。是的，在一九七三年，塞尔唱片突然大放异彩，这要感谢"焦点"的一首单曲。确切地说，是一首时长三分四十二秒的硬摇滚曲子，中间有一位荷兰

---

1 堪萨斯州是美国正中部的一个内陆州。

"笛子手"用约德尔唱法（yodeling）[1]哼出歌剧的音阶。我是说真的，再加上一些类似电视剧《布偶》里动物出场时的一阵鼓点，你就了解了"焦点"的《魔法咒语》（Hocus Pocus）这首曲子。这可能是冲上排行榜首位的作品中，曲名和乐队名最押韵的一回。

一百万张单曲，五十万张专辑，一连下了六个月的美元雨洒在我们的笑脸上。那真是一种辉煌。我们甚至还拥有向除了荷兰之外的全世界的出口权，这意味着差不多在地球上每售出一张他们的专辑，这笔钱都会进入我们的银行账户。我们做到了。那些年我们吃力地拖着芝士蛋糕穿过沙漠，就像是行进在通往应许之地的路上。

有什么改变了吗？除了起初的震惊之外，没有，真的没有。如果有人笑话我小气，还真是这样。我三十二岁，有钱，按理说应该投资一只盛可卡因的镀金碗，还有与之配套的床头柜。然而，我只是该干吗干吗。我唯一下了血本的是一套更大的公寓，因为琳达怀了我们的第二个孩子。我们以十一万美元的价格，在中央公园西一百五十一号一座优雅的法国风格建筑里买下一套三居室的公寓，这座建筑叫凯尼尔沃思。当时，理查德住在西七十六街一处不错的一楼公寓里，从那里能看到天文馆和美国自然历史博物馆，但是我总是唠叨他，劝他为自己买一个更大的地方。老话说得好，"晒草趁天好"。

俯瞰中央公园壮观的景色是不断壮大的斯坦家族向上层社会攀登的一大步，但我很高兴我和理查德并没有被《魔法咒语》赚来的那么

---

1 源自瑞士阿尔卑斯山区的一种特殊唱法。特点是演唱开始时在中、低音区用真声唱，然后突然用假声进入高音区，并且用这两种方法迅速地交替演唱，形成奇特的效果。电影《音乐之声》中的插曲《孤独的牧羊人》即采用了该唱法。

多钱冲昏了头，因为还没等我们反应过来，公司就开始走下坡路，比我们想象的更快、更残酷。就像所有推出第一首红极一时的歌曲的唱片厂牌那样，我们以为今后成功会来得容易些，所以我们雇用了一些新员工，在不同的领域开始扩充阵营。忽然之间我们的办公室变得喧闹起来，我们有了艺术设计师、电台推广人、磁带复制员、秘书，前来造访办公室的经纪人和代理人也是络绎不绝。

除了推出一批我们厂牌艺人的新专辑之外，我也开始着手推出《掘金块》（Nuggets）、《英国摇滚历史》（The History of British Rock）、《英国布鲁斯历史》（The History of British Blues）等合辑和再版专辑，以及早期的杜安·埃迪（Duane Eddy）、"海龟"（the Turtles）乐队、保罗·安卡（Paul Anka）等艺人其他音乐风格的专辑。我无法像理查德那样制作原创音乐，所以精心策划推出合辑就是我讲述音乐故事的方式，再配上精心设计的封套内容简介。毕竟，挖掘老作品和商谈非独家版权花不了多少钱。真正烧钱的是制作出来的新专辑只卖出了七十二张。真是烂泥扶不上墙。例如"智利域"（Chilliwack）和"原子核"（Nucleus）。什么？你没听说过？那就对了。

在这期间，我们还进行了一项第三方投资。大约在一九七二年大卫·鲍伊的一次演唱会上，由于"焦点"的关系，我遇上了一桩怪事。我站在一排人中间正在撒尿，这时候一个年轻人拍了一下我的肩膀说："焦点？"我以为他嗑了药，批评我对得不准尿歪了，但他接着说："泰斯·范·里尔？"他自我介绍说他叫马蒂·斯科特（Marty Scott），是新泽西州一家叫杰姆唱片（Jem Records）的进口公司的老板之一。我之前就知道这家公司，他们直接从欧洲进口了"焦点"的第一张唱片拷贝，这让我很不爽。然后那家伙解释道，一年之前我在一个唱片业研讨会上发表了讲话，当时他也在场，所以他认出了我。他看上去很友善，我也相当好奇他在新泽西州到底做些什么，所以我告诉他有空来办公室坐坐。

后来他真的来办公室拜访，跟我原原本本地讲了他和他两个最好的朋友是怎样开始在各自的大学里销售进口唱片的。他们的进口生意始于学生时代的业余爱好，后来生意快速发展，非常成功，很快他们就在新泽西州的普兰菲尔德市租下一间仓库。然而让我竖起耳朵听进去的，却是他提及的英国乃至欧洲那些鲜为人知的艺人和唱片厂牌，只有业内老手才会知道这些。这些家伙和我一样，在同一条黑暗的窄巷里四处嗅探。我们开始聚在一起，马蒂见到了理查德、琳达和我的其他一些朋友，接下来的几个月里，塞尔唱片用在《魔法咒语》这首曲子赚的部分利润作为投资，和他们开了一家合资公司，叫护照唱片（Passport Records），于是杰姆唱片有了自己的厂牌，其中塞尔占一半股份。护照唱片签了一些实验摇滚和德国酸菜摇滚（Krautrock）[1]艺人，包括"内科塔"（Nektar）、"塔基秃鹫"（Tucky Buzzard）、"路西法的朋友"（Lucifer's Friend）等，还有其他一些默默无闻的艺人，以及"协同作用"（Synergy）乐队——说是一支乐队，其实只有拉

---

1 泛指德国在二十世纪六十年代末期出现的实验摇滚，包括迷幻摇滚、电子音乐、前卫音乐、即兴爵士乐和放克音乐等。德语为"Kosmische Musik"，意为"宇宙音乐"。后来英国记者在报道德国音乐时，将这个名字戏谑成"Krautrock"，即"酸菜摇滚"，因为酸菜是德国著名的传统食品。

里·法斯特（Larry Fast）一个人。

干流行音乐这一行就是这样，不管你在土地上耕耘得多勤奋，到头来还是得靠天吃饭。主流音乐市场在一九七四年和一九七五年并不太好。就像我和琳达一样，数以百万计的适龄年轻人结婚生子了。针对这些渐渐转变为居家型的嬉皮士听众，美国大唱片公司不断炮制已成名歌星的大热专辑，这些明星一般是从六十年代过来的，他们岁数上来了，自己也在竭力同时应付孩子和事业。在英国，华丽摇滚和前卫摇滚沿着音乐边缘生长，但是除了埃尔顿·约翰、大卫·鲍伊、"杰思罗·塔尔"和少数其他艺人，英国没有什么新鲜玩意儿能引起美国听众的兴趣。自从"披头士"首次登陆美国，十年已经过去了。在这十年里，几乎所有带着英国口音的唱片都可以卖出去。从那时起，美国的唱片公司开始悄悄地在伦敦及其周边开设了办事处，这意味着对于塞尔唱片这样的小虾米而言，我们更没有竞争力了。跟哥伦比亚、大西洋、华纳兄弟、A&M、MCA、百代、迪卡、小岛以及欧洲巨头宝丽多、荷兰留声机和阿里奥拉（Ariola）等大唱片公司相比，我们公司旗下"焦点"凭借一首单曲创造的昙花一现的奇迹什么都不是。我们在所有投标大战中都被嘲笑出局。

一旦我开始对生意唉声叹气，琳达就开始不停地向我抱怨理查德。"他不像你这么卖命。"她说。

理查德是我的兄弟和战友，是我一直视为偶像的人，所以她的指责触碰到了我的痛处。"我们生意上的事你根本不懂。"我喊道。

"是啊，好吧，我可没看到他像你这样满世界飞来飞去！"

"那是因为我负责谈生意，他负责制作音乐。"

"那他为什么最近没有制作出热门歌曲？是你在到处搜罗好东西。当你在伦敦或其他什么地方的时候，这家伙他妈的又在干什么？"

我不知道琳达的问题到底是真的因理查德而起，还是由我频繁的出行造成的。也许这跟理查德的妻子朱迪有关，她甚至从不假装喜欢琳达。实际上，琳达能这么偏执狂般地嫉妒，是因为她真的怀疑我和理查德之间有点什么，这简直是荒谬。不管到底是什么原因，如果琳达牙缝里塞了骨头，她就会咆哮，咀嚼，流口水，磨牙。除非骨头被剔出来，埋到一座无名墓里，不然这事儿就没完。

好几个月来我都选择无视她的唠叨，但是最终我不得不承认，理查德不再像以前那样有热情了。他是我曾有过的最好的朋友，我从他身上学到了很多东西，但我们都不再是二十五岁的单身汉了。我有了家庭，而理查德自己也有一大堆破事缠身。为了保持理智，我们需要停止由于塞尔颠簸前行而相互指责。但是，我们也很难真正坐下来相互坦言我们的个人生活可能有这样那样的问题。三十五六岁是一个可笑的年纪，它老得足以让你知道自己最好的岁月已近结束，但又年轻得足以让你继续不问理由地胡搞一气。我想理查德感觉到了我在疏远他，于是他开始休假，特别是在新奥尔良一待再待，住了好一阵儿。最后，他把录音室搬到了他的住所。当我确定他想永久退出的时候，我们起草了一份协议，就这样我买下了他的那些股份。

经过几个月双方对那些令人尴尬的问题的逃避，我们分道扬镳时的气氛倒是出乎意料地融洽，他甚至像得到了解脱。但对我来说，那之后的一段日子却是塞尔唱片的绝对低潮期。理查德离开后，大楼里变得空荡荡的。我有足够多的过去制作和发行的唱片，可以靠慢慢卖这些唱片来支付账单，在每个月末都还有钱拿回家，但是未来看不到什么希望。我就像在雾气中驾驶着一艘幽灵船，被困在唱片业中，直到死亡将我们分离。

让所有人大吃一惊的是，理查德很快和朱迪离婚了。我们就是这样渐行渐远的：我知道他家里有麻烦，但是我不知道情况这么严重。我们都见识过朱迪那种保护欲过度的性格特质，想不注意到都不行。实际上，她比琳达更糟糕。朱迪是一个来自伊利诺伊州南部的小镇姑娘，她会把所有束缚人的家规强加在理查德身上，例如要求他必须在下午六点前到家，或者不让他在周末出差。她的不安全感让理查德退缩，并且可能给他施加了巨大的精神压力，我不敢告诉理查德我的这些真实想法的部分原因是我知道他对琳达对我做的那些事也有自己的看法。

我猜我们都正在经历唱片人相同的中年危机。任何一个在音乐圈混了一辈子的人都会告诉你，当你享受过那种狂放不羁、无忧无虑的青春后，你会很难适应中年。当你突然发现身体开始变化，而你的专业领域和个人生活好像都很失败的时候，大多数人的信心就开始动摇。很多人没能熬过来，没能看到生活的另一面。万幸的是，我和理查德最终都熬过来了，这个阶段大致相当于我们职业生涯中"艰难的第三张专辑"吧。我们都不得不重新面对，深入反思，再上征程。

我没有资格评判理查德的问题，其他任何人也没有资格，因为我自己家现在也已经是一片战争地带了。琳达在工作方面并没有拖我的后腿。本来她父亲当初就是在一个竞争激烈、劳动密集型的行业里工作，需要全身心地奉献。所以在琳达看来，正因为周日工作十八个小时，你才能在纽约出人头地。但是我们在很多其他事情上争吵，特别是当萨曼莎还在蹒跚学步而琳达再次怀孕时，这更加剧了家庭矛盾。我们用所有的激情爱着萨曼莎，但是为人父母的压力似乎放大了我们作为夫妻的所有问题。对我来说，选择一直都很简单，事业优先于一切，包括初为人父的责任。我想做的只是一直奔走，我也是这么做的，到伦敦、到戛纳、到洛杉矶，或者到任何我能挖掘到新人的地方。看着萨曼莎玩玩具，我感到强烈的爱意；看着琳达隆起的小腹，我感到骄傲，满怀成就感。但是在实际生活中，我是世界上最不靠谱的父亲，除了给钱以外，我在其他方面都不胜任。

我在中央公园看到的嬉皮士父亲都会和他们的孩子一起在草坪上打滚。我自己的父亲，他生活中的大部分时间要么在服装中心上班，要么在犹太教堂度过，我甚至不记得他曾跪在我旁边伸出双手嘴里"呜呜呜"地用玩具车逗我。我想我得自己打电话给精神病医院。我想要的，是在我自己的摇滚态度中继承父亲的传统做派，如果琳达可以像我母亲一样充满母爱，那这还是可能的。当然了，如果琳达不得不那么做的话，她完全可以胜任。琳达也的确是胜任的，她是一个天生的组织者。但是我娶的这个女人野心勃勃、热衷玩乐、挥金如土，放弃了我外甥女的课堂，不是为了换来充斥着洗衣机和尿片的生活。

用温和的方式来说，琳达的天性使她不可能成为慈母。当我还是一个孩子的时候，溺爱我的母亲总会在每个冬天的早晨悄悄走进我的卧室，把我的衣服挂在暖气片上，好让小西摩穿戴温暖舒适地去上学。梅布尔倒是没有把琳达的衣服胡乱塞进冰箱，但是她却逼着琳达服用减肥药，因为"你是个肥妞"！琳达就是这样尖叫着被拖着经历了生活的艰苦历练，然后怀着对母亲身份的复杂情感离开了家。当她有机会踏入演艺行业，她立刻喜欢上了随之而来的种种效应，而且不能自拔。直言不讳地说，琳达并没兴趣成为任何人的母亲，她想成为的是像我这样的人。当我们雇用了保姆之后，这一点就显得更清楚了。尽管琳达有了自己的时间，但她的尖叫仍在继续。

被困家中的挫败感让她无法忍受，所以她在孕期和产后都会时不时地冲我大呼小叫，我相信邻居听了都会被吓到。"你毁了我的生活！"她尖叫着说，通常还伴随着飞过来的物品。四年中两次怀孕，她的体重增加了很多，这当然是折磨她最深的伤口。她感到身材走样、容颜尽毁，而且失去了自己的事业。对琳达来说，办法很简单，如果我不能给予她想要的生活，她就自己去争取。她的手指在我的通讯录上一行行地划着，"瞧瞧这位是谁，"她笑起来，"我们应该办个派对！"她并不介意我虽然收集了这些名流的电话号码，但实际上我跟他们完全不熟。她会跟人家闲聊，给人家打电话，约人家一起吃饭、开派对或者在俱乐部聚会。看到她处心积虑地接近这些她并不认识的有钱大亨和流行明星，我感到有些难为情，但是到了与他们相聚的夜晚，她却表现得很棒，我也玩得很开心。

一个又一个的派对，直到下一件大事发生。伊基·波普（Iggy Pop）在起居室的地毯上卷了一支大麻，于是这些从安迪·沃霍尔（Andy Warhol）身边来的人开始自动排队，等着在浴室轮流抽上一口。在一九七四年的感恩节，埃尔顿·约翰和他的乐队来我家和我们一起吃火鸡和南瓜派。实际上，琳达请她父亲来准备这场令人难忘的晚宴。我们在阳台上看着游行的队伍，音乐家们在屋子里大块朵颐，他们当晚将在麦迪逊广场花园登台演出。约翰·列侬当晚将和埃尔顿同台演出，甚至也过来吃了些甜点，那段时间他感到迷失，他刚和小野洋子（Yoko Ono）分开，正没日没夜地和新女友庞凤仪（May Pang）[1]参加各种派对。他示意人们安静下来，然后交给埃尔顿·约翰一件礼物。埃尔顿拆开小盒子，里面是一只闪闪发亮的阳具形状的戒指——你能想象大伙儿看到这一幕时的反应。

我们当然有足够的空间来款待客人。我们翻修了一间舒适的老书房，通常我们会在这里看电视或者举办派对直到深夜。如果客人玩得太累甚至没法去搭乘出租车，他们可以搬出沙发，倒头就睡——他们不介意这样做，因为这实在是很舒服。埃尔顿·约翰在客卧那张床上睡过很多次，后来我们甚至在家里给他买了一台钢琴。与这些疯狂行为同时出现的，是地板上到处散落的玩具和厨房水池里泡着的奶瓶。但似乎没人会关心这些。这是七十年代中期，把摇滚乐和孩子混搭在一起的场景很常见，而且大家也都认为这很酷。

我们第二个女儿曼迪出生于一九七五年一月，琳达的母亲在不久之前刚刚去世。虽然我对梅布尔并不感冒，但我仍然采取了我父亲的明智建议，找了一个与她名字发音相似的词作为二女儿的名字，借此向琳达的家人表示尊重。我选择了"曼迪"这个名字，因为我喜欢欧文·伯林（Irving Berlin）的那首同名老歌。恰巧，巴里·马尼洛（Barry Manilow）在那个时候也有一首叫《曼迪》的热门歌曲，只是一

1　庞凤仪曾是列侬及小野洋子的私人助理。她和列侬在一九七三至一九七五年间有过十八个月的短暂恋情。当时，列侬与洋子产生矛盾，与洋子分居。这段时间，庞凤仪以"情人"的身份陪在列侬身边。

开始我并没有注意到这一点，直到有一天收到来自"阿里斯塔"唱片
（Arista）老板克莱夫·戴维斯（Clive Davis）的祝贺信息。"谢谢你以
我们的热门歌曲为女儿命名，"克莱夫说，他显然是巴里·马尼洛的
斯文加利 [1]，我希望他这样做只是想逗我玩儿。

　　有一个老笑话是这么说的：如果你有一个孩子，你的生活会天翻
地覆；如果你有两个孩子，你就会失去生活。琳达的解决方案是雇更
多的帮手。我们信赖的全职保姆特蕾莎来自巴巴多斯，公平地说，基
本上是她在我们有孩子后过山车般的年代里把萨曼莎和曼迪抚养长
大。有一段时间，我们总共雇了三个女人轮班照顾孩子们，好让琳达
变成她一直以来渴望成为的响当当的社交名流。千万不要领会错了我
的意思，这并不全是出于自私和野心。当我刚刚遇到琳达的时候，她
已经是一个不折不扣的派对爱好者，仿佛活着就是为了和人们见面、
跳舞、喝酒、吸大麻，在明晃晃的灯光下不停地甩头。活得忙忙碌
碌，活得酣畅淋漓，这才是琳达的真实本性，而当时的纽约恐怕是正
处于史上最狂野的年代。"焦点"乐队把我放到了音乐地图上，也让
我的荷包鼓了起来。而琳达不打算错过任何乐子。

　　我知道我的一些老朋友对琳达把萨曼莎和曼迪甩给住家保姆、临
时保姆、祖父母、阿姨和朋友们照看的习惯颇有微词。我又何尝不是
如此，因为家不像个家，我们之间有过无数次声嘶力竭的争吵。但是
我又有什么资格去指责别人呢？"你花过一点儿时间陪孩子吗？"这

1　斯文加利（Svengali）是英国小说家乔治·杜·穆里埃于一八九四年出版的经典小说
《特丽尔比》中的音乐家，他使用催眠术控制女主人公特丽尔比，使其唯命是从，成为
他的谋利工具。后人用"斯文加利"来形容那些对他人具有极大影响力和控制力的人。

句话琳达对我吼过不下五百次，也许更多。最终，我必须承认，琳达把我当作了一个名人雷达探测器。即便我身上有为人父母的本能，也敌不过我对成功的渴望。而作为一个团队，我和琳达正在做一开始就要做的事：征服纽约，把生活过到极致。

我们的大女儿萨曼莎正在蹒跚学步，像其他小孩那样喜欢到处翻找，她发现了我们的"米老鼠小镜子"和配套的"可乐瓶研磨器"[1]，不知道为何她知道这个特殊的玩具只能给成年人使用。万幸，没有可卡因粉末撒在周围，这在当时并不是什么大事。那时的可卡因就像牙膏或者口香糖一样，不管走到哪里，你兜里总会带着一些。我相信这听上去很奇怪，但是我发现在三十三岁这个年龄，毒品竟然还挺适合我的，特别是"飞"大麻，因为我不喜欢用水烟壶抽大麻。我错过什么了吗？我仍然不知道毒品是否减轻了琳达的压力，还是恰如其分地夸大了事实，但是它们确实让琳达的心理战术提升到一个新的高度。当琳达上头的时候，她绝对飞了很多大麻，她会恶作剧一般咧着嘴傻笑，用色眯眯的眼神看着我。

我用了很多年才琢磨透琳达这种极强的个性，但是我觉得她只是希望被爱，所以在跟纽约八卦新闻栏目里的俊男靓女一起聚会聊天的时候，她的自卑会被治愈。她酗酒吸毒的作用也是一样的，那会让她自我感觉良好。当她身处派对的时候，她就活过来了。她还有一个奇怪的习惯，就是喜欢把一些弱者护在羽翼下，一般都是男同性恋，因为她太容易妒忌漂亮女人了。在这些人中，她最喜欢的就是丹尼·菲

---

[1] "米老鼠小镜子"和"可乐瓶研磨器"都是吸食可卡因时所使用的工具。

尔兹（Danny Fields），在每一次混乱的派对中你都能见到这位同性恋摇滚人的身影。我早听说过他，有时候他是记者，有时候他是唱片厂牌的推广人，但是大多数时候他就是丹尼·菲尔兹。在一九七四年底，他盯上了琳达，想为《十六岁》（16）这本他担任编辑的青少年杂志弄到埃尔顿·约翰的照片。

对于琳达来说，这是一见钟情，是一种柏拉图式的爱。丹尼毕业于哈佛大学，是个犹太人，思维敏捷、好玩、有魅力、有趣，他认识每一个值得认识的人。他给琳达讲黑色幽默，和琳达一样，他私底下多愁善感，对人真正感兴趣。丹尼就是纽约地下摇滚界的奥斯卡·王尔德，本该是卢·里德的歌曲《行走在狂野边缘》（Walk on the Wild Side）中描述的那些人中的一个。在六十年代，当"地下丝绒"（the Velvet Underground）乐队还在工厂唱片（Factory）时，他就是他们的朋友。他曾为伊莱克特拉唱片工作，为"大门"乐队做公关，同时他亲自发掘了 MC5 和"傀儡"（the Stooges），这是 A&R 做出的重大的独家发现，也使他成为传奇。在相对"恐同"的音乐圈里大张旗鼓地表明自己的同性恋身份可能对他的职业前景没什么好处，但他知道自己的音乐品味极高。而且，琳达就是他的头号粉丝。她在丹尼身上发现了被埋没的天分，她想帮助他，也想靠这个赚钱。

他们认识之后，琳达在饭店吃饭时开始要打包袋。"丹尼可能还饿着肚子呢。"她告诉我，然后请出租车司机绕道经过他的住处。丹尼是个"夜猫子"，他一般在黎明上床睡觉，下午很晚的时候才起来，冰箱里空空如也。而这时，叮咚，琳达会出现，带着包得很好的、吃了一半的牛排给他作为傍晚的"早餐"。我确信他也会发现他的无序生活中出现这一幕是很滑稽的事。他俩就像一个百般讨好的犹太母亲和她惹不出什么大乱子的调皮儿子。然而，我得感激地说，正是这种纽带关系给我们所有人带来了一个改变生活的惊喜。

　　一九七五年夏天的一个傍晚，琳达接到丹尼的电话，他兴奋地坚持要她把我拖到鲍厄里街。那里有一支乐队叫"雷蒙斯"，我绝对应该去听听！我听说过他们的传闻，本来也想去看看。问题是我刚从伦敦回来，还重感冒。是去看乐队还是与时差做斗争？虽然我是天生的战士，但这次我的身体是真扛不住了。在知道这事前，我去过 CBGB 俱乐部¹好几次，我知道要想斗胆进入鲍厄里街，一定要在身体状况最好的时候去，因为那里是曼哈顿自己的"土耳其厕所"，绝对不能在天黑后被困在那里祈祷一辆出租车的出现。这里是马丁·斯科塞斯（Martin Scorsese）的电影《出租车司机》里描述的那种沉沦的、藏污纳垢的闹市区地下世界，对受伤的动物来说就是一座无情的丛林。

　　琳达自己去那里和丹尼碰了头，回家后说话都有些语无伦次。他们很坚定地要让我签下这支乐队，于是第二天我订了一间录音棚，去看小伙子们排练。当我走进录音棚时，即刻震惊于他们身上的那种能量。我不是说他们的音乐太过电声，也不是说他们把自己塞进紧身牛仔裤并做着搞笑的动作，而是我走进来时看到他们穿着机车夹克，本以为会听到某种重型音乐。但他们古怪的歌曲还是像一记左勾拳一样

1　一九七三年由希利·克里斯特尔（Hilly Kristal）创办的摇滚酒吧，位于纽约曼哈顿东村，被公认为是美国朋克摇滚和新浪潮摇滚的发源地。"CBGB"是"乡村、蓝草和布鲁斯"（Country, Blue Grass, and Blues）的缩写。"雷蒙斯"、"电视"（Television）、帕蒂·史密斯（Patti Smith）、"金发女郎"和"传声头像"等诸多摇滚乐队在此成名。二〇〇六年十月，由于租金问题，这家传奇摇滚酒吧宣布关闭。

击中了我，每首歌都只有一分钟左右，就像把"海滩男孩"放进绞肉机里一样。

我站在那里，不知道该不该笑。这他妈的是什么玩意儿？二十世纪六十年代早期"泡泡糖音乐"的硬摇滚拙劣模仿版？但不论这些家伙在搞什么恶作剧，他们的态度是认真的，这是一种崭新的、原创的音乐。我喜欢。在舞台左侧的那个家伙，把吉他挂在身上，而背带快垂到了蛋蛋的高度，表情冷酷，看上去就像纳粹正在进攻苏俄。甚至连他的发型也完美结合了"猴子"（Monkees）乐队的拖把头和德国国防军的头盔。但是，等一下，我刚刚是不是听到骨瘦如柴的歌手在说："第二段歌词，跟第一段歌词一模一样？"在舞台右侧，贝斯手看上去经历过世事沧桑，他吸食过胶毒，也掐过女朋友的脖子。在后面，小个子的鼓手像莫伊·塔克（Moe Tucker）一样不停地猛击着鼓，"雷蒙斯"一直不停地以战斗模式吼出那些迷你歌曲，每首歌里的合唱都伴随着某种古怪的口号。只要约翰尼·雷蒙（Johnny Ramone）还能施展拳脚，"雷蒙斯"就一直在打破各种极限。

仅仅用了二十分钟，他们就在我面前打光了所有的子弹，总共演唱了十八首歌，而这时我租的录音棚时间还剩下四十分钟，于是接下来大家只能瞎扯一番。除了说声"哇嗷，伙计们！"之外，我都不知道该说些什么。他们有些特殊的地方，但却很难让人确定到底特殊在哪里。我注意到甚至连丹尼，我们的哈佛文人，都无法解释为什么他们给人的感觉这么好。这是我们吃过的最脏的糖、最甜的脏东西，这是那种典型的"先签下来再说，回头再想理由"的案例。

大约两天后合同就签下来了，而当我硬着头皮前往 CBGB 俱乐部看他们面对人群表演时，空气中的能量简直势不可挡。在下东区的行为艺术圈子里，"雷蒙斯"已经准备好奉献出城中最时髦的演出。文艺界人士立刻听懂了他们。诸如萝伯塔·贝利和鲍勃·格伦这样的摄影家专程前来为他们拍照。在地下音乐刊物上，他们已经有了信徒，例如莉萨·鲁滨逊（Lisa Robinson），她是第一个提醒丹尼要留意"雷蒙斯"的人。丹尼开始和其他人一起在《摇滚圈》（*Rock Scene*）、《马戏团》（*Circus*）杂志上报道这支乐队。还有，别忘了 CBGB 俱乐部的老板——可爱的希利·克里斯特尔，他给了"雷蒙斯"初次亮相的机会。如果有人需要被特别鸣谢，非他莫属。

说到天时地利人和，我后来才了解到，理查德在离开塞尔唱片之前几个月就想把"雷蒙斯"以签单曲约[1]的形式签到塞尔旗下，当时他和他的实习制作人克雷格·莱昂（Craig Leon）正在运作 CBGB 俱乐部里的一支名叫"城市之光"（City Lights）的乐队，他们在塞尔发行的唱片只卖了大约十一张。"雷蒙斯"拒绝了他们。此后很久，我还了解到"雷蒙斯"在康涅狄格州参加过史诗唱片（Epic）的子厂牌蓝色天空（Blue Sky）的一次大考，但没通过。我很幸运，那天人们来 CBGB 俱乐部看演出主要是为了看约翰尼·温特（Johnny Winter），所以当"雷蒙斯"表演时人们开始向乐队扔瓶子，这当然意味着其他任何可能的唱片合约都告吹了。一路走来他们遭受过不少挫折，但是到了一九七五年底，"雷蒙斯"已经有了完整的成员阵容，蓄势待发。

还有一件事，丹尼坚持让琳达和他一起为乐队担任经纪人，琳达

---

1 音乐合约分为很多种，例如专辑约、演出约、艺人经纪约等，单曲约是其中的一种。

当然求之不得。丹尼在音乐媒体圈里人脉很广，他的名字具有魔力，但他不是生意人，所以他觉得琳达既然能组织起来那些明星荟萃的派对，也一定能张罗好其他事。的确，琳达能够从我这里挤出钱，也能镇住塞尔的员工，这些都是她的加分项，但这并不是丹尼的权谋之术。丹尼和琳达之间的特殊情感令他们能够互补，公平地说，他们也真的做到了。如果没有对方，他们可能都成不了事。

我担心这个管理联盟吗？不！琳达被一位丹尼·菲尔兹这样备受尊重的人物赋予了一个我从未想到的角色，我为此感到解脱。为纽约最吵闹的乐队担任联合经纪人？这可比我在塞尔给琳达安排一个象征性的职位要好得多，何况我也绝对不会那样做。至于丹尼，他在幕后为推出自己看好的这支乐队而努力，这对我们的投资是好事，因为人们相信他的意见。克雷格·莱昂在理查德离开后还留在塞尔唱片。他已经赢得了"雷蒙斯"的信任，因为他很早之前就开始为乐队摇旗呐喊。因此，他被指定为"雷蒙斯"担纲制作首张专辑。每个人都毫不费力地各就各位，各司其职，就像一切注定要发生一样。

让琳达共同管理"雷蒙斯"有不少好处，当然也有坏处，那就是乐队时刻掌握我的动向。有一天，我刚从英国出差回到家，累得要死，十五分钟后就接到了约翰尼·雷蒙打来的电话。"我们写了一些新歌，"他说，"很希望你来听听。"

"约翰尼，"我恳求道，似乎他并不知道我才回纽约一样，"我在伦敦待了十天，刚进家门。给我一两天时间，然后唱给我听吧。"

之后他又打电话给我，连演出日期都安排好了。"瞧，我们知道你那天晚上没什么事，所以我们在CBGB俱乐部订了场演出，希望你来现场听这些新歌。"

演出当晚，我按计划去俱乐部听他们的新歌。开场的原定是希利手下的乐队之一，我听过几次但没兴趣签下他们。我不想跟希利见面，所以在门外站着。那是十一月中旬，但夜里还算暖和。我和伦尼·凯（Lenny Kaye）聊着天，突然听到暖场乐队正在演奏一种奇怪的催眠般的音乐，我后来得知那首歌叫作《爱上着火的房子》（Love Goes to Building on Fire）。这跟我听过的任何音乐都不一样，我的心开始激动得怦怦直跳。

"这不是希利的乐队。"我对伦尼说。

"当然不是了。这是'传声头像'乐队。"

在我专心聆听音乐的时候，我的魂儿被吸着穿门入室，就像一条蛇被阿拉伯笛子施了魔法一样。

乐队主唱是个帅气小伙，头发很短，眼神犀利，他正在唱着一些晦涩难懂的有关燃烧爱情的歌词。我不懂他的意思，但歌曲旋律有那种榜上热门歌曲的品质。他身后是鼓手和女贝斯手。整个乐队和音乐都相当简单，但富有张力。

他们演出后，我帮那个背着乐器的女孩从舞台上下来。

"你们好，"我拦住他们说，"我是塞尔唱片的西摩·斯坦。你们的表演太棒了。"

他们看上去很高兴，但是跟大多数的年轻乐队不同，他们并没有急于推销自己。

主唱戴维·伯恩（David Byrne）开口了，"我们知道你是谁。"他在舞台下比在舞台上表演的时候害羞得多。他说话时语气轻快，抑扬顿挫，就像他演唱时打动我的那样。"要不你明天到我们公寓来一下？"他建议道，然后草草给我写下了地址和电话号码。

你往往要花很多年时间才能领悟到某些瞬间原来是你生命中最伟大的时刻，这很有趣。虽然我当时不知道，但这是我整个音乐生涯中最重要的际遇之一。第二天，我和三位音乐人在艾伦街碰面了，但是再一次地，他们并没有像其他乐队通常做的那样跟我谈论签约的事。他们并不是冷漠，只是太年轻，而且对未来想要什么并不确定，尤其是戴维。他们最近才搬来纽约，在罗得岛还有很多事情，就是在那里他们读了艺术学院并组建了乐队。我并没有强迫他们签约，只是一直追踪他们的活动，到CBGB俱乐部听他们演出，邀请他们正儿八经地跟唱片公司坐下来开个会，可这些会从来也没开成。他们并不是欲擒故纵，只是觉得自己还没准备好，我后来发现，他们之间是这么讨论的："如果我们跟这家伙录了唱片，结果搞砸了，那我们就再也没有第二次机会跟其他公司录唱片了。"反正我不知道他们的确切理由，只是继续打电话，时不时地问候他们，像鲍厄里街上的一只流浪狗一样在他们身后嗅来嗅去。

当时，我还有其他几锅菜正在火上炖着。在英国，确切地说是在牛津郡乡下的奇平诺顿，迈克·弗农正在自己的录音棚里忙着为"高潮布鲁斯乐队"制作第七张专辑。他打电话给我，提醒我这些歌曲里可能会出现一首热门歌曲。同时，琳达正在疯狂地为"雷蒙斯"的首张专辑忙碌着。在那段时间，丹尼·菲尔兹肯定在共同管理中占主导地位，对提高乐队的自信心发挥了神奇的作用，但毫无疑问汤米·雷蒙（Tommy Ramone）才是天生的领导者。乔伊（Joey Ramone）性格随和，约翰尼的团队精神感染着所有人，迪·迪（Dee Dee Ramone）则是一个出离边缘的狂野分子。汤米曾是乐队原来的经纪人和主要概念创意人，他以前还做过录音工程师。他既是乐队成员，又能跳出来以局外人的眼光看待问题，在乐队中发挥了特殊的作用，使这个完美组合具备了这样的竞争优势。

乐队的核心是一个闪动着的节拍器，汤米把它放在他的鼓上方以确保准确的节奏，因为他并不是一名真正的鼓手。那种律动的光给汤米的鼓声和迪·迪的贝斯声营造出了一种催眠效果，几乎有种迪斯科的感觉。这是潜意识层面的，但"雷蒙斯"的声音听起来极为现代，很大程度上要归因于此。他们在首张专辑中使用的另一个技巧就是"披头士"风格的强烈声音相位效果。吉他在一个声道，贝斯在另一个声道，主唱在中间声道，这就像是他们舞台站位的电子版重现。一切都被设计成极端主义流行艺术的样子。这一次又是汤米用概念性的语言和克雷格·莱昂沟通的，莱昂来自现代音乐的阵营，了解汤米要的是什么。

我只花了六千美元就买到了这二十九分钟的电声摇滚乐，这在当时是很多年都没听说过的事了。最难的是如何让大众喜欢它。告诉你吧，这是在一九七六年初，离"朋克"这个词被发明还早着呢，各个电台即便用马桶刷都不愿意碰"雷蒙斯"。

就在上述这些事情发生的同时，派拉蒙唱片倒闭了，资产都被卖给了美国广播公司（ABC）。海湾唱片和西部唱片受够了唱片业，打算退出。我的新分销商成了 ABC 唱片公司，它是塞尔唱片的第六家分销商。我们本可以跟别的分销商合作，但是我们坚持跟 ABC 唱片合作，主要原因是我尊重他们的老板杰伊·拉斯克（Jay Lasker）。他是唱片业的老手，四十年代就开始在迪卡唱片的芝加哥分公司从事音乐工作，他也是莫·奥斯汀（Mo Ostin）在弗兰克·西纳特拉时代的重奏唱片工作时的搭档，后来去了维杰唱片和山丘唱片（Dunhill），并在那里一直工作到 ABC 唱片收购了山丘唱片。他雇用了一些天才人物，例如查理·迈纳（Charlie Minor），史上最伟大的推广人之一；首席营销员丹尼斯·拉文索尔（Dennis Lavinthal），此人后来和伦尼·比尔（Lenny Beer）共同创办了《热门歌曲》（Hits）杂志；还有制作人史蒂夫·巴里（Steve Barri）。我心里清楚，要让人接受"雷蒙斯"这支乐队我得做一些解释工作，于是我飞到 ABC 唱片在洛杉矶的总部，把这支充满活力的激情摇滚乐队呈现给他们，我明白他们这种风格对纽约下东区艺术圈以外的人来说毫无意义。我觉得 ABC 唱片最终收下这张唱片仅仅是因为在塞尔同一批发行的新唱片里面，我还给了他们一张"高潮布鲁斯乐队"的专辑，里面有潜在的热门歌曲。

《雷蒙斯》专辑在一九七六年四月正式发行，唱片被小批量地送到各唱片店，每家店只有两三张，根本没人关心甚至没人注意到它们。如果有一个人有能力为"雷蒙斯"创造奇迹，那一定是查理·迈纳，所以我恳求他给予我一些特殊关照。关于他有一个特别传奇的故事，就在前一年，他曾经推广过一张英国摇滚乐队"拿撒勒"（Nazareth）的专辑《爱会伤人》（Love Hurts）。在他挨个联系电台时，某位节目主持人的声音听上去非常沮丧。"怎么了？"查理问道，然后他听到了对方前女友在一次飞机失事中丧生的悲惨故事。说了几句安慰的话之后，查理忍不住说："你瞧，爱会伤人，这是真的。这就是你必须要播放这首歌的原因。"

他这个人挺有意思，所以我播放"雷蒙斯"的唱片给他听，想着如果真有推广人能疯狂到愿意卖这张唱片，这个人一定是查理·迈纳。"听着，"他挠着脑袋说，"我真听不出这些家伙好在哪儿，但是我了解你在塞尔唱片做些什么。如果这是你希望我跟进的乐队，那我会做的。"哪怕对传奇人物查理·迈纳来说，第一次把"雷蒙斯"的唱片推给嬉皮士电台节目主持人也无异于把脑袋往砖墙上撞。然而，他做到了，说服了几位标新立异的主持人播放《闪电战》（Blitzkrieg Bop）这首歌，一切就这样开始了。

业内人士对于这首歌的第一反应都是负面的，最激烈的来自"高潮布鲁斯乐队"和"文艺复兴"的经纪人迈尔斯·科普兰（Miles Copeland）。他对"雷蒙斯"深恶痛绝，威胁要带着他的艺人离开塞尔以示抗议。他很有钱，你想想之前我把"高潮布鲁斯乐队"交给他带。克莱夫·戴维斯是另一个反对者。很多唱片业人士认为"雷蒙斯"是对音乐家这个职业的一种侮辱，完全看不到任何吸引力。从长远来看，我必须得说，虽然一开始并不愉快，但所有这些敌意却成功地让我的手下团结起来。

为了让"雷蒙斯"的唱片好卖，我们必须开始他们的巡演。我们知道，大多数人只有在亲眼见过这支乐队的现场演出后才会成为其追随者。这意味着我们要雇用一位公司内部的演出协调人，同时在巡演和地下音乐杂志宣传上采用一种新的玩法：一个城市接着一个城市地来。在纽约有 CBGB 俱乐部和"马克斯的堪萨斯城"（Max's Kansas City）俱乐部，在波士顿有"老鼠"（the Rat）俱乐部，但是除了这三家外，并没有很多俱乐部可供演出。实际上，这也充分说明唱片业到了七十年代中期已经发生了什么样的变化。有很多大剧院会给在音乐圈已经站稳脚跟的摇滚乐队演出机会；还有数量日益增多的带舞池的迪斯科舞厅，现场可以播放唱片。可是要为那些刚刚出道的摇滚乐队找小场子来演出？还真没多少选择。那些场地足够小的场所呢，又没有几家受得了"雷蒙斯"这样的风格。

一开始，琳达和丹尼能在哪里找来观众，乐队就在哪里演出。他们挤进汽车，住酒店时三个人挤一间房，在大学、地下室或其他任何地方表演。把大学里的空间变成临时演出场地是最有创意的做法，然而，但凡"雷蒙斯"的乐手们是金贵的艺人，这些公路冒险都不可能发生。但不管那些场地有多么脏乱差，他们都认真对待每一场演出，而且每次演出完就在现场逗留，把他们的产品卖给或是送给那些留到最后的人，这些人看过他们演出后就喜欢上了他们。我们在一些小东西上花了些钱，包括徽章、T恤、迷你"雷蒙斯"棒球棍。之所以做球棍是因为他们的歌里有一句合唱歌词："用棒球棍揍那个坏小子！"它们也是一种可爱的小纪念品，总结了那个笑话：老派美国梦砸在你的脸上。

只有在一个城市，我和琳达想办法移花接木，借其他乐队的势头给"雷蒙斯"做了宣传，那就是伦敦。即便如此，这也是一次不能持久的偶然事件。在这次三支乐队的联合演出中，主角本来是我的另一支乐队——"燃烧的律动"（Flamin' Groovies）。刚成立不久的"扼杀者"（Stranglers）率先登场演唱。然后，"雷蒙斯"登场。我不知道为什么一切就这么完美地发生了，就算你事先安排都安排不了这么好。

那是一九七六年七月四日，美国独立两百周年纪念日，不知什么原因，我和琳达把"圆屋"（Roundhouse）[1] 所有的票卖光了：两千张门票，全凭口口相传！人数远远多于"雷蒙斯"此前在美国的任何一场演出！像所有其他伟大的艺人那样，一旦命运眷顾，他们就会好好把握。他们完胜"扼杀者"和"燃烧的律动"，两千名现场观众中有不少音乐人和时尚风向标式的人物，包括我们在英国有版权合作关系的唱片公司下属厂牌的经纪人，例如，荷兰留声机唱片的奈杰尔·格兰奇（Nigel Grainge）和他十三岁的弟弟卢西恩·格兰奇（Lucian Grainge），后者现在是环球唱片（Universal）的董事长，刚刚获封爵士头衔。卢西恩和他哥哥都告诉过我，正是因为看过"雷蒙斯"和"传声头像"的演出，卢西恩才想进唱片业。

次日晚上，"雷蒙斯"在一个小一些的场所"叮沃斯"领衔演出，门票再次售罄，而他们的演出又一次差点把屋顶掀翻。我在现场见证了这值得纪念的场面，而英国的朋克效仿者悉数在场：约翰尼·卢顿（Johnny Rotten）、"冲撞"（the Clash）、"诅咒"（the Damned）、"扼杀者"、比利·伊多尔（Billy Idol）、"嗡嗡鸡"（the Buzzcocks）的皮特·谢利（Pete Shelley）、"公众形象公司"（Public Image Limited）的基思·莱文（Keith Levene）——整整一代未来的朋克明星们[2] 都被这

1　英国著名表演场所，位于伦敦乔克农场，始建于一八四七年，最初是机车修理厂，"二战"前废弃。一九五四年被列为英国受保护建筑物。一九六四年，这座建筑被改造成一个永久的文化娱乐中心，设有剧场、电影院、美术馆、图书馆、舞厅等多功能文娱设施。"滚石"、大卫·鲍伊、"平克·弗洛伊德"（Pink Floyd）、"齐柏林飞艇"（Led Zeppelin）、埃尔维斯·普雷斯利等诸多摇滚明星在此演出过。
2　所有这些人全都是后来的英国朋克摇滚的领军者或出类拔萃的人物。

种来自纽约的高能量艺术摇滚催眠了，就像一道闪电击中了原始汤 [1]。时至今日，英国人依然对那个周末念念不忘。

关于这场标志着"朋克音乐诞生"的演出，人们已经写了太多的文章。有意思的是，当初在这一事件发生的时候，它的效果是过了几个月才显现出来的。"雷蒙斯"没有时间总待在伦敦。他们得回美国，在那些你开车经过都不愿意停留的破烂小城镇里继续巡演。但到了八月份，他们得到了《滚石》杂志的一篇热情洋溢的评论，这是他们第一次在主流媒体上露脸。即使如此，琳达和丹尼依旧在继续打电话恳求推广人和大学，以便让小伙子们继续上路。琳达的技能在此时真正大放异彩。丹尼的名字敲开了大城市的门，但事实证明，琳达的厚脸皮也很重要，能让乐队从常规路径中突破。谢天谢地，"雷蒙斯"是如此充满干劲，如此令人激动，推广人发现他们花的钱是值得的，听众群越来越庞大，演出收入也越来越高，塞尔的每个人都开始期待乐队的第二张专辑。不夸张地说，"雷蒙斯"得到的报酬可能还抵不过我们在他身上投入的成本，但是乐队已经决定要征服世界，琳达和丹尼也是如此。同时，我有点按捺不住，开始想对 CBGB 俱乐部的其他乐队下手了。

"老人养活新人"是一件好事。从一九六九年起，塞尔已经发行了"高潮布鲁斯乐队"的六张专辑，而他们一九七六年的第七张专辑

---

1 原始汤理论解释了地球生命的起源。地球形成时，大气层可能含有甲烷、氮气、二氧化碳或一氧化碳等无机物，不包含任何有机物。之所以出现生命，可能是在某一时刻因雷击或紫外线作用催化出氨基酸或有机化合物。苏联生物学家亚历山大·奥巴林最早提出这个理论。后来英国生物学家约翰·波顿·桑德森·霍尔丹通过实验得出类似结论，霍尔丹用"汤"来形容地球最初形成生命的有机物质和水。

出了一支上榜热门单曲《搞不懂》（Couldn't Get It Right），拿到了《排行榜前一百名》第三名，确保了专辑的巨大订货量。然而，我要诚实地说，这支热门歌曲我求了《公告牌》排行榜负责人比尔·沃德洛（Bill Wardlow）"帮帮忙"。作为一名《公告牌》的老兵，我能接触到比尔。众所周知，在他的带领下，排行榜结束了汤姆·努南的纯真时代，进入了一个不那么光明磊落的时代。我的另一个秘密武器是ABC唱片的推广人查理·迈纳，他正忙着用各种各样的娱乐手段来招待电台里的音乐节目守门人。伙计们，不用谴责我，这就是七十年代中期的运作方式。所以，当"雷蒙斯"开始冒头的时候，我用"高潮布鲁斯乐队"押中了头彩，有了足够的现金和幸运之神眷顾的感觉。随后我就用几捆钞票签下了好几支CBGB俱乐部里的乐队。

　　我并不是唯一在鲍厄里街嗅探的人。理查德·戈特尔带着克雷格·莱昂探访那里比我还要早，他们在为一支叫"金发女郎"（Blondie）的乐队制作唱片，此时他已经在城里四处推销这支乐队了。没有大音乐厂牌对此感兴趣，所以理查德最终把他们签给了拉里·阿塔尔（Larry Uttal）的厂牌私人存货（Private Stock），那算不上是一个好东家，但在一九七六年，这就是CBGB俱乐部地下音乐圈的境遇。这笔小交易最终酿成大错，导致每个人都后悔不已 —— 当然，除了拉里·阿塔尔。"金发女郎"的首张专辑只卖了一万八千张，但是当我的老朋友特里·埃利斯介入后，一切都变了。旁观者都认为他疯了，但是有先见之明的特里彻头彻尾地爱上了"金发女郎"，他花了一百万美元从拉里·阿塔尔手里买下了乐队的合同。就这样，"金发女郎"的幸运之路从蛹唱片开始了。

我得尴尬地说，我跟很多人一样，很早就看过"金发女郎"的演出，始终没看出来有伯利恒（Bethlehem）之星[1]闪耀在舞台上空。我能看出来黛比·哈里（Debbie Harry）是个美人，我也知道她为人和善，声音好听。我肯定是能看出一些潜力，但是克里斯·斯坦（Chris Stein）在乐队早期创作的那些歌曲，与两年后"金发女郎"一首又一首热门歌曲上榜时他的创作相比根本不在同一水平线上。我猜克里斯·斯坦那时还没有完全挖掘出自己的想象力。就像最好的歌曲作者常说的那样，一般你得写四十首歌后才能偶然写出一首真正的佳作。哪怕最好的音乐人也需要通过学习才能获得这样一种技能。

在我心目中，在那些常驻CBGB俱乐部但仍未签约的乐队里，"传声头像"是我最想签的。从一开始，他们就有《变态杀手》（Psycho Killer）那样给人深刻印象的歌曲，还有他们早期作品里我个人最喜欢的《爱上着火的房子》。我必须签下"传声头像"。

我签下他们几乎花了一年时间。说起来我都没法相信，在那么长的一段时间里，没有人来找他们并开出一个令人无法拒绝的价钱，这种感觉好比把乐队主唱戴维·伯恩从顶楼的窗户里放下来吊着。当你在跟进一支乐队的时候，自然而然要跟关键人物说话，但是戴维·伯恩这个人很难打交道。他在舞台上的表演如此大胆，但在台下却似乎总想独处。我不知道你有没有见过一个五岁的男孩拿着他妈妈递过来的电话，"嘿，比利，是爷爷，问个好"。好吧，试图拉拢戴维·伯恩会让你觉得你就是那个可怜的老爷爷，絮絮叨叨地问这问那，就怕

1　也被称作"圣诞之星"或"耶稣之星"。指耶稣降生时，天上一颗特别的光体，在耶稣降生后指引来自东方的"三博士"找到耶稣。

冷场，东拉西扯为的是多少感受些爱的回应，但得到的仅仅是"是"或"不是"，自始至终你都知道比利想快点挂上电话好赶紧接着玩。我想戴维·伯恩是一位天才，我确定他能感受到我的敬畏。但是我觉得极端的天才只是不想被人打扰或者分心。他会一直很忙，而且享受独处。你能看出他的脑筋在不停转动，我猜他是没兴趣在酒吧和一个我这样的唱片人碰面聊天的。

"传声头像"的鼓手克里斯·弗朗茨（Chris Frantz）是个友善的人。他是一个乐乐呵呵、大大方方的小伙子，来自肯塔基州，和戴维·伯恩从大学时代就相识了。他们是最要好的朋友。贝斯手蒂娜·韦茅斯（Tina Weymouth）是克里斯的女朋友，在他们的劝说下加入乐队。她出身好，有一半法国血统，总是彬彬有礼，但也许是因为她还在学习演奏贝斯，所以她在舞台上总是稍微有点往后缩。当你跟他们三个人说话时，他们似乎有意让克里斯·弗朗茨给出适当的回复，他总是能做到，从不让人觉得蛮横无理。克里斯和蒂娜知道，所有的目光都在主唱身上，我想他们也理解戴维古怪的天分需要一直被支持，不论在舞台上还是舞台下。蒂娜甚至把头发剪短，使她自己看起来尽可能地普通。她不希望观众看着她而不是看着戴维。在当时我还没有弄清楚三个人之间复杂的化学反应，我怀疑我从来就没有完全搞明白过。

幸亏"雷蒙斯"开始邀请他们加入演出阵容，所以"头像们"——圈子里的人很快就这么称呼他们——也就被每一个围绕在我身边的人不知不觉地拉进了塞尔的运行轨道。一九七六年冬天，"雷蒙斯"正在录制他们的第二张专辑，似乎有种神奇的能量把他们推向了偶像的地位，当"头像们"和"雷蒙斯"一起演出时，"头像们"也开始受到它的感染。我猜戴维·伯恩肯定在想，"如果塞尔唱片能让'雷蒙斯'实实在在地火起来，这个叫斯坦的家伙或许也能为我做点什么"。

有天晚上两支乐队一起演出结束后，克里斯·弗朗茨问丹尼·菲尔兹："跟西摩打交道，感觉怎么样？"

"嗯，西摩在'雷蒙斯'身上做的事情一直都是对的。"丹尼回答道。

在经过好几个月的追逐后，来自丹尼的小小认可帮我最终解决了签约问题。"传声头像"知道塞尔唱片没什么特别之处，但直到那个时候，他们才意识到自己对任何主流唱片公司来说都太特别了。他们需要的就是一家时髦的、理解他们音乐的独立唱片公司，剩下的全靠他们自己。

"好吧，我们准备好录点东西了。"克里斯·弗朗茨代表他乐队的伙伴跟我说。这个好消息值得庆祝，所以我带他们到"小意大利"的帕特里西餐厅吃饭。享用着纽约最好的意大利面，我终于让戴维·伯恩笑了一回，我当时唱了几首他的歌，他形容说我的演唱方式"像是喝醉了酒一样"。他曾一直用怀疑的眼光来看我，好像我是从克鲁克林 [1] 下水道里钻出来的一条鲨鱼，但在此之前他可能从未听过任何人唱他的歌。

我们同意从一首单曲开始录制，我觉得《爱上着火的房子》这首歌最有机会在电台里被播放。我错了。它没有登上排行榜，也没有在

1　Crooklyn，是布鲁克林的另一种称呼。

大学校园电台之外得到多少播放量，但是没关系，这首歌很欢快，为乐队踏上冒险之旅奠定了正确的基调。最重要的是，它让乐队和塞尔的员工们都极为期待制作一张完整的专辑。为了扩展声音层次，他们请了一位第二吉他手杰里·哈里森（Jerry Harrison），他曾是"现代情人"（Modern Lovers）乐队的成员，此前已经与"传声头像"即兴合作过几次。

我犯的另一个错误，是在发现了乐队成员间关系微妙的情况下却没有多想，就推荐托尼·邦乔维（Tony Bongiovi）担任制作人。这是我最后一次插手为"传声头像"选择制作人。他们倒是把专辑给做出来了，但托尼搞不清楚怎样跟戴维·伯恩合作，因为有些事情明明很简单，戴维却坚持要用别扭的方式做，例如当他歌唱时，要把录音控制室里所有的人都请出去。他太害羞了，不想在录音的时候有任何人透过录音间的玻璃窗傻傻地盯着他看。

一九七七年四月，在录制专辑的中途，"传声头像"的四位成员与丹尼、琳达和"雷蒙斯"一起来到欧洲进行了为期六周的巡演，每个场地只演一场，包括一些很有声望的场地，例如巴黎的"巴塔克兰"和伦敦的"摇滚花园"。在伦敦那场演出中，布赖恩·伊诺（Brian Eno）和约翰·凯尔（John Cale）出现在后台，并向戴维·伯恩自我介绍。琳达看出他们很投机，于是第二天在一家叫"斑点猪"的餐厅为伊诺和"传声头像"安排了一次早午餐。在餐桌上，他们第一次聊起了将来合作的事。琳达在电话里告诉我，布赖恩·伊诺和戴维·伯恩有说不完的共同语言。伊诺就是那个帮他们做下一张专辑的人。

我很想跟他们同行，但是塞尔正处于关键时刻。好事成双，"高潮布鲁斯乐队"有了一首主流热门歌曲；与此同时，朋克音乐也开始在英国频频制造出新闻头条，这让塞尔唱片在大型唱片公司的雷达中"哔哔"作响。ABC唱片已经乱得一团糟，我急需一家更好的分销商。我喜欢与查理·迈纳合作，但是他所在的公司正在经历一场毫无意义的重组。股东们踢掉了杰伊·拉斯克，只因为他穿着糟糕或是其他某种荒谬原因。被指派来接替他的是一个叫I.马丁·庞帕杜尔（I. Martin Pompadur）这个怪名字的人，此人对唱片业一无所知；还有一个相对的新手杰里·鲁宾斯坦（Jerry Rubinstein），此人只会夸夸其谈。他俩来共同运营ABC唱片的母公司，但这两个人都不怎么懂音乐，于是他们盲目地驾驶着ABC唱片这辆车，最后一头扎进沟里。我们的分销合同到期时间是一九七七年八月，此时塞尔有四张高风险的专辑正在排队等待发行："传声头像"的《传声头像：77》（*Talking Heads: 77*）、"雷蒙斯"的《飞向俄罗斯的火箭》（*Rocket to Russia*）、"死男孩"的《吵闹的、流鼻涕的年轻人》（*Young Loud and Snotty*）、"理查德·赫尔和空虚的一群"（Richard Hell & the Voidoids）的《茫然一代》（*Blank Generation*）。这些专辑全是CBGB俱乐部里令人兴奋的艺术摇滚，如果推广得好，可能大火特火；可一旦处理不好，就有可能陷入尴尬境地。

我发出信号，嘿，全速前进，我得到了唱片业里最大的两家公司——华纳唱片和哥伦比亚唱片的出价，我知道他们都对"高潮布鲁斯乐队"最有兴趣。我跟哥伦比亚唱片的一位朋友罗恩·亚历克森伯格（Ron Alexenburg）聊了聊，了解他们负责第三方分销业务的部门能为我们做些什么。然而，我天生的直觉更倾向于华纳唱片，他们拥有我喜欢的大多数厂牌：大西洋、伊莱克特拉、避难所（Asylum）、重奏，还有旗舰厂牌华纳兄弟唱片（Warner Bros.Records）。哥伦比亚集团和华纳集团体量相当，但华纳更年轻、更新鲜、更敢于冒险，它在唱片业里享有友好的超级帝国的声望。

跟华纳"上床"，就意味着我们要跟大西洋唱片公司的艾哈迈德·埃尔特根和内苏希·埃尔特根兄弟俩共进早餐，我一直非常仰慕这两位老派的音乐人。还有"在堪萨斯州冲浪的"乔·史密斯[1]，他刚从近期离开的戴维·格芬（David Geffen）那里接手了伊莱克特拉 – 避难所。但是莫·奥斯汀才是集团最大厂牌华纳兄弟唱片的大佬，也是我要与之直接打交道的人。华纳兄弟唱片，业内一般称之为"WBR"，总部在加利福尼亚的伯班克，紧邻华纳兄弟电影工作室。它旗下的所有厂牌都是独立运营和推广的，但都会把唱片输送入华纳唱片集团（WEA）这一综合集中的销售网络进行销售。华纳唱片集团是一只覆盖全球的巨兽，有"齐柏林飞艇"、"滚石"、"弗利特伍德·麦克"、"老鹰"（the Eagles）、尼尔·扬、范·莫里森（Van Morrison）、阿雷莎·富兰克林、汤姆·韦茨（Tom Waits）、AC/DC、"奇克"（Chic）等数以百计的顶尖新老艺人。

我们与 ABC 唱片公司的合约还需要等几个星期才会到期，之后我们才能与华纳签约。我们正好趁着天好晒晒干草。一九七七年仲夏，在《传声头像：77》发行之前，克里斯·弗朗茨和蒂娜·韦茅斯

1　之前乔在犹太联合捐募协会晚宴上打趣过西摩和理查德的塞尔唱片"对唱片业来说就和冲浪对堪萨斯州一样重要"，故这里给乔加了个绰号。

决定在克里斯的家乡举行婚礼。我和琳达飞到辛辛那提，租了一辆车，在塞尔唱片的新厂牌经理肯·库什尼克（Ken Kushnick）的陪伴下花了一天时间在当地游览。我去了悉德的墓地，其实早就该去的，我还在国王唱片鼎盛时期的那些老地方转了转。第二天早晨，我们沿着俄亥俄河驾车来到肯塔基州华盛顿山下一座小小的白色教堂。在整个旅途中，我都无法停止想念悉德，他已经去世九年了。

对我们三个来自纽约的犹太人来说，那场在肯塔基举办的婚礼非常有中西部的味道。不仅因为在场的每个人都是基督徒，还因为新娘和新郎的父亲都曾是军人。蒂娜的父亲拉斐尔是一位退役的美国海军上将；而克里斯的父亲罗伯特是西点军校和哈佛大学法学院的毕业生，当过将军，还有段时间曾为五角大楼工作。我能肯定，我、琳达和肯显得格格不入。没有其他来自纽约的音乐人士来参加婚礼，现场除了家人就是我们和戴维·伯恩——他穿着泡泡纱西装，看上去很讲究。不过，我得说，那个肯塔基州教堂里的婚礼场景一直留在我脑海中。鼓手亲吻了贝斯手，虽然那天没有人想得到，后来克里斯和蒂娜成了摇滚乐圈里最长久、最恩爱的夫妻。

我和琳达都对我们带来的家伙肯·库什尼克寄予厚望。我刚把他从现场演出和管理板块业务中带出来，为我签的所有朋克乐队提供运作层面的协助。"传声头像"是我们最大的新希望，但他们还没有经纪人，在我看来，一个好的经纪人对乐队来说是绝对必要的。艺人们需要专注于他们的音乐，而一支勤奋乐队的所有巡演和管理事务需要由专业人士打理。如果想做好这两项工作，找的人必须是全职的。经纪人总会替乐队向厂牌争取更多的资金，时常会令人恼火，但是如果是你自己选择的经纪人，他们就会倾向于配合你。我希望肯·库什尼克管理"传声头像"，并提出借给他两万美元让他出去单干。他一边扮演着乐队临时知己的角色，一边掂量着我的建议。最终，他决定，既然工作已经开展了，就不走回头路了。我觉得，能在塞尔找到一个好的职位，他自己心里也踏实了。

但他把"传声头像"介绍给了加里·库弗斯特（Gary Kurfirst）。在六十年代，年轻的加里就已经开始在第二大道的"村庄剧院"运作"谁人"、吉米·亨德里克斯、"精华"、贾妮斯·乔普林等艺人的演出。但加里不太走运，因为旧金山推广人比尔·格雷厄姆（Bill Graham）从他手里买下了合约，并创办了"东菲尔莫尔"（Fillmore East）[1]。所以加里转而管理硬摇滚乐队"大山"（Mountain），以及它后来的分支乐队——"韦斯特、布鲁斯和莱恩"（West，Bruce & Laing）。他也涉足雷鬼乐，管理彼得·托什（Peter Tosh）、"图茨和梅塔尔人"（Toots and the Maytals）乐团以及"强大的钻石"（the Mighty Diamonds）。到一九七七年，加里因甲状腺问题已经停工了好几个月，正需要一份新工作。肯·库什尼克身边没有更好的人选，所以幸运的加里·库弗斯特不费吹灰之力就得到了"传声头像"。

我对肯·库什尼克没有亲自管理乐队的这个决定很失望。不过，好处是加里·库弗斯特认识所有的推广人。同时，肯还继续与"传声头像"保持私人关系，他肯定也会以其他方式帮助乐队的事业发展。

1　位于纽约曼哈顿的著名摇滚演出场所。因比尔·格雷厄姆更早在旧金山菲尔莫尔区先后创办了菲尔莫尔礼堂和西菲尔莫尔两处摇滚演出场所，故在纽约创办的演出场所被称为"东菲尔莫尔"。

肯去了伯班克，把塞尔即将发行的专辑推荐给华纳负责市场推广和电台宣传的所有人。他带着满满的激情和年轻人的狂热，对满屋子安静地坐在下面、彬彬有礼聆听的华纳员工解释了朋克音乐。他们期待的可能是"高潮布鲁斯乐队"的一张热销专辑，所以请他从"雷蒙斯""传声头像""理查德·赫尔"和"死男孩"中选一支乐队出来。肯显然没有预料到这么直接的问题，一时语塞。

"听着，我们只占分销的百分之十八，"他们解释道，"所以我们没法四张专辑都推。选一张最好的，我们全力推。"

"但……但是他们都重要，"肯结结巴巴地说，"缺了谁也不完整。"

"好吧，"他们干脆挑明，"也许我们应该谈谈成立合资公司而不是只谈分销业务？"

肯·库什尼克返回纽约，他坚信我们没有选择，必须跟华纳谈。金额并不是什么困扰我的问题。真正打动我的，是这件事的疯狂之处在于它可能改变游戏规则：华纳兄弟唱片，世界上最炙手可热的大唱片公司，给出暗示想买我这家小小的独立唱片公司。分销合同已经开始执行了，增强了我们与华纳之间的同事情谊，也让他们对塞尔越来越感兴趣，因此我敞开了合作的大门。我认为把伯班克那些负责艺人开发的专业人士——例如鲍勃·雷格尔（Bob Regehr）和卡尔·斯科特（Carl Scott）——拎出来单说是很公平的，因为他们一开始就察觉到塞尔有了大发现。这对长期合作来说是个好兆头，因为他们是日复一日不停运转的机器的具体操纵者，他们会派出公关人员带着我们的艺人上路，处理当地媒体和电台的事情，或者组织唱片店内的签售会。

这些在战场上处于关键前线位置的战士是出于音乐本身的原因真诚地和你站在一边，这让人感觉新的合作关系理应产生。当然了，华纳音乐集团的经济实力对我来说也很重要。我知道他们会按时付款，也不会突然破产。我在这个行业里足够久，所以知道分销跟规模、财务影响力和参与的推广人员有着极大关系。推广人要不停地打电话，拉关系。如果总部的人向真正珍惜你唱片的前线士兵发出信息，他们就会付出加倍的努力来赢得胜利。

一九七七年九月，专辑《传声头像：77》成为华纳音乐集团发行的第一张塞尔唱片，乖乖，我们见识到了不同。烟花虽然并没有在曼哈顿上空绽开，但是华纳有一部带着神奇光环并且运转顺畅的分销机器，它让我们的唱片熠熠生辉。在圣诞节之前，《变态杀手》在《排行榜前一百名》上位列九十来名，在几个欧洲国家则进入了排行榜前二十名，这要部分归功于歌曲里的法国歌词。同年秋天，我们推出两组CBGB的艺人："死男孩"和"理查德·赫尔"，他们的专辑在大城市之外卖得不好，但人们显然注意到了他们很酷这一事实。"雷蒙斯"的第三张专辑《飞向俄罗斯的火箭》也没有获得巨大成功，但是它弄出了一些动静，而且这是他们出道以来卖得最好的唱片。塞尔突然之间变得如此时髦，感觉像一个呼啦圈在蓝色地平线大楼周围晃来晃去。

就在此时，华纳兄弟唱片的老板莫·奥斯汀现身了。因塞尔唱片扶摇直上而引发的收购案被摆到了全球最具影响力的唱片界大佬的办公桌上。不幸的是，我几乎不敢相信自己的运气有这么好，如果你正在进行一场改变人生的谈判，可不能给出这样一个错误的信号。如果说有那么一个时刻，我需要悉德·内森的幽灵气喘吁吁地在我耳旁对我说一声"都他妈扯淡"，那就是即将到来的午餐时间。莫·奥斯汀所做的只是用一根价值百万美元的胡萝卜在我面前晃来晃去，而我忙着垂涎欲滴，完全没注意到随之而来的是根终生痛击我自己的大棒。事实上，我可真没有好好想想人家葫芦里卖的什么药。关于我自己到底想要一种什么类型的协议，我甚至没有去征询法律上的建议。而且，这是七十年代末期，塞尔唱片只是一个独立音乐小厂牌，我并不知道今后将会发生什么。

在那个时候，我盲目痴迷于戴维·伯恩，简单来说，我不仅知道"传声头像"是独一无二又不可思议的，而且清楚戴维·伯恩会是莫·奥斯汀更想了解的那种人。莫变成了戴维的马屁精。不过对我来说，他们一直都是"传声头像"，而且克里斯和蒂娜跟戴维一样重要。实际上，克里斯才是维系乐队的黏合剂。我知道如果有推广的需要，华纳会大开绿灯让"传声头像"火起来，他们可能是唯一敢这样做的大唱片公司。看上去好像我也没有别的选择。属于塞尔唱片崭新的一天开始了，我能感觉到它的来临。

Chapter 5
飞向俄罗斯的火箭

在与莫·奥斯汀坐下来之前，我也给几位睿智的老前辈打过电话寻求建议，其中之一就是杰里·韦克斯勒，他刚刚离开大西洋唱片，双方不欢而散。大西洋唱片就是华纳唱片集团 WEA 里的那个 A，即华纳的销售公司。我知道我应该能从了解内幕又直言不讳的杰里那里得到建议，毕竟他曾帮助建立起整个华纳集团。

我和杰里相处得很好，他和我一样，总是更多地从音乐层面而不是商业层面看待问题。他也是《公告牌》的老员工，可能是保罗·阿克曼的第一门生，虽然我比他年纪小很多，但我们之间有着族人般的联系。正如我所期望的那样，杰里的话证实了很多我已经知道的事情：华纳相当适合我签下的那些非主流乐队。但是，他也警告我要提防集团各分支机构之间险恶的公司政治，关于莫·奥斯汀他还留下一句隐晦的评语："莫想营造一种印象，华纳就是沃尔顿家族 [1]，而实际上，它是卡拉马佐夫兄弟家族 [2]。"这句话我用了很多年才琢磨透它的

---

1 美国最富有的家族之一。本顿维尔镇（Bentonville）是沃尔顿家族的老家，沃尔玛（Wal-Mart）就是由沃尔顿家族的山姆·沃尔顿（Sam Walton）在此创建。
2 《卡拉马佐夫兄弟》，俄国作家陀思妥耶夫斯基创作的长篇小说。描写老卡拉马佐夫同三个儿子之间的尖锐冲突，以及弑父案件的法庭审判。

含义。

我看过俄罗斯关于卡拉马佐夫兄弟家族的电视剧，但从没读过那部小说。不幸的是，韦克斯勒的这句警告到底意味着多大的杀伤力，这得我亲自去经历才行。莫在电话中听起来似乎是一个不错的家伙。

大约在一九七三年左右，我第一次在"焦点"巡演上偶遇莫·奥斯汀。他在后台和乐队交谈了一会儿，这当然让我有点紧张。"奥斯汀先生，"我用尽可能礼貌的口气说，"我叫西摩·斯坦，恐怕'焦点'的合约在我的塞尔唱片旗下。"

"哦，我知道，"他回答道，满脸微笑地与我握手，"很高兴见到你，西摩。我只是想亲口告诉乐队的人我很喜欢这场演出。"我和莫并无渊源，但我还是很快打电话给他，请求华纳分销塞尔发行的唱片。他态度很好，但拒绝了我。

到了一九七七年的秋天，那些曾经的过往早已成为被遗忘的往事。塞尔唱片火了，所以莫显然对它有了兴趣。他飞到纽约，我们约好在"范恩与夏皮罗"餐馆碰头，那是一家不错的犹太洁食餐馆，离塞尔唱片仅两个街区，位于转角处。他穿着一件烫得平整的夏威夷衬衫坐在那里，看上去更像正在度假的税务官，而不是大唱片公司的老板。他的身高应该不超过五英尺五英寸，戴着一副巨大的眼镜。这么个微笑谦逊的小个子，是怎么成为唱片业最有势力的大佬之一的？这对我来说一直是个谜。你本来以为像华纳兄弟唱片这样的行业巨头，它的董事长应该坐着一架黑色直升机降落到西七十二街，手上挎着一只公文包。不，小个子的莫先生只是坐在角落，翻着菜单，拿不定主意到底给他的五香熏牛肉配泡黄瓜还是配洋葱。

　　"软实力"这个词在七十年代还不存在，但是它已经在莫·奥斯汀这种加利福尼亚先锋人士身上开始演进了。他从不接受采访，也很少对唱片业老手谈及自己。"艺人应该在台前"，这是他用来敷衍记者窥探的话语。艺人及其经纪人都喜欢读这种东西。真相是，莫刻意营造出了深藏不露的形象。在这个行当里，周旋于自吹自擂的夸夸其谈中，他懂得穿米色毛衣和为人谦逊低调才是你能甩掉竞争对手的手段，在他心目中，每个人都是竞争对手。

　　你看，不像华纳集团里的大多数大佬那样，莫从来就没有主人翁意识，他的血管里流着的也不是虫胶，他身上缺少这两点，不然他将是天才的外交家和战略家。人们总会把他当作律师或者会计师，没错，他差不多就是这种人。实际上，他是一位天生的政治家，我相信他在其他领域也一定能获得成功。了解他权力崛起之种种细节的人并不多，但他最终告诉了我他行大运的契机。"我的事业成就归功于里基·纳尔逊。"这是他的原话。不过，这里面只有一半是真话。至于他故事的另一半，我不得不从他一路走来身后一长串被抛弃、被伤害的同伴们的描述中拼凑出来。

　　莫的全名是莫里斯·奥特洛夫斯基（Morris Otrovsky），生于一九二七年，比我大十五岁，基本上算是上一代人。他爬上华纳王权宝座前漫长而曲折的历程要从一九五四年他还在加州大学洛杉矶分校学习法律的时候说起。当时他的妻子伊芙琳怀孕了，这使他的学业计划陷入危机。很幸运，他的一位朋友是爵士音乐厂牌神韵唱片（Verve）的老板诺曼·格兰茨（Norman Granz）的弟弟，所以莫里斯辍学加入了神韵，成为神韵的"管理员"，从事的是基础工作，专门处理版税、合同和公司管理方面的事务，服务的是艾灵顿公爵（Duke Ellington）和查理·帕克（Charlie Parker）这样的艺人。神韵唱片给他提供了完美而全面的教育，也是在这个时期，莫里斯·奥特洛夫斯基把自己的名字改成了听上去更时髦的莫·奥斯汀。

在从事在神韵唱片的机房里操作机器这份工作时，莫的命运轨迹发生了改变，这得感谢一部与他本无干系的电视剧。这部电视剧叫《奥齐和哈丽雅特历险记》，是五十年代很成功的一部作品。演员来自一个真实的家庭：奥齐·纳尔逊（Ozzie Nelson）是三十年代一支爵士大乐队[1]的队长；他的妻子哈丽雅特是乐队的歌手；他们有两个孩子，戴维和里基。一九五七年的一个夜晚，里基·纳尔逊演唱了童声版的胖子多米诺的《我在漫步》，这首歌一夜爆红。

通过奥齐·纳尔逊在老爵士圈的关系，神韵唱片拿到了里基这首翻唱单曲的版权，并卖出了一百万张唱片。随着"里基·纳尔逊热"不断扩散，神韵唱片又为之发行了一张B面单曲唱片《一个少年的罗曼史》（A Teenager's Romance）。你们猜对了！这张单曲唱片实际上是同一版录音，仅仅换了个包装而已，又卖了一百万张。这种奇迹很少会出现，当然了，奥齐自己非常高兴。"看看我为你做了什么！"他不停地这样告诉里基，而里基是典型的十来岁的毛头小子，根本不领情。"我可不想在一个爵士乐厂牌里，我想进胖子多米诺所在的那个帝国音乐厂牌。"这种争吵来来回回，直到家长崩溃。奥齐敲开诺曼·格兰茨的门，说道："里基不想在一个爵士乐厂牌里。"

---

1 指大型爵士乐队，编制通常有十到二十五位乐手，在二十世纪三十至五十年代非常盛行。

"那又不是我的问题。"格兰茨说道，紧接着是漫长的争论。

"我希望我们以朋友的方式解决这个问题，"里基的父亲说，"但如果你非要拧着来，那就去你妈的。里基才十七岁。那张合同一文不值！"

格兰茨暴跳如雷，奥齐摔门而去，你们猜是谁在走廊上瑟瑟发抖？"奥斯汀，"格兰茨大喊道，"把好莱坞最他妈无情的律师给我找来！"这个人就是弗兰克·西纳特拉的律师兼头号密友米基·鲁丁（Mickey Rudin）。莫拨通了鲁丁的电话，但得到的回答是："哪个里基？谁给了你我的电话号码？"莫知道自己的饭碗怕是保不住了，拼命地跟他闲扯，直到对方让步。"好吧，好吧，先付律师定金给我，但不要让我一年接到你们的电话超过两次。"

在莫和米基·鲁丁见面共进午餐的时候，事情开始顺利推进。他们发现各自的父亲都是二十世纪三十年代的共产主义分子，如果你对这样的事情感兴趣的话，这种巧合可是了不得的事。在那个下午，莫的天才想法给了鲁丁一些启发，因为两年之后，鲁丁为弗兰克·西纳特拉建立了一个叫作"重奏"的音乐厂牌。弗兰克的事业蒸蒸日上，他可以保留自己的母带，作为艺人拿到更多的分成，可以签下他"鼠帮"（Rat Pack）[1]的伙计们，甚至能以"董事长"的身份报销费用。理论上讲，重奏唱片从商业角度来看是完全站得住脚的。可惜，米

1　二十世纪六十年代初，弗兰克·西纳特拉、迪恩·马丁（Dean Martin）、小萨米·戴维斯（Sammy Davis Jr.）、彼得·劳福德（Peter Lawford）、乔伊·毕晓普（Joey Bishop）五位私交甚密的著名艺人，在电影《十一罗汉》拍摄期间，以组合身份短暂在拉斯维加斯赌场进行演出，被各大媒体称作"鼠帮"。

基·鲁丁知道弗兰克是一个什么样的人，他自大，轻微酗酒，没有能力经营企业。要想实施好这个计划，厂牌需要一个机械师般的人物，看起来像个管家一样的高级修理工，管理好账簿，还要会和弗兰克打交道。就是从那时起，莫·奥斯汀迎来了他事业上的重大转机，为乐队的这些大男孩打理事务。

在莫接手新公司的经营后，重奏唱片发行了弗兰克·西纳特拉、迪恩·马丁、小萨米·戴维斯等人的一些不太火的热门歌曲，但在两年之内，公司开始大幅度亏损。和投资重奏唱片一样，弗兰克·西纳特拉也投资了一些其他商业项目，例如电台。幸运的是，弗兰克·西纳特拉和"鼠帮"出演的电影《十一罗汉》刚刚成为华纳兄弟公司的热门电影，就有人向米基·鲁丁掷出一张王牌。杰克·华纳（Jack Warner）想跟弗兰克签一份出演三部电影的合同，因此买下重奏唱片只是要付出的小代价，为的是换来弗兰克在电影合同上的签名。据传，杰克·华纳愿意为买这个厂牌付大价钱，而最终他也这么做了。米基·鲁丁天才的地方就在于，他一直板着脸，拒绝华纳的报价，并提出一种复杂的股权置换方式，让重奏唱片并入现有的华纳兄弟唱片。当时华纳兄弟唱片已经开始运作，紧挨着华纳电影工作室。华纳唱片也发掘了一些成功的流行歌手，例如"埃弗利兄弟"（the Everly Brothers）。因为杰克·华纳最在乎的是那份电影合约，所以他同意让西纳特拉用其所持的重奏唱片三分之二的股份置换成合并后的新公司的三分之一股份。这看起来并不需要成本的重组，最终使得弗兰克用债务换取资产，并在很多年后靠它发了大财。

莫·奥斯汀的黯淡前途又一次被一位天才谈判人扭转，只不过到合同尘埃落定的时候，弗兰克·西纳特拉已经丧失了对唱片厂牌的所有兴趣。他痛恨摇滚乐和六十年代早期的流行乐，重奏唱片的各种问题也让他感到困扰。于是西纳特拉和他的人远远撤退到了电影行业里。除了让他的女儿南希打入排行榜，以及作为小股东收取支票外，弗兰克变成了一个缺席的老板，任由莫自己掌控命运。

这可能算得上因祸得福。莫本来做的都是些基础性工作，又没有什么音乐鉴赏力，他别无选择，只能自己找产品。在与法国独立厂牌时髦碟片（Disques Vogue）和伦敦的派伊唱片通过谈判进行了为数不多的版权交易后，莫为重奏唱片获得了从佩图拉·克拉克（Petula Clark）到"奇想"（the Kinks）乐队的一系列英国流行热门歌曲。感谢《闹市区》（Downtown）和《你真正得到了我》（You Really Got Me）这样的大热歌曲，莫在六十年代中期赚取的现金足够维持重奏唱片发展所需。

公平地说，莫缺少的音乐天分都靠智商弥补回来了。他知道如何进行商业运作，像老鹰一样观察着伦敦，抢先抓住了下一个为他打开新局面的人——吉米·亨德里克斯——在此人在蒙特雷流行音乐节掀起风暴之前。当亨德里克斯登上蒙特雷的舞台，最终用火点燃了他的吉他，我想坐在人群中的莫一定在想："弗兰克会对这家伙说什么？"很幸运，一年之内，亨德里克斯的专辑成了美国销量最好的唱片，当然，弗兰克高高兴兴地忙着数钱。

从那个时候开始，莫的事业越做越大，这要感谢两个关键人物。一个是他的新 A&R 负责人安迪·威克姆（Andy Wickham），英国人，也是安德鲁·奥尔德姆的前雇员，正是他为莫发掘出大量的伟大艺人——包括"杰思罗·塔尔"、范·莫里森、乔妮·米切尔等。但真正改变莫命运的人却是史蒂夫·罗斯（Steve Ross），一位来自停车场和殡葬行业的纽约大亨，极其精明。如果有人比米基·鲁丁更精明，那一定是史蒂夫·罗斯。他在一九六九年买下了华纳兄弟唱片、大西洋唱片和伊莱克特拉唱片，然后对这些电影制片厂和唱片厂牌组成的大杂烩进行了重组，从而形成了一个超级娱乐帝国。罗斯把母公司更名为"华纳传媒集团"（Warner Communications），然后把钱投向许多分支机构所涉足的领域。

到那个阶段，莫就是帮助史蒂夫·罗斯买下弗兰克·西纳特拉剩余股份的黑带政客，时间长了，他甚至开始帮助史蒂夫·罗斯对付艾哈迈德·埃尔特根，而当初正是埃尔特根帮助莫得到了巨大的升职机会进而掌控华纳兄弟唱片。莫突然发现自己站在了华尔街金融和加利福尼亚"花童力量"[1]的交汇点，与天才的乔·史密斯一起掌管着华纳在伯班克的总部，你可以猜想一下乔后来的命运如何。莫抓住机遇，在读了查尔斯·A. 赖希（Charles A. Reich）的《绿化美国》（The Greening of America）[2]这本书后，开始着手把伯班克改造成安迪·威

---

[1] Flower Power，二十世纪六十年代末在美国嬉皮士运动中出现的一种非暴力抗议方式，在反越战运动中流行，最早由诗人艾伦·金斯伯格（Allen Ginsberg）提出，主张以和平方式反对战争。他们身穿鲜艳的服饰，头戴鲜花，向民众和警察发放鲜花。这些人也被称作"花童"。

[2] 《绿化美国》出版于一九七〇年，作者总结了美国建国以来三种意识导致的价值观的形成与演变。意识一：基于个人自由和自力更生的意识刺激了新国家的建立；意识二：十九世纪工业社会兴起形成的公司企业化的等级关系，个体顺从公司体系；意识三：二十世纪六十年代后以和平、谅解和非暴力方式形成的开明平等时代，用这种"绿化"方式让美国成一个移居国家。该书出版后一度引起争议。

克姆生动描述的那种"大学校园"。华纳兄弟唱片的员工大多年轻、时尚，专注于那些聪明的唱作人，尤其注重月桂谷¹圈子。这是对老派点唱机播放员和布里尔大厦芝士蛋糕说的一句"拜拜"；也是对莫称之为"创意服务"的新世界道的一声"嘿，哥们儿"，那些"创意服务"基本上就是一些针对地下杂志和大学电台的古怪、高调的广告。有一位叫斯坦·科宁（Stan Cornyn）的封面设计师成了创意主脑，他创作的那些聪明标语和非主流技术，不仅在很多方面给华纳兄弟唱片，同样也给整个华纳音乐集团在嬉皮士市场营销上带来了显著的优势。斯坦·科宁是一位天才。

我有时候会想，为什么莫总喜欢雇用在酗酒、吸毒或性方面有问题的人，然后自己扮演爸爸的角色，这样做是不是为了实施控制。我想，我现在应该知道答案了。在"范恩与夏皮罗"餐馆的温暖氛围中，我们吃着玉米牛肉三明治，"合资公司"这个词听上去很高级。我的意思是，难道它听上去不可爱吗？这是一个交叉团队，这是一段冒险之旅，这桩生意简单得就像你卷起一根烟然后把它抽掉。它听上去也很平等，尤其是当你的那一半看起来奇迹般地比他们的那一半大的时候。就像莫解释的，华纳兄弟唱片将付给我一百万美元用来购买塞尔的一半股份，好让他重量级的市场部与实力同样强大的分销公司WEA协作，为我的唱片公司提供各种宣传推广手段。这简直就像把我有生之年所有的生日放在一起过那样令人目眩神迷。

---

1 月桂谷，原来是位于好莱坞的一个废弃庄园。一九六八年，一群嬉皮士把它变成了"嬉皮士的天堂"。六七十年代不少摇滚明星都是月桂谷的常客。现在，月桂谷成为摇滚乐迷的一处朝圣地，也是许多演员、音乐家、艺术家的聚集地。

我还有选择吗？可能有。再强调一下，我已经三十五岁，正处于成败在此一举的中年时期。在这个阶段，过去、现在和未来彼此打量着，就像电影《黄金三镖客》最后一幕那样。我入行已经二十年了，目睹了无数悲剧。悉德在六十岁就去世了，这已经足够糟糕；而国王唱片的衰落更是不断地提醒我情况说变就变。即使如此，跟乔治·戈德纳比起来，国王唱片的命运算是好得多了，乔治一九七〇年去世，享年五十二岁，死时身无分文。又或者，跟我巴黎的联系人卢西恩·莫里斯相比呢？也是在一九七〇年，他在孤独和劳累过度中，受父亲被纳粹使用毒气致死的痛苦回忆的驱使，绝望自杀。还有一九七七年秋末，我的导师保罗·阿克曼也在隐居生活中行将就木，身边围绕他的只有他最爱的猫和鸽子。他最终死于新年的前夜。而此前，我那一代最大牌的明星埃尔维斯·普雷斯利已经沉睡在了特大号的灵柩里。人真的是有无数种死法。我选择的游戏是一个属于角斗士的运动。

不过，我活得足够久，见识了睿智的保罗·阿克曼早在十年前就率先预言的那种潮汐般的力量。他是这么描述的："潮流趋向巨大化、合并以及公司操纵。"一九六七年十月，大西洋唱片惊人的销售量促使已经快六十岁的保罗为《公告牌》的头版写下了一篇里程碑式的文章。"独立音乐的伟大时代，"他哀叹道，"是二十世纪四十年代末期到五十年代。到了五十年代末期，曾经纯粹的独立音乐被电影公司、广播公司甚至寻找新赚钱渠道的非演艺行业公司用一条脐带捆绑，这已经成了一种潮流……纯粹的独立音乐正在消失。"他再也无法忍受这一切。他甚至被他的独立音乐分销商掠夺——他们中的很多人拖欠款项，而只在独立唱片公司制作出另一首热门歌曲时才会付款……独立音乐分销商养成了一种跟着热门单曲走的习惯，而把自己已建立的生产线遗弃在仓库的地板上。

你们看，在保罗对行业未来做出悲观预言的文章发表后的十年内，我用过六家分销商，真心厌倦了在不知道我们唱片能否得到有效推广、甚至能否被发行的情况下就大把撒钱出去。并不是我不理解为什么会这样。美国不像小而老的英国那样以一个城市为中心，环绕着它有完整的媒体和分销途径。我们是一块由五十个州组成的、"摊大饼"似的大陆，有着数百家电台和报纸。就算你能让内布拉斯加州或者新墨西哥州的电台主持人播放你的唱片，你也不知道那些感兴趣的听众能否真正在他们当地的唱片店里买到这些唱片。这种情况对独立音乐极为残酷不利，而且随着主流唱片公司的日益增长，独立音乐发展的空间越来越小。

华纳拥有唱片业内最光鲜的团队，这一点也让我做起选择来非常容易。而且，莫·奥斯汀对塞尔的估价超过两百万美元，这代表的不仅仅是来自个人的巨大的认可，在一九七七年，这可是一笔巨款。我知道，如果我明智地投资属于我的那一百万美元，并和华纳要员来往甚密，我们斯坦家族在未来的很多年里都将是安全的。这是我确保自己可以一辈子运营塞尔的机会。我知道华纳需要在行业游戏中披上一张外皮，它会站在背后支持我们，为我们的事业不断地花钱 —— 我冒了一点险才让自己相信这样的逻辑。

在塞尔唱片，每个人都在等待着，而我和莫一起在房间里唱着老歌跳着舞，像两个捧着奖杯从学校醉酒而归的少年一样。所有的塞尔员工同样欣喜若狂，甚至连保洁阿姨都知道我们得到了投资。这笔交易能够把我们的古怪艺人变成国际摇滚明星，而且引申开来，也为员工的履历表永远填上了令人赞叹的一笔。每个人都将成为赢家，特别是那些乐队，这才是我最关心的。

现在回想起来，我根本不是莫·奥斯汀这个聪明圆滑之人的对手，过去十五年，他一直跟随着米基·鲁丁、史蒂夫·罗斯这种杀手级的高手，谈判过无数以百万美元计的交易。我不仅对做大买卖没经验，而且我为塞尔即将迎来的前景而兴奋，头脑发昏。别忘了，在一九七七年，时机已经成熟，朋克音乐的圈子在被英国和西海岸音乐统治十年之后见证了纽约重获新生。当我还是一个小男孩的时候，纽约曾经是全球唱片工业的心脏，但是后来，纳什维尔、孟菲斯、底特律、芝加哥、洛杉矶和伦敦等城市一个接一个地成为特定唱片厂牌和音乐流派的代名词。当然，多元化的发展对整个音乐产业都有益处，但是不知从什么时候起，亲爱的老纽约就已陷入相对衰落的境地。

必须承认，并不是每个人都知道该拿朋克音乐怎么办。一九七七年前后，很多人憎恶这种音乐，但是变化即将发生，在整个唱片业，这个词也突然被所有人挂在嘴边。此前一年，英国掀起了一股"性手枪"（Sex Pistols）乐队热，天知道为什么英国佬最喜欢抱怨一桩肮脏丑闻。而在纽约，正是"雷蒙斯""死男孩"以及"理查德·赫尔"将这种在人群中吐口水、在阴沟里呕吐、在床头撒尿的亚文化呈现了出来。另一方面，在我看来朋克音乐只是对我在五十年代中期热爱的摇滚乐的一种回归，因为它们都有节奏快、表达直接、面目可憎的特点，但是鼓励记者炮制出关于所谓"朋克运动"的夸大学说，对我们没有任何害处。如果朋克演出门票能让孩子们四处奔走购买我们的唱片，很好！我才不会抱怨呢。

　　问题出在电台上，特别是在美国，"朋克"这个词听上去跟"蠢蛋"（jerk）或者"渣滓"（scumbag）很像。但在英国，它却没有那种含义。我们需要所有能获取的帮助，所以我脑海里偶然闪出了一个"新浪潮"（New Wave）的概念，这是从法国电影运动"新浪潮"（Nouvelle Vague）那里借鉴过来的。我不记得是在哪里第一次读到它的，或许是在某次聊天中听到的，但它突然蹦了出来，变成了我打电话给每个电台推广人、节目总监和嬉皮士主持人并试图说服他们的标准套话。"不，'传声头像'不是朋克，"我不停地告诉每个人，"他们是新浪潮！"销售的艺术不就是全靠认知吗？你必须有热门产品才能全身而退，当然，我们手上有这种产品。此外，这大体上就是事实——"传声头像"听上去根本不像"雷蒙斯"或者"死男孩"，他们当然也不该因为"性手枪"正在挑衅英国女王而一直被美国电台拒之门外。

　　"新浪潮"这个术语快速流行起来，因为其他推广人、经纪人和唱片厂牌们也面临着类似的局面，他们不得不戏弄一下同样长发的《电台排行榜前四十名》的守护者，这样才能让这种类型的新歌在街上传唱。这很有效。自从越南战争的征兵中心开启以来，此前并没有什么剪掉长发的运动。新浪潮的思潮在改变人们的认知方面大获成功，我认为它甚至对音乐本身也产生了影响。"传声头像"、"金发女郎"、伊恩·杜里、"扼杀者"、"冲撞"……如果你听过所有这些艺人的音乐，你就能听出音乐的电声效果在一九七六年到一九七八年之间有一个巨大的跃进。他们都试图捕捉乐队早期巡演中那种原始感和粗糙感，但随着听众的成长和调频电台的播放，这些所谓的"朋克"们都开始制作更紧凑、更花哨、更有商业野心的新浪潮唱片。

我相信某些纯粹主义者会觉得这很遗憾，但我不。有几个艺人能一直住在货车里，面对六十个人演出？你自己去试试看！每一位艺人的梦想都是靠着七英寸[1]的杰作在电波里乘风破浪。朋克时代那些不太有才华的人现在宣称的所谓"他们从不想在电台里播放其作品"，只是在自欺欺人而已。大多数情况下，精英脱颖而出，而其他人从此以后则会大谈特谈朋克如何如何。在现实中，最好的朋克乐队通常并不喜欢"朋克"这个词，他们仅仅是梦想着做出伟大的摇滚乐。当朋克还是新鲜而有趣的事物时，他们完全依赖朋克音乐的能量和幽默，但是像所有有创意的人一样，他们很快就觉得无聊并迫使自己进入新的领域。有些有天分的人能够做到这点，有些人则不能。

塞尔也正在发生巨大的变化。在心态上，我们仍然是一个独立音乐厂牌，还是在同一栋老褐石房子里工作，但是与华纳成立的合资公司以及整个 CBGB 音乐场景带来的商业成功，让我有钱和信心签下比以往更多的艺人。我们越来越多地成了一个 A&R 办公室，连接了庞大的市场营销和分销网络，每个月能发行二十张新唱片。华纳经常需要时髦的唱片，我特别高兴，我喂它还来不及呢。我知道我们已经步入正轨。

我把目光转向伦敦，再一次寻找乐坛新面孔。我的主要资源之一

---

1 指黑胶唱片。

是一家在诺丁山的名叫"粗野交易"（Rough Trade）的唱片店，它是一九七六年夏天开张的，是一座小小的、充满古怪而奇妙的独立音乐的宝库。我从纽约飞过去，把包扔在我格洛斯特广场的公寓里，然后直接去店里乱翻一气，与人攀谈。我或多或少就是这样签下"沙姆69"（sham 69）的。我还签下了在"粗野交易"唱片店遇到的一个有趣的人，他的真名叫丹尼尔·米勒（Daniel Miller），但他的艺名叫作"常态"（Normal）。他给我放的自己录制、压制的唱片里只有两首歌：《温暖的人造皮》（Warm Leatherette）和《TVOD》。我在美国发行了他的单曲，并未指望能卖出几张，因为他的唱片非常前卫。但我内心有种直觉，就像我十年前对迈克·弗农的直觉一样。有时候你只要注视着某个人，你就知道他有着光明的未来。

我雇了一个本地人保罗·麦克纳利（Paul McNally）做 A&R，还有他的助手杰拉尔丁·奥克利（Geraldine Oakley），向我汇报英国的最新消息。如果我喜欢某张唱片，我们会去看乐队的现场演出，这是了解乐队真实水平的唯一方式。我就这样听到了"低调"乐队的《少年兴奋》（Teenage Kicks）。我和保罗开车去看"探寻者"（the Searchers）乐队的演出，在车上英国广播公司电台一台的约翰·皮尔（John Peel）[1] 的音乐节目正在播这首歌。这显然是一首经典歌曲，我大为震惊。我把保罗派到贝尔法斯特去看"低调"的现场演出，在那里，他遇到了共鸣厂牌（Good Vibrations）的老板特里·胡利（Terri

---

[1] 英国广播公司一台著名音乐节目主持人，一九六七年开始主持人生涯，直到二〇〇四年去世，他以推介主流之外的音乐类型而闻名。鉴于他多年来在音乐领域的贡献，一九九八年被授予大英帝国骑士勋章。

Hooley），是他们首先为"低调"发行了单曲。我们谈好了一笔交易，在美国发行《少年兴奋》这首单曲以及"低调"的其他唱片。在那几个月里，我还签了"雷兹罗斯"，一支来自苏格兰的朋克乐队。

这些工作我说起来容易，其实不然。为了找到最好的音乐，你必须腿脚勤快，还要行动迅速。当我在伦敦的时候，我和保罗几乎每晚都会看演出，如果有必要，我们会挤进他的车里，开车去伦敦周围的城镇。如果我们无功而返 —— 大多数时候都是这样，我们会在比克街的一家深夜还营业的中餐厅"聚会画廊"用一碗鱼翅汤安慰自己。有时候，我们会在黎明时分返回伦敦，并在红砖巷用新鲜贝果面包犒劳自己。实际上，我的生物钟在以纽约时间运行，这可能使所有在英国的午夜狩猎稍微容易一些。

那一年总体来说非常好，我最大的遗憾之一是没有把"佩利兄弟"（the Paley Brothers）带火 —— 当时我让洛杉矶的菲尔·斯佩克特给他们制作歌曲。他们是你能遇到的最友善的人，安迪·佩利（Andy Paley）是一位伟大的歌曲作者。后来成为唱片业巨匠的吉米·艾奥文（Jimmy Iovine）那时候还是一位前途远大的录音师，他第一个被认可的作品就是佩利兄弟的迷你专辑[1]，他当时担任执行制作人。当我与安迪和乔纳森见面讨论制作人人选时，安迪推荐了吉米 —— 他是埃莉·格林尼治的门生。吉米已经为菲尔·斯佩克特担任制作人的约翰·列侬的《摇滚乐》（Rock & Roll）专辑做录音师。安迪告诉我，吉米是一个伟大的录音师，而且他能够承受高压工作。我给吉米放

1　迷你专辑（Extended play），简称 EP，是一种介于单曲与专辑之间的音乐发行形式。一般一张 EP 专辑有四五首歌。

了四首我希望"佩利兄弟"录制的歌，他喜欢。乐队从波士顿来到纽约，住在位于西五十七街的假日酒店，每天驱车前往新泽西州奥兰治市的"音乐之屋"（House Of Music）录音棚录音。分轨录音和混音工作花了三天时间。吉米请来布鲁斯·斯普林斯廷（Bruce Springsteen）的"E街乐队"（E-Street Band）的罗伊·比坦（Roy Bittan）[1]为专辑演奏风琴和钢琴。吉米还为专辑里的一首歌请了小号手。"佩利兄弟"请来泽西市当地乐手利·福克斯（Leigh Foxx）弹贝斯，他现在是"金发女郎"的一员。安迪和乔纳森演奏剩下的所有乐器。这张包含了《聚会场所》（Rendezvous）、《狂喜》（Ecstasy）、《出来玩》（Come Out And Play）和《捉迷藏》（Hide & Seek）四首歌的EP专辑在很多方面来看都是一张经典之作，它经常被认为是引领了"强力流行音乐"（Power-Pop）[2]的风潮。实际上，犀牛唱片（Rhino Records）就是以《出来玩》这首歌的名字命名了他们的第一张强力流行音乐合辑。它在很多方面领先于时代，时至今日仍经得起检验。但是出于某些原因，火花并未被点燃。我们还有另外一些遗憾。在德国，我从柏林汉莎唱片（Hansa Records）的特鲁迪·迈泽尔（Trudy Meisel）那里选了一首"博尼M"（Boney M）的《巴比伦河》（The Rivers of Babylon），它在《公告牌排行榜前一百名》上进入前四十名，这相当不错，但是比起它在欧洲引起的轰动来说还差得远。我总是需要向身在伯班克的莫的手下

1　原文及索引为Ray Bittan，应为笔误。
2　强力流行音乐的本质就是电吉他伴奏为主的流行歌，电吉他在歌曲里占主要成分，但没有大段吉他独奏，并弱化布鲁斯音乐特征。这个概念最早由"谁人"乐队吉他手皮特·汤申德提出，在二十世纪七十年代非常流行。

们提供一些一炮而红的流行热门歌曲，这样我才有理由发行另一些他
们不喜欢的古怪的音乐作品。我也需要确保我们拥有职业艺人，这意
味着在音乐制作上要花费比我以往能承受的更多的时间和金钱。

我和肯·库什尼克在一九七八年的狂欢节期间，带着戴维·伯恩
去了特立尼达岛举办的卡利普索狂欢节——因为我知道戴维会喜欢
西印度群岛音乐的色彩和温暖的声音。不久之后，"传声头像"带着
布赖恩·伊诺在巴哈马集合，开始录制他们的第二张专辑《更多关于
房屋和食物的歌》（More Songs About Buildings and Food）。我们在当
年七月发行了这张专辑。选择不寻常的录音地点一部分是出于经纪
人的想法。加里·库弗斯特是小岛唱片创办人克里斯·布莱克韦尔
（Chris Blackwell）的老朋友，克里斯同意把他的"罗盘点"（Compass
Point）录音棚以友情价租给乐队使用。这间录音棚设备很先进，让
人非常舒服，曾经有一大批加勒比明星在这里录音，例如"燃烧的
长矛"（Burning Spear）、"奥尔西娅和唐娜"（Althea & Donna），当
然还有鲍勃·马利。从这些温暖的、拥有更宽阔声场的录音中，一
首翻唱自阿尔·格林（Al Green）的歌《带我去河边》（Take Me to the
River）成为"传声头像"在美国电台的第一首热门歌曲。戴维·伯恩
的歌依然和在CBGB时一样在歌词上富有创造性，但是作为一支乐
队，他们电声音乐的焦点朝着放克（funky）节奏[1]和伊诺风格（Eno-
style）的艺术摇滚迈进了一大步。

我认为，在朋克音乐最初爆发时，华纳买下塞尔唱片，是变得时

---

1 funk为名词，指放克风格的音乐；funky是形容词，指带放克风格节奏和律动的
（音乐）。

髦的最快途径。莫希望所有朋克艺人和新浪潮艺人都属于他。他曾花了好几个月时间亲自追着马尔科姆·麦克拉伦（Malcolm McLaren）[1]跑，想签下"性手枪"的大北美区合同，我觉得这纯属白费力气。当"性手枪"开掉了他们的歌曲创作者格伦·马特洛克（Glen Matlock），并用根本不会演奏的锡德·维舍斯（Sid Vicious）[2]取而代之，我就怀疑他们还能不能继续存在。一个乐队不能只靠服装和宣传噱头活下去，他们必须有歌曲创作者以确保发动机的运转。

不过，我手上曾有一支新浪潮乐队被莫夺走，那就是迈克尔·罗森布拉特（Michael Rosenblatt）发掘的 B-52's。因为迈克尔的父亲埃德·罗森布拉特（Ed Rosenblatt）是华纳最高层职位之一的市场及销售总经理，也是奥斯汀家族的好朋友。至此塞尔与华纳的"蜜月期"——如果真有过的话——正式宣告结束。

这个故事要从我的一位初级员工迈克尔·罗森布拉特说起，那时候他才二十二岁。我雇他在塞尔做事，是为了送他父亲一个人情，因为他的父亲埃德·罗森布拉特是华纳的销售负责人，也是我们这边要争取的关键人物。在合资公司早期，我和琳达曾被邀请到罗森布拉特家参加烧烤宴会，埃德把儿子叫出来见了面，还一五一十地给我们讲述他有多喜欢地下音乐，琳达察觉了某种暗示。

现在想来，埃德是想让他儿子在另外一座城市一家更小、更火的厂牌里先混出点名堂，他这么想是很明智的。我相信埃德完全可以在

---

1 "性手枪"乐队的经纪人，他和女友、服装设计师薇薇恩·韦斯特伍德（Vivienne Westwood）一起幕后缔造了英国"朋克运动"。
2 "性手枪"乐队的贝斯手，因杀死女友南希后自杀而闻名。

伯班克给迈克尔找份事做，但那样做的结果可能不会太好。不管怎样，当我们回到纽约，琳达不停劝我给埃德的儿子一份工作，我很高兴她这么做了；我们都从交换中得到了利益。

当年轻的迈克尔来到纽约，他极其渴望学习，在一九七七年十二月一个周二的晚上，他来到 CBGB 俱乐部进行探寻。他一个人坐着，看到一群男男女女走上了舞台。"大家好，我们来自佐治亚州亚特兰大。"主唱介绍道，然后 B-52's 直接来了一首《克莱尔星球》（Planet Claire）。迈克尔第二天早上匆匆来到公司，报告说他在 CBGB 俱乐部发现了一支乐队，演奏的是一种狂野的原创舞会音乐。但问题是，乐队留给他的电话号码是亚特兰大灰狗巴士站的电话，乐队有两名成员在那里工作。B-52's 太穷了，他们连电话都没有！

进行了一番调查后，我飞到佐治亚州去看他们演出，我觉得他们绝对会火。我不仅想签下他们，还要确保他们有经纪人，有不断巡演和专业发展的计划，就像我们所有的新浪潮乐队那样。当我们坐下来商议合同时，我把他们介绍给了加里·库弗斯特，但是他调过头做了什么？在 B-52's 和我公司的高层商讨合作条件期间，加里屈服于莫的压力——莫想直接把 B-52's 签到华纳兄弟唱片旗下。

显而易见，加里想安排区域代理权的分割，即塞尔拿到北美版权而小岛唱片拿到英国版权。然而，莫盯着他，问道："为什么你要自找麻烦，加里？塞尔和小岛不管怎样都要通过我们。你也许可以把乐队直接签给我们。"加里已经在管理"传声头像"，他希望让伯班克的所有人都开心，因此莫很容易就得到了他想要的结果。为了公平，加里要求在唱片上印上我们塞尔的标志，这除了想表达他的愧疚之外，还因为众所周知塞尔的标志就是新浪潮音乐品质的保证，圈里人认这个。莫拒绝了这个提议，自己全盘操作 B-52's 的一切。要知道这支乐队是迈克尔·罗森布拉特作为 A&R 的第一个发现，而且莫还是迈克尔父亲的老朋友，莫的这种做法真够卑鄙的。

B-52's 的传奇叫人眼界大开。官方的说法是，莫手下负责签合同的戴维·伯曼（David Berman）被指责"混淆"了某些技术细节，但我从未接受这种说法。我这时才开始理解为什么大西洋唱片的人都觉得莫·奥斯汀是个马基雅维利主义者[1]。其中可能存在着东西部的较量，我们共同的皇帝史蒂夫·罗斯鼓励他所有的军队参与到竞争中来，但是这绝对与你不能跟莫讨论唱片有着某种关系。好吧，你能跟他谈，而且你不得不跟他谈，但是公司缺乏的是那种能把最激烈的竞争对手凝聚在一起的共同的激情。我们中的一些人听着音乐长大，而另一些人只是把音乐当成一种职业。我是说，如果你连自己制作出来的唱片都不听，如果你自己都不是一名歌迷，那么你他妈究竟为了什么去做这个？是为了钱？为了权力？还是为了能和摇滚明星混在一块那种得意和兴奋的感觉？

从文化角度来说，我更亲近艾哈迈德·埃尔特根，他一辈子都痴迷于音乐，对音乐的热情始终像个孩子一样。二十年来，艾哈迈德用他自己的钱从零开始建立了大西洋唱片，并将其打造成最伟大的独立音乐唱片厂牌之一。那对我意味良多。是的，艾哈迈德是土耳其

1　马基雅维利（Machiavelli，一四六九至一五二七年）是意大利政治家和历史学家，以主张为达目的可以不择手段而闻名于世，马基雅维利主义（machiavellianism）也由此成为权术和谋略的代名词。

高级外交官的儿子，他也知道如何跟莫一样挥舞着一把利刃、耍着阴谋诡计玩转董事会政治。区别在于，艾哈迈德总是试图打破华纳传媒集团里那些僵化的条条框框。他把史蒂夫·罗斯引诱到演出上，自己会客串一把风格夸张的演出主持人。他借来私人飞机，举办疯狂的派对——通常是在他热情的妻子米卡的帮助下。艾哈迈德与他的兄弟内苏希一起，说服史蒂夫·罗斯组建了辉煌的足球俱乐部——纽约宇宙队，它给美国带来了球王贝利和贝肯鲍尔，而且把足球变成一项全国性的运动。我羡慕艾哈迈德的态度。他玩得尽兴，各种角色扮演起来游刃有余。但莫只会拍公司高层的马屁，他对学习华尔街的那些套路更有兴趣，然后把摇滚乐变成一桩大买卖。

那我更希望跟大西洋唱片而非华纳"上床"吗？是，也不是。埃尔特根兄弟本身就与英国和欧洲的音乐人有着长期牢固的关系，因此我觉得我对华纳兄弟唱片来说更有价值。此外，在那个时代，华纳兄弟唱片也是整个华纳集团里最火的公司，里面卧虎藏龙，而他们中的大多数人都真正信赖塞尔唱片。

每隔几个月，我就得飞到洛杉矶与莫会面，汇报我的生意进展，一般是关于签乐队所需的钱或者乐队需要的市场运作资金。我们通常在布伦特伍德一家很棒的叫"佩波内"的意大利餐厅吃午饭或晚饭，这里离他家很近。偶尔，我们也会在贝弗利山庄酒店碰头，这里基本上算是好莱坞的交易大厅，也是唱片业常见的会面地点。我不会忘记第一次和莫在这里吃早餐的情景。此前我作为游客来过贝弗利山庄酒店很多次，但当我作为华纳家族的一员再次来到这里，感觉一切都不一样了。

在那个美丽的清晨，我把租来的汽车停靠在路边，漫步穿过粉色大厅，走到外面的露台上，用藤蔓包裹的格栅覆盖了整个餐馆区域，从这里可以俯瞰游泳池和花园。莫已经到了，他坐在最里面的餐桌旁，还是那个戴着大眼镜的小个子男人。

"西摩！"莫站起来说道，"见到你太好了！旅途还顺利吧？"

"非常好！"我回答道，这里是好莱坞，你抑郁也好便秘也罢，这里可不是你说这些真话的地方。在家乡，我们纽约人会嘲笑加州这种笑眯眯的虚伪做派；但在这里，你会融入其中，迅速变成他们中的一分子。你甚至开始怀疑他们是否真的比我们更快乐。

"我很高兴我们能面对面讨论一些事情，"他说道，"请坐，我早餐时间都留给你了。"

从黎明开始，我一直躲在酒店房间里，一杯接一杯地喝咖啡，状态不好，不适合进入拳击场跟莫搏斗。在那种情况下，如果你不点些食物，那么简短的谈话可能让人觉得难堪。谈判桌上需要一种希望即将来临的感觉。刀叉和牙齿，所有东西都需要被分配到平静的、令人满意的用途上。

"不好意思，"我对女服务员说，"我能来一份奶酪煎蛋卷吗？"我把一份没打开的菜单递给她。

"我来一份水果沙拉。"莫跟着说。

这就是典型的莫·奥斯汀。他把你拖到加利福尼亚吃一顿幸福的家庭早餐，但是他点的东西就像他已经在家吃过了一样。我俩聊了聊我搭乘的飞机、我住的酒店、天气、我的女儿们、他的妻子，但他就是闭口不谈音乐，谢天谢地，这段边聊边等的时间还不算太长，食物终于端上来了。

"奶酪煎蛋卷味道怎么样？"他貌似关心地问道。

"不错……听着，莫，为什么华纳拨款这么难？每次当我想跟谁签约的时候，你们的人总是拿条条框框来绑住我的手脚。"

"真的？他们是这么做的吗？"

"是的，他们是这么做的。"

无论何时，只要莫想表现出震惊和诧异但又不想表达意见，他就会使出这种沉默地摇摇头的鬼把戏。我知道是他精心设置了所有复杂的手续流程作为控制手段。我也知道我在伯班克里的名声——"你见一回西摩·斯坦，你的钱就少一堆！"对于莫和他的那些董事、经理来说，我是一个来自布鲁克林的、专门签便宜乐队的唱片人。是的，我选择了低成本的经营方式，并且很乐意通过口口相传的方式推介一支新乐队以获得一点利润，并且我有时间、信念和耐心，在他们发行第二张、第三张甚至是第四张专辑的时候让他们火起来。对我来说，这才是作为独立音乐厂牌应该做的事。他们应该知道那才是买入塞尔唱片所得到的音乐厂牌及其内在哲学。我仰慕的那些唱片人，例如悉德·内森、切斯兄弟、大西洋唱片的艾哈迈德和杰里，都是这么做的。当你用自己的钱去赌的时候，那绝对不一样，请相信我。

在我说话的时候，我注意到莫似乎被我身后的什么事情分散了注意力。我转过头来，看到克莱夫·戴维斯坐在另外一张桌子上，一个人吃着东西。我对克莱夫非常尊敬。我认识的律师中没有其他人能像他那样成功地转变为音乐人。说到律师，保罗·马歇尔（Paul Marshall）是我最尊敬的律师，因为他了解唱片业的内部运作机制和音乐人的个性，而且他一直对整个世界正在发生的事情保持关注。在当时，我就很清楚地知道，克莱夫有着极好的耳朵，进入 A&R 领域是他做出的正确选择。尽管如此，虽然我很尊敬他，但当时是七十年代末期，他过得并不容易。他的阿里斯塔音乐厂牌几乎倒闭，贝塔斯曼（BMG）公司的子公司之一 —— 德国独立大唱片公司阿里奥拉做出了明智的决策，出手拯救了他。

"你知道他让德国人一个月损失了一百万美元吗？"莫幸灾乐祸地说。在我生长的地方，人们的经济问题从不会被嘲笑，我心不在焉地听着莫的闲言碎语，直到他突然冒出一个在那个时代许多人都在问的问题："你真觉得他是同性恋吗？"

"就我目前所知，他是的。"我谨慎地说。

"好吧，我不明白。有几次，出差去开会的时候，我们俩都泡到了几个妞。我觉得那可能是克莱夫的主意。不管怎样，西摩，我想去邀请他跟咱们聊一会儿，你不介意吧？"

"可以，莫，我没问题。"

当莫慢悠悠地晃过去，克莱夫的面孔亮了起来。莫用一只手拍拍克莱夫的后背，另一只手朝着我们的桌子做欢迎状，这是出自电视连续剧《草原小屋》里的一种亲切的手势。我站起来迎接克莱夫 —— 我们的关系还没有发展到可以来个超出正常礼节的手势。一落座，谈话就直接进入到接下来的零售旺季上来。莫问克莱夫为接下来的秋季安排了什么新唱片。

"我安排了一些有实力的新唱片，我就指望它们了。"

"你有巴里·马尼洛的新作品吗？"莫问道。

"很不幸，没有。"

"那巴里·马尼洛的热门歌曲集怎么样？"我天真地建议道，然后看到克莱夫的脸色变得铁青。

"我不能那样做！"他立刻回答道。

"是合同条款里不能这么做吗？"莫问道。

"哦，不，不是。"克莱夫毕竟曾是一名顶级律师，他皮笑肉不笑地说，"跟私事有关。"

"怎么会这样？"莫问道。

"巴里是一个了不起的人，但是他极其敏感。我知道热门歌曲集至少可以成为白金唱片，但是作为我个人，不能对他那么做。"

我看到莫的目光。他和我一样迷惑。"我不理解你的意思。"莫逼问道。

克莱夫深深吸了一口气，好像他正准备卸下某种沉重的负担。"因为是我选出了他所有的热门歌曲。是我确定了那些歌曲。如果巴里看到《巴里·马尼洛的热门歌曲集》的字样印在唱片封面上，那可能会让他感到尴尬。因为他和我都知道专辑应该叫《克莱夫·戴维斯热门歌曲集》。"

我必须承认，我无法相信我所听到的这一切。我左腿肌肉痉挛，在桌子下面踢了莫一脚。即使在"XXL"是自尊心常规尺寸的唱片业里，克莱夫·戴维斯的自尊心也是出了名的。但后来经过证实，克莱夫最大的天赋就是选歌，他在这方面做得非常出色，不仅仅是为巴里，也为他在漫长的职业生涯中共事过的许多艺人选歌。

终于，克莱夫回房间打电话，他的身影消失在我们面前。莫卷起裤腿给我看他小腿上的瘀伤。"看看你给我踢成什么样了！"

莫大笑着，不得不承认，我也轻笑了一下。在贝弗利山庄那美好的一刻，我知道我能坐在这个大男孩的桌旁是多么幸运。

就在此刻，莫出招了。他签完了账单，然后用只有老板才有的那种眼神看着我。"西摩，回到咱们的事上，无论什么时候，如果你跟我手下的任何人之间有什么问题，请直接打电话给我，好吗？我会尽全力处理好。"

这就是我在新的"寄养家庭"里的生活。你打电话给莫反映问题，所以他邀请你到这里，你来了，他告诉你下一次你有问题的时候再打电话给他。莫·奥斯汀非常圆滑。这家伙可以在悬崖边和一群狂暴的狼甜言蜜语，而狼群听了他的话会摇着尾巴跳下悬崖。

我猜，就像拿破仑一样，莫发现获得胜利的秘诀通常是选择一个对自己有利的战场。如果你有很好的理由对一件事生气，他总是邀请你到一个高档的、开放的、同时属于他自己的地盘上。我住过很多漂亮的酒店。我最喜欢的是巴黎和戛纳的宫殿般的酒店，它们的档次也许比贝弗利山庄还要高，但是一个从小伴随着经典电影长大的、感性的布鲁克林男孩绝不会在好莱坞酒店前的草坪上大发雷霆。天哪，没准保罗·纽曼可能会突然出现。

世事变迁。我那时已经三十六岁，正在生命的山顶上，从这里往下看，会看到皮带扣上方鼓起的大肚子。除此之外，同样鼓起来的还有我的钱包，更何况我从家人那里时不时听到关于他们健康状况下降的消息。这一切让我开始以跟以前完全不同的方式来看待我自己的生活。不论我在这个星球上还想做什么事，我最好不要再浪费任何时间了。成功就是这样，你获得了你一直想要的成功，然后意识到原本在优先次序列表中排得靠后的其他东西也许比成功本身更重要。甚至对我这种血管里流淌着虫胶的鲨鱼来说，也无法一天二十四小时都和唱片吃睡在一起，尤其是下午，我发现那是我一个工作日中最昏昏沉沉的时间。起初我并没有意识到这一点，于是我开始沉迷于一种新的事物，特别是在我频繁访问伦敦的旅程中。

从我赚到第一笔钱开始，我就一直在挑选古玩。起初主要是中国古玩、象牙、根付[1]以及清代瓷器，所有相关的知识都是从悉德·内森那里学来的。我一直喜欢粤菜和川菜，总感觉自己与东方有着个人关系。从我还是个少年的时候起，中国瓷器的精美就把我吸引进想象中的丝绸之路，但直到我在伦敦发现诸如苏富比、佳士得以及菲利普斯这样的拍卖行，我的好奇心才成为一种满腔热情。

就像大多数情况一样，这一切都是从一系列偶然事件开始的。在伦敦，有一位自二十世纪六十年代起就一直与我保持商业合作的英国高管，他的名字叫罗兰·伦尼（Roland Rennie），是一位天才的唱片业高管，可惜此时已经渐渐迷失了方向。六十年代我第一次遇到他时，他还相当正常。那时候，他几乎是凭着一己之力带领宝丽多唱片这艘巨轮从老派的过去驶入了令人兴奋的六十年代。他的伦敦办公室诞生过太多的热门歌曲，包括"谁人"、"比吉斯"、"精华"、吉米·亨德里克斯和其他艺人，他的德国老板们总是飞到伦敦来庆祝。他们的午宴总是很荒唐，喝到尽兴处会拍大腿，而且总是希望每个人

1　根付，又称根附，日本江户时代流行的一种系于和服腰带上的饰物，可用作烟袋、钱夹等。

都喝到吐 —— 这是一种连英国人都会觉得讨厌的德国佬习俗。一路走来，所有的胜利都归功于罗兰。他不得不接受公司的安排在内部轮换岗位，他先去了留声机唱片公司，在那里他获得了成功，而且培养了奈杰尔·格兰奇，也就是现在的环球唱片掌门人卢西恩·格兰奇的哥哥。奈杰尔从普通员工做起，最终成为唱片业顶级 A&R 人，创办了自己的合资厂牌舰旗（Ensign）。最后罗兰掌管了当时的音乐词曲版权管理部门 —— 查普尔音乐（Chappell Music）。

一路走来，罗兰渐渐失去了他的运气，但他仍然精神焕发，保留着一副好耳朵。他似乎也很信赖我的鉴赏力，所以无论何时，当我发现了特别的人才又需要现金的时候，比如"雷蒙斯"刚刚出道时，我就会拜访他的办公室，为他提供词曲版权代理权交易的机会，而我通常能带着一张支票离开。我这样做过无数次，我甚至会在去他办公室的路上哼着小曲儿。我把"迪克西杯"演唱组的经典歌词中的一句改了一个词，"去查普尔，我们就要有钱了"[1]，因此每次我只要一到查普尔音乐办公室就觉得精力集中、神清气爽。唯一的问题是，罗兰从不准时，所以我经常在接待室里等着他回来。附近就是新邦德街，为了避免我坐在那里让他的秘书觉得尴尬，于是我开始到苏富比去看拍卖打发时间。

我发现苏富比拍卖很令人着迷。所有古怪的老年人都在研究漂亮的古玩。然而，我发现真正令人激动不已的是拍卖会。我很久都不敢买任何东西，甚至连口都不敢开，但是我开始阅读相关书籍和从专业

---

1 "迪克西杯"的歌曲《爱的教堂》中有一句"去教堂，我们就要结婚了"（Going to the chapel and we're gonna get married）。斯坦把"chapel"替换成"chappell"。

古玩商那里得来的藏品目录，虽然我在纽约也去过拍卖会，但从来没有像在伦敦时那样有热情和决心。

还有伦敦的波托贝罗市集[1]，我最喜欢的莫过于在一个星期六的清晨去那里闲逛，在人群到来之前翻遍那些高级的"破烂儿"。在早上晚些时候或下午早些时候，我通常会步行去"粗野交易"唱片店，去看看有什么新发现。古玩就像是唱片的天生伙伴，你必须学习它们的流派、与经销商碰面、发现细节、估算出价值，以及最重要的——找到珍宝。我知道我擅长把歌曲变成现金，而现在，我找到了一个把现金变回艺术的办法。如果你真的聪明，古玩甚至可以提供最好的利率，当然，当你醒来看到身边环绕着这些精美的物品时，你肯定会觉得这种生活比在墙上贴满银行对账单的生活美好得多。

长期以来我一直都是一个亲英派，但到了七十年代末期，伦敦业已变成另一个我自己。我在格洛斯特广场的公寓已经不仅仅是我的第二住所了，它给我一种真正的家的感觉，里面摆满了我大多数最漂亮的古玩。我签了如此多的英国乐队，还在伦敦度过了那么多时间，我自己的家人也开始拿我过去十年演变出的"布鲁克林－英伦腔"开玩笑。任何在外国城市待过一段时间的人都会告诉你，你必须得适应。旅行的秘密就是把自己融入周围的环境，就像野生动物摄影师一样。因为，请相信我，如果你在伦敦这种旧世界的首都里还操着原生的、未经处理的布鲁克林腔，你可能就像从下水道里蹦出来的兔八哥一样，问一句："出什么事了，伙计？"

---

[1] 伦敦最有名的市集之一，以销售古董和古代服饰闻名。

在纽约，我总是缺席 —— 要么在外商务旅行，要么耗在办公室，要么是在巡演途中，但是直到一九七八年底，我才算是真正搬出了中央公园西区。因为我总是在各地行走，我知道琳达认为我在试图与她保持距离，实际上也的确如此。只是这更多地是为了我自己。当我们尝试去欺骗时，我们编织了一张多么错综复杂的网啊！我一直在对自己撒谎。我是同性恋。不是双性恋，不是搞不清楚自己的性取向，就是同性恋。而且我知道我再也不能继续这种斯坦夫妇的伪装了。任何时候，只要我一踏进中央公园西区公寓的门，我就感到紧张和焦虑，就像"传声头像"歌中的角色一样。这并不代表我不爱我的家庭。我很爱我的女儿们，而且对琳达仍然有一种奇怪的忠诚和情谊。让我心烦意乱的是，是我自己造成了这种困惑，伤害了我们所有人。所有他们想要的，无非是让我成为一名普通的丈夫和父亲。我能在她们的眼中看出：你怎么就不能是个正常人呢？

你可以一直逃避，但是真相迟早会暴露。七十年代末正是同性恋文化从"被容忍"到变得"很时髦"的时期。感谢迪斯科音乐，因为异性恋也沉迷于此，而人们戏称这种行为是"三角恋"，因为你愿意尝试一切事情[1]。我和琳达在"五十四俱乐部"[2]里度过了无数狂野的夜晚，老实说，她"嗑"的药比我多。事实证明，舞池里那些扭动着、咆哮着、半裸着的人，都得到了代金券，以娱乐那些坐在包厢里为高价香槟买单的中年发福的白痴贵宾。这些都是无伤大雅的乐子，但是如果

1　这是一句双关语。英文中的"trisexuality"是"三角恋"的意思，其中前缀"tri-"既表示"三人的、三角的"，也与英文单词"try"（尝试）同音。
2　二十世纪七十年代后期美国纽约著名的夜店。

你看看周围，还有许多真正疯狂的事情正在上演。俱乐部里总有一些身材魁梧的冰球运动员，他们并不是同性恋，但他们被尊崇为阳刚之美的象征，他们会让流着口水的变装皇后们在桌子底下为他们口交来换取可卡因。

而有一天下午，我们婚姻中的"疯狂"敲开了房间的大门。当时琳达急匆匆出门去赶飞机，这是她唯一一次把我一个人留在中央公园的公寓里。她拖着行李出门后没几分钟，门铃响了。我以为是琳达忘带了什么东西，但不是琳达。除了迪·迪·雷蒙外，门口没别的人——我还以为是某个邻居偶尔经过我家打个招呼。但是迪·迪是我最意想不到此时会出现在我家门口的人。我这才知道他一直藏在街角，直到看见琳达上了出租车。毕竟琳达是他的经纪人。他当然可能知道她什么时候，因为什么事，搭乘哪一个航班，飞往哪里。

他带着下流、淫荡的表情出现在门口，我几乎不敢相信这是他。他走进门厅，然后慢慢从烟盒里抽出一支烟。就像二十世纪五十年代电影里的女神一样，他把烟慢慢地放进微噘的嘴唇，把脖子朝前伸过来，示意我为他点烟。这让我感到尴尬，但我还是从客厅茶几上拿起打火机给他点上烟。他深吸一口烟，轻轻将第一口烟雾喷到我的脸上。然后他越过我，直接走进我与琳达分享了短暂而混乱的婚姻的卧室。在我见过的最不可思议的脱衣舞中，迪·迪脱掉他标志性的"雷蒙斯"制服。首先是小T恤，然后是运动鞋和碎布牛仔裤。最后他赤身裸体地躺在床上，就像文艺复兴时期绘画中的某个阉人。他的眼神和肢体语言说明了一切："你想怎么干我都行。我是你的婊子。"

我知道迪·迪有个漫长的关于吸毒和犯罪的故事。他比我们中的任何人都更疯狂，而现在，他已经到了无法回头的那个点，根本不会在乎任何人的想法。我听说他兼职当过男妓，但我不是太相信这传闻。我见过他所有的女朋友，我以为我了解迪·迪。我看过上百次他的舞台演出，弹着贝斯，像一个优秀的小雷蒙。让我感到不舒服的，不是我恰好是他的唱片公司老板，而是我没法接受他怎么变得这么"娘里娘气"。我喜欢我的男人有男子气概。对于男妓来说，迪·迪的功夫显然不比在公厕卖淫的娼妓高多少。如果他只是好好地做他自己，他可能已经得到了他一直在寻找的东西，我只能猜测他是为了钱。

"等一下，我去给咱们倒杯酒。"我告诉他说，然后冲进厨房，想着这下我他妈的该怎么办。在搅动冰块发出声响的同时，我拿起电话，拨了一个能让电话回拨过来的特殊号码。我把听筒轻轻放回底座，让公寓里的每一部电话都响了起来。我跑进客厅，让迪·迪能听到我穿过卧室。"什么？"我对已挂线的电话喊道，"不，我没看到有什么雾……好吧，这儿没有。"这是我有过的最好的表演。"哦，好的，一会儿见。"说着我挂掉电话。我看上去很惊慌，我告诉迪·迪因为大雾的原因机场停运了，所以琳达在折回来的路上。他只得穿上衣服离开。

一个善意的谎言让我摆脱了窘境。他可能意识到自己被耍了，因为他再也没试过那一招。迪·迪并不是那种会把时间浪费在后悔或者羞耻上的人。至于我，我的小秘密显然不再是个秘密，而且我甚至开始不在乎让每个人知道我是同性恋。正如我即将发现的那样，关于被压抑的性取向，引诱你出柜的并不一定是肉欲，而是另一种更强烈的欲望。

这个人呢，是我们在纽约的一位朋友——我不会告诉你细

节 —— 但是我开始在一家酒店跟他上床。和他在一起不仅让我经历了最强有力的性爱，而且我深深爱着这个男人，那种爱从未离开过我。我不知道琳达是怎么发现这件事的，但是当她发现的时候，她就像一只逮到老鼠的猫。她不会像个失败者那样呜呜喊着"你怎么敢对我老公做那种事"，这可不是琳达的风格。不，她会把他引诱到另外一家酒店，并且提出苛刻要求。"如果你不立刻跟我上床，"她轻声说，"我会让整个纽约都知道你是同性恋。"我可怜的情人照她说的做了，直到她的外遇事件盖过了我的外遇事件。然后，琳达当然会扭转枪口。"你知道我操了谁吗？西摩？"

"什么？"

"你听好了。我给你一个猜的机会。现在你觉得他会是谁，西摩？只有一次机会哦。"

我不知道你有没有遇到过这种情况，就算琳达是出于嫉妒得发疯才这么干，这应该也是精神错乱。这甚至不是那种三人分享性关系的情况，因为那意味着一种家庭化的三方协议。我怀疑也许克格勃对此有专业的称谓。它是如此疯狂，近乎滑稽，我们好容易才死里逃生，这可能一直以来就是琳达的策略，要扳回一局，要把她所受的伤害变成一次突然袭击，瞬间将我击倒。这可能奏效了。问题是，我坠入了爱河。那个应该继续保持匿名的男人是我一生的爱。这个荒唐的经历让他震惊，他受到了很深的伤害，好几个月都不肯和我说话。他难以恢复他对一个男人的感觉，更不用说琳达以性报复的方式欺凌他所带来的羞辱了。

我不认为自己是婚姻专家，但是我的确知道已婚夫妇几乎能够战胜所有考验，包括丢脸的事。婚外情，如果只关乎性，家里一定会鸡飞狗跳，但有一件事会不可逆转地颠覆婚姻，那就是丈夫或妻子爱上了一个外人。那是棋盘上将军的一步。看到我对失去这个男人感到多么伤心，琳达陷入了痛苦的自怜和苦闷之中。

她到了几近失控的状态，打电话给我七十三岁的母亲，抱怨我和一个男人鬼混。幸亏琳达语无伦次，而我的母亲又很天真并且听力很差，她什么也没听懂。琳达总抱怨是我母亲把我变成了同性恋。显然，我被惯坏了，被宠成了妈妈的小男孩。我们又回到了梅布尔的"犹太佬"理论：这都是多拉的错，没有把我培养成一个真正的男人。尽管琳达脾气不好，但我还是认为她非常聪明，她并不是真的相信这种胡说八道的理论。她只是想在我心上捅一刀，这是被伤了心的人的常规做法。把这件事告诉我亲爱的老母亲，当然是战争的终极行动，一如按下核武器的启动按钮。

当夫妻战争变成经济战的时候，婚姻就走向了终结。我知道我们分开生活多花了我很多钱，但我一直选择忽略这个问题，并把它丢给塞尔唱片走廊那头一个名叫勒奈特的犹太中年女会计。只要可能，我都会尽量远离所有混乱，但我最终面对的是一大堆留在我桌上的银行账单。琳达不单单是爱花钱，而是她越恨我，花起钱来就越像一位沙特公主。我是说，这是一种不负责任的病态消费，好像美元是从塞尔唱片地板上长出来的魔豆藤上摘下来一样。她该死的以为她是谁？我怒气冲冲地回到家里，发现她坐在马桶上，我把银行账单狠狠地摔在她脸上，她摔倒在地板上，脚踝缠着内裤。她看起来吓坏了，而我开始摔起浴室里所有能摔的东西。

　　我失去了理智，完全失去了控制，让我几乎想伤害我自己。肮脏的、压抑了多年的性生活，我爱的男人不愿跟我说话，可卡因、时差、对我自己所做的一切的憎恨，我现在要付的钱、我将要付的钱，所有这一切让我爆发出无法控制的愤怒。我们以前曾互扇耳光，但通常都是她扔烟灰缸或打我的脸。琳达是个强悍的战士，她不仅吓到过我，而且我知道丹尼·菲尔兹也被她扔出的重物砸到。然而这一次，我的男性身体优势以一种至今仍让我感到羞愧的方式表现出来。如果生活中有两件事你会后悔——为了钱吵架和打女人，那么在纽约那个对未来有重大影响的下午，这两项罪名我全部承认。

　　当然，这不是我们第一次为钱而吵架。我们有过上百次争执。"你这卑鄙的杂种！"任何一次我向她抱怨她的开销，总会得到这样的回答。她是半开玩笑的，但另一半绝对是认真的，因为漫画书上布朗克斯犹太暴发户的所有典型缺点，琳达都有。我总是睁一只眼闭一只眼，因为在内心深处，我一直为琳达所有的不安全感而怀有歉意。当时，琳达不知道财富是怎样来的，也不知道要怎样极其谨慎地对待金钱。她和我结婚的七年里，难道她只是一个社会活动家？并不仅仅是她，所有曾经指责我是小气鬼的人都一样。在如何享受财富方面，没有人比一个穷人乍富的享乐主义者更擅长了。

　　我知道金钱的真实价值，因为经历过经济大萧条和"二战"的前辈，也就是打败希特勒并重新建立起唱片业的那一代人，是他们领我进入这一行的。他们从不会把辛苦赚来的钱浪费在圣罗兰或者奢侈的洗发水上。他们会投资商业和房地产。没有什么能比毫不费力得来的钱或者不良嗜好更快地摧毁一个人。我上次见到乔治·戈德纳时，他乞求我给他一万美元帮助他的孩子读大学。我就像个傻瓜一样给了他，然后听说他把那钱在赌马上输得精光。接下来我知道的就是他在《纽约时报》上的讣告。不良嗜好有着很多面具，自从我认识琳达，她就从一个努力工作的教师变成了离不开我的信用卡且沉迷于交际的社交名媛。

她哭着去见丹尼·菲尔兹，告诉他我为了一瓶昂贵的洗发水而发疯。也许她希望事情看起来像她描述的那样。而真相是，我是为多年来不正常的家庭状况和她所花的数以万计的美元而发疯。孩子们从没在家里吃过饭，每天晚上琳达都把她们打发到餐馆吃饭。可能当时我真的把一瓶洗发水砸向了浴室镜子，但那不是重点，重点是，琳达才是让我发疯的人。也可能是我一开始就疯了。也可能是我真的毁了她的生活。谁知道呢？谁还在乎呢？这些必须停止，这些必须改变。我们必须离婚。我们以此相互威胁了那么多次，但是现在，屋子里的灯光闪烁着，仿佛预示着打烊的时间终于到了。别再纠结了，散场了，取走衣帽间的衣服，招呼两辆出租车，请吧。

我们甚至不再出于萨曼莎和曼迪的原因而待在一起了。每天早晨，当我们的保姆特蕾莎把孩子们送到学校后，不管我在不在家，我们的卧室门都会被关上，当然通常我不在家。在"雷蒙斯"巡演的那段时间，琳达甚至也连续几个星期不在家。不过这跟她待在家里看电视也没什么两样——她总是抽着大麻，抿着伏特加，很晚才上床睡觉，接下来的几个小时都恍恍惚惚。当姑娘们从学校回来，她已经离开，要么是在工作，要么就是过灯红酒绿的生活去了。至于我呢？我更糟糕，至少琳达还管着保姆们。正如萨曼莎和曼迪多年后告诉我的那样，我存在的唯一征兆就是她们放学回家后发现厨房餐桌上我的咖啡杯留下的那个完美的褐色圆圈。那就像一个只有她们能认出的光环，证明她们难得一见的父亲回到纽约了。

在苦涩的终点，我接到了一个电话，是唱片业最伟大的律师保罗·马歇尔打来的。作为律师，他是一位老派绅士，自从二十世纪五十年代末以来，曾目睹过不计其数相互破坏的法庭争斗，他认识这个行业里的每一个人，而且总是试着以人道的方式解决纷争。"你妻子刚来见过我，"他说道，"她想聘请我作为她的离婚律师。别担心，西摩，我从没处理过这种案子，不管怎样，我不会接手离婚案子。不过，我给她介绍了一个真正擅长离婚案子的律师，他做这一行很多年，现在该有八十岁了吧。他很强硬，但他会希望尽快结案。听着，西摩，我在乎你，我知道这会对你的生意产生多大的影响，我也知道生意对你来说多么重要。所以，仔细听我说。他会这么做：他的妻子是一位婚姻咨询师，他会让你和琳达先去见他妻子。我相信咨询是不能解决问题的，但是这会让他和他的妻子高兴。如果你能给你自己找一个好律师，他除了尽可能公平地达成协议，别无他法。"

一切都如保罗·马歇尔预料的那样。在经过几次咨询后，我和琳达开始安静地讨论今后她一个人怎么生存。我会把科尼尔沃思的公寓留给她并且承担孩子们的抚养费，但为了让她自己赚点钱，也把我们共同的商业利益分开，她会与丹尼·菲尔兹一起开一家经纪公司。我知道，我的员工无法忍受琳达来到塞尔对每个人的咆哮。曾经有一次，她要求公司所有人为我们其中一个女儿做生日聚会请帖。更大的问题是她的电话折磨，如果我不想接她没完没了的电话，她会给每一个员工打电话进行恐吓，直到他们求我跟她见面。这些缠绕在一起的纷乱必须被解决，每个人该承担的角色也必须被清晰界定。就这样，琳达和丹尼在五十七大街找到一间办公室，成立了他们的经纪公司——椰子（Coconut）。大多数离婚的人都会为孩子们而战，我们则分享了"雷蒙斯"的监护权。

在把零零散散的事情分清楚后，我们都感到既悲伤又轻松，因为一旦我们按照计划进行，我们相处得也还好。在签署离婚协议的那天，琳达坚持要开一瓶香槟。我们举起半满的酒杯向未来致意，祝彼此好运。这不是说我们感到快乐，我能想到的都是我们曾在一起度过的那些更美好的时光。特别是对琳达，让习惯了奢华生活的她去适应没什么钱的生活并不容易。潜意识里，我想我们都知道，我们会以一种超越以女儿为纽带的方式相伴一生。不管我作为丈夫和父亲表现有多么糟糕，我都真心希望琳达过得好，我想她在内心深处仍然仰慕我作为冒险家的那一面。我知道我们一开始就不应该结婚，但是我们都不后悔。有多少离婚的男女能直视对方，坦诚地说出这句话？

我们在一起的七年曾是一个战争地带。当我们并肩对外战斗时，我们总是会取胜；当我们没有共同敌人时，我们就相互争斗。很多次我溜出去看"雷蒙斯""理查德·赫尔"或者"死男孩"的演出，就是为了远离琳达张扬的个性，好让自己得到片刻安宁。我对上帝发誓，在"麦克斯的堪萨斯城"俱乐部或者CBGB俱乐部一个人站着，看着身边的人们跳来跳去、相互吐着口水，在震耳欲聋的失真音乐声中，对我来说是一种纯粹的解脱。没关系，生活不是一张玫瑰花床，不会总是一帆风顺。我们都知道这一点。我们将一如既往地奋勇前进。

Chapter 6
这不是派对

总有那么一首歌是你生命中每一个篇章的写照，对于琳达，我们夫妻关系的结束对应的是格洛丽亚·盖纳（Gloria Gaynor）的《我会活下去》（I Will Survive），她一遍又一遍地播放这首歌，好像那是她私下里为我写的歌。然而实际情况是，整个派对圈子都难以为继。

根据唱片业的普遍观点，据说是"迪斯科毁灭之夜"为迪斯科签署了死亡证明。那是一九七九年夏天在芝加哥发生的一起事件，由一对极其憎恨迪斯科的摇滚电台主持人发起，他们煽动棒球迷们在芝加哥白袜队和底特律老虎队比赛前焚烧迪斯科唱片。数千人聚集在体育场上，引发了一场由虚荣演变而成的暴乱狂欢。

尽管我喜欢好故事，但这真的只是从一开始就被夸大的次要新闻。我是说真的，除了把我们"一经售出，概不负责"的劣质唱片卖给他们以外，唱片业什么时候关心起那些中西部的基督教摇滚青年来了？还记得二十世纪六十年代中期，约翰·列侬说过的"'披头士'现在比耶稣还受欢迎"吗？在全国范围内，比这次焚烧迪斯科唱片事件多得多的人，在各种奇怪的场合烧毁"披头士"的唱片。但这并没有妨碍一船船运来的"披头士"唱片一售而空。结果就是，这更强化了他们的形象。

　　迪斯科死了，但它在死的地方又转世了，就在纽约城的夜店里。"五十四俱乐部"就是唱片业大佬、迪斯科明星、以及《公告牌》排行榜榜单操纵高手比尔·沃德洛聚会的地方。所以，当警察们在一九七八年十二月突袭"五十四俱乐部"，并以偷税漏税的名义将其老板绳之以法的时候，派对已经结束了。你一定会对史蒂夫·鲁贝尔（Steve Rubell）和伊恩·施拉格（Ian Schrager）[1]的锒铛入狱感到格外惋惜。我唯一能假设的是，因为他们曾拒绝让某个市长的妻子或者警察局长的情妇进夜店大门。

　　不过，可能那也没什么关系，因为到那个时候，像杰里·霍尔（Jerry Hall）[2]这样的名模们已经厌倦了站在寒冷中准备冲进夜店。摇滚明星大部队已经转移到位于七十二大街和哥伦布大道交会处一个更摇滚的地方"特拉克斯"。与此同时，所有创意性的能量都在让闹市区升温，更年轻的艺术群体都住在那里。CBGB俱乐部依然红火，我一直都对它很忠诚，但在那些新场地里，我最喜欢的是"泥泞俱乐部"，这家店于一九七八年在翠贝卡区的白街上开张。它是一家酒吧，里面有舞台供乐队演出，楼上有一间开派对用的DJ室，以及一间展览用的画廊。曾有一段时间，"泥泞俱乐部"正是偶遇安迪·沃霍尔、艾伦·金斯伯格、克劳斯·诺米（Klaus Nomi）[3]、卢·里德、大卫·鲍伊和艺术世界里其他超级英雄的地方。

　　位于六十二大街西三十六号的是一九七六年开张的"乌拉"，它

1　这两人是"五十四俱乐部"的老板。
2　美国名模，与很多摇滚明星有过恋情。
3　德国假声男高音歌唱家，一九七二年移居纽约。

是第一家使用巨型银幕播放影像的俱乐部，远远早于 MTV[1]。不过，最大的场地是位于三十八大街上的"舞－厅"，它有三层楼，一层给乐队做演出，另一层有很大的舞池，而顶层则用来办展览和展示行为艺术。一九七九年"舞－厅"一开张就吸引了更年轻的时尚人群，而它的驻场 DJ 马克·卡明斯（Mark Kamins）很快变成纽约最火的顶级混音高手，他能够创造出不可思议的声响。我快四十岁了，经常旅行，所以我其实很少混夜店了，但是我会去这些场地看看乐队表演，或者只是四处逛逛。影响力来自方方面面，但是很明显，朋克与迪斯科混合到了一起，并且演变成一种新事物。至于那到底是什么，暂时还没有人发明出一个名字。

在我圈子里的所有人中，与闹市区圈子连接最紧密的是"传声头像"。他们如此炙手可热，根本不需要追随任何潮流，因为时尚人群正忙着追随他们。克里斯·弗朗茨和蒂娜·韦茅斯已经搬到长岛，开车到市区只要十五分钟，所以当没有巡演的时候，他们会整夜辗转于这些地方，混迹于各个派对，看乐队演出，甚至被邀请上 DJ 台——像任何他们那个年纪的音乐家一样胡作非为。当太阳在威廉斯堡大桥上升起的时候，疲惫不堪的克里斯会开车把朋友们送回家，幸好，他们的新本田披露跑车从未撞上清晨的送奶货车。

他们的公寓在一座褐石工厂里，有三千平方英尺的空间，位于弗农大道和第四十四公路转角处。它被改建为若干艺术空间，但保留了直接开在街面上的旧货梯——如果你经常搬运架子鼓和音箱，你就

1　Music Television，也称音乐电视网或全球音乐电视台，是全球最大音乐电视网，成立于一九八一年八月一日。

会懂得这种小小的便利有多么奢侈。它是排练和大型派对的完美据点，他们在这里进行过很多次排练，办了很多派对。他们的朋友包括 B-52's、布赖恩·伊诺、黛比·哈里、西摩·阿维格多（Seymour Avigdor）、新浪潮作曲家阿瑟·拉塞尔（Arthur Russell）、作家阿尔伯特·戈德曼（Albert Goldman）、演员卡伦·艾伦（Karen Allen）、摄影家琳恩·戈德史密斯（Lynn Goldsmith），甚至戴维·李·罗思（David Lee Roth）。"舞－厅"的 DJ 马克·卡明斯经常为他们的派对助兴，他会直接从克里斯和蒂娜收藏的唱片里选出要播放的音乐。

　　他们甚至不需要担心噪音，只需要关心噪音的质量。他们楼上住着小号演奏家唐·彻里（Don Cherry），爵士乐高手，也许是那个时代世界融合音乐的头号先锋。他当时的乐队成员包括塔布拉鼓大师特里洛克·古图（Trilok Gurtu）和来自卢·里德乐队的各路爵士摇滚乐手。有时候当唐·彻里听到克里斯和蒂娜在下午排练的时候，他会带着一种来自马里的弦乐器丹索恩戈尼（donso ngoni）[1]，下楼来加入演奏，奏出灵感源自西非、带有强烈节奏的旋律。甚至连住在楼上的他的孩子们，内内（Neneh）和"鹰眼"（Eagle-Eye），也是初出茅庐的年轻音乐家。住在彻里家对面的是"现代情人"乐队的贝斯手厄尼·布鲁克斯（Ernie Brooks）。他家旁边住着蒂娜的哥哥扬恩（Yann）和他的女朋友朱莉娅·麦克法兰（Julia MacFarlane），他们都是居家办公的先锋派建筑师，为贝聿铭[2]在卢浮宫和其他地方的项目进行设计。

　　所以，"传声头像"选择在克里斯和蒂娜的公寓录制他们的第三

1　非洲马里的传统乐器。

2　美籍华裔建筑师。

张专辑《对音乐的恐惧》（*Fear of Music*），是很有道理的。制作人还是布赖恩·伊诺，他和大卫·鲍伊一起在柏林待了一段时间后，鲍伊搬到了纽约，所以布赖恩现在也在纽约永久定居。他们的计划是在楼下的街头停一辆移动的录音车，把伊诺的设备连接到三楼的音乐家们的乐器上。由于他们听了太多的非洲音乐，所以在那些录音作品中有着大量快节奏的律动，专辑中的有些部分甚至把街头的警笛声和交通噪音也录了进来。像《我，津布拉》（I Zimbra）、《战时生活》（Life During Wartime）和《城市》（Cities）这些歌曲把"舞-厅""乌拉"和"泥泞"等夜店的舞池里沉重的舞步声录了进去。实际上，在专辑录音期间，"传声头像"还在"泥泞俱乐部"的舞台上尝试演出了其中的几首新歌。

我们在一九七九年夏天发行了《对音乐的恐惧》专辑，虽然"传声头像"依然太激进，得不到大唱片公司的宣传，因而无法打进《电台排行榜前四十名》，但专辑在纽约和伦敦得到了众多热情洋溢的评论。从那时起，乐评人开始众口一词地盛赞戴维·伯恩是属于这个时代的一个重要声音了。就音乐本身来说，"传声头像"可能是当时最时尚的音乐，但就连他们自己或是塞尔唱片内部的任何人，此刻都没有完全意识到他们对制作人、夜店 DJ 和其他乐队造成的影响。我想是因为他们太忙碌，没有时间去想这些问题。有些事情是需要多年时间来沉淀的。

在塞尔唱片内部，我得高兴地说，我们正忙着沐浴在最新大火热门歌曲的阳光下，那是 M 乐队的《流行音乐》（Pop Muzik）。这是一张很棒的流行艺术唱片，我在所有美国人听到它之前就在伦敦把它抢到手了。它先在伦敦掀起一股旋风，然后风靡整个欧洲大陆，但没什么能比拿到《公告牌》的《排行榜前一百名》冠军更为成功。那是一九七九年十一月，我们站在世界之巅，俯视迈克尔·杰克逊（Michael Jackson）的《目标不至，努力不止》（Don't Stop 'Til You Get Enough）[1]。当老派迪斯科音乐不再闪耀的时候，新浪潮音乐却依然风头强劲。

我还有一发银弹已经上了膛。用A&R的纯粹术语来说，就是"失之东隅，收之桑榆"。"伪装者"乐队就是一个极好的例子。一九七七年，我在"X世代"（Generation X）乐队的演出上看到一张熟悉的面孔在四处转悠，看上去兴致盎然。他的名字叫戴夫·希尔（Dave Hill），是ABC唱片公司出于短暂尝试而开的伦敦分部锚唱片（Anchor Records）里的A&R。那是一个灾难般的厂牌，因为在开张一年后，锚唱片就被英国音乐圈戏称为"打飞机"（Wanker）唱片[2]。但是因为ABC唱片那时候是我的分销商，所以我选择和戴夫联手，希望能提高把"X世代"收入囊中的机会。这个合作计划是我拿下乐队的北美版权，锚唱片拿下乐队的英国版权。为了争取乐队的认可，我们甚至见到了比利·伊多尔的父母布拉德夫妇。唉，但一切无济于事。蛹唱片赢得了这场竞争，现在回头看，他们的确是做出了正确的选择。特里·埃利斯和克里斯·赖特把"X世代"运作得很好，后来也把比利·伊多尔捧成了国际流行明星。

不久之后，"打飞机唱片"就倒闭了，戴夫·希尔做了大多数失

1　这首歌在当周排行榜上名列第六。

2　Anchor的英语发音与wanker（手淫的人）很相近，因此被英国音乐圈戏谑成"打飞机"。

业的 A&R 人会做的事：开始为他早就看中但却不能签下来的乐队做经纪人。所以一九七八年末，他打电话给我："我在为这支真正伟大的乐队做经纪人。我知道你的品味，你肯定会喜欢他们。主唱实际上是一个美国女孩，名叫克丽茜·海因德（Chrissie Hynde），也许你认识她？她为《新音乐快报》（*New Musical Express*）撰稿。"

"别跟我说她是一名作家，一心想当歌手。"我哈哈大笑。我对作家并不反感，但是在七十年代末期，数量惊人的音乐记者突然想成为朋克明星。对琳达来说，这既是一场持续不断的噩梦，又是一个流传已久的笑话，因为她为了让"雷蒙斯"得到媒体宣传而不得不与所有这些记者成为朋友。于是很不幸，接下来她不得不一直努力抵挡他们的狗屎样带和成名计划。

"不，这个女孩不一样，"戴夫说，他可不傻，"她一直想成为歌手，但是为了继续在英国活下去，她不得不找一份办公室的工作。忘了我说的《新音乐快报》吧。你会喜欢她的，我知道你一定会的。"

"好吧，好吧，我会来看她的。"

一九七九年二月初，我在伦敦西汉普斯特德的"月光俱乐部"里第一次看到她的乐队演出，台下有不到一百名观众。光是这个地点就吸引了我，因为它在铁路酒店的正下方，距离迈克·弗农六十年代带我来过的迪卡唱片公司的录音棚不远，从那里沿街走下来就到了"月光俱乐部"。在六十年代，这家俱乐部是一个经常举办爵士乐和布鲁斯演唱会的地方，叫"克鲁克斯·克利克"（Klooks Kleek），在这里举办过的许多著名演唱会就是把线缆沿街铺进迪卡的录音棚来进行现场录音的。我总是喜欢跟着自己的直觉走，当我一走进这个翻新过的场地，立刻察觉到了即将出现的魔法。果不其然，当"伪装者"出现在舞台时，我完全喜欢上了他们。

我对他们有着一种强烈的自信，而且他们有许多有趣的歌曲让人一听就会喜欢。为了签下他们，我不得不与戴夫·希尔的厂牌做笔交易。他很有先见之明，事先已经成立了自己的小音乐厂牌——真实唱片（Real Records），在把"伪装者"介绍给我之前就签下了这支乐队。签约价格并不便宜，但是就连华纳公司也知道我们注定会制造出热门歌曲，于是没废什么话就把钱拿了出来。

作为一个流落在伦敦的美国人，克丽茜·海因德自然为自己的小小事业突然被来自家乡的主流大唱片公司看中，而且乐队能够借此进军美国市场而感到兴奋。合约刚签下不久后，她就打电话到我格洛斯特广场的公寓，建议我们出去走一走。

"你知道那栋建筑物的屋顶吗？"她指着我旁边的那栋建筑物问我。

"不知道，怎么了？"

"你不知道它吗？哇哦，那是我在伦敦最喜欢的一个地方。"她笑着说，好像这一切都是一个惊人的巧合，"我经常上去。我走进去，从没有人会说什么。走吧，跟着我。你应该看看这个。"她领着我穿过大门，进入电梯。从顶楼出来，我跟着她走上另一段楼梯，这段楼梯通向一座令人赞叹的屋顶花园，那里可以俯瞰伦敦。"我经常来这里思考和创作歌词，"她说，"我太喜欢这个地方了。"

我立刻喜欢上了克丽茜·海因德。她来自俄亥俄州的阿克伦城，作为圈内人见证了伦敦朋克音乐的兴起。她最初为时装设计师薇薇恩·韦斯特伍德工作，薇薇恩是马尔科姆·麦克拉伦的女朋友，也是一家服装店的合伙人，"性手枪"的很多故事就是从那家服装店开始的。在与其他几支乐队一起经历了几次错误的合作之后，她在《新音乐快报》找了一份她从未真正融入进去的工作。最后，克丽茜找到了一位完美的吉他手及合作伙伴詹姆斯·哈尼曼－斯科特（James Honeyman-Scott），他有属于自己的明亮、刺耳的音乐风格。他们形成了强大的二人组，还找到了鼓打得密不透风的鼓手马丁·钱伯斯（Martin Chambers）和击弦很重的贝斯手皮特·法尔登（Pete Farndon）作为可靠后盾。

演唱技巧很强的歌手随处可见，但克丽茜·海因德与生俱来的是独特的嗓音和写歌的天赋。她是一个强势的年轻女性，习惯了靠自己的智慧生存，但她也有着非常敏感多思的一面，我觉得正是这种硬朗与柔美的结合才让她的歌曲具有深度和个人风格。当时，她和"奇想"的主唱，写下《停止你的抽泣》（Stop Your Sobbing）的雷·戴维斯（Ray Davies）坠入爱河，"伪装者"还翻唱过这首歌。然而，塞尔唱片和华纳的所有人都认为显然《口袋里的铜板》（Brass in Pocket）才是乐队应该发行的单曲，所以我们斥巨资给这首歌拍了录影带，这在那个时候是很罕见的，尤其是对未成名的艺人来说。在一九八〇年初，《口袋里的铜板》打入《公告牌》前二十名，这预示着乐队的同名首张专辑必将成功。

这些成绩，都是塞尔唱片首次在主流排行榜上获得的持续成功，看上去我们似乎真正进入了大唱片公司范畴。我们以前也有能力销售时髦的专辑，但是像最近这样一直能有单曲上榜对我们来说还是新鲜事。一九七九年年中，塞尔唱片伦敦办事处在花街开张，也是我们能获得这次丰收的重要原因。考虑到塞尔唱片急需在伦敦有一个实体存在，而且坚信伦敦正在经历一个特别有创造力的时期，我自己出钱买下了这栋楼。我在这里安排的主要负责人是保罗·麦克纳利，另外还雇用了两名忠诚的员工，玛克辛·康罗伊（Maxine Conroy）和杰拉尔丁·奥克利，他们都是我小小英国业务的骨干。我必须得说，跟其体量相比，伦敦办事处真的带来了惊人的业绩。玛克辛虽然是英国人，但她曾在纽约为我工作。有一次她去与我们合资的硬唱片（Stiff Records）公司取"疯狂"乐队的磁带和艺术设计时，遇到了保罗·康罗伊（Paul Conroy）。在他们结婚后，她搬回了伦敦。

新的声音不断从英国的各个角落传来，一个新的音乐流派术语在一九七九产生了。"斯卡"（Ska）是一个古老的牙买加词汇，它之所以能作为新浪潮音乐的一个英国变种突然出现在舞台上，在很大程度上要归功于独立音乐厂牌双音唱片（2 Tone Records）。它由来自考文垂的"特殊人士"（the Specials）乐队的钢琴手和创作者杰里·达默斯（Jerry Dammers）创办。他们通过自家的厂牌双音唱片发行了"特殊人士"的专辑，并且迅速地签下"疯狂"、"选择者"（the Selecter）和"节拍"（the Beat）等乐队。这些乐队的成员才华横溢，既擅长创作又能在现场演出中大放异彩。我最喜欢的是"疯狂"和"节拍"，所以当全伦敦的音乐厂牌们为了签下"特殊人士"而打得不亦乐乎的时候，我拿下了这两支乐队。

尽管如此，签下"疯狂"还是遇到了一些麻烦。伦敦最火的新浪潮独立音乐厂牌可能就是硬唱片了，它的老板戴夫·鲁滨逊（Dave

Robinson）在他自己的婚礼上看到了"疯狂"，也下定决心要签下他们。事实上，他们已经被保罗·麦克纳利预定了，所以我几乎得到了"疯狂"在全球的版权。但是为了避免大的冲突，我和戴夫·鲁滨逊达成协议，即我得到乐队的北美版权，而他得到英国和世界上大部分其他地区的版权。乐队也同意这样做，所以这个结果也算是皆大欢喜。

然而事实证明，没什么人关注的"节拍"才是一匹真正的黑马。他们先是和双音唱片签约，后来又被阿里斯塔唱片伦敦分公司的天才 A&R 人塔昆·格奇（Tarquin Gotch）发现，随后转签给了阿里斯塔唱片。我很幸运，塔昆没有拿出足够强有力的依据向阿里斯塔愚蠢的纽约总部证明乐队的市场潜力，于是我猛扑过去拿下了乐队的北美版权，然后既享受了商业上的巨大成功，也拥有了和"节拍"在一起的许多快乐回忆——我们不得不把他们重新命名为"英国节拍"，以避免听众把他们与美国另一支同名乐队搞混。我们安排他们与"传声头像"和"伪装者"一起巡演，这种同台演出的安排确保不管在哪里演出他们都能掀翻全场。我真的很享受那种新浪潮斯卡音乐超强阵容的现场表演。就这么几支乐队录制出了音乐史上最时髦的派对音乐。

那一年我还签了另一支先锋乐队，他们是我个人 A&R 履历表里的亮点之一。我第一次遇到"回声与兔人"是一九七九年八月在托特纳姆法院路的 YMCA 俱乐部里，当时乐队只有三个人，他们弹着吉他唱了几首歌，为"快乐小分队"（Joy Division）暖场。他们的主唱和歌曲作者伊恩·麦卡洛克（Ian McCulloch）是一个二十岁的娃娃脸小伙子，但是他的歌声和歌词无不显示他有一个老灵魂。从第一首歌开始，我就被这群孩子的奇怪力量催眠了。他们的鼓机、沉重的回响和暗黑的吉他演奏制造出来的声音，让人联想到"自杀"（Suicide）和"地下丝绒"的混合体，但他们同样也发出了属于自己的英国北方神秘主义之声，这才是真正引人入胜的地方。

他们来自利物浦，但却丝毫不像"披头士"。像《我墙上的照片》（Pictures on My Wall）这类歌曲里的诡异氛围，捕捉到了我之前很多次访问利物浦时强烈体会到的忧思。二十世纪七十年代末的利物浦已不再是从前那样一座雄伟的大都会。在其鼎盛时期，利物浦作为冠达邮轮和白星航运公司所在地，其繁华程度曾与伦敦不相上下。当我在七十年代来到这里的时候，它已经盛况不再，但仍保留着数量众多的美丽的老建筑，以及成名于六十年代的伟大乐队和俱乐部。我为这座充满魅力的城市着迷，这是一座颇具个性和幽默感的城市。作为一个布鲁克林主义者，我理解他们把古老的宗教和蓝领的姿态结合在一起。卢·里德和艾伦·韦加（Alan Vega）[1]都和我一样是布鲁克林犹太人，所以不论"回声和兔人"想唤起何种神圣精神，他们都像是和我一起长大的那些人的近亲。

演出结束后，我直接去见了乐队和他们的两位经纪人比尔·德拉蒙德（Bill Drummond）和戴维·巴尔夫（David Balfe）。我确实想签下"回声和兔人"，实际上，我是唯一尾随他们的猎手。我知道签约只是时间问题，因为他们已经在进行一些高调的演出，而且即将登上英国广播公司电台一台约翰·皮尔的节目。那天晚上，在同一个场

1　美国老牌摇滚乐队"自杀"的主唱。

地，我看到了伟大的"泪滴爆炸"（the Teardrop Explodes），我也想把他们签下来，但是莫一直把我盯得很紧，所以我知道，我能拥有"回声和兔人"已经很幸运了。演出结束后，我在花街的塞尔唱片新办公室短暂停留，给伯班克那边打电话。很不幸，我再一次被他们推来搡去，直到我的计划最终"砰"的一声落在戴维·伯曼的桌子上。

"对不起，西摩，"他宣布，"你已经花光了今年的预算。"

"但是听我说，我们必须签下这支乐队。他们一定会成为大牌乐队。"

"要不这样吧，你把他们留着直到下一个财季？"

"不行，到那个时候他们肯定被人签走了。我们必须现在就行动。"

在长途电话里跟莫的总会计师哭诉是没用的，因为我知道他只是个听从指令的人。但多年以后我才知道，这背后还有我不知道的事——莫在一次会议上对他手下的高层说起过我。"你们有谁见过这样傲慢的无赖，"他喘着气说，"他只会不停地签乐队。这简直是一种病！"我并不怀疑我签下的乐队连连成功这件事看上去确实有点疯狂，但我完全相信，从长远来看，即使并非所有乐队都能获得成功，至少其中大部分都能给公司带来回报。问题总是会回到莫和他那帮认为"加利福尼亚才是太阳系中心"的小圈子成员身上。也许是因为这是在七十年代早期，但他们离引领未来音乐潮流还差十万八千里。当然，他们确实签过一些重要的国际版权合约，但大多数是拿下英国独立音乐厂牌的版权授权而非挖掘新人。他们的优势在于，他们有的是钱，等得起，大不了就是最终出个高价，而塞尔唱片没有这笔钱，我也不想这样做。

我必须在伦敦搞定一个 B 方案，所以我想了一整夜。我的救星清单上的第一个人就是华纳英国版权部的负责人罗布·迪金斯（Rob Dickins）。他比我小八岁，有一双敏锐的耳朵，我一直觉得他是那种有着光明前途的人。说到为音乐合资公司选择合作伙伴的时候，你永远无法预见未来的情况，不过罗布的父亲曾是英国顶尖音乐杂志《新音乐快报》的创始人之一，这让他更值得信任。

第二天我就去了罗布的办公室，给他播放了"回声与兔人"的一盘样带。他立即意识到这些歌的创作很棒，声音也很独特，我向他提出了我的想法。"在接下来两到三个月内，莫不会让我再签任何乐队，到那个时候，这支乐队就会被别人签下了。你有很好的音乐鉴赏力，你应该拥有自己的厂牌，就让我们一起创办一个吧。咱们立刻把这支乐队签下来，然后把英国版权签给华纳英国伦敦分公司，把国际版权签给华纳唱片集团，把北美版权签给塞尔唱片，你看怎么样？"

"好啊，"罗布说道，"但是我不会离开现在的工作，我只能兼职做这个。"后来罗布不仅拿出所有钱来签下"回声与兔人"，还因为对乐队的音乐有着强烈信念，全力以赴地把乐队捧红了。

"当然，罗布。我们要让整件事极其简单，而且要在华纳内部进行。相信我，等着瞧，到最后他们会很高兴我们这么做的。我只需要你成为乐队在伦敦的联系人，这不会占用你太多时间。我想说的是，我相信你会成为一个伟大的唱片人。"

失眠和时差反应给我的生活带来很大困扰，这会儿我又遇到了这种说到一半就打瞌睡的尴尬情况，就像服用镇静剂的嬉皮士一样。我必须上床睡觉，所以我起身打算离开。"等一下，西摩。我们还没说完。我们管这个新唱片厂牌叫什么？"

"无所谓啦，随便起一个你喜欢的名字就好。"

"不行，西摩。除非我们一起想出一个名字，不然就别干了。"

他说得完全正确，所以我又坐了好几个小时，虽然有点头晕，但仍然努力调动我的神经能量。在他的墙上有一幅镶嵌在画框里的电影海报，是斯坦利·库布里克的电影《发条橙》。看着这张海报，我想起电影中那家时尚酒吧的名字，在那里，黑帮分子从白色雕像的乳头那里往外倒牛奶。

"克罗瓦（Korova）怎么样？"我建议道。

"这个行！"罗布微笑着，显然他是这部电影的头号影迷。

这个小花招把"回声与兔人"从后门带进了华纳唱片。它还把罗布·迪金斯从版权行业吸引到了前沿的唱片制作行业，事实证明这将是一个多么光明的未来。我建议乐队把鼓机换成真人鼓手，当时乐队已经在考虑这样做了。我们不得不等上几个月才拿到乐队的首张专辑——《鳄鱼》（Crocodiles），我早料到它在英国会比在美国引起更大的轰动。对美国《电台排行榜前四十名》来说，他们的声音太暗黑了，但是像《拯救》（Rescue）、《我墙上的照片》和《做清洁》（Do It Clean）这样的歌曲，则在大学校园电台、闹市区俱乐部和一些专业唱片店里被多次播放。

在这段神奇的时期，我几乎每个月都能签下先锋乐队，但我却没有仔细查看过我与华纳合同里的细则条款，最后自食其果。根据我一九七七年底签的合约，华纳兄弟唱片可以用一百万美元的价格，外加基于生意状况的象征性的一定比例的公司估值，自动买下塞尔唱片剩下的一半股份。这意味着，在一九八〇年唱片业大萧条、唱片销量全面下滑百分之二十的背景下，不管伯班克的会计师们给塞尔唱片另一半的资产估值多少，我都只能接受。我唯一能做的就是作为塞尔唱片的董事长跟华纳谈一谈该付我多少高管薪酬。

我当时还没真正接受不再拥有我亲手创办的塞尔唱片这一现实，但如果有一件事能充分象征既是我生活又是唱片业中发生的地震般的变化，那就是塞尔唱片不得不撤离位于西七十四大街的老褐石办公楼，搬到了位于东五十四大街三号的华纳兄弟唱片的东海岸办公室。我经营独立音乐厂牌的日子就这样很快过去了。虽然莫承诺过一直保持塞尔唱片的独立音乐厂牌，但它还是渐渐地成了华纳旗下的一个附属厂牌。尽管莫显然在不择手段地操控我，但我仍然有自己的团队，虽然它规模变小了，但我们决心利用好现有的条件，创造最大的价值。

当我在处理这些事的时候，"传声头像"启程在欧洲进行他们的"恐惧之旅"（Fear of Touring）巡演，这一次巡演的嘉宾有阿德里安·贝卢（Adrian Belew）和巴斯塔·琼斯（Busta Jones）等音乐人。除了能在这座或那座城市看到他们激动人心的表演外，我压根没有想过会有什么坏事在他们的更衣室里酝酿。我不知道的是，在一九七九年十二月底的一个晚上，乐队结束了在西德的全部巡演，来自铁幕国家[1]的一位女记者前来采访乐队。不知道出于什么原因，戴维·伯

---

1 指"二战"后进入冷战时期，在华约组织成员国（东欧国家）和非华约组织成员国（西方国家）之间的一个边界。该边界位于东德与西德、捷克斯洛伐克与奥地利以及匈牙利与奥地利之间。边界以东属于铁幕国家。

恩要求单独接受采访，他在关着门的房间里与记者独自交谈。当蒂娜、克里斯和杰里随后被叫进房间时，记者天真地问他们："现在戴维·伯恩就要离开乐队，接下来你们打算做什么？"

克里斯、蒂娜和杰里完全蒙了。他们已经习惯了戴维的奇怪举动。因为他们已经在路上巡演了六个月，现在只想赶紧回家过圣诞节，于是他们咬着嘴唇，收拾好设备，飞回了纽约。他们告诉彼此，"我们都先回家好好睡一觉，回头再处理这事"。毕竟，也许那是扯淡呢？也许是因为那记者英语很烂呢？当时的问题在于，没人敢当面去问戴维·伯恩这件事。乐队其他成员更倾向于小心行事，而我、乐队经纪人、工作人员、布赖恩·伊诺和其他所有人也都是这样如履薄冰。相信我，没有什么比安抚一个陷入混乱的天才更容易或更正常的了。更别说我们所有人都很敬畏他。

几周后，克里斯·弗朗茨接到来自布赖恩·伊诺的一通电话，此时布赖恩正私下与戴维·伯恩一起制作着什么。克里斯并没有被告知具体的项目是什么，但作为乐队的乐手，他单独录了一轨鼓的音频，后来在专辑中被称为《团》（Regiment）。一头雾水的克里斯回到家不得不跟妻子解释巴斯塔·琼斯在这个项目里弹贝斯。然后他打电话给杰里·哈里森，告诉他罗伯特·弗里普（Robert Fripp）也在这个项目里弹吉他。这一切对他们这几位"传声头像"的成员来说都是不祥之兆。最后，布赖恩·伊诺和戴维·伯恩的分支音乐计划 [1] 变成了专辑《我在幽灵丛林中的生活》（My Life in the Bush of Ghosts），这是一张

---

1 分支音乐计划（side project）一般是指乐队的某个成员与乐队之外人士合作创作的专辑。

从偏重技术的角度探索非洲音乐对他们影响的实验性专辑。然而，由于它的采样[1]引起争议，专辑推迟了近一年才发行。

他们转移到旧金山一间名为"异类皮草"的录音棚里继续工作，但是当他们在早春回到纽约家中时，克里斯和蒂娜决定跟布赖恩·伊诺对质，因为看起来是他在推动戴维·伯恩单飞。

"你会制作'传声头像'的下一张专辑吗？"他们问道。

"不。"伊诺很不舒服地回答，但没有解释原因。

"好吧，你愿意来我们的公寓和我们一起即兴演奏吗？"他们又问道。

"当然，但是我能弹点什么呢？"

"可以弹我们的一台合成器。创造出一些声音。找点儿乐子。我们可以尝试搞点新玩意儿。"

"好啊。"伊诺同意了，他已经知道自己该弹什么了。

当布赖恩·伊诺到来的时候，克里斯、蒂娜和杰里已经花了几天工夫用一台磁带录音机录了些他们的即兴演奏。他们把样带播放给伊诺听，伊诺很喜欢，然后他们开始和弹合成器的伊诺一起即兴演奏起来。进入状态后，他们打电话给戴维·伯恩，邀请他加入，戴维当然非常好奇他们在做什么，肯定不会置之不理。接下来发生的事就像那些老卡通片里的景象一样——音符从窗户里往外直冒！"传声头像"的四名成员和布赖恩·伊诺共同决定，组成一个五人团队，到位于巴哈马群岛的"罗盘点"录音棚录音。那些录音后来变成了《留住光亮》

1　采样（sampling），指在音乐录制过程中重复使用其他录音，包括旋律、节奏、语音、声响等元素。

214 Chapter 6 这不是派对

（*Remain in Light*），它可能是最受死忠歌迷欢迎的专辑，不过，绝不是他们最畅销的专辑。

他们以前录音中的非洲音乐实验色彩，在这张专辑里迈进了一大步，特别是其中的经典之作 —— 热门歌曲《千载难逢》（Once in a Lifetime）。也正是从那时起，戴维·伯恩开始和他当时的女朋友，天才的女舞蹈家托妮·巴兹尔（Toni Basil）一起拍摄艺术录影带。在洛杉矶，他们为《千载难逢》拍摄了一部录影带，画面中只有戴维·伯恩在一个轮子上旋转，忍着不要呕吐。当"传声头像"的其他成员看到视频既成事实时，他们自然都有点吃惊，但克里斯、蒂娜和杰里不得不承认它看上去很酷。在另一首歌《对眼与无痛》（Crosseyed and Painless）的录影带里，托妮·巴兹尔发现了一支叫"锁舞者"（the Lockers）的舞蹈团，他们会表演一种所谓"机器人舞"或"爬行舞"的舞蹈，也就是霹雳舞[1]的前身。录影带里甚至还有"太空步"，比迈克尔·杰克逊让它风靡全球要早很多年。

为了在现场演出的舞台上再现他们更宽广宏伟的声响，"传声头像"带着差不多十位乐手和同样多的工作人员继续开始巡演。他们的演出极为出色，但是在巡演的最后，他们却陷入了困境。因为乐队的会计一算账，哦，乐队都快破产了。今天的人们也许很难相信，在容纳一两千人的场地看他们演出，歌迷买一张票只需要花五美元。他们的前四张唱片几乎每张都卖出了十万张，这是非常好的成绩，但是他们却屡次违背演艺行业的第一条戒律："不可超支。"

---

1 Break Dance，二十世纪七十年代起源于美国纽约布朗克斯区的一种街头舞蹈，也是嘻哈音乐四大元素之一，在八十年代风靡全球。

　　我不知道是因为钱紧张，还是因为巡演太辛苦，要么就是戴维本性孤独，但在更衣室里那些忍着没说的脏话和逐渐累积的情绪，最终酿成了大麻烦。先是乐队经纪人加里·库弗斯特，他宣称现在戴维正在为百老汇音乐剧《转轮》（*The Catherine Wheel*）创作歌曲。他需要钱来制作音乐剧原声唱片，作为戴维在塞尔唱片发行的个人专辑。什么？我们在处理《我在幽灵丛林中的生活》专辑采样时遇到了那么大的困难，直到当时甚至都没能发行这张分支音乐计划的专辑。尽管如此，我还是答应支付预付款，甚至没有亲口询问戴维这是不是预示着"传声头像"已经走到尽头了。我选择了保持沉默，给予他所想要的，因为我知道，当戴维·伯恩把眼睛望向某座新的艺术高峰时，你要是拦着他，只能让你自己很受伤。哪怕他想制作一张关于牙签的概念专辑，我都会鼎力支持。

　　加里·库弗斯特发现自己的处境最困难，因为他正在谈戴维的个人专辑合约，同时他又不得不跟乐队其他几位成员公开分享这些信息，他们觉得自己被冷落了。接下来我知道的另外一件事是，他打来电话说克里斯和蒂娜想要钱做他们自己的分支音乐项目，然后，杰里·哈里森当然也想做他的个人专辑。情况变得一团糟，况且我又不是没有其他事情要忙。我一生坚持的哲学就是"歌曲才是音乐的魔力因素"，所以我断定，戴维·伯恩作为主要的歌曲创作者理应得到特殊对待。我的确也给了克里斯和蒂娜一份合约，不过这是我的"外交"失误，我给他们的预付款金额比给戴维的要少。

　　加里回来跟我说克里斯和蒂娜已经接受了小岛唱片的克里斯·布莱克韦尔的合约，那边出的钱不算多，但比我出的钱要多。我本可以提高我原来的报价，但我由他们去了。加里是克里斯·布莱克韦尔的老朋友，但说到回响音乐（dub）[1]，不管克里斯和蒂娜脑中想做什么样的节奏实验，小岛唱片都是合乎逻辑的选择。我想着乐队成员的种种表现不过是证明了他们狂妄自大，开始迷失自我，所以我便得出结论，"好吧，请便"。但谁想得到他们即将开始制作金唱片了呢？

克里斯和蒂娜开始与布莱克韦尔的门生之一，来自牙买加的键盘演奏家和制作人史蒂文·斯坦利（Steven Stanley）玩起即兴音乐，并自称为"嗵嗵俱乐部"（Tom Tom Club）乐队。他们第一次尝试产生的作品是《冗长的说唱》（Wordy Rappinghood），实际上，它不是一首传统意义上的"歌曲"，它是一首节奏强劲的说唱，配上了美妙的动画片般的声响。这首歌在一九八一年二月由小岛唱片发行，它在欧洲、拉美和纽约的舞池引起了轰动。虽然蒂娜的押韵并不完全是我们今天所说的"说唱"（rap），但那张十二英寸黑胶唱片立刻引起了所有黑人先锋音乐人的注意，正是这些音乐人，后来发明了今天被我们称之为"嘻哈"（Hip-hop）的音乐。

同时，我们在戴维·伯恩与布赖恩·伊诺合作的专辑《我在幽灵丛林中的生活》上遇到了严重的困难。他们对一些晦涩的声音进行采样，逼得我们追着英国信仰疗法大师和穆斯林理事会的人好把他们的声音录下来。出于宗教的原因，有一些采样的请求被拒绝了，这意味着其中一些音轨必须重新录制或者放弃。尽管如此，最终版的《我在幽灵丛林中的生活》仍然是一张令人着迷的慢热唱片，一张令人顶礼

---

1 一种录音技巧，将一段声音复制粘贴到一段音乐中，加大回声、混响或延迟效果。DJ现场表演时往往会把演唱音轨去掉，以满足观众合唱的需求。

膜拜的专辑，它影响了后世众多的实验音乐家。这张唱片和小岛唱片
发行的《嘭嘭俱乐部》(*Tom Tom Club*)几乎同时上市。虽然发行日
期碰巧相同，但不管怎样它们都在"传声头像"分裂的两方形成了一
次恐怖的对决。

说实话，我不知道该怎么看待这些器乐实验音乐，但是现在回过
头看，在《留住光亮》《嘭嘭俱乐部》和《我在幽灵丛林中的生活》之
中，一个新的音乐流派在我的眼皮底下被发掘出来。这是属于八十
年代乃至更晚时期的声音。自从一九七六年"雷蒙斯"在伦敦引起轰
动之后，音乐舞台并没有停止进化，但是公平地说，我认为应该把
一九八一年单独挑出来作为进入数字时代的另一个重要里程碑。它是
舞曲音乐、嘻哈音乐、电子音乐的肇始，而这些关于音乐流派的术语
我们要等到很久以后才会使用。

一九八一年也是 MTV、索尼随身听、罗兰 TR-808 鼓机、费尔
莱特电脑采样音乐工作站的元年。约翰·列侬刚被枪杀，罗纳德·里
根刚当上美国总统，每个人都在看有线电视，购买家用录像机。新技
术正在大行其道。我的母公司华纳传媒集团刚买下街机游戏公司雅达
利，甚至连我的女儿都在吃豆人、大金刚、太空入侵者、攀爬、小蜜
蜂等街机游戏上玩得不亦乐乎。所有孩子都为之着迷。从一九八一年
到一九八二年的短短一年间，美国的街机数量从五十万台增长到了惊
人的一百五十万台。我猜，正是这些哔哔作响的电子声响锻造了新一
代人的耳朵。

这时候，我独自住在中央公园西一套大大的新房子里，就在琳达
和女儿们住的科尼尔沃思老公寓那条街的另一头。我花了三十万美元

买下这套三居室的漂亮房子。但我必须自己建楼梯才能到达楼上的房间，而且因为房子实在太大，我花了好几年时间才装修完。"比吉斯"的经纪人罗伯特·斯蒂格伍德碰巧住在隔壁塔楼的顶层，不过我从没见到他。那段时间我总是吸食大量可卡因，当我没出去旅行或者工作到很晚的时候，我会在陈设简单的房间里坐上好几个小时，不断换着电视台的频道。画面从世界各地涌来：尼加拉瓜的革命、航天飞机、霍梅尼、勃列日涅夫的葬礼、理查德·普赖尔（Richard Pryor）[1]被爆吸食可卡因，"疯狂的糖果会让你疯狂"（Bonkers candy bonks you out）。

这一年，例如 WBLS、WKTU 和最重要的 WLIR 等时尚调频电台都在播放我们唱片中的歌曲。谢普·佩蒂伯恩（Shep Pettibone）、马利·马尔（Marley Marl）、"红色警戒"（Red Alert）、查普·努涅斯（Chep Nuñez）和"拉丁流氓"（the Latin Rascals）等新一代的音乐主持人都在表演一种称为"接碟"（cutting）的技法，就是让两张同样的唱片在节奏上产生变化，从而制造出诸如停顿、刮擦和回响风格（dub-style）的音效。还有"超级混音"（mega mix），也是使用同样的技法，但用的是两张不同的唱片。这些电台里的现场技法和夜店里对跳舞专用唱片日益增长的需求，促使塞尔这样的唱片公司专门为之前那些最酷的歌曲发行了十二英寸混音唱片。

还是这一年，一部记录了我们纽约本地音乐场景的电影《闹市区81》在一些播放文艺片的影院上映，其中收录了一支炙手可热的拉丁

---

1 美国著名喜剧演员。

乐队"克里奥尔孩子和椰子"（Kid Creole and the Coconuts）。乐队的打击乐手考蒂·蒙迪（Coati Mundi）正在推出他自己的古怪唱片。他们都隶属于一个有趣的独立音乐厂牌 ZE 唱片，我密切关注这家厂牌的举动。在当代艺术博物馆也有一件大事发生，来自全世界的影像装置在此展出，同时展出的还有来自海地的纽约人让－米歇尔·巴斯奎亚特（Jean-Michel Basquiat）[1]的部落艺术，他也经常在"泥泞俱乐部"出没。劳丽·安德森（Laurie Anderson）发行了《噢，超人》（O Superman），它成了行为艺术圈子里广受膜拜的金曲。虽然里程碑式的电影《失衡生活》（Koyaanisqatsi）要在第二年才上映，但已开始根据菲利普·格拉斯（Philip Glass）的音乐在纽约各处拍摄。在洛杉矶，雷德利·斯科特（Ridley Scott）正在忙着拍摄电影《银翼杀手》。

那是一个令人难以置信的创意时代，而且大多数创意都颇具未来主义色彩和全球化风格。对我个人来说，这一年的发现也刚刚开始。一九八一年四月二十八日凌晨，我躺在床上睡不着，翻着一本《新音乐快报》，突然一篇乐评让我眼前一亮。它的标题是"巴西尔登时尚（Basildon à la Mode）"[2]，介绍了一支英国新乐队"赶时髦"（Depeche Mode），他们的名字源自法国的一本时尚杂志。这种文章一般都会让人看得打瞌睡，但他们制作人的名字——丹尼尔·米勒让我整晚都保持清醒，我三年前在"粗野交易"唱片店第一次遇到他。之后，我发行过他的第二张专辑，当时他用的是"硅少年"（Silicon Teens）这

---

1 "二战"后的美国知名涂鸦艺术家，新艺术代表人物之一。
2 巴西尔登是英格兰东南部地区埃塞克斯郡最大的城镇，位于伦敦中央以东约四十公里，"赶时髦"乐队来自这个城镇。

个名字，假装是一支乐队，其实专辑里的一切都是他一个人做的。那张专辑没卖出多少张，但我认为这家伙的有些想法很棒。

"静音唱片（Mute）的音乐大师丹尼尔·米勒出了名地爱吃甜食，"乐评上如是说，"但这种喜好被一种极端苦涩的味道平衡了……由于极端害羞的天性，乐队的四名成员选择了由制作人米勒充当类似监护人的角色，他们管他叫'丹尼尔叔叔'……'赶时髦'来自巴西尔登。乐队的成员是合成器贝斯手和保险推销员安德鲁·弗莱彻（Andrew Fletcher），主唱、电子打击乐手和实习橱窗设计师戴维·加恩（David Gahan），沉默寡言的合成器乐手和银行职员马丁·戈尔（Martin Gore），以及合成器乐手、作家、常常失业的文森特·克拉克（Vincent Clarke）。"

这时候是凌晨两点钟左右，但是我脑中似乎有个闹钟突然响起。我还算是了解丹尼尔·米勒，我知道如果他肯迈出从艺人到制作人的这一大步，那这支新乐队一定不同凡响。另一个让我忐忑不安的细节是这篇文章的发表日期。之前我只是随手抓了床头的一本杂志来看，但当我检查杂志的封面时，发现这一期《新音乐快报》竟然是三周前发刊的——对于 A&R 人来说，这可意味着时间太长了。所以，在英国时间早上十点，我给我伦敦办公室的负责人保罗·麦克纳利打了个电话，要他查查"赶时髦"的美国版权有没有被别人签了。他回电话说还没有，而且"赶时髦"当晚会在距离伦敦东边一小时路程的埃塞克斯郡的一家俱乐部里演出。我赶紧电话给英国航空公司，花八千美元在最近的一班协和飞机上订了一个座位，这在当时可是一大笔钱，但我闻到了一种美味正在飘来。

由于五个小时的时差，当飞机着陆的时候英国已经是傍晚了。保罗在机场接上我，直接开车驶往巴西尔登，在这个没什么人气的郊区，我们不得不向人问路，才来到一个由混凝土建成的叫"斯威尼"的迪斯科舞厅。在大约两百名年轻观众的人群里，我看到丹尼尔·米勒站在调音台的后面，他正在为演出调音。这里连更衣室都没有，乐队的小伙子们正在楼梯间换演出服，我走过去跟他们打了个招呼。这是他们本地的夜店，他们也还没录制任何单曲，我就来了。在他们这些年轻人的眼里，我就是乘着协和飞机专程从纽约赶来看他们演出的一家大唱片公司的老板。天知道他们那时候脑子里在想什么。

他们站起来开始表演，我只能把这场演出形容为"电子卡巴莱歌舞表演"。在那个时代，已经有一些电子合成器艺人出现，最出名的是加里·纽曼（Gary Numan），他在一九八〇年的热门歌曲《汽车》（Cars）迅速蹿红。还有"面容"（Visage）、"夜行者"（OMD）和其他一些同类艺人。但是不论什么时候，只要在演唱会中有任何这种所谓的"新浪漫主义音乐"，我就根本看不下去。在唱片中用电子合成器制造出让人印象深刻的声景是一回事，能让人们在迪斯科舞厅里一跳就是一个多小时是另一回事。让我高兴的是，"赶时髦"并不是傻站在那里，带着厚重的装扮，故作神秘状。他们有着热情洋溢的节奏，朗朗上口的旋律，和一位边唱边跳、卖力调动气氛的主唱。我环顾四周，心里想，如果身边这些埃塞克斯郡的年轻人能这样跳一晚上，那么"赶时髦"肯定能在整个英国大火特火。

当然了，当你第一次去见一个乐队的时候，你也只能接收到这么多信息——特别是当你刚下飞机不久，而且还两天没睡觉。我倒是真想说我当时能预见到"赶时髦"能把演唱会开遍全世界的体育场，而且门票场场售罄。但是，我当时真没说这话！我的意思是说，你真的做不到。他们只是四个十几岁的毛头小子，在英国郊区一个破破烂烂的地方摆弄着电子合成器。站到流行音乐之巅可能是他们几个人最疯狂的幻想的总和。真相是，当我订下那张机票的时候，我就把全部希望寄托在丹尼尔·米勒身上了。在内心深处，我只知道他和他的静音唱片正朝着巨大的成功行进。而成功，有时候是乐队带来的，有时候是乐队背后的那些人带来的，如果这两样你同时拥有，那你可算是撞大运了！

塞尔唱片签下了丹尼尔手里的另一支乐队"时尚小工具"（Fad Gadget），那年夏末，我在同一个电子乐圈子里无意中发现了另一支宝藏乐队。作为一名自由职业的音乐制作人，丹尼尔·米勒刚为一支叫"软细胞"的地下乐队制作了一首单曲。不过，并不是丹尼尔把他们的歌放给我听的，因为"软细胞"当时已经被一个叫"些许古怪"（Some Bizarre）的英国独立唱片公司签下来了，他们把独家代理权签给了宝丽多公司。从宝丽多的伦敦办事处那里，我们收到了单曲《肮脏的爱》（Tainted Love）的宣传带，我立马觉得他们有走红的潜质。宝丽多英国分公司的老板罗杰·埃姆斯（Roger Ames）和我认识很久了，于是我和我 A&R 的伙计迈克尔·罗森布拉特立即飞回伦敦。"什么都别说，"我告诉只有二十四岁、渴望学习的迈克尔，"别让他知道我想拿下这张专辑。"

当我们和罗杰·埃姆斯坐在伦敦的一家餐厅里时，我有种直觉，认为宝丽多纽约办事处已经对"软细胞"表过态了。如果还有唯一一点指望的话，那就是宝丽多纽约办事处的人对古怪的英国流行音乐嗤之以鼻。所以我不停点酒给罗杰喝，好让他更好说话。

"我觉得《肮脏的爱》在美国能火，"我告诉他，"但是有风险。你能接受一万英镑作为单曲版权的授权费吗？"

"嗯，我们不想做单曲版权授权，西摩。要不你花一万五千英镑拿下整张专辑的授权吧？"

"哦，那好吧，罗杰。这有点难，但是我们会在这张专辑上尽最大努力。"

我强装严肃，心里清楚这种口头协议应该立刻落实到纸面上。"软细胞"当时的经纪人是一个名叫史蒂夫-欧（Steve-O）的人，他来自伦敦东区，不是一般人，我知道他人脉广，脸皮厚。但"软细胞"一直没有被卖给任何美国的大唱片公司，这简直是一个谜。所以在我们站起身来跌跌撞撞地离开餐厅之前，我在餐巾纸上草草写下了合同的基础条款，并让罗杰·埃姆斯在上面签了字。这张看上去相当古怪的餐巾纸被及时转交到了宝丽多的合同负责人约翰·肯尼迪（John Kennedy）的手上，他看到这张纸的时候不禁哈哈大笑。

这笔买卖的确划算，但是公平地说，在一九八一年，一万五千英镑对于一支初出茅庐的乐队来说可不是个小数目，何况他们的风格还那么另类。"软细胞"的主唱马克·阿尔蒙德（Marc Almond）绝对是我见过的最为同性恋的英国男人，这很有意思。不管在台上还是台下他都是一个样，穿着皮衣，迈着小碎步走来走去，脸上带着淫荡的笑容，就像刚从一家性虐待酒吧的厕所走出来一样。我爱这家伙。他是那种"我想怎样就怎样"的人，但是他有一副独一无二的嗓音，使他能够唱出属于自己的味道，例如《肮脏的爱》原是格洛丽亚·琼斯（Gloria Jones）在一九六四年的热门歌曲，就被他翻唱得别有韵味。由此看来，"软细胞"专辑的名字《永不停歇的艳舞》（*Non-Stop Erotic Cabaret*）丝毫不夸张。那是一张精彩的脏趴音乐专辑，热闹喧嚣，旋律上口。

就这样，我们的产品线上突然拥有了三支电子乐队："赶时髦""时尚小工具"和"软细胞"，正如你所想象的，这很难向伯班克解释为什么要把他们统统签下来。在一九八一年，美国市场仍然是成人摇滚（Adult-Oriented Rock）[1]的天下，如果没有充足的签约理由，新艺人是很难出头的。但幸运的是，所有的事情都赶上了一个好时机，大约六个月后，"人类联盟"（Human League）和"韵律操"（Eurythmics）爆红，突然之间，英国电子乐在美国成了大生意。到那时，我们的各种专辑做好了，发行的时段也分配好了，我们就在"新浪潮"中冲浪了。这个词其实是许多美国人误用的结果，指的是八十年代早期第二次的电子合成器音乐的风潮以及搞笑的发型，纯粹主义者则称之为"合成器流行乐"（synth pop）或"电子乐"（electro）。

与此同时，在巴哈马岛，"传声头像"的秘密计划正在紧锣密鼓地进行。一九八一年仲夏，小岛唱片发行了"嘟嘟俱乐部"的第二首，也是更出色的一首十二英寸黑胶单曲《爱的天才》（Genius of Love），它比《冗长的说唱》引起了更大的反响。整个夏天，全纽约的人，我

1　七十年代美国电台创造的一种描述流行摇滚的名词，一般指旋律优美、编曲华丽的硬摇滚，代表乐队有"波士顿"（Boston）、"旅行"（Journey）、"亚洲"（Asia）、"幸存者"（Survivor）、"REO快车"（REO Speedwagon）等。

是说从闹市区俱乐部到布朗克斯的每一个人，对这首曲调明媚的歌曲简直百听不厌。在布朗克斯，有一个当时并不出名的组合"闪耀大师和狂暴五人组"（Grandmaster Flash and the Furious Five）一直循环这首歌的副歌部分并进行说唱表演，这为克里斯和蒂娜在早期嘻哈音乐史上赢得了正式的地位。

当然，我还没有签下"嘀嘀俱乐部"，所以当十万张《爱的天才》单曲从小岛唱片的伦敦总部被进口到美国的时候，我就成了站在一旁无能为力的真人版小飞象。我相信布莱克韦尔肯定狠狠嘲笑了我一番。幸运的是，"嘀嘀俱乐部"还有一整张专辑在准备之中，而加里·库弗斯特来找我叮叮："如果你现在想插手，西摩，那必须花更多的钱！"我弯下腰，摇着尾巴，掏出口袋里的钱。

由加里·库弗斯特做中间人，我和布莱克韦尔达成了协议，按地域划分专辑和十二英寸黑胶单曲的销售，我很高兴，这种合作方式再好不过了。专辑大受欢迎，让克里斯和蒂娜斩获了应得的金唱片。通过华纳的正确推广和销售，《爱的天才》一直热度不减，在第二年春天打入了美国《电台排行榜前四十名》。

最棒的是，我认为可以说是克里斯和蒂娜出人意料的成功帮助乐队得以破镜重圆。布赖恩·伊诺和戴维·伯恩的《我在幽灵丛林中的生活》被评论家们和音乐家们誉为开拓性的专辑，这一点毋庸置疑，但它的销量却只是"嘀嘀俱乐部"的一个零头。我并不在意这一点，但它确实改变了"传声头像"成员之间的气场。特别是在一九八一年十一月之后，戴维·伯恩的专辑《转轮》发行了，但市场反应相对冷淡。虽然其中有些歌曲可圈可点，例如《那是个什么日子》（What a

Day That Was）中有着令人惊奇的合唱，后来经过改编它也成为"传声头像"演出中的亮点之一，然而，专辑销量却只有一万张左右，非常令人失望。《转轮》的弱点并不在创作方面，而是听上去太平淡了。

这些评判当然要等到若干年后才会见分晓。我敢打赌，戴维·伯恩一开始看到"嘟嘟俱乐部"在商业上的成功心里并不舒服，但是他克服了这一点，重新对他的老队友产生了信心。不可否认的是，在接下来几年里，他放下单飞的雄心壮志，全心投入到"传声头像"中。经纪人加里·库弗斯特也变得强大起来。他冷静地处理了混乱的局面，得到包括我在内的每个人的尊重。再也不会有人误以为克里斯·弗朗茨和蒂娜·韦茅斯只能负责乐队的节奏部分。而杰里·哈里森的多才多艺则是让"传声头像"变得如此美味的魔法原料中不可或缺的一部分。歌曲本身绝对是核心因素，但玩乐队是一门疯狂的科学，有很多我们无法界定的东西都可以归结为参与者之间产生的化学反应。

一九八一年十一月，就在戴维·伯恩的《转轮》发行之际，我们发行了"赶时髦"的首张专辑《说话和拼写》（Speak & Spell），获得了不错的反响。来自巴西尔登的四个男孩写出了几首不错的流行歌曲，但是由于丹尼尔·米勒参与制作，音效和他们之间的化学反应才能通过黑胶唱片传递出来。有些歌的确很火，比如《新生活》（New Life），不过，能做成单曲的肯定是《永远都不够》（Just Can't Get Enough），我们把它做成七英寸黑胶唱片发行，它的另一个六分钟混音版被我们做成十二英寸黑胶唱片针对夜店常客发行。这些唱片合在一起的总销量让"赶时髦"直接进入了《公告牌》的《夜店歌曲排行榜》，虽然仍然针对小众市场，但他们已经开始在市场的雷达上闪耀，他们的音乐能让时髦的孩子们舞动起来。

与此同时，"软细胞"却更为强烈地爆发了。一九八一年十一月，我们推出了《永不停歇的艳舞》和其他一大批唱片并寄予厚望。这张专辑中的《肮脏的爱》最终打进《电台排行榜前四十名》。它在《排行榜前一百名》上最高时排名第八位，而且在榜上很神奇地停留了四十三个星期，对这么一张英国黄色笑话般的专辑来说，这个成绩完全出人意料。没错，连科罗拉多州和得克萨斯州的美国佬们都在买这张了不起的黑胶唱片。演艺圈的事情就是这样说不清楚，没有任何一个行业是这样的。

我个人更喜欢这张专辑里的另一首歌，《说你好，挥手告别》(Say Hello，Wave Goodbye)，必须承认这首歌不会一下子火起来，但它令人惊艳的和声听得我脊背发凉。我用尽一切办法想把它推火，包括找我的老友、《公告牌》的比尔·沃德洛帮忙——正是他帮我把《肮脏的爱》留在排行榜上那么长时间。他是同性恋，和我一样喜欢"软细胞"，可惜"软细胞"跟进不力，此事也就不了了之。我是如此喜爱这首歌，以至于几年后，在"啊哈"(A-ha)乐队的《请接受我》(Take On Me)获得成功后，我给我的朋友、发掘了"啊哈"并将他们带到华纳兄弟的安德鲁·威克姆(Andrew Wickham)提了个建议——也许"啊哈"可以考虑翻唱《说你好，挥手告别》这首歌。不过据我所知，时至今日他们也没有录制这首歌。

那一年，我还帮助了另一支乐队，虽然他们没跟我签约。小岛唱片曾签了一支来自爱尔兰的后朋克乐队 U2，他们在英国有了一些名气，然后想来美国巡演。但小岛唱片在美国的业务太少，华纳在给他们安排美国本土的市场推广和宣传，但当时 U2 在华纳那里得不到重视，所以我尽力帮忙。一九八一年，我第一次见到乐队的经纪人保罗·麦吉尼斯（Paul McGuinness）。当时他在纽约，跟他的朋友迈克尔·迪尼（Michael Deeny）住在一起，迈克尔是来自爱尔兰的经纪人兼会计师。他在七十年代曾打理过一支叫"霍斯利普斯"（Horslips）的爱尔兰乐队，而我当时想签下那支乐队，所以那时候我们两人打过交道。我碰巧在一家餐厅吃饭，突然另一桌送来一瓶香槟。原来是迈克尔·迪尼和保罗·麦吉尼斯，他们邀请我到他们的住所继续狂欢。

我觉得保罗·麦吉尼斯无足轻重，但我之前听过 U2 的首张专辑《男孩》（Boy），觉得他们绝对有料。所以仅仅是出于帮忙，我在华纳为乐队争取到了巡演的支持，钱不多，不过也够他们开车四处走走，抓住任何可能的机会进行巡演了。我可不是说 U2 的成功有我一份功劳。他们最终获得的成功全依赖于他们的努力。但我高兴的是，我打的那些电话曾在他们的命运之轮里添了几滴油。当我在他们的年纪，同样倍感无助时，悉德·内森也曾帮我打过电话。现在是我回报生活的时候了。一直以来生活就是这样，今后也会如此。

我知道一路走来我曾犯过很多错误，但是伴随着那么多烟花不断朝四面八方绽放，塞尔唱片成了纽约最时髦的音乐厂牌。随着新的夜店陆续开张，音乐录影带变得大受欢迎，新一代留着朋克发型的年轻人已成为我们最忠实、最活跃的消费者。孩子们一天天长大，塞尔唱片的标志就在他们的青春期里转呀转。在所有我最珍惜的小事里，一想到这个我就最幸福。如果你自己曾经是一个叛逆者，曾经自我放逐，你就会明白当你在校园里或者卧室里闷闷不乐时，能够用音乐来疗愈自己，使你认识到自己是谁，这是多么大的特权啊。我们并不是为了金钱而做这些事。金钱，只是我们可以继续做这些事的手段，但从来不是做这些事的理由。

看看这些年来的塞尔唱片目录，其中数量如此庞大的热门歌曲、慢热歌曲、舞池劲曲，我还真没自吹自擂。我还没说到那些我签下的没能登上美国排行榜，但经过时间考验已经成为地下音乐经典的歌曲。例如"疯狂"的《更进一步》（One Step Beyond）、"英国节拍"的《浴室中的镜子》（Mirror in the Bathroom）、"现代英语"（Modern English）的《与你融为一体》（I Melt with You）、"塑料伯特兰"（Plastic Bertrand）的《一切都好》（Ça Plane Pour Moi）、"电传机"（Telex）的《莫斯科迪斯科》（Moskow Diskow）、"无帽人"（Men Without Hats）的《安全舞蹈》（Safety Dance），以及"赶时髦"的分支——"雅茨"的《别走》（Don't Go）和《情况》（Situation）。对了，一九八一年开始搅动风云的"克里奥尔孩子和椰子"这支新浪潮萨尔萨风格的乐队怎么样了？一九八二年我在他们如日中天的时候得到了他们的版权，但很不幸，没能让他们在美国电台打响。这是我个人的遗憾，但是，我的天哪，《安妮，我不是你的爸爸》（Annie，I'm Not Your Daddy）和《线人》（Stool Pigeon）这样的歌曲，在整个闹市区最火的唱片中绝对有一席之地。

关于七十年代末期的CBGB俱乐部，前面我已经介绍了很多，但是八十年代早期的纽约闹市区在音乐史上也值得引起充分的关注。其至连大卫·鲍伊一些最好的歌曲，例如《尘归尘》(Ashes to Ashes)、《时尚》(Fashion)，以及《让我们跳舞》(Let's Dance)，都直接源自那种喧嚣的闹市之声。我快四十岁了，也不会跳舞，所以我没法说自己有夜店年轻人的那些经历。我只是靠在"舞-厅"墙边的星探之一，只能羡慕地看着马克·卡明斯在 DJ 台上游刃有余地打碟。不间断地播放朋克、雷鬼和德国酸菜摇滚并不新鲜，英国佬早在很多年前就这么做了。但是在"舞-厅"，你能听到所有来自英国的声音被重新混音成了新东西，再加上巴西的、非洲的、印度的、早期嘻哈、底特律泰克诺音乐 [1]，还有那些你在任何音乐版图上都找不到的声音。

我知道幸运女神一直都在眷顾我，但是投身在那个全球化的时代，我也确实如鱼得水。让我占据优势的是多年的旅行、对国外流行音乐的聆听以及与全世界的联络。我能捕捉到所有微不足道的线索，同样重要的是，我能追踪到源头。与华纳成立合资公司的早年间，最大的好处就是我几乎能签下所有我喜欢的艺人。不管他们的音乐多晦涩或者多独立，他们的唱片仍然会通过大唱片公司的销售渠道发行。诚然，就算是华纳也不可能让每一张专辑都大卖 —— 谁都做不到，但即使在最坏的情况下，几乎每张专辑也都会被送到电台、本地报社和电视台的桌上。每张专辑都有机会。

八十年代早期是一段神奇的岁月，它不假思索地把七十年代末推向一个全新的世界秩序，它甚至没有意识到这些声音和全球化思潮对下一代的年轻人会产生持久影响。七十年代，整个音乐世界都在以每

---

1 Techno，也称"高科技舞曲"，电子舞曲的一种，二十世纪八十年代中后期发源于美国底特律。

分钟三十三转的速度悠闲自在地旋转，而朋克、迪斯科和新浪潮合在一起的力量将一切提高到四十五转。没有我和我的同行们，这种现象将会推迟很久才会出现。让我骄傲的是，塞尔是社会迫切需要的大城市能量爆发的一部分，它让年轻人走出家门，让世界为之一振。

Chapter 7
边界

在音乐上，无论怎样我都是快乐的。但是我没有想到，当我作为一名企业家，失去自己唱片厂牌的所有权时，竟有如此深刻的遗憾。我很快发现，在被剥夺了所有权的独立音乐厂牌中，卖方的懊悔是一种常见的痛苦。请相信我，它是一个慢性杀手。

尤其是杰里·韦克斯勒，他说服埃尔特根兄弟卖掉了他们的音乐厂牌，这件事让他懊悔多年。他们不顾艾哈迈德的更明智的判断，投票决定以一千七百万美元卖掉了大西洋唱片，这个价格在一九六七年简直像绑架国王所要求的赎金一样惊人。首先，他们需要把这笔钱分成四份，因为赫布·艾布拉姆森的前妻米丽娅姆·宾斯托克也是股东之一。紧接着，在卖掉厂牌的第二年，他们迎来了无数热门歌曲带来的巨大成功，创造了一年四千万美元营业额的辉煌纪录。从那时候开始，大西洋唱片不断成长，最终成为音乐巨头，这让他们当初的卖价完全成了一件丢脸的事。

你看，每一个被卖掉的独立音乐厂牌都有着同样的故事。千万别去想你的厂牌会给新主人赚多少钱，不然你会觉得害怕和恐慌。而且随着专辑唱片市场的增长，这种懊悔会变得更深，特别是当激光唱片问世，零售价翻番时。这就是我参与的两期交易[1]的全部教训。有那么几年，你的确享受了两个世界里最好的一切，一半是独立音乐，一半是主流音乐，你疯狂地用他们的钱种下许多种子，天真地认为到了收割的季节收成也会有你的一半。然而残酷的现实是，到种子破土而出、长出嫩芽的时候，整座果园都是他们的了。

准确地说，不是所有的一切都让我后悔。我一直都知道，进入华纳对塞尔唱片签的艺人是件好事，如果我继续以独立厂牌方式经营塞尔，依靠诸如 ABC 唱片这样的分销商进行分销，他们绝不会像现在这样火。尤其是"传声头像"，他们才是大赢家。单凭这一条理由，我的牢骚里就应该夹杂着些许感激和宽慰——幸亏我没有毁掉他们的命运。令我伤心的是，我对交易的其他方面太天真了。

在属于唱片业的神话故事里，华纳兄弟唱片通常被称为"卡美洛"[2]。莫的谄媚者至今仍然相信这一点，但如果地球上有一个关键证人能够证实或粉碎卡美洛传说，那肯定是我，对吧？莫·奥斯汀的桌子像讲坛一样圆。这是一张一个人的桌子，三面都有保护，并且有一个很大的坡，让桌上所有的东西都滑向他的口袋。哦，当然，你可以像很多激动得热泪盈眶的华纳兄弟唱片的员工一样，围在桌子旁，鼓着掌，但那只能说明他们自己对神话故事有着天真的信仰。

坦率地讲，我们的合资公司里就没有"合"这个字。那不过是像

1　两期指的是，首先华纳用一百万美元买下塞尔一半的股份，其次根据一九七七年底签的合约，华纳兄弟唱片可以用一百万美元的价格，外加基于生意状况的象征性的一定比例的公司估值，自动买下塞尔唱片剩下的一半股份。

2　Camelot，传说中亚瑟王朝的宫殿，恢宏雄伟、金碧辉煌。十二世纪通过法国浪漫小说中对它的描述而为众人所知。

鲸鱼吞掉小鱼一样的"合资"。华纳兄弟唱片是主人、老板、银行家、推广人和分销商。对莫来说，塞尔唱片只是一堆母带、一摞艺人合约以及一间有大约十来个好打发的员工的 A&R 办公室。莫花了两百万美元，就几乎完全买断了之前和之后的我，以及我文件柜里的所有内容。他用花哨的术语和大额的数字把我晃晕了，然后让我在其后相对平静的数年间签了很多乐队。最终，当我的游戏时间结束时，他精打细算的账房先生把所有的一切都卷走了。

我当初怎么就没跟戴维·格芬谈谈这些呢？说不定他会把我踹醒。一九七二年，史蒂夫·罗斯对格芬的避难所音乐厂牌做了同样的事。连最聪明的谈判高手格芬都被七百万美元的数目迷惑，花了好长时间才回过神。在他签下合约后，他只能作为一个员工，眼睁睁地看着原来属于他的艺人创造了大约一个亿的收益。他之前甚至签下了"老鹰"，那可是七十年代唱片最畅销的乐队。格芬算得上是我们所有唱片公司老板中最精明的了，那你就知道史蒂夫·罗斯曾是多么狡猾。罗斯基本上是以数学的方式解出了"二战"后唱片业的这道题。他理解它的价值和时间轴。艺人们总是来了又去，所以你得把赌注押在埃尔特根、戴维·格芬和莫的身上。

莫把史蒂夫·罗斯的剧本用在了我的身上。当华纳看到一家小独立音乐厂牌的潜力时，会立即出手，在音乐厂牌还很便宜的时候买下它们，然后用数百万美元的运作资金喂它两三年，这样差不多也可以把新乐队捧红。从这时开始，买家就会收割长期的回报。这个办法是成功的，华纳在不到十年的时间里就成为世界上最大的主流唱片公司，考虑到它在最初不过是凭借为数不多的几家独立音乐厂牌，与十九世纪二十世纪之交就已建立的，诸如 RCA 唱片、哥伦比亚唱片、留声机唱片（百代唱片）等大唱片公司竞争，而其他竞争对手，诸如荷兰留声机、德意志留声机唱片（宝丽多）、迪卡唱片和国会唱片等是在二十世纪一〇年代到四十年代期间就已经成立的，这个成绩相当不错。其中最令人惊奇的是，华纳的音乐部门是整个华纳传媒集团里利润最高的部门。相对那些需要巨额资金来运作的电影工作室、足球俱乐部、街机游戏、电视频道和杂志，热门唱片厂牌简直就是一台自动提款机。

简而言之，华纳精心设计了和我的交易，所有的牌都被攥在他们手上。交易里那条内置的买断选项让华纳兄弟唱片在对他们有利的时机拿走了塞尔唱片里仍然属于我的那一半。我成了一名荣誉员工，我不得不让每一盘样带、每一支乐队和每一笔预算都被莫和华纳机器闻一闻、捏一捏、洗一洗、熨一熨，最后叠起来。我再也不能满怀自信地握着经纪人的手跟他说："放心吧，你已经拿到合约了！"拿着公司的薪水，我现在的工作变成了劝说艺人和他们的经纪人再等一段时间，好让我从加州那栋大楼里挤出点钱来。我逐渐了解到，在大公司里好好地提要求是行不通的，轮子吱吱响才有人给滴油。你必须像个讨厌鬼一样不停地打电话，直到他们崩溃，不得不给你想要的东西。伯班克的经理们总是说我很讨厌，因为我总是追着他们，为我的艺人要钱或者要求特别关照。我可以告诉你这些批评者是谁，反正你从来没有听说过他们，这就多少可以证明我的观点了。我的生活目标不是要被人喜欢。我的事业就是把伟大的音乐变成热门唱片。

说句公道话，塞尔唱片每况愈下的公司困境与八十年代初影响整个行业的经济衰退也有关系。和其他大唱片公司一样，华纳必须全面削减开支，所以尽管我知道自己的运气终于来了，但我的预算还是像其他人一样被削减了。尽管如此，有些事情还是针对我个人的。莫觉得我是一个不负责任的购物狂："伪装者"激起了巨大反响，但是有吸毒的问题；"传声头像"还很活跃，但在这时他们的内部看上去有些不稳；而在莫的眼里，"雷蒙斯"可能已经达到了极限。一路走来，我们只不过是曾经有过一些不错的运气，以及凭借昙花一现的热门歌曲维持着罢了。在莫看来，塞尔唱片的乐队没有一支曾大放异彩，也没有达到华纳兄弟这种大唱片公司的标准，因为他根本就不曾用耳朵去聆听那些代表未来发展方向的音乐。

莫就是莫，他并不想完全打击我、羞辱我，因为那会威胁到整个投资，而且有可能让他在史蒂夫·罗斯的功劳簿上减分。他需要在我可以忍受的痛苦中对我微笑；他要让我活下去，健康到足以让塞尔唱片继续成长，谁知道呢，没准儿我能偶尔为他找到零风险的摇钱树。

我不知道是不是这一切的遗憾让我感到恶心。不管怎样，这对我正在做的事情毫无帮助。我变成了跨大西洋的单身汉，夜以继日地工作，透支自己的身体。一九八二年中，我开始胸口疼痛。我以为是心脏病发作，所以赶紧去看医生。心电图显示左心室和右心室之间的洞感染了。我这种罕见的状况有一个专有名词：亚急性心内膜炎。不过好消息是，它可以通过心脏直视手术治愈。在他们决定如何处理这种先天畸形之前，我被直接送到莱诺克斯山医院打了四个星期的青霉素以清除感染。正是在这里，在那张让我躺到屁股发麻的床上，一位唱

片人中的弗洛伦斯·南丁格尔[1] 走了进来。是的，你猜对了，她不是
真正的护士，虽然有时候我很想知道歌手算不算是某种信仰治疗者。

　　一系列的事件将麦当娜带到了我的病榻前，而马克·卡明斯在几
个月前就已经向我暗示过。"舞－厅"依然是闹市区的头号夜店，马
克可以说是纽约最炙手可热的 DJ。但很不幸，他没有挣到足够的钱，
他知道要满足这种需求，他必须拓宽自己的专业视野。我们请他为戴
维·伯恩的个人作品《大买卖》(Big Business) 重新混音，但马克梦想
着成为一名真正意义上的音乐制作人，于是向我求助。我直截了当地
告诉他，没有哪个大牌艺人会冒险与一位实力未经验证的音乐制作人
合作，哪怕这个制作人是纽约最时髦的 DJ。重新混音？没问题。但
是从零开始做整张专辑？没门儿！和其他人一样，他必须找一些无名
小卒，给他们制作音乐，让他们听起来像明星，这样他才能证明自
己。我还跟他解释，最好的音乐制作人同时也是能够找到新人并帮助
他们发展的 A&R 人。

　　我知道，转型搞制作对马克·卡明斯来说并不容易，因为他不会
演奏乐器，而最好的制作人通常是从音乐人开始的。但他有一些别的
能力。他已经有了一定的音乐风格，只要提到马克·卡明斯这个名
字，就能在人们的脑海中唤起一幅电子音乐的图片，这无疑是一位杰
出 DJ 的标志。他也是一位天生的挖掘者，知道如何找到真正有趣的
东西。所以，就像我在职业生涯中遇到任何一位我看好的人才时会做
的那样，我给了他一万八千美元，为他设置了一项挑战："找几个艺

1　护理事业创始人和现代护理教育奠基人。

人，按三千美元一首的标准做出六首小样。"我是根据犹太人数字命理学而选了"十八"这个数字，这听上去确实很疯狂。这是希伯来语中"生命"的象征 ——"chai"中所含有的神奇数字。[1]

也许是我太天真了，但我当时真的以为一万八千美元就是一种君子协定。想象一下当我得知马克·卡明斯在为小岛唱片的克里斯·布莱克韦尔工作时的感受！这个王八蛋！我在想，我的钱他妈的去哪儿了？据我所知，在我外出旅行，忙于日常工作时，事情已经发生了，马克实际上已经给不同的公司听了麦当娜的样带。谢天谢地，直到几年后我才知道，他先给克里斯·布莱克韦尔听过样带，然后给格芬唱片（Geffen）的人听了样带，但都被他们拒绝了。

没关系，那些年纪轻轻、雄心勃勃的人又不是靠餐桌礼仪出名的。马克急于得到机会，他和所有他喜欢的厂牌攀谈。我没法责怪他。他在推销自己，就像我在他这个年纪时做的一样。他还给我的员工迈克尔·罗森布拉特听过他的样带，后来他们成了朋友。没有人真正听到马克脑中燃放的烟火。他们都认为他是被爱情冲昏了头，没错，当他在四处兜售麦当娜的样带时，他们的确是在谈恋爱。你可以说我是"血管里流淌着虫胶的愤世嫉俗的老头儿"，但我不相信马克·卡明斯会把爱情放在音乐之前。我敢打赌，在他的 DJ 台四周流连着无数漂亮的派对女孩。他的指南针是他的耳朵，不是老二。他早知道麦当娜不是普通的年轻女孩，只要看看后来发生的一切，就能证明他有多正确。

---

[1] 希伯来语"生命"（חי）一词由字母 ח（8）和 י（10）组成。

事情的经过是这样的：有一天晚上在"舞－厅"，一个跳舞的美女主动接近他，自我介绍叫麦当娜。马克立刻惊为天人，迷得裤子都掉了，是的，是真的掉了。麦当娜给他听了自制的样带，那是一首她自己写的名为《每一个人》（Everybody）的歌，由她和一个叫史蒂夫·布雷（Steve Bray）的人一起制作的。马克在一间更好的录音棚里，和更优秀的乐手们一起修改并完全重新制作了整首歌。事实上，在四处兜售这首歌之前，他还有意识地在舞池里播放他混音的这版歌曲。人们的反应似乎很热烈，所以他翻录了几盘磁带就出去叫卖了。

我简直无法相信他都没给我听过这首小样，所以我安排秘书把小样磁带送到了医院，把它放进了我的索尼随身听里。我躺在病床上，手上打着治疗心脏病的青霉素点滴，听着马克的第一个发现。我很肯定，在那间小小的病房里，我本来都快要被憋疯了，但听到这首歌我立刻兴奋起来。我被它迷住了，我喜欢麦当娜的嗓音，我喜欢这首歌的感觉，我喜欢"麦当娜"这个名字。我喜欢它的一切，所以我又听了一遍。不管我本能地喜欢上什么东西，我从来不过度分析或者问个究竟。我抄起电话打给马克。

"我可以见见你和麦当娜吗？"

他稍后回电话说当天傍晚他们就来医院见我。

"什么？"

"我知道。我跟她说你病了，但是她真的很想这么做。"

也许是想到克里斯·布莱克韦尔让我坐立不安，但我只是说，"好吧，那今天傍晚见"，然后按下所有紧急按钮。"给我换一套睡衣，"我跟秘书说，"还有，给我找个理发师来，越快越好。"接着我按了护士呼叫器："有重要的人要来看我。我需要洗漱。我洗澡的时候你能不能帮我把点滴拔掉？"几天前，我被匆匆送进医院，突然就发现自己躺进了弹坑一样的床上，就再没正经下过地。我的腋窝恐怕正在长蘑菇呢，而且我浑身上下只穿了一件令人难堪的病号服，就像电影《飞越疯人院》里某个迟钝的精神病患者一样。

先是肯·库什尼克打电话来，告诉了我麦当娜的底细。然后迈克尔·罗森布拉特到了，告诉我他掌握的信息。等麦当娜和马克·卡明斯傍晚一起到来的时候，我已经了解了大致的情况，也被女士们打理得十净整洁。我的头发很清爽，我闻起来不再像个法国农民，房间窗户开着，成堆的杂志和磁带摆得整整齐齐。缺少的只有烟斗、单片眼镜、书和睡在我脚边的小猎犬。当然了，麦当娜看到插在我皮肤里的管子，有点坐立不安。她来这里可不是为了关心我的尴尬处境——她是为了在一个老唱片人咽气前从他签支票的手里拿到唱片合约。

她用廉价的朋克服饰把自己打扮得漂漂亮亮，看上去就是夜店里的小孩，跟这间病房格格不入。她甚至没有兴趣听我解释我有多喜欢她的小样。"现在要做的就是，"她说，"跟我签一张唱片合约。"然后她张开双臂，笑了起来："签我吧，我是你的了！"她只是以洛丽塔的常见方式在瞎闹，因为我的年纪是她的两倍。也许我冲着她笑的样子确实像个老色狼，因为她没花多长时间就打断了所有闲聊，直接亮出"撒手锏"。她用那双麦当娜的眼睛盯着我，仿佛一眼能看穿到我的后脑勺，说道："现在，你可以给我钱了。"

"什么？"我脱口而出，这对我来说是不寻常的。我对待艺人一直很谨慎，这是我一贯的原则，但麦当娜的胆子比房间里四个男人的胆子加起来还要大。

"听着，告诉我，需要做什么才能在这个城里得到一份该死的唱片合约！"她反击道，听上去有点泄气。

"别担心，你已经得到一份合约了。"我向她保证。

说了这句话以后，我们终于可以在同一层面上交流了。麦当娜对男人有一种影响力，对每个人都有一种影响力，我觉得她还太年轻，无法控制甚至意识不到这一点。出于显而易见的原因，她的魔力在我身上并没起到相同的作用，我认为这对我们两个都是好事。我怀疑她知道我是同性恋，而我对她的所有了解仅仅是我听过的那盘磁带。我根本不知道她穷得叮当响，而且她私下里其实是希望带着支票离开医院的。

许多人都写过麦当娜那种天生的明星魅力，这些都绝对真实，即使在她还籍籍无名的时候，她的气场也会充满整个房间，散发耀眼的光环，甚至连我这样的行业老手都未能免疫。我向她许诺，让她去找一个律师，不过我仍然需要从伯班克弄到钱和所有盖了章的文件。在当时的情况下，我能不能搞定一切还未可知。我们达成的协议数额不大：麦当娜的每支单曲可以提前拿到一万五千美元，总共三首单曲，以及一张可选的专辑约 [1]。除此之外，还有一个附加的音乐版权合约，即她每写出一首歌都可以提前拿到两千五百美元。这更像一次尝试，而不是一个完整合约，但这就是她需要的一切，也是在那种情况下我所能提供的全部了。

1　唱片公司为减少商业风险采取的一种与艺人签约的方式，通过先发行单曲唱片来探测市场，如果市场反应好就进一步发行专辑。这种方式通常都会写进合同里。

正如我们今天所知，那一纸小小的合约看起来简直滑稽可笑。但是，她当时只有一首没法登上《电台排行榜前四十名》的夜店舞曲。她不是音乐人，也没有乐队，她真正拥有的只是身后马克·卡明斯的名字和为她做的音乐。他已经把《每一个人》这首歌制作成一张六分钟长的、适合在类似"舞－厅"那些夜店里播放的十二英寸黑胶单曲，所以，真实情况是，我在马克的第一首录音棚制作成品上下了一个小赌注，纯粹是为了看看它会走向何方。老实说，我是在帮他的忙，没有理由相信我当时是看上了一位"女猫王"。事实上，麦当娜甚至没有出现在她第一首单曲的封面上，那你就知道这一切不过是从一个闹市区的舞会实验开始的。我最终会把麦当娜看作一名正规的流行歌手，所有人都会这样认为，但在第一次见面的时候，我的任务就是比任何人都先一步把马克·卡明斯和她网罗到我手里。然后，走一步看一步。

最大的笑话却是我甚至无法从华纳弄到一万五千美元！我不知道自己还能不能活下去，我躺在医院的床上给莫打了电话。他说绝对不行。他说我已经签了太多艺人，现阶段不希望我再签任何艺人。我告诉他麦当娜很特别，我从没有见过或听过这样的艺人，她一定会立即吸引国内外的听众。但他还是拒绝了。

我们现在知道，麦当娜最终为华纳卖掉了三亿张唱片。二十年来，她斩获了十二首冠军单曲，四十八首单曲进入排行榜前十名。她有八张专辑成为排行榜冠军，而这还仅仅是在美国本土的成绩。麦当娜成了巨星，与平·克罗斯比（Bing Crosby）、弗兰克·西纳特拉、埃尔维斯·普雷斯利、"披头士"和迈克尔·杰克逊齐名。所以，请让我给后人再强调一下这个细节：如果莫得逞，麦当娜就不会签给华纳兄弟唱片。他对自己起初的抗拒绝口不提，所以我只能假设他认为这笔交易只是毫无意义的十二英寸的垃圾唱片，它甚至不值个零头。对我们所有人来说幸运的是，艾哈迈德·埃尔特根的兄弟内苏希·埃尔特根对我的盲目信任挽救了这笔交易。

内苏希·埃尔特根和艾哈迈德、杰里·韦克斯勒一样，是大西洋唱片的老员工。一九七〇年，当史蒂夫·罗斯整合成立华纳传媒集团时，他被授权管理华纳的国际分部，处理所有海外厂牌事务。内苏希是一个从旧时代过来的、有点古怪的爵士乐鉴赏家，虽然他的部门已经成为华纳传媒集团里的一大部分，但他一直尽力避免所有公司政治。他比大多数人更不能忍受莫的伎俩，所以我想他会相信我，会同情麦当娜的事业。我要做的，就是追踪到他正在法国南部度假的地方，告诉他真相。

"内苏希，我很抱歉打搅你的假期，但是我发现了一位年轻艺人，她很优秀，但莫的想法会把它断送掉。我讨厌以这样的方式要钱，但是拜托，我需要你的帮助。只是一笔一万五千美元的交易。"

我想内苏希肯定从我的声音里听到了激情与绝望。他甚至没有要求听样带，他更想了解我的健康状况。他告诉我好好休养，是的，他很乐意买单。"别着急，"他叹气道，"我弟弟告诉我你住院了。这对你心脏不好。我希望你忘掉这件事，交给我来处理。"你不得不爱埃尔特根兄弟俩。他们才是真正有品味的人，而且都是一流的音乐人。

所以，有些人说麦当娜能站到巅峰是靠一路睡上去的，每当我听到这种恶心的传言都很不爽。我能看出来她是有真本事的。我那时当

244 Chapter 7 边界

然不知道她后来能成为多么大牌的明星，但我真心相信她一定会成为大明星。我倒是想看看，谁能通过某种特殊方式爬上排行榜冠军的位置，然后在那里一待就是三十多年？这根本不可能。不信？那你请便——自己试试去！如果你知道华纳集团内部的办公室政治是多么的扭曲和反常，你就会明白我和艾哈迈德的兄弟合谋完成一项被莫完全拒绝的交易意味着什么。

当时，莫和内苏希之间爆发了一场激烈的冷战，因为华纳音乐旗下所有厂牌的众多产品都在争夺我们海外音乐厂牌的关注。莫对他得到的出口服务的质量很不满意，并不断威胁要与小岛唱片、蛹唱片、维珍和阿里奥拉这样的欧洲唱片公司合作，发行华纳兄弟唱片旗下艺人的国际版唱片。对我来说，内苏希是我们当中最杰出的老板。我不知道他们争吵的来龙去脉，但莫似乎对他特别强硬。欧洲市场有他们自己的品味和地区特色，因此我们的任何一张唱片如果因为太美国化或其他原因而被拒，一点也不奇怪。想要在全世界销售，那就需要拿出点真正特别的东西。

不管怎样，麦当娜的第一份合同实际上是与塞尔唱片和华纳音乐国际公司（Warner Music International）签订的，合约上有内苏希和我的签名，你可以想象华纳的人看见这种安排会是什么心情。最初，这种安排很适合我，因为除了莫不想要她这原因之外，我觉得麦当娜和马克·卡明斯创作的夜店舞曲简直就是为欧洲量身定做的。所以，你们看，根本不是麦当娜得到了什么自由通行证，她是以一个破门而入的局外人的身份，在华纳开始了她身价数十亿美元的职业生涯。她必须用小小的三张单曲的合约向所有听命于莫的经理们证明，她是多么优秀，令人无法抗拒。

　　至于她生活中的男人们，在制作《每一个人》那段时间，她确实和马克·卡明斯有过一段恋情。但马克和她的下一任男友杰利宾·贝尼特斯（Jellybean Benitez）都不过是夜店的 DJ。可能她在那时候还有过其他恋情，但是请相信我，没有什么大人物选中她并为她铺就星光大道。不是马克，不是我，不是斯文加利，也不是《绿野仙踪》里的奥兹魔法。她只是一个充满激情的年轻女孩，尽兴而活，谁知道呢，也许正是恋爱才能使她生机勃勃。但是，她才二十四岁。有趣的是，当一个二十四岁的男性摇滚歌手把追逐美女的故事变成一首高能歌曲的时候，怎么就没人嚷嚷他犯规了呢？好吧，现在这个女孩正在征服所有这些青年才俊，从而获得她的魔力。你知道我在她这个年纪时有多喜欢那样做吗？

　　她在其早期音乐生涯里唯一依赖过却未曾被提及的人，是她的室友马丁·伯戈因（Martin Burgoyne）。马丁是同性恋，曾经在"五十四俱乐部"当酒保。他认识纽约的每一个人，带她到所有的夜店玩，把她介绍给安迪·沃霍尔，带着她从侧门进入所有她该去的地方。他们是真正的一对，对人群中的男人指指点点，设计偶遇，胡作非为，找找乐子。马丁很文艺，他在她的第一次现场演出中表演舞蹈，为她的早期唱片封面做设计。她所有的早期歌曲、穿着和动作都得到过马丁的诚恳建议，但哪怕他是朋友、知己和啦啦队队长，他也无法对她强烈的个性产生影响。

　　就像她超越其他人一样，麦当娜很快就超越了马丁的才能。有一次，她不得不悄悄要求迈克尔·罗森布拉特拒绝马丁为她首张专辑设计的封面，因为它不够具有标志性。他们永远是形影不离的朋友，不管她是去夜店巡演，还是去唱片公司开会，马丁总跟着她，她的一些朋友也是这样。在塞尔唱片，我们曾经开玩笑说，在麦当娜有经纪人之前，她身后就已经有一群贴身男仆和服务员了，她天生就是一位公主。令人遗憾的是，马丁是第一批死于艾滋病并发症的人，没能看到麦当娜的全部成就。我相信这件事对她的打击直到今天都还在。马丁是躺在麦当娜的怀里走的。

关于麦当娜早期生涯的另一个记忆，就是她在纽约的时候穷困潦倒，没有任何保障。只要看看她早期的照片就知道了，她穿戴的都是一元店里的便宜货，腕带、发胶，而且浓妆艳抹。她当然是个美人，但我对她的长相没有兴趣，就像我签"雷蒙斯"，绝不是因为我喜欢他们的破牛仔裤和匡威全明星球鞋一样。这么多朋克青年跑出来，打扮成"雷蒙斯"样子的唯一原因是音乐，这在麦当娜身上也一样。她的第一批信徒都是音乐怪人，例如史蒂夫·布雷、马克·卡明斯、我、迈克尔·罗森布拉特、杰利宾·贝尼特斯和其他人。我们所有人都从她声音里听出了某些东西。

真正吸引人们成为她的信徒的，是她充满魅力的独特个性。随着时间的推移，她的信徒逐渐集结成了一支大军。说正经的，就以一九八二年在几乎没有一分钱的情况下匆忙制作的那盘六分钟的录影带为例，她用了"天堂车库"夜店作为拍摄场地，身边围了一群舞蹈演员，她还找了一个几乎是免费的拍摄团队，就这样通过激励和指挥一大群人，得到了她想要的音乐录影带。马克·卡明斯还为《每一个人》这首歌制作了一个九分钟的夜店舞曲版本作为B面歌曲，而且继续在项目里投资，不过到了这个时期，麦当娜已经全面接管了演出，并正在和她的新男友杰利宾·贝尼特斯一起寻找新素材。《假日》（Holiday）和《幸运星》（Lucky Star）这些流行歌曲就是在这期间制作完成的，而她做这些几乎没花一分钱。

在华纳的员工中，麦当娜最早的支持者是在华纳纽约分部工作的博比·肖（Bobby Shaw），他为麦当娜在夜店里火起来做了大量工作。在伯班克之外，常驻纽约的推广人利兹·罗森伯格（Liz Rosenberg）可能是她最早的信徒，但其他人也很快加入了进来，例如舞曲推广部的克雷格·科斯蒂奇（Craig Kostich）以及艺人发展部的卡尔·斯科特。本质上，麦当娜有一种天生的能力，知道自己有着伟大的命运。没有什么能阻止她。每一次录音都至少产生一段伟大的旋律，每一次拍摄都至少产生一个令人震撼的形象，每一次公司会议都培养出新的信徒。确实，可能每个人都想跟她上床，但演艺行业不就看重这一点吗？它不应该纯靠钱来运作。不论我们是歌迷、幕后工作者、专业乐手或是摄影师，私下里都会幻想着和歌手上床，不是吗？就像我们对弗兰克·西纳特拉或莱娜·霍恩（Lena Horne）[1]的那些幻想一样。

在这三首单曲的合约实施过程中，麦当娜不断提高赌注，直到公司上下越来越多的声音开始认同：见鬼，我们应该更努力地推一推这小妞。我们的合约里还有一张可选的专辑约，而且我们甚至不用在它的录音上花那么多钱。我们所需要的就是继续这样做下去，把这些单曲收进一张流行专辑里，再把她的脸放到专辑封面上。必须承认，此

1　二十世纪三十年代美国歌手、舞蹈家、演员和民权活动家。

前她所制作的音乐有些参差不齐，因为她一直在更换那些 DJ 制作人，而这些人太过依赖录音师和专业乐手。但这并不重要，因为这些歌曲都很有感染力。麦当娜所需要的就是更多的助跑，果不其然，当她开始与第四位制作人雷吉·卢卡斯（Reggie Lucas）合作后——这是她合作的第一位真正的音乐家，事业就开始起飞了。

　　我知道麦当娜正在努力找寻一位好的制作人，但我知道最好不要插手。无论如何，你都没有理由去插手。我看待这个游戏的方式一直都是：一旦你签下了艺人，你就给了他们机会。我的工作就是跟华纳大老板一起，为他们提供资金、录影带、漂亮的专辑封面，还有其他更多恰当的服务。如果艺人寻求帮助，不论是寻找经纪人、律师、制作人、牙医、康复诊所或是任何其他事务，我就是他们的“通讯录”先生。如果艺人想全盘掌控他们的音乐，没问题，你最好一直让他们按自己的方式去工作。我为麦当娜做过的唯一一件事，就是邀请她去看“英国节拍”乐队的演出，我觉得她会喜欢上他们的律动和歌曲创作。果然，整个晚上她的注意力就没从舞台上移开过，演出结束后，我带她到后台去见了戴夫·韦克林（Dave Wakeling）、兰金·罗杰（Ranking Roger）和乐队其他成员。我看得出她回家的时候非常兴奋，意识到舞曲音乐不必非得是电子乐和线性的。

　　我还请马克·阿尔蒙德安排她到伦敦去做宣传，他非常热心帮忙。那是她第一次探寻伦敦市场，在那里，她与华纳分公司的人见面，她知道她很快就会需要盟友一起启程去征服世界。唯一一件我坚持让她做的事，就是要求她必须有一位好的经纪人，她也知道自己无论如何都应该这样。为了跳出夜店的圈子，成为一位流行明星，麦当娜需要来自伯班克的巨额市场营销资金，也就是说，她需要一位来自大唱片公司的经纪人，而且这个人最好在洛杉矶工作。我给弗雷迪·德曼（Freddy DeMann）打了电话，因为他的合伙人是迈克尔·杰克逊的经纪人。我认识弗雷迪很久了，我们的交情可以追溯到他还在为拉里·阿塔尔的贝尔唱片（Bell Records）工作，甚至更久以前他还在朱比利唱片工作的时候。从那时起，他的事业就一直蒸蒸日上。我问他是否有兴趣见见我们的新艺人麦当娜。"好啊，"他回答道，"我很期待与他们会面。"

"等等，弗雷迪。麦当娜只是一个艺人。"

"哦，妈的，不好意思！我以为麦当娜是乐队的名字。"

"不，等着见美女吧。顺便告诉你，麦当娜是她的真名。"

弗雷迪很不情愿地接受了她，当他向我们询问详情，了解到她唱片销量不高时，他几乎打了退堂鼓。"我不会给一个只卖了三十万张唱片的艺人做经纪人，"他嘲笑道，"我是迈克尔·杰克逊的经纪人！"但是很快，当迈克尔·杰克逊的父亲开始把他们从杰克逊身边推开时，他傲慢的态度转变了。有一天，弗雷迪突然慌里慌张地给我打电话，想知道麦当娜是否还需要他。

"放松点，"我安慰他说，"她比你想象的更聪明。你只给她一个人当经纪人能真正提高你们双方做事成功的概率。"实际上，麦当娜远比我、比弗雷迪、比我们所有人都更聪明。这就是老天爷赏饭吃。在之后的岁月里，关于麦当娜的经纪人，最好的一件事就是弗雷迪一个女儿的校友盖伊·奥瑟里（Guy Oseary）做了他的助理。盖伊后来担任麦当娜的独家经纪人很多年，最近，他又在保罗·麦吉尼斯退休后接手担任 U2 乐队的经纪人。

麦当娜的故事中唯一让我困扰的，是在工作上、音乐上和爱情上都被甩掉的马克·卡明斯。在音乐领域，我理解她为什么要前行，但我还是会为马克感到难过，因为是他把麦当娜带到我身边的。我不插手他们的私事，不过我用我那百分之一的否决权确保了他在经济上能得到照顾 —— 我把华纳曾经因为要表示出象征性公平合作姿态而同意的条款用对了地方。

不用说，我们谁都猜不到麦当娜会爆发成什么样。她只是一个初出茅庐的人，花了差不多一年时间去打磨首张专辑，而在这一年里，我却在生活中处理了很多其他事。一九八二年底到一九八三年初，我父亲病危。他得癌症已经四年了，但他表现得很坚强。他过去常常会来我办公室，拿一些唱片回去捐给社区的孤儿院和青年中心。他从没有以老板父亲的身份闯进来，指挥员工干这干那。他总是礼貌地问询，尊重每个人，如果有可能，他还会在离开前讲个笑话。我的员工敬爱他。"很抱歉让你久等了。"我的秘书曾有一次对他说，当时我在打电话，老也挂不掉。"我等西摩已经等了四十一年了，"父亲微笑着说，"再等二十分钟也不碍事。"

唉，到一九八三年六月，他的癌细胞已经扩散到无法治疗的程度。他被送入医院，身体每况愈下。当医生通知我们大限即将来临时，我的姐姐安和她的丈夫马蒂（Marty）还在度假，但是父亲一直撑到他们来到身边。我想，他是希望当他最终闭眼的时候我们所有人能聚在一起。父亲去世的时候八十四岁，正好是我当时年纪的两倍。

我总是把父亲弥留的岁月和"伪装者"的热门歌曲《回到铁链帮》

（Back on the Chain Gang）联系起来，这首歌在一九八三年初一直停留在排行榜上。那是一首发自心底吟唱而出的、纯粹真诚的歌曲，是克丽茜·海因德为纪念她深爱的吉他手詹姆斯·哈尼曼－斯科特而创作的歌，此人对她的成功起到重要作用。"我找到了一张你的照片"，这句歌词总是令我心碎。这不正是丧亲之痛的感觉吗？你爱的人变成了抽屉底下的一张老照片。

那首歌可能是"伪装者"最有名的热门歌曲，在《排行榜前一百名》上最高位列第五位，而且在榜上停留了一年时间，这是真正引起共鸣的标志。在麦当娜忙于录制第一张专辑时，"伪装者"的幸运很快被"传声头像"所掩盖，在一九八三年夏天，后者终于打进了主流音乐市场。前一年，"传声头像"一直在努力回到正轨。为了让歌迷兴奋起来，也为了让乐队挣点钱，我们在一九八二年发行了一张他们以前演出现场录音的双唱片专辑，同时，他们在世界各地总共开了七十场演唱会。双专辑的名字《这支乐队的名字叫作"传声头像"》（*The Name of This Band Is Talking Heads*），是故意提醒那些电台主持人们，"传声头像"的乐队名字前面不加 the 这个定冠词。这是一个微妙的重启，以最大的声音强调了乐队的品牌和作品。

如此多的巡演让乐队比以往任何时候都更团结、更专注。他们像制作人一样一直在开发所有新声音，他们作为一支个性都很强的团队所经历的所有混乱以及这些年的尝试和错误，现在都达成了集体共识。是时候全力出击了。到了一九八三年初，当迈克尔·杰克逊的《战栗者》（*Thriller*）爆发，MTV 帮助唱片业摆脱萧条的时候，世界迅速涌现出艺术化、非洲风的流行音乐潮流，而这种类型的音乐正是"传声头像"自七十年代末就已经在玩的音乐。他们的时代终于到来了。

"传声头像"花了几个月时间，在不同的地方自行制作了他们的第五张录音室专辑《说方言》（*Speaking in Tongues*），于一九八三年六月发行，就在我父亲去世前。专辑中的开场歌曲《烧毁房子》（Burning Down the House）有着迷人的放克律动，终于不负众望，打进《公告牌》前十名。对所有我们这些自 CBGB 时代起就相信"传声头像"的人来说，真高兴能够见证乐队的胜利。新专辑的销量比他们以前所有专辑加在一起还要多，于是乐队重新开始巡演，并呈现了一场前所未有的舞台剧。

它一开始只有戴维·伯恩一个人和一台手提录音机。然后，就像所有戏剧作品一样，演出在各种灯光、道具和舞台造型的场景中不断变换。戴维的西服甚至变得更大，但最精彩的部分却是这一切持续带来的强烈刺激。发行过五张专辑后，"传声头像"拥有这么多好听的歌曲，这么多真材实料，这场表演只是从不同角度不断地发力。作为一部舞台剧，它给人的印象太深刻了，必须搬上电影大银幕并制作家庭录影带发行，所以他们自掏腰包和导演乔纳森·德姆（Jonathan Demme）一起拍了两部电影。他们计划保留电影的版权，期待这可以带来大笔收益。他们还打算自己拍第三部，但因为按照电影的标准来拍摄所耗成本太高，于是加里·库弗斯特说服华纳公司为他们投点钱，最终，他们的杰作《别假正经》于当年十一月在电影院上映。

"传声头像"变成了一部独立的巡演机器，他们可能是世界上最好的现场演出乐队。从乐队运营层面来说，我跟他们几乎没有任何关系，但他们是我自始至终见过次数最多的塞尔唱片的艺人。我是他们的铁杆歌迷，真心喜欢他们的音乐，任何时候，只要克里斯和蒂娜知道我在附近，就会格外有心地邀请我去看他们的演出。对他们来说，我就像动画片《布偶秀》里的两个老家伙斯塔勒和沃尔多夫一样，坐在包厢里俯视他们。

多年以来我一直看着他们成长，因而能够从全盘俯瞰的视角看待这支乐队。显然，戴维·伯恩是一个彻头彻尾的原创作者，他好像在恍惚之中与创作的每一首歌融为一体。人们总是好奇他是不是刻意装出一副古怪的样子，他是不是假装在艺术上自成一派，但是我对上帝发誓，他就是你所见到的那座火山。就像摇滚乐历史上的众多杰出人物一样，我认为他在自己的音乐中投入了太多的心血，私下里可能经历了很多痛苦。他生性孤独，一生都把工作放在私生活之前，但是，我有什么资格评判他？我永远对戴维·伯恩感同身受。有些人天生就与众不同，但那真的不是他们的选择。不要指望他们会随着年龄增长就改了性子，他们只会在尝试中不断伤害自己。

戴维·伯恩和蒂娜·韦茅斯之间的关系让人很不容易理解，我也不知道为什么。以前是不是谁曾经有过单相思？还是那种一个女孩夹在两个好哥们儿之间的经典故事？我从来不想问也不想知道。但毫无疑问，克里斯·弗朗茨可能是戴维·伯恩曾有过的最好的朋友，我相信当克里斯和蒂娜结婚时，他们原来兄弟般的关系一定变得很难处理。在舞台上，戴维经常背对着蒂娜，种种细节表明，他似乎有点想把她排除在集体之外。

歌迷们的确很喜欢蒂娜，特别是那些制作人和乐手——他们是最挑剔的消费者。她总是把硕大的贝斯背在肩上四处走动，那样子看上去美极了。在朋克圈子里也有几位女贝斯手，但没人能像蒂娜那样把握好节奏。除了戴维·伯恩那挥汗如雨、畅快淋漓的精彩表演场面外，蒂娜的女性形象还为乐队加入了既柔美又危险的感觉，因为她是在一个男孩的世界里绽放自己。很多时候，"传声头像"看上去就像一根随时要崩断的弦。在后台，你可以感觉到戴维和蒂娜一直处于紧张状态之中，但最终他们每晚都能圆满地完成演出。

克里斯·弗朗茨是乐队神奇的黏合剂，他爱他们两个人，而且看上去总是很放松。当他演奏出那些你在摇滚乐里所听过的最具律动的密集鼓点时，他会发自内心地跟着唱歌。他不是对着麦克风唱，而是边击鼓边唱，感受歌曲的每一个小节，我认为这有助于他完美地打出属于自己的律动。他让歌曲自己找到律动，也许唱歌的鼓手们身上都有至今尚未被发掘的规律。在家里，他把这种律动带到了与蒂娜的关系中，我从没见过哪个男人像他一样深爱妻子。这种关系是相互的。蒂娜也用她一生的深情回馈了他的爱，即使他们个性完全不同。蒂娜在一个十口之家长大，有五个姐妹和两个兄弟。韦茅斯家族还经常旅行，所以带着一车的音乐家和工作人员环游世界是蒂娜的第二天性。戴维一直是乐队的标志性人物，但在巡演途中，克里斯才是真正的队长，只有他才能确保大家不会互相掐起来。克里斯·弗朗茨生来就有一颗开阔的肯塔基之心和充满爱的臂膀，这样才能把整个舞台上的一切围拢在一起。

杰里·哈里森和像伯尼·沃雷尔（Bernie Worrell）一样的客座乐手会根据每首歌的需要演奏不同的乐器，加入各种特别的音效或亮点，但是在"传声头像"背后的是一种家庭精神，我认为戴维正因为反抗这种精神反而具有了一种力量。蒂娜和克里斯组成了家庭，戴维可能觉得这种关系是不可分割的，而自己在人数上不占优势，因此产生了强烈的精神压力。但是就像一个未成年少年那样，他宁可把自己锁在房间里，在镜子前创作他的歌曲，然后在演出的时候把情绪爆发出来，就像在餐桌上坐上主位。一切准备就绪，只等他到来。即使他不太善于交际，但大家的情绪也会变得快乐起来。

那种情绪的"糖醋汁"为"传声头像"带来了独一无二的风味。戴维的歌曲蕴含着精神上的张力，歌词就像热带雷暴一样堆积，最后爆发出雄浑的合唱，宁静与和谐最终降落在舞台上。这一切真是太令人着迷了，我相信他们都在那些神奇的时刻坠入了宇宙般广阔而神秘的爱。我不知道戴维·伯恩是否清醒地意识到所有这一切。我甚至不知道克里斯和蒂娜是不是意识到了。克里斯和蒂娜没有刻意表现得友好，戴维也没有刻意表现得怪异。作为一个乐队，他们并没有试图成为任何一种可燃物质，但所有一切都是自然而然，水到渠成。

音乐背后人与人之间的化学反应是一门奇怪的科学。丹尼·菲尔兹总是说"雷蒙斯"也有类似的情况。对于丹尼，我想每个近距离观察"雷蒙斯"的人，都会觉得原始的乐队阵容总是最具爆炸性的。自从汤米·雷蒙在一九七八年退出乐队，即便马基·雷蒙作为一个鼓手来说更加出色，但"雷蒙斯"却不如之前令人兴奋了。不知道汤米究竟给乐队带来了什么特殊成分，但他那非正统的打鼓方式使整个乐队的电力更足。我不是音乐人，所以我永远不能理解甚至不怎么信赖精湛的演奏技艺。作为一个简单的音乐狂，我只知道，在全盘支配下去看一个乐队的演出是很无聊的事。看一个伟大的歌手在雇来的职业乐手的伴奏下表演，那就更无聊了。流行音乐不单单是音符和节拍。那撼动城墙的巨大震动，来自一群真正死磕的家伙一起面对困境。危险是摇滚乐的精髓，这也许就是这么多伟大的乐队在舞台上努力合作完成所有精彩演出，在舞台下又相互厌恶的原因吧。

如果你仔细观察，摇滚乐的历史上到处都是不正常的乐队，他们多年来互相作对。迈克·弗农曾见过约翰·梅奥尔和他的乐队成员多次争吵，见过"焦点"录制那张突破性的专辑期间因乐队成员之间的摩擦而常常飞出的电火花。乐队的两位主创人员，简·阿克曼和泰斯·范·里尔，由于不同的背景和相互不理解而关系异常紧张。简来自工人家庭，自学吉他，不识谱；而泰斯来自上层犹太人家庭，学习过古典音乐理论。他们对对方的那一套都是既羡慕又厌恶，因此总在为怎样做音乐而争吵不休。还有很多其他的例子：米克·贾格尔和基思·理查兹、卢·里德和约翰·凯尔、斯蒂芬·斯蒂尔斯和尼尔·扬。"精华"乐队则是三人互相掐。我猜正是因为乐队成员间的紧张状态，才使音乐更加轰鸣。

不管怎样，我当时忙于"传声头像"、"伪装者"、麦当娜，还有一大堆我还没来得及提及的艺人的各项事务，那是塞尔唱片极度紧张的一段时期。直到多年后我才意识到，至少从 A&R 的角度来说，我可能是城堡的国王。除了"传声头像"之外，麦当娜花了不到一年时间就火起来了，速度快得惊人，差不多是"传声头像"发行《说方言》和《别假正经》两张专辑所间隔的时间。她的第一张唱片在一九八三年夏天发行，当然，并没能畅销。我们只好继续不断发行她的单曲，好让她的歌一直待在《电台排行榜前四十名》上。《假日》这首歌在一九八四年一月进入了《电台排行榜前四十名》前二十名，从专业角度而言，这是她的第一首热门歌曲。然而，更大的爆发是《边界》（Borderline），在当年暮春发行，是她的第五首单曲。从那以后，就没有什么能够阻挡麦当娜了。

鉴于她首先采取的是夜店路线，从音乐角度看《边界》是对这种路线的一种背离，为她广阔的未来指明了方向。歌曲的作者和制作人都是雷吉·卢卡斯，他赋予了歌曲现代的流行音色，但是请仔细听，它其实是一首老派的节奏与布鲁斯歌曲，我们经常能够在摩城唱片那些管乐伴奏的歌曲里听到它的影子。一九八四年夏天，当它开始在电台狂轰滥炸时，所有年龄段的人都侧耳倾听，开始跟唱："边界，我仿佛要失去理智。"我们正好活在这个见证明星诞生的时代。

不是任何一个艺人都能成为超级明星，但麦当娜却泰然自若地接受了这一切，就好像那是她与生俱来的一样。实际上，她本人从未真正改变过。是别人开始以不同的眼光看待她，包括我在内。这时候她还蜗居在一间小公寓里，等着版税到手，新崛起的明星大都经历过这样一段特殊的处境。当她第一次去见电影《神秘约会》的导演时——她在事业开始腾飞时主演了这部电影，她跳下出租车，找他们要车费，因为她身无分文。她就是这样得到这个角色的。她自己就是剧本写的那个角色。有的人觉得她有点咄咄逼人，但大多数人都喜欢她散发出的那种巨大的，属于年轻人的对生活的欲望。

是麦当娜主动问华纳能否请尼尔·罗杰斯（Nile Rodgers）为她制作接下来的唱片，那真是一个极其明智的选择。

到一九八三年，尼尔已经和"奇克"、"斯莱奇姐妹"（Sister

Sledge）演唱组、戴安娜·罗斯、大卫·鲍伊、"杜兰·杜兰"（Duran Duran）和其他艺人创造了巨大的成功，他甚至不需要经纪人。他只是带着灿烂的笑容走进每一个场合，亲自处理生意。当涉及到讨价还价的细节，尼尔就会带上他的会计，这当然是很合理的。如果你了解交易如何运作，你所需要的只是一个捣鼓数字的人小心翼翼地为你检查合同里的细则，挑出毛病，并确保每一项进出都与你的税务吻合。我非常尊敬尼尔·罗杰斯，不仅仅因为他制造热门歌曲的天赋，还因为他能用同样简单而成功的方式经营自己的事业。

代表华纳的是莫的主要内部律师戴维·伯曼（David Berman），也就是我们这一行所说的处理交易中商务部分的律师。我对戴维·伯曼没有意见，但我认识罗德·斯图尔特的经纪人比利·加夫（Billy Gaff），他给戴维起的绰号是"害虫戴维"（David Vermin）。这在我看来有点极端，但是，我可从没得罪过戴维。不管怎样，合同管理员"害虫戴维"提出按照制作人标准给尼尔·罗杰斯百分之三的版税作为报酬，但尼尔很机灵，他话锋突转，提出了一个更刺激的建议："不如这样，如果卖不到两百万张，我只拿百分之二的版税，但如果超过这个销量，我要拿百分之六的版税，再补上前两百万张专辑百分之四的版税。"

"什么？"伯曼被制作人的超级自信惊呆了，"但是麦当娜的第一张唱片到目前为止才卖了三十万张。根本不可能再卖出一百七十万张。"

"嗯，那她接下来这张专辑我们就按这个办法来。"

"好啊。"伯曼说道，他想象着为华纳节省了一个百分点的费用。谁也没想到，在接下来的几个星期里，这桩交易引发了一场剧烈的风暴。当麦当娜的第一张专辑越来越受欢迎时，我被卷入了这场危机，现在，这场危机已经转移到了莫的头号门徒伦尼·沃伦克（Lenny Waronker）的桌子上。我一直都很喜欢、尊重和信任伦尼·沃伦克，因为他有一双优秀的耳朵，而且出身独立音乐世家。伦尼的父亲西·沃伦克（Si Waronker）是美国西海岸有史以来最伟大的音乐家之一，他创办的自由唱片（Liberty Records）开启了诸多明星的音乐事业，包括埃迪·科克伦（Eddie Cochran）、朱莉·伦敦（Julie London）、亨利·曼西尼（Henry Mancini）、威利·纳尔逊（Willie Nelson）、约翰尼·伯内特（Johnny Burnette）、"戴维·塞维尔和花栗鼠"（David Seville and the Chipmunks）、吉恩·麦克丹尼尔斯（Gene McDaniels）、博比·维（Bobby Vee）、蒂米·尤罗（Timi Yuro）、"加里·刘易斯和花花公子"（Gary Lewis & the Playboys）、马丁·丹尼（Martin Denny）和杰姬·德香农（Jackie DeShannon）等。年轻的伦尼曾在二十世纪六十年代为家族企业工作，师从 A&R 人和制作人斯纳夫·加勒特（Snuff Garrett），此人全靠自己打拼出来，堪称传奇；也师从由推广人转型为卓越制作人的汤米·利普马（Tommy LiPuma）。伦尼的叔叔们，赫布·纽曼（Herb Newman）和卢·比德尔（Lou Bedell）也有自己的独立音乐厂牌。赫布叔叔写过一些不错的歌曲，例如由戈吉·格兰特（Gogi Grant）演唱的《任性的风》（The Wayward Wind），由朱厄尔·阿肯斯（Jewel Akens）演唱的《鸟和蜜蜂》（The Birds and the Bees），都由他旗下的音乐厂牌纪元唱片（Era Records）发行。卢·比德尔的音乐厂牌叫金色唱片（Doré Records），曾在菲尔·斯佩克特事业起步时帮助过他，发行了菲尔的第一首作品《了解他就是爱他》(To Know Him Is to Love Him)；另外还有"简和迪恩"(Jan & Dean)演唱组一些最火的歌曲，包括《儿语》(Baby Talk)，这首歌由赫布·阿尔珀特(Herb Alpert)和卢·阿德勒(Lou Adler)制作，这两位后来成了传奇人物。

伦尼·沃伦克在他父亲那里受到了唱片业最好的教育，但不知为什么他被吸引进了莫的圈子——莫几乎等同于他事业上的继父。我从来没胆子问伦尼为什么不接手自由唱片，也许他和父亲之间的关系太紧张。莫总是抱怨西对伦尼太苛刻，但我相信，任何一位唱片公司老板作为父亲都应该是苛刻的。没有哪个儿子或继承人会因为被优待而在唱片业的激烈竞争中生存下来，莫最喜欢的儿子迈克尔也面临着同样的问题。我一直认为莫·奥斯汀希望伦尼来指导他的手下们，这也是为什么莫把伦尼提拔到了并不符合他 A&R 天分或气质的管理职位上，就像这次尼尔·罗杰斯的案子一样。

当伦尼·沃伦克和戴维·伯曼给我看华纳与尼尔·罗杰斯的交易细节时，我简直无法相信他们竟然让这种事发生了。"你们这是疯了吗？"我倒吸一口冷气。

"但第一张专辑不可能卖出两百万张。"伯曼反驳道。

"别管第一张。马克·卡明斯和杰利宾·贝尼特斯都是 DJ。那张唱片只有一位真正的制作人，就是雷吉·卢卡斯。是他写了《边界》这首歌，除了他以外，其他人都是新手。有尼尔·罗杰斯那样的制作人，麦当娜这张专辑绝对会卖出两百万张。"

"好吧，那只能让麦当娜买单了。"他们直截了当地说。这意味着他们会拆东墙补西墙，尼尔的那一份将从麦当娜的钱里抠出来。

"你们这些浑蛋！"我爆出粗口，我知道这将引发"第三次世界大战"，"你们知道麦当娜现在的律师是谁吗？"

"不知道，是谁？"

"艾伦·格鲁布曼（Allen Grubman）。"

这个名字仿佛像一股巨大的冲击波袭击了房间，艾伦·格鲁布曼是纽约演艺行业最强悍的律师，曾在各个颇具争议的案件中把几家大唱片公司揍得满地找牙。莫的手下们还没有在伯班克见识过"肮脏的人"（the Grubman）[1]，但他们已经听说过他的事迹，也知道接下来会发生什么。更蠢的是，他们竟然觉得能搞定这件事。

"你必须对此事负责！"他们冲我喊道。

"不可能，我与此事无关。麦当娜正在和杰利宾谈恋爱，而艾伦·格鲁布曼是杰利宾的代理律师。事情就是这样发生的。"

打一通电话、组织一场饭局、说说求饶的软话，正在酝酿中的混乱本可以通过交际手腕解决。但这件事不应该由我出面为他们做。我想尼尔应该会接受百分之四这个折中数字，毕竟这对他来说仍然是一桩不错的买卖。但是，他们没胆给他打电话重新谈判。他们都采取了逃避的方式，希望这整件令人头疼的事件自己消失——但事实并非如此。

当《宛如处女》（Like a Virgin）这张专辑在一九八四年十一月发行后，几乎瞬间就卖出了六百万张唱片。莫直到此时才关心起这

1　grub 在英语里有肮脏的意思。

件事，他看到合同上的数字后暴跳如雷。"谁他妈的都别想占老子便宜！"嘿，老兄，现在知道疼了吧？因为是我签下的麦当娜，所以从技术角度讲我是她的老板，我不得不召开另一个毫无意义的会议，不过既然背后有艾伦·格鲁布曼在跃跃欲试，我知道这事肯定会闹得很大。

谢天谢地，我只需要闭嘴观察。当艾伦·格鲁布曼走进会议室的时候，他就像一位步入擂台的摔跤手。悉德·内森肯定会喜欢他。他是一个重量级的布鲁克林犹太人，他抛出的每一条法律依据都充斥着脏话和人身攻击。在那个阶段，他还没成为他后来成为的那种超级律师——不仅代理麦当娜，还代理布鲁斯·斯普林斯廷、埃尔顿·约翰、U2、斯汀（Sting）、莱昂内尔·里奇（Lionel Richie）等许多超级明星。那时他还很年轻，还不够老练。

格鲁布曼的策略就是极其肮脏、极其狡猾、极其侮辱人，大概三十分钟后，伦尼·沃伦克生理上就受不了了，冲出了房间，再也没有回来。莫和戴维·伯曼还留在房间里，但格鲁布曼不停地出拳，把他们打倒在擂台边的绳子上，让他们自相残杀。这很容易，因为他们无论在法律、道义还是策略上都根本站不住脚。

面对如此直截了当的暴力，莫的"老好人"战术全然无用："艾伦，我们希望建立一种工作关系。"

"放屁！"格鲁布曼继续碾平莫每一个试图转移目标但却毫无说服力的话题，直接攻击他们的弱点，"你们当初觉得自己能操尼尔·罗杰斯！如果唱片没有卖到两百万张，他回头去找你们，像你们现在这样哭哭啼啼，你们准会叫他去操他妈！艺人尽力了，是你们搞砸了。现在你们想操麦当娜。你们没有操尼尔，你们操的是你们自己，而现在你又想操麦当娜。"

格鲁布曼是个精明的律师，如果情况需要，他可以在法律上周旋，但他这次用的不是法律的手段，用的是动物性的表达。我相信哥伦比亚唱片公司的董事长沃尔特·耶特尼科夫（Walter Yetnikoff）警告过他关于莫的伎俩，所以他在恰当的时机用火焰喷射器来迎接每一根假冒的橄榄枝。他每句话里能加进去的"操"字越多，效果就越好。他为的就是恶心他们，击退他们，让他们投降。他挥舞着"操"字这把大锤，叫这些打网球的加州佬彻底见识了什么叫"令人作呕的餐桌礼仪"。只要莫一开口，格鲁布曼就"砰"地一锤子下去！他不停地在语言的污水管上敲出巨大的洞，让最粗鄙的字眼在整个会议室里四处飞溅。

当莫在生理上再也无法忍受的时候，格鲁布曼才站起来离开了战场。每个人都知道最终比分。从现在开始，华纳将会接受麦当娜想要的一切。一切都由她说了算。我几乎要为我那些痛苦呻吟、心烦意乱、被气得直翻白眼的同事们感到难过了，但这可是他们自找的。华纳不得不还上一直以来它欠下的债。从这一刻起，所有与麦当娜的谈判都安排得像联合国安理会特别会议一样。

最终华纳得到了应有的报应。我并不是说尼尔·罗杰斯就该得这么多钱；在那个时代一个制作人拿百分之六的唱片销量分成简直骇人听闻。尼尔并没欺骗他们，但他堂而皇之地干了他们一顿。他只是打出手里的牌，然后赢得赌注。不过没关系，数以百万计的孩子们买下了那两张唱片，华纳因此获得的利润可是以千万美元计的。有什么好难过的？又没有死人。尽管"王子"（Prince）和"弗利特伍德·麦克"都很伟大，但麦当娜比他们更成功。而十八个月前，莫甚至不想让我签下她。

形势变化之快简直令人措手不及。那个穷得叮当响的金发小丫头一年前还蹦蹦跳跳地在我们的办公室之间跑来跑去，而现在，她已经狠狠攥住了世界上最大唱片公司的命根子。如果华纳的任何员工现在想与她谈话，他们必须给弗雷迪·德曼或格鲁布曼留言，要是跟格鲁布曼过招的话，愿上帝保佑他们。值得庆幸的是，戴维·伯曼和伦尼·沃伦克都很诚实，承认当初是他们把事情搞砸的。他们告诉莫，西摩是唯一一个相信麦当娜的人，这让莫闭上了嘴。

不过那也只是暂时的。作为一个曾在麦当娜创造数百万美元利润之前对她完全不屑一顾的人，莫开始找事，嫌我当初把麦当娜的版权约签给了自己的蓝碟音乐版权管理公司（Bleu Disque Music）。讽刺的是，退回到一九七七年，当莫买入塞尔唱片的时候，我其实想同时出售我旗下另外两家版权公司——蓝碟音乐版权管理公司和多拉弗洛音乐版权管理公司（Doraflo）各百分之五十的股份。他断然拒绝了我的要求，在接下来的几年里，他也毫不掩饰自己对集团内部音乐版权部门同事的蔑视。他几乎没留什么时间跟华纳音乐版权管理公司的老板埃德·西尔弗斯（Ed Silvers）谈工作，所以几乎没有什么版权业务来自华纳集团内部，这对一个大型集团来说是很不正常的。

最后，莫直截了当命令我以十五万美元的象征性价格把这两家版权公司都交出去。考虑到这两家版权公司拥有的曲目，包括麦当娜的早期作品，例如《每一个人》《幸运星》等，以及"雷蒙斯""焦点""传声头像"和其他塞尔唱片艺人的部分作品，这点钱实在是少得可怜。尤其是在麦当娜和塞尔唱片为华纳集团的利润做出了非常大的贡献，而莫是靠这些利润拿奖金的情况下，这是非常不公平的。很不幸，我对此几乎无能为力。所有的牌都攥在莫的手里，而我最担心的是，如果我采取强硬手段，他可能会拿我的艺人们开刀。他含沙射影地提醒了我几句，说如果我做得太出格，就会让我知道谁才是老板。

幸运的是，麦当娜比我们聪明，比我们成熟，还比我们都出色。直到今天，我仍然相信，如果没有上面提到的所有人（包括我自己），她也会成为明星。关于麦当娜的一个简单事实是，她天生就比我们任何人都更有力量。她是独一无二的，而我们其他人都不过是演艺行业这部机器中可被替换的齿轮。如果在她通往巅峰的道路上有一群伤心的男人在她身后呜咽，那是因为各种各样的男人都试图抓住她，但他们也都知道，她并不需要他们中的任何一个。因为就像她拥有的其他天赋一样，她拥有流行音乐中最重要的天赋：她是一个才华横溢的女A&R人，她能挑出一首伟大的歌曲，并为其洒上星辉。

我不在乎那些满怀嫉妒的人怎么说，这些都是她的才智。麦当娜总是房间里最聪明的那个人，即使她本人不在场。无论是汉弗莱·博加特（Humphrey Bogart）还是玛丽莲·梦露，性感永远与实际的肉体无关；这一切都发生在"楼上"。当人们看到麦当娜的时候，他们确实注意到了她完美的曲线和漂亮的脸蛋，但是吞噬摄像机的却是她眼中的力量。这就是所有杀手级歌词产生共鸣的来源。《宛如处女》？虽然这首歌的旋律不是她写的，但她在一堆破烂中发现了它，把它变成了自己的歌。你试试唱那首歌能忍住不笑或是不被别人嘲笑。只有麦当娜能够做到。尽管所有人（包括尼尔·罗杰斯）都建议说《物质女孩》（Material Girl）的旋律更上口，但麦当娜还是选择了《宛如处女》这首歌作为她首张专辑的名字、专辑中的第一首歌、第一支单曲和拍摄音乐录影带的歌曲。她早就知道这首歌会有什么样的效果，并且让这一切发生。

无论你是埃迪特·皮亚夫（Édith Piaf）、埃尔维斯·普雷斯利、弗兰克·西纳特拉、迈克尔·杰克逊还是麦当娜 —— 归根到底都是同一桩买卖。剥掉所有的包装、擦去所有的废话、跪下来用你的放大镜仔细看看它真正的基本成分只有两种：艺人和作品，即合适的人，合适的歌。

Chapter 8
杀人之月

直到我老了，我才意识到当年有些事情是十分明显的。我从来没有签过大买卖。华纳帝国的尤利乌斯·恺撒——史蒂夫·罗斯，现在正从莫花两百万美元买来的塞尔唱片身上捞取极其丰厚的回报。在A&R这个行当，我有着相当于AAA的信用级别，百万美元的预付款我说付就付，但为什么我没能签下大买卖呢？

大唱片公司喜欢从竞争对手手中挖走大牌艺人，我对这种游戏没兴趣。就算为了争夺当红的新乐队，我也认为竞标战毫无意义。既然花一半的钱就能帮助三支乐队步入正轨，为什么还要浪费一大笔钱在一支乐队身上呢？我总觉得，竞标战是自相残杀，尤其是在独立唱片公司之间。这些年下来，我跟人家争过几次，但我的处事准则一直都是，就与艺人签约这件事而言，应该讲究先到先得。我的工作是找到伟大的未成名艺人，而且希望是先于他人一步，然后使出浑身解数帮助他们成为明星。我控制风险的技巧就是"广撒网，少投入"，也就是英国博彩业中赌注登记人说的"多手下注"。

成功接踵而至，本质上我一直都是一名独立唱片人，也因此备受尊敬。我坚持认为，从事找寻天才这项棘手的工作应该遵循老派的规则。靠买明星你是走不了多远的，你必须自己去找。正因如此，当我

268 Chapter 8 杀人之月

和其他星探一起在英格兰四处嗅探时，我感到那么如鱼得水，兴致勃勃。七十年代末八十年代初，美国的唱片业被大唱片公司和巨额贿赂所控制。从东海岸到西海岸推出一支乐队，光是市场推广的费用就要超过一百万美元。在英国，情况却并非如此。在那里，电台很容易听得到，听得起，比在美国更能深入大街小巷，却远远不像美国那样被金钱腐蚀。英国广播公司是英国的公共广播电台，拥有大量高质量的广播和电视节目，这些节目支持新乐队，使独立音乐人能够在全国范围内被受众知晓。另外，伦敦在欧洲有着特殊的地位。英国的热门音乐通常会被传播到荷兰、比利时、法国、斯堪的纳维亚半岛、西德，乃至更远的国家。

在八十年代，另类英国摇滚品牌就是从这些忙碌的小型独立音乐厂牌中冒出来的，进而成为我们所熟知的"独立摇滚"（Indie）。这是少数几种涉及唱片业而非音乐本身的音乐流派之一，它只是以另一种方式强调这些音乐产自英国、低成本、具有艺术性的市场特征。像许多音乐流派的术语一样，很多音乐家觉得这些标签很烦人，但它确实对唱片销售有帮助，并在歌迷、乐队和他们的厂牌之间建立起一种共同的身份。实际上，"独立音乐"并不是什么新鲜事。除了乐队成员头发更长之外，它其实就是所有七十年代后期新浪潮音乐和后朋克音乐的延续。

对我个人来说，独立音乐的篇章始于一九七九年我签下"回声与兔人"。他们是少数后朋克先锋乐队中的一支，这些乐队包括了"快乐小分队"、"公众形象公司"、"治疗"、"包豪斯"（Bauhaus）、"现代英语"、"泪滴爆炸"、"协会"（the Associates）等等。在我们的克罗瓦厂牌旗下，"回声与兔人"在后朋克时代一直稳步发展。他们一九八一年发行的第二张专辑《天堂在这里》（*Heaven Up Here*），产生了一首快节奏的单曲《承诺》（*A Promise*），我们甚至把它做成一张十二英寸唱片打入了闹市区的夜店里。一九八二年，他们发行了晦涩难懂但在艺术上充满野心的第三张专辑《豪猪》（*Porcupines*），其中就有《爱的背面》（The Back of Love）和《切刀》（The Cutter）两首主要歌曲。

四年来，"回声与兔人"一直被乐迷狂热崇拜，直到一九八四年，他们制作了《海洋雨》（*Ocean Rain*），这是一张相对商业化的专辑，也可以说是他们最美的专辑。也是在那个时期，伊恩·麦卡洛克开始在英国和欧洲大陆走红。这张专辑里就包括《杀人之月》（The Killing Moon）这首歌，这是麦卡洛克的代表作之一，我相信在接下来的上千个下雨的周六，英国街头艺人都会演唱这首歌。

"治疗"是我签的第二支独立乐队。他们一九七九年出道，开始签在宝丽多唱片的某个子厂牌下，该厂牌由乐队经纪人、前宝丽多唱片员工、新西兰人克里斯·帕里（Chris Parry）创建。不出所料，宝丽多唱片纽约办事处的人觉得"治疗"太怪异了，于是把他们的美国版权转了出去，这意味着他们的第一批唱片是通过我在新泽西杰姆唱片的朋友被少量进口到了美国。二十世纪八十年代早期到中期的吊诡之处在于，几乎所有的美国大唱片公司都在故步自封。我常常想起哥伦比亚唱片公司冷落了伟大的莱纳德·科恩（Leonard Cohen），他们甚至拒绝发行他的专辑《各种立场》（*Various Positions*），尽管其中包括《哈利路亚》（Hallelujah）和《与我共舞到爱的尽头》（Dance Me to the End of Love）这样的经典作品。莱纳德·科恩的律师别无选择，只能打电话给我的老朋友马蒂·斯科特，让杰姆唱片把《各种立场》这张专辑作为从欧洲进口的产品在美国各地独立销售。信不信由你，我们合资的独立音乐厂牌护照唱片最终出了这张专辑的一个版本，但当华纳收购塞尔唱片时，我不得不套现走人。

　　大人物的失误通常是小人物的机会，"治疗"就是另一个例子。他们被宝丽多唱片纽约办事处拒绝了，但我一直像老鹰一样盯着，我认为他们非常有吸引力，但我也是到了一九八二年才跟他们签了一张在美国的专辑合同，也就是他们的第四张专辑《色情》（Pornography），同时也就他们的唱片再版谈了一个协议，塞尔唱片随后重新发行了这些唱片。我们在一九八三年发行了专辑《漫步》（The Walk），在一九八四年发行了专辑《巅峰》（The Top）。"治疗"和"回声与兔人"都将迎来更大的发展，但在一九八四年，真正让独立音乐圈子打开主流市场的是一支最大牌的独立乐队——"史密斯"。

　　在一九八三年那个疯狂的夏天，我父亲去世，塞尔唱片全面爆发。我接到了"粗野交易"唱片店创始人杰夫·特拉维斯（Geoff Travis）的电话，那时他正在经营自己的同名唱片公司。"西摩，我刚刚看到这支伟大的新乐队，"他宣布说，"他们叫'史密斯'，我想你会很喜欢他们。"

　　"我什么时候能见到他们？"

　　"嗯，两天后他们要在伦敦演出，不过我知道时间比较赶。"

　　"两天？你在开玩笑吗？相比我签下'赶时髦'所花的时间，这个时间简直太充裕了。"

　　杰夫·特拉维斯过去是，现在仍是一位英国鉴赏家，你闭着眼睛都该相信他的音乐品味和学识。他也是在犹太家庭长大的，不过我们从来没有谈论过那些；因为我知道音乐是杰夫唯一的信仰。站在"粗野交易"的柜台后面，他不仅售出大量的黑胶唱片，还在英国各地建立起了由志同道合的独立音乐商店组成的分销网络，可以说是身处整个朋克音乐圈的核心地带。他们把这个网络叫作"卡特尔"（Cartel），分销的乐队包括"低调"、"快乐小分队"、"特殊人士"、"伏尔泰酒馆"（Cabaret Voltaire）、"政治文件"（Scritti Politti）、"雨衣"（the Raincoats）、"赶时髦"、"现代英语"，以及几百支其他的独立乐队。在这些另类乐队的背后是新一代的音乐厂牌，如双音、静音、4AD、创造（Creation）、炒黑胶（Cooking Vinyl）等，当然还有工厂（Factory），我一直非常尊重它的创始人托尼·威尔逊（Tony Wilson），他很能鼓舞人心。

　　英国的独立音乐群体在地域上是多样化的，但毫无疑问，伦敦的"粗野交易"是这个全国性组织的核心，该组织逐渐蔓延至整个欧洲大陆。它的业务增长如此之快，到了一九八〇年，"粗野交易"的分销部门不得不搬进一间大仓库，并且拥有了自己的唱片厂牌。杰夫·特拉维斯漫长的职业生涯才刚刚开始，还会有更多的名字加入到他早期的功勋榜上，但即使是在一九八三年，在英国也没有任何人比他对另类摇滚有更多了解。如果杰夫·特拉维斯给纽约打电话告诉你一支新乐队的名字，你最好坐直身子，抓起一支笔，赶紧记下来。

　　第二天，我跳上了英国航空公司的航班，正如杰夫所承诺的那样，我立刻爱上了"史密斯"。他们来自曼彻斯特几乎是最靠北的地区，但是，这些歌写得太好了，我坚信美国的听众一定会被他们吸引。对一个二十岁的年轻人来说，约翰尼·马尔（Johnny Marr）是不可思议的吉他手，他连睡觉的时候都在创作乐段。巧合的是，对他吉他演奏影响最大的就是"伪装者"当时刚刚离世的吉他手詹姆斯·哈尼曼-斯科特演奏的清音吉他音色[1]。

至于"史密斯"的主唱莫里西（Morrissey），他不是一般人，而是像莎士比亚戏剧舞台上的一个角色，诙谐、深刻、戏剧化，却又敢于直面现实。他是真正的原创音乐人，歌词写得极好，能让英语老师、牧师、心理医生为了解读他歌词的含义而彻夜争论。他身后的鼓手迈克·乔伊斯（Mike Joyce）和贝斯手安迪·鲁尔克（Andy Rourke）配合默契，但很显然两位创作者莫里西和马尔才是乐队的魔力源泉。事实上，在他们演出结束后，我在与杰夫·特拉维斯为达成北美合约而握手时说："整个乐队都很棒，但莫里西和约翰尼·马尔不管在任何乐队里都会很出众。"

一九八四年初，塞尔唱片发行了他们的首张同名专辑《史密斯》（The Smiths），作为一支首次亮相的地下乐队来说，这张专辑的表现相当不错。最让我感动的是《缠绕在喷泉周围》（Reel Around the Fountain）这首歌的第一句歌词："是时候讲这个故事了，讲你如何带走了一个孩子，又把他变老的故事。"首张专辑之后是一九八五年发行的《肉是谋杀犯》（Meat Is Murder），这张八首歌的专辑以吉他手的杰作《现在得有多快？》（How Soon Is Now?）为特色，我们

---

1 即电吉他直接插入专用音箱弹出的原始音色。

还为这首歌单独发行了一张十二英寸黑胶单曲唱片。我称它是八十年代的《天堂的阶梯》（Stairway to Heaven）[1]，因为有一段时间你在所有的独立唱片店里都能听到这首歌。约翰尼·马尔用"吉他交响"（guitarchestra）这个词来描述这种将十轨以上的吉他音轨叠加，从而形成一种"以声作画"的表现手法。"史密斯"有很多旋律优美的流行歌曲，比如《手套里的手》（Hand in Glove）、《那又有什么区别？》（What Difference Does It Make？），还有《威廉，这真的没什么》（William，It Was Really Nothing），但多亏了《现在得有多快？》，是它让"史密斯"拥有一首重量级经典歌曲，也为他们赢得了美国另类摇滚乐迷的一致尊重。

在一九八五年夏天，他们开始制作第三张专辑《女王已死》（The Queen Is Dead）时，莫里西和马尔写了一首绝对美妙的歌——《永不熄灭的明灯》（There Is a Light That Never Goes Out），这可能是莫里西最受欢迎的歌。他的歌词如此轻松自如，却又直抵人心，只有亲身经历过这些情感的人才能写出这样的歌。无论什么时候，只要广播电台里响起这首歌，我的心情都会为莫里西在"史密斯"巅峰时期所经历的内心痛苦而低落。这让我想起了我曾经不止一次面临过的处境——偷偷地爱着一个男朋友，而你知道你永远无法拥有他。

尽管"史密斯"很聪明，但很不幸，他们注定不能长久。杰夫·特拉维斯总是说，这是因为他们从来没有一个经纪人带着他们穿过波涛汹涌的成功之海。他们确实尝试过，但却一直在解雇那些不走

---

1 《天堂的阶梯》是英国著名摇滚乐队"齐柏林飞艇"在二十世纪七十年代创作的一首经典摇滚作品，被各个时期的摇滚乐迷奉为"摇滚圣歌"。

运的候选人，他们总是指望约翰尼·马尔能重新担负起过去的职责，为乐队充当临时的问题解决人。马尔现在承认，当时他对可卡因和酒精的依赖是让"史密斯"陷入无法控制的混乱局面的部分原因，这种局面其中就包括贝斯手日益严重的吸食海洛因的恶习。我对此没有任何怀疑。然而，通过在后台闲逛和解读他们的肢体语言，我一直怀疑也许莫里西对约翰尼·马尔怀有一种深深的单恋，我还怀疑约翰尼·马尔感觉到了这种爱，但却无法接受。这一直是我的直觉，所以许多年后，当莫里西承认他和一个男人住在一起时，我并不感到惊讶。当然，这不关我的事，不过我把莫里西和马尔列入了一个长名单里，就是乐队成员之间有着说不清道不明的爱恨交织的关系，也正是因为这样的关系他们才创作出了有史以来最好的一些歌曲。

"史密斯"不幸早夭，但他们至少留下了五张经典专辑。他们没有任何单曲进入《公告牌》的《排行榜前一百名》，我们在北美的最终销量是每张专辑卖了五十万张——在那个唱片业销量激增的年代，这算不上是巨大的成功，但这也是衡量他们被人顶礼膜拜的范围有多广的一个标准。美国的摇滚乐迷完全是通过口口相传的方式接受了"史密斯"，我们没有使出贿赂或市场营销的手段。事实上，他们在美国总共只演出了三十场，算下来就是一九八五年六月的一次小型巡演和一九八六年八月的二十场演出。

在一九八五年至一九八六年的那段辉煌岁月里，独立音乐潮流如日中天，冲出了英国的地下音乐圈，像一种新型病毒迅速感染了美国。一九八五年十一月，"回声和兔人"发行了他们最热门的单曲《带上跳舞的马群》（Bring On the Dancing Horses），这首歌成了MTV频道的颂歌。他们的事业得到了我在克罗瓦厂牌的老搭档罗布·迪金斯的帮助，他获得了一个改变人生的晋升机会，负责经营华纳唱片的英国分公司。他手上有权力，有预算，罗布为《带上跳舞的马群》投资了一部很上档次的音乐录影带，这使"回声与兔人"看起来像一支大唱片公司旗下的乐队。

我们专门为美国的夜店发行了一个更长时间的十二英寸黑胶版本，把它放进了一张叫《必学必唱的歌》（Songs to Learn & Sing）的合集里，我们故意没有采用他们最热门的歌曲，合集里这些写于八十年代早期的精品歌曲之前都不是热门歌曲。在音乐录影带的吸引下，数十万新听众被以恰当的方式介绍了"回声与兔人"的其他十首经典地下音乐作品，这让歌迷们能够更深地钻研他们合集之外的专辑。这张专辑在北美的销量是三十万张，是一个常规的销量，这也就是"回声与兔人"时至今日仍被看作成员留着长发、八十年代中期的独立摇滚乐队的原因，而他们实际上自七十年代后期就是短发的艺术摇滚乐队。

说到乐手留长发的乐队，"治疗"花了最长的时间，走了最崎岖的路，才最终到达音乐事业的顶峰。然而，我必须痛苦地忏悔，他们自身没有错，他们遭遇的重重挫折是由许多错误因素综合导致的，这也是我个人众多憾事之一。在美国唱片业内部，术语"独立"（indies）与它在英国的意思完全不同。在那些熟悉美国《电台排行榜前四十名》腐败方式的人当中，"独立"是独立推广人的简称，一般是指那些控制着广播电台的行贿掮客。正如你能想象到的，他们的存在本身就颇受争议，也造成了乐队经纪人和大唱片公司高管之间的大量冲突，

276 Chapter 8 杀人之月

而这些高管是唯一能够付得起高昂费用来行贿的人。

"治疗"的经纪人克里斯·帕里就是一个活生生的例子。他很强势，相信暴力会给他的乐队带来那些至关重要的"推广"资金。他的行为倒没有惹怒我，但伦尼·沃伦克是一个温和的加利福尼亚人，他受不了帕里接二连三的恶语相向。事情变得相当尴尬，我觉得有必要跟"治疗"解除合约，这是个糟糕的错误，我很快就后悔了。塞尔唱片为"治疗"做了最初的推广，所以帕里没浪费任何时间就把他的艺人转移到华纳集团旗下的另外一个厂牌——伊莱克特拉唱片去了。伊莱克特拉唱片的老板鲍勃·克拉斯诺（Bob Krasnow）更强势，不管是面对不良举止还是独立音乐推广对他来说都不成问题。克拉斯诺经验老到，非常专业，最初的机遇来自在国王唱片旧金山办事处工作，所以他在一个成熟的时机下毫不费力地把"治疗"推火了，这让我更加尴尬。

我仍然为这个错误而后悔，因为在八十年代中期朝着九十年代发展的时候，我可以看到莫在背后搅局。塞尔唱片变得如此成功，我不断产生一种清晰的感觉，那就是，只要有可能，我的签名就在集团里的各个部门间传递，以确保华纳兄弟唱片仍然是华纳集团皇冠上的那颗宝石。塞尔唱片永远也不会超过它的母公司。莫更多是担心他儿子迈克尔·奥斯汀（Michael Ostin），那时他已经是华纳兄弟唱片主要的 A&R 人了。在任何情况下，被选中的继承人都不应该在我或华纳的其他人身边显得无足轻重。

迈克尔·奥斯汀当然并不蠢。他的不幸在于他不需要像其他任何人那样努力工作。最聪明的艺人、制作人和经纪人都乐于跟迈克尔成为朋友，因为都知道他是获得特殊待遇的内部通道。麦当娜和其他一些根本不是他亲手签下来的大牌歌手最终都落到了他的手上。公平地说，他在相对早的时候确实支持过麦当娜的事业，但是你能想象出这幅画面——他是老板的儿子。我在八十年代中期面临的另一个问题，是这些英国艺人中的一些人遭遇了"文化过敏"的现象，我只能这么描述它，说的是按照美国的规则来玩这个游戏——尤其是来自英格兰北部的一些乐队。我不愿意这么说，但是在利物浦和曼彻斯特这些城市，爱尔兰人和工人阶级的态度非常强烈，为音乐家的灵魂注入了一些神奇的成分。不幸的是，等到了要做对着镜头说"起司"[1]这种让他们不开心的事情时，这些北方佬中的一些人就是不肯出卖自己。

伊恩·麦卡洛克、莫里西和约翰尼·马尔都是天生的明星，我相信他们都梦想着成名。然而，就像他们乐队的其他成员那样，他们对美国的有些东西就是无法接受。他们很高兴飞到纽约或旧金山，在久负盛名的场所为潮人们表演，但当他们在那些打冰球的城市里巡演，或者某些州的当地主持人把他们介绍为来自"英国曼彻斯特"的"朋克摇滚"乐队时，这些骄傲的英国北方佬却吓得直往后缩。他们甚至没有意识到，他们所憎恶的美国中产阶级特质，正是伦敦人憎恶英格兰北方佬的那种特质：狭隘的地方主义，滑稽的口音，住在小镇上的主人对访客表现出的令人尴尬的过度热情。

我知道洛杉矶音乐厂牌A&M在来自英国谢菲尔德的"人类联盟"身上也经历过类似的问题，谢菲尔德是英格兰最靠北，最接近苏格

---

1 即cheese，类似中国人拍照时面对镜头时说"茄子"。

278 Chapter 8 杀人之月

兰的地方。[1]"人类联盟"的单曲《你不想要我吗？》（Don't You Want Me?）在美国电台风靡起来之后，A&M 唱片的宣传人员花了数周时间极力争取在一档全国性的电视节目中得到一个宝贵的时段。可当他们真的做到了，主唱菲利普·奥基（Philip Oakey）转身谢绝了这个机会。他就是无法接受美国演艺行业的那一套，笑啊，跳啊，以各种夸张的方式自我推销。他觉得那是把自己当婊子使唤。这是我们喜欢英国人的地方，他们的真诚，他们极端的艺术原则，但是我的老天爷，如果你身处这个行业，花费数十万美元进行一场赌博，为的就是把歌曲打入《电台排行榜前四十名》好让人们去买你的唱片，遇到这种情况时，你一定想拿一条湿鱼，猛抽那些艺人的脸。

而在"赶时髦"内部就不会出现这种撂挑子的做法。他们来自伦敦远郊，从第一天起就接受了这个事实，那就是如果你想在美国火起来，就必须按照当地的游戏规则玩。乐队成员和他们的制作人丹尼尔·米勒都和伯班克的营销人员建立了友好的关系，并有意识地努力让人们喜欢并信任他们，认为他们是可靠的、愿意尝试新事物且期待成功的合作伙伴。可笑的是，"赶时髦"能在事业上得到帮助，是因为我放弃了"治疗"。作为对我支持他表示感谢的一种姿态，伦尼·沃伦克对他的属下宣布："我们将放弃'治疗'。与其在塞尔唱片的两支乐队身上投钱，不如更大力度地推'赶时髦'，反正我觉得他们更优秀。"

一九八五年八月，"赶时髦"产生了第一首打入美国《公告牌》的

---

1 二〇一五年，有数万英国人签名，要求将英格兰从西部切斯特到东部谢菲尔德以北的地区划归给苏格兰。这样，谢菲尔德就成了"英格兰最靠北，最接近苏格兰的地方"。

《排行榜前一百名》的歌曲 ——《人就是人》(People Are People)，最高曾排在第十三名。但即便是那样的成绩，也不足以让他们在全美国范围内打响名气。正如一句老话说的那样，"成功从来就没有电梯乘，你必须顺着楼梯拾级而上"。他们不断创作，不断把声音推进到新的疆域，不断地在每次巡演中都加入美国的新城市，把每一次演出都当成最后一场。不管在哪里演出，不管为了宣传演出要做什么事，他们都全力以赴，直到一九八七年在美国发行的专辑《大众音乐》(Music for the Masses)取得了突破。这时候，他们发起了一场北美四十城的大规模巡演。为了完成这项工作，他们需要数百万美元的营销、宣传和巡演支持费用 —— 如果他们事先没有证明他们多么想要这些支持，那他们永远都无法得到。

但是在塞尔唱片旗下所有的英国独立摇滚乐队中，最亲美的是"邪典"乐队。他们的主唱伊恩·阿斯特伯里(Ian Astbury)不仅眼睛里冒着星星，身上还穿着红白相间的条纹衫，简直是一面行走着的星条旗。早在成名之前，他曾住在加拿大，之后回到英国，在那里他组建了一支打扮成美洲原住民模样的乐队，起初叫"南方死亡邪典"(Southern Death Cult)。在八十年代早期，他们一直作为一支地下哥特摇滚乐队在发展。一九八五年夏天，他们发行了经典歌曲《她出卖了圣殿》(She Sells Sanctuary)，借此在英国走红。

他们与一家名为乞丐宴会(Beggars Banquet)的英国独立唱片公司签了约，而我已经通过其姊妹公司 4AD 跟这家唱片公司建立了关系。尽管如此，为了拿到"邪典"的北美发行权，我不得不应对来自蛹和其他唱片公司的激烈竞争，这是我拿下英国独立摇滚乐队北美代理权的过程中一个不常见的例子。但我还是作为特殊情况积极争取了，因为我知道，塞尔唱片和华纳兄弟唱片这个无懈可击的结合体，对推广乐队的声音和形象是最完美的选择。我们同时发行了《她出卖了圣殿》的七英寸和十二英寸两种唱片，这首歌好是好，就是声音太诡异，因而无法进入《电台排行榜前四十名》。随后发行的专辑《爱》（Love）在美国获得了商业上的成功，卖出了二十五万张，作为一支非主流乐队的首张专辑，这个成绩预示着极好的前景。

当"邪典"首次在美国尝到成功的甜头，他们基本上就搬到了美国生活。他们的下一张专辑《电》（Electric）由里克·鲁宾（Rick Rubin）担任制作人，他给他们带来了更干燥、更尖锐、更直接的声音。在音乐方面，这一次他们极大地背离了之前的风格，即使新歌迷听了这张专辑猜不到"邪典"原来是一支英国乐队也是情有可原的。然而，他们真正表达意图的举动是开掉当时的英国经纪人，换成一个重量级美国人。此人名叫霍华德·考夫曼（Howard Kaufman），是"老鹰"乐队的超级经纪人欧文·阿佐夫（Irving Azoff）的合伙人。对于一支英国独立摇滚乐队来说，此举意味着生意。

乞丐宴会唱片的老板马丁·米尔斯（Martin Mills）非常担心"邪典"把重心从英国转移到美国，他飞到洛杉矶，想要心平气和地得到乐队新经纪人的保证。"你们会像从前那样在欧洲巡演吗？"马丁尽可能以外交的口吻问道。

考夫曼抬头看了看办公室墙上那幅巨大的美国地图，微笑着说："哦，是的，欧洲。它在这张地图右边过去的某个地方，不是吗？"

最终的结果倒是皆大欢喜。有了霍华德·考夫曼以及加拿大制作人鲍勃·洛克（Bob Rock）作为强大后盾，"邪典"的下一张专辑《声波寺庙》（Sonic Temple）带来了他们所需的攻城槌般的效果，仅仅在北美就卖出超过一百万张，把"邪典"变成一支全球性的大牌乐队。"赶时髦"和"邪典"成了塞尔唱片旗下最大牌的两支独立摇滚乐队，这主要归功于大规模的巡演、大手笔的投资和对当地游戏规则的遵守，就像 U2 在同一时期所做的那样。

我在八十年代还签了很多独立摇滚乐队，例如"现代英语"、"阿兹特克相机"（Aztec Camera）、the The、"B 级片"（B-Movie）、"除了女孩之外"（Everything but the Girl）、"詹姆斯"（James）、"我的血腥情人"、"驾驭"，还有其他很多。我还签下了"赶时髦"的两个分支乐队——第一支是"雅祖"（Yazoo），在美国将其更名为"雅茨"。"雅茨"是"赶时髦"创始人之一的文斯·克拉克（Vince Clarke）的创意，他在一九八二年与艾莉森·莫耶（Alison Moyet）组成"雅茨"，创作了《别走》和《情况》等几首夜店热门舞曲。在音乐风格上，"雅茨"显然比独立摇滚乐队更加电子化，不过他们出自丹尼尔·米勒的静音唱片，这个独立音乐厂牌使用的是"粗野交易"商店的销售渠道。几年后，文斯·克拉克和新主唱安迪·贝尔（Andy Bell）组成"擦除"（Erasure）乐队，他们为塞尔唱片带来了两首进入美国排行榜前二十名的热门歌曲，《爱的枷锁》（Chains of Love）和《一点小小的尊重》（A Little Respect），出自他们一九八八年的热门专辑《无辜的人》（The Innocents）。

签下这么多英国乐队并不是刻意的策略。和在七十年代一样，我只是支持我喜欢的东西，而乐坛很多有趣的新人碰巧是英国人。出于同样的原因，我还签了很多其他国家的乐队，这些乐队都是我在旅途中发掘的，其中很多是通过我在法国的联系人找到的。八十年代，我爱上了巴黎，在卡诺大街买了一套公寓，卡诺大街是从凯旋门向外辐射的街道中较为安静的一条。在跳蚤市场上找寻装饰艺术珍品是我理想中的完美周末生活方式。哦，大哪，我把巴黎那套漂亮的十九世纪小公寓用花瓶、画作和家具装得满满的，有时候甚至转不开身。没错，在把热门歌曲推上排行榜的同时，我还是一个收集狂。往往是在纽约待上一周，勤奋工作上百个小时之后，我会跳上飞机去巴黎。在巴黎，有时候我凌晨五点就会醒来，然后在人群蜂拥而至之前去逛跳蚤市场。

在巴黎的生活很简单。我离我最喜欢的摩洛哥餐厅"马拉喀什"只有一步之遥。巴黎就是巴黎，到处都有好馆子，想吃什么随便选。我常常光顾的是一家名叫"东园"的越南餐厅和一家名叫"斯特雷萨"的意大利餐厅。巴黎还有无数小酒馆，其中我最喜欢的是"路易斯朋友的家"和"裁缝"，都是本地酒馆。在这些舒适的小店里，我和朋友们、情人们聚会聊天，有时候我们也会从这里去闹市区最时尚的夜店"传统法餐"，那里离香榭丽舍大街不远，从家里散步过去也很舒服。一旦你熟悉了巴黎的路，还能勉强说上几句狗屁法语，你就不会被那些出租车司机痛宰，整个巴黎都是你的了。

在那里，我发现了不少惊喜，也签下了一些当地音乐人，例如"丽塔·米促克"（Les Rita Mitsouko）的《玛西亚·贝拉》（Marcia Baila），就是我发行的一首炙手可热的法语经典流行歌曲。在戛纳国际音乐博览会上，我听到一支由约翰尼·克莱格领衔的南非跨种族乐队"祖鲁卡"，并将他们签了下来。我为此感到骄傲，因为他们的国际热门歌曲《散落非洲》是一首包含祖鲁语的歌曲，这在种族隔离时期具有里程碑式的意义。这首歌在法国排行榜上雄踞榜首，并保持了三个星期。对我来说，八十年代是世界流行音乐的黄金年代，我还发掘和签下了奥夫拉·哈扎（Ofra Haza），一位也门裔的以色列流行天后，她被誉为"中东麦当娜"。

可以这么说，我认为八十年代是我的生活方式变成同性恋的时代。我并没有正式出柜，因为我不觉得这有什么必要。不仅是因为我有两个年纪尚小无法理解此事的女儿，还因为我从没认同过那些戴着徽章、挥舞着旗帜的同性恋游行所倡导的意识形态。在生理上，我从来没有被那些疯疯癫癫的女王所吸引，他们是令人难以置信的同性恋，对我来说他们几乎就是女人。吸引我的是真正的男人，而他们高大的身材、英俊的相貌、聪明的头脑和健壮的体格也是女人所喜欢的。当然我有很多同性恋朋友，其中一些几乎就是女人，但我没有兴趣仅仅为了穿着女装在犹太居住区招摇过市而出柜。我很高兴活在真实的世界里，如果唱片业算得上是真实的世界的话。是的，我最自豪、最快乐的战绩是拿下那些无法抗拒我的魅力的直男。这种吸引不仅仅是身体上的，也是智慧上的。我喜欢聪明男人的陪伴，他们有故事可讲，过着有趣的生活。

我的母亲在一九八六年去世，距离我父亲去世仅三年。在生命的最后几年，她总是面带笑容，她一向如此，即使她因父亲的离去而倍感失落。她似乎想躺在丈夫身边闭上眼睛。他们以自己不为外人所知的方式相亲相爱，我始终相信，在经历了全是工作和奉献的漫长一生

284 Chapter 8 杀人之月

后，他们最终到达了幸福的彼岸。人们说，当你的父母去世时，你才真正长大成人。然而，就我而言，我认为我只是一个由着性子、纵容自己一直不想承担起责任的男孩。现在我再也不能自欺欺人了。我已经是一个谢顶、头发花白、四十多岁的老男孩，我永远不想长大。在二十世纪五十年代，作为一个为自己的性取向感到困惑的少年，这当然不容易，但我不能抱怨，因为我跟一生中遇到过的许多人不一样，我来自一个充满爱的家庭，我的家人们并没有对我做任何不好的事，全是我自己把一切搞砸了。

我怀疑我的家人们从来没有想过我会是同性恋，这能说明他们是多么的天真。他们出生于世纪之交，在漫长的一生中都保持着传统观念。出于对他们的尊重，我对自己的性取向只字不提，直到今天，我也不后悔自己的所作所为。我从不认为保护隐私是懦弱或不诚实的表现，我会把真相告诉任何对此感兴趣的人。事实上，异性恋者甚至比那些最受煎熬的非公开同性恋者更不能接受同性恋。我一直理解并尊重生命的这一真相。你可以叫我老古董，但我认为并不是在地铁上接吻或谈论我们生活中的怪癖和奇想就能让我们变得更开明。人们生活在一起的时候，保护隐私的必要性被严重低估。有时候，赢得别人对你的尊重的最好方法，就是闭上你的嘴，关上你卧室的门。

尽管社会对同性恋的认可在二十世纪七十年代取得了很大的进步，可当艾滋病暴发，这个世界就突然对同性恋不那么友好了。从我父母去世开始，之后的整个十年里因艾滋病去世的消息不断，在倒拨历史的时钟。它先是神秘地见诸电视报道，然后开始离你越来越近，直到你总是听到朋友们在电话里号啕大哭。每天都有谣言和讣告，每周都有葬礼。艾滋病检测呈阳性就等于被宣判了死刑，因为在最初的十年里，染上艾滋病的人没有一个能活下来。所以一提到艾滋病，世界上只有两种人[1]，这不是同性恋或异性恋的问题。我知道异性恋者一听到这个词眼睛就会鼓出来。如果你只是在新闻故事、电视中看到遥远的某个地方发生这样的事，你应该感到庆幸。而我们这些目睹朋友或兄弟在痛苦中死去的人却永远不会忘记那种恐怖。

艾滋病的流行是一场浩劫。成千上万的人在纽约市中心日渐消瘦、销声匿迹。他们甚至看上去都是一样：形容枯槁，衣衫渐宽，身影如幽灵般，躲藏着，被忽视，被排斥，被嘲笑。它是一座城市一个完整角落的精神画像，此刻空无一物，烟消云散，留下的只有一些老照片。看到这么多年轻人死去的悲伤令人难以承受。更糟糕的是，上流社会对此毫不在意。事实上，对很多人来说，我们就是新的麻风病人，活该遭罪。

艾滋病病毒正是在莱诺克斯山医院被发现的，当时我在那里做心脏修复手术。在那之后的整整十年中，我就像个悠悠球一样不停进出医院，我这条命基本上是靠我的医生艾伦·波洛克（Alan Pollock）维持的。由于心脏问题和阵发性的败血症，我不得不接受艾滋病病毒检查，这是一次非常可怕的经历，我能理解那些不接受检查、静待病发的人。就像七十年代末到八十年代初混迹于派对的每个同性恋者一样，我总觉得自己会成为下一个艾滋病患者，但不知何故，我却没有染上。我就不给你们画示意图了，有些性行为我并不喜欢，所以我只

---

1 即检测呈阳性和呈阴性的人，也就是得了艾滋病和没得艾滋病的人。

能猜测是这个原因帮我躲过了感染。我非常幸运。我能想到那些根本没有乱交却染病死去的人。被感染的人和未被感染的人之间真的没有道德公正可言。

每当我想起那些面孔，总会看到戴维·格芬站出来。这家伙显然是唱片业有史以来最浑蛋的一位，红了这么多年。他悄悄把钱给了许多艾滋病人，这样他们就可以有尊严地死去——有些人甚至算不上是他亲密的朋友，只是在迪斯科时代见过面，算是朋友的朋友，而另一些人他几乎不认识。艾滋病并发症导致的死亡是缓慢而丑陋的。受害者们太虚弱，根本无法工作，而且许多人还被家人拒绝、没有积蓄和社会保障。许多濒临死亡的人身无分文，无力支付住院费，面临被驱逐的境遇。我敢肯定，有成千上万的人死在了大街上或者别人家的沙发上。戴维帮不了所有人，但他帮助许多人安详地离开，临终前没有遭遇任何经济方面的屈辱。

单凭这一点，我就不能容忍任何一句关于戴维·格芬的坏话。如果说他在生意上粗鲁无礼，那只是因为他比其他人领先十步。对戴维这样一个思维敏捷的人来说，坐在那里听别人啰唆而他前五秒就能明白对方要说什么，这简直是一种折磨。他总是被压抑，这会让他突然失去耐心。他就是那种典型的明星学生，回回领先，但在竞技场上始终赢不了，因为所有人都嫉妒他。人在高处很孤独，但是别搞错了，我们这些普通人最好让最优秀的人能冲我们咆哮，不然就是暴民统治。

虽然我逃过了艾滋病，但我的旅程中还会发生别的悲剧。每当有"炸弹"从我的天花板上掉下来，格芬总是第一个给我打电话、帮助我走出困境的人。当你情绪低落或是受到惊吓时，他会认真聆听，帮你处理一切你无法解决的问题。他会一直给你打电话，直到你重新振作起来。直到今天，我仍然敬爱他，钦佩他。我知道作为演艺界的好人，他也为其他人做了同样的事，总是提供实际的帮助，却从未寻求感恩或者公众的关注。他是一位灵魂高尚的人。

琳达非常迷恋戴维·格芬，虽然我不确定她的仰慕是否得到了对方的回应。戴维知道她有一颗金子般的心，但她不够机智，经常做出令人尴尬的事情。有一次，在法国里维埃拉，戴维、琳达、埃尔顿·约翰和约翰·里德在一家餐馆就餐，戴维注意到一名英俊的侍者在回头看他。埃尔顿和里德先行离开了，但戴维请琳达留下来闲聊，一直等到那名侍者下班。琳达从不需要任何鼓励就能让夜晚充满活力，所以趁周围没人，戴维请她去问问那名侍者是否愿意和他们一起去派对玩。没一会儿，她搂着一头雾水的侍者回来了，大喊道："戴维，他是直男！"然后笑着走出门外，把那家伙拖到不知哪个地方玩去了。这就是典型的琳达做派。

毫无疑问，琳达找到了自己的事业，尝到了自己赢得成功的滋味，因此变得更加快乐。我们还是经常为了钱或者我不经常探望女儿们而争吵，但总的来说，我们相处得比以前好了。我们永远成不了普通朋友，但由于我们共同经历的一切，我们变得异常友好。除了"雷蒙斯"，她还为史蒂夫·福伯特（Steve Forbert）担任过一段时间的经纪人，但是在八十年代中期，她最终开始涉足房地产行业，仅仅是因为她认识那么多有钱人，而他们总是没完没了地谈论自己在中央公园的顶层豪华公寓和汉普顿的海滩别墅。

　　房地产经纪人喜欢假装轻轻松松就能挣钱，可事实并非如此。这个行业的回报是巨大的，但即使是最好的经纪人也有可能在几个月甚至一年内一无所获。琳达下定决心从事这个行业，很快就赢得了明星房产经纪人的名头。多年来，她的客户包括哈里森·福特（Harrison Ford）、斯汀、麦当娜、西尔维斯特·史泰龙（Sylvester Stallone）、埃尔顿·约翰、比利·乔尔（Billy Joel）、克里斯蒂·布林克利（Christie Brinkley）[1]、拉托娅·杰克逊（La Toya Jackson）[2]、史蒂文·斯皮尔伯格（Steven Spielberg）、利亚姆·尼森（Liam Neeson）[3]、安德鲁·劳埃德·韦伯（Andrew Lloyd Webber）、迈克尔·道格拉斯（Michael Douglas）等。实际上，在奥利弗·斯通（Oliver Stone）的电影《华尔街》中扮演房地产经纪人的女演员西尔维娅·迈尔斯（Sylvia Miles）为了更好地出演角色，还请琳达共进午餐，学习她的口音和举止。琳达就这样成了电影中被模仿的人物。

　　我呢，则变成了单身汉。因为大家都知道我有多喜欢唱片业的历史，所以我受邀与艾哈迈德·埃尔特根、律师艾伦·格鲁布曼和苏珊·埃文斯（Suzan Evans），以及《滚石》杂志联合创办人詹恩·温纳（Jann Wenner）一起成为摇滚名人堂的创始成员。在纳什维尔已经有乡村音乐名人堂（Country Music Hall of Fame），此外还有唱作人名人堂（Songwriters Hall of Fame），所以对我们这些已经到达摇滚行业顶端的人来说，我们自然应该为自己的社群建立

1　美国著名模特，演员。

2　流行之王迈克尔·杰克逊的姐姐，美国摇滚女歌手。

3　爱尔兰著名影星，代表作有《辛德勒的名单》《飓风营救》等。

一座纪念碑。最终，我们选择了克利夫兰。是的，虽然孟菲斯符合条件，纽约能保证参观量，但克利夫兰市是唯一可靠的候选城市，因为它积极推动这个项目并筹措了数百万美元用于摇滚名人堂的建造。他们比任何城市都想得到它，最终，这种决心使它领先于其他竞争者。也正是在克利夫兰，艾伦·"月亮狗"·弗里德（Alan "Moondog" Freed）首次播放他那影响深远的广播节目，"摇滚乐"一词也是在这里产生并流传开来的。

虽然我才四十三岁，但我一直认为，摇滚名人堂的成立标志着我的人生进入了一个重要阶段。这是我作为一个音乐界元老余生的开始。我没上过大学，所以对我而言，能为这些正式会议献计献策是一种殊荣。我们所有成员都必须做自己的私人研究，准备笔记，辩论入选人名单，从历史背景和音乐本身的角度绘制出流行音乐的历史图谱。这个流行音乐谱系在今天被认为是理所当然的，但是在八十年代中期，人们还远未能分清谁是主干，谁是枝叶。

当我还是个孩子的时候，我就一直觉得黑人音乐的兴起是二十世纪的大事件。我最初的唱片几乎全是节奏与布鲁斯歌曲；我工作的第一个音乐厂牌是国王唱片；塞尔唱片的第一张唱片是为一位节奏与布鲁斯歌手马蒂·穆特里制作的；而当我投资蓝色地平线唱片的时候，我最初负责的项目之一就是为一九六八年的孟菲斯乡村布鲁斯音乐节录音。哪怕是我在六十年代末到七十年代签下的所有白人乐队，从英国布鲁斯音乐人到"传声头像"，也都与黑人音乐有关联。所以当嘻哈音乐到来时，我感觉到我可能错过了一趟重要的列车。这是一种全新的音乐流派，我完全不了解，我必须得说，在八十年代中期的那几年，这种挫败感确实让我很困惑。

我开始从侧面审视嘻哈音乐的第一波浪潮，其中一个细节让我感到奇怪，那就是所有的先锋都来自密西西比河以东。洛杉矶、旧金山和西雅图真的没有说唱吗？我很想知道。答案往往出自一个意想不到的来源。一九八六年，我接到了拉尔夫·库珀（Ralph Cooper）的电话，他父亲与他同名，是一位踢踏舞者、演员兼乐队领头人。多年以前，我与他的父亲交好，尽管我们中间隔着两辈人。他一生过着充实而多姿多彩的生活，在"摇摆年代"[1]，他曾在阿波罗剧院演出，还曾在好莱坞电影里出演角色，他是黑人且长相俊朗，因而被戏称为"黑盖博"（the Dark Gable）[2]。但不管怎样，我绝对没想到在A&R人士像鸽子屎一样遍布全国各地的情况下，竟然是他那几乎同样英俊的儿子给我带来了可靠情报。小拉尔夫让我赶紧去找一个叫艾斯 -T 的音乐人。一听到"说唱"和"洛杉矶"这两个词，我立刻放下手上的所有事情，赶过去探个究竟。

我不喜欢经常使用"震撼"这个词，但显然这是描述那种像"一颗十吨重的炸弹在你耳旁爆炸"的直接音乐冲击所带来的震慑和敬畏的唯一方式。我对嘻哈音乐一无所知，但我立即对艾斯 -T 的歌词产生了共鸣，然后越听越意识到我过去对于嘻哈音乐的偏见。在潜意识层面，我曾认为说唱音乐是对节奏与布鲁斯音乐的一种威胁，就像我曾相信三十年代到六十年代的正统乡村音乐被后来所谓的"城市乡村音乐"那些垃圾拉低了档次一样。然而，艾斯 -T 的文字游戏所展现

1　指二十世纪三十年代中期到四十年代中期大乐队爵士乐流行的时期。
2　克拉克·盖博（Clark Cable），美国演员，代表作有《乱世佳人》《一夜风流》等。

出的智慧，让我看到说唱音乐是一种自成一体的音乐流派。说唱音乐跟节奏与布鲁斯音乐毫无关系，它是黑人的诗歌。

当我最终见到艾斯 -T 和他的玻利维亚经纪人豪尔赫·伊诺霍萨（Jorge Hinojosa）的时候，我几乎无法相信他还没被任何人签下来。在那次会面中，我被问到一个非常简单的问题，我觉得他倒不是要对我做什么人格测验。"你喜欢我哪一点？"艾斯 -T 问道，这是一个为难唱片公司高管的好办法。

"我认为你在讲述很棒的故事，"我试着回答道，"但是你知道吗？哪怕冒着失去你的风险，我还是得说，你身上的某些东西让我想起了卡利普索音乐。"艾斯 -T 盯着我，有点困惑，仿佛他只听说过这个词但没有真的听过卡利普索音乐的唱片。"我可以放点东西给你听吗？"我问他。

我不得不在我那间乱得出名的办公室里翻来翻去，因为里面总是塞满了唱片、杂志和古董。这可能不是艾斯 -T 那犀利的经纪人所期待的那种会面，但他俩只是坐在一旁看着我。我放给他听的第一张卡利普索的唱片是一九五六年的热门歌曲，音乐人"强大的麻雀"（Mighty Sparrow）的《简和迪娜》（Jean and Dinah）。这是一首讲述特立尼达人独立之后卖淫市场乱象的歌曲。其中伟大的歌词"美国佬滚蛋了，现在麻雀接管了"，是对那个特定时期、特定地点幽默而又辛酸的描述。接下来播放的唱片是基奇纳勋爵（Lord Kitchener）一九七八年的热门歌曲《甜心屁股》（Sugar Bum Bum），它只能被描述为对一位叫奥黛丽的女士大屁股的致敬。当这些饱含性意味的西印度群岛音乐灌满房间，艾斯 -T 坐在经纪人旁边微笑起来。对年轻的说唱歌手来说，卡利普索是一段古怪的史前史，但他突然抓住我说："我想和你签约！"

塞尔唱片招募到第一位伟大的说唱歌手的方式很不寻常：他问了我一个诚实的问题，而我给了他一个诚实的回答。艾斯 -T 知道我没有在他的领域伪装成专家，但他至少看出我理解他歌词中的讽刺意味，并不是每个人都能做到这一点。在说唱音乐的早期有这样一种倾向，白人旁观者是按照字面意思来理解说唱音乐的歌词，而说唱艺人的本意并非如此。我也相信艾斯 -T 认为我是半个疯子，但我认为，我来自布鲁克林这个事实也有助于让我们之间的关系日益密切。我们都出身卑微，是的，这通常会产生一定程度的信任。不用说，艾斯 -T 后来卖出了数百万张唱片。

现在，华纳的销售单上挤满了塞尔唱片旗下的"怪兽"。一九八八年塞尔唱片搬进了洛克菲勒广场七十五号大厦，此举具有象征意义，标志着我们成了一家大公司。我们的新办公室在二十楼，可以俯瞰整个广场，就连我也开始盼望着圣诞节的来临。每一个纽约人都知道，洛克菲勒广场上会出现一棵巨大的圣诞树，游客和市中心的家庭会蜂拥而至，并将其视为一年一度的冬季朝圣之旅。每年，当圣诞灯光第一次亮起，办公室都会响起一阵阵欢呼声，我们都会冲向窗户，俯视圣诞节庆的中心地带，知道圣诞老人会把数百万张我们的唱片带给全世界的孩子们。你们可以说我太感性，但在我心中没有任何行业能比得上演艺行业。

热门歌曲不断涌现。那一年，我的大明星是加拿大的 K.D. 朗。在录制唱片之前，她只是一名翻唱帕齐·克莱因（Patsy Cline）歌曲的歌手，渐渐地，她开始创作自己的歌曲。第一次听到她唱歌，我就被她那不可思议的声音吸引住了，并和她签约，保持了一段长期而成功的合作关系。伯班克的一位艺人发展部经理卡尔·斯科特是她的超级歌迷，他应该为支持朗的事业而得到肯定。人们说她是世界上第一位女同性恋流行歌星，那是因为朗之前的那些女同性恋歌手别无选择，只能将自己的性取向视为不可告人的秘密。我很骄傲能让如此优美的声音为众人所知，尽管这完全是出于音乐本身的原因。老实说，我并没有被同性恋艺人所吸引；我从不让他们的性取向影响我的听觉。我听到了人们内心的声音。我只依据音乐本身而非其他东西来评判艺人。

八十年代末的一个惊喜堪称我事业这只蛋糕上的那一层糖霜。几乎每一个我签过的英国独立音乐人，包括少数美国乐队，例如"替补"，都是听卢·里德的歌曲长大的。对于一个早年在商业上并不成功的"地下丝绒"乐队里苦苦挣扎的人来说，卢·里德此刻已经成为独立摇滚这一代人的先知。一定程度上要感谢塞尔唱片在所有另类摇滚乐队上获得的成功，否则在这期间只能充斥着俗气流行音乐。因此，一九八八年的一天，我接到卢·里德打来的电话，他解释说他对RCA唱片感到厌倦，而RCA唱片也受够了他。他在八十年代一直挣扎度日，迫切需要一个新的唱片厂牌、新的合作者、新的计划。卢·里德所谓的"纽约三部曲"就这样叩响了我的门。

我说过我有一条准则，从不签已成名的明星，但卢·里德是那种值得你破例的人——特别是考虑到签约是他提出来的。从七十年代起，我通过丹尼·菲尔兹在社交场所见过他很多次，所以当他顶着那头招牌式卷曲的鲻鱼发型[1]走进来时，我们就直接开始谈正事了。人们总是谈论卢·里德暴躁的性格，但我一直觉得他很亲切。他不喜欢任何人的奉承，但如果你和他正常交谈，让他随意，他就会足够友好。就像鲍勃·迪伦一样，我怀疑卢的坏名声是由那些老想在他身上发现惊奇的记者挑起事端进而盖棺定论的，他们会用伪知识分子问题把他逼疯，直到他崩溃。其实他只是一个安静的、喜欢观察和沉思的人。正如他的歌词体现的那样，他最欣赏的就是简单和直率。我们俩都非常喜欢布里尔大厦发行的那种老式流行音乐。如果给他听五十年代的经典老歌，他就会如鱼得水。

　　他比我早一个月出生于布鲁克林，所以我总把他看作是同龄人。他是我们当地的英雄人物，但我从来没有让我对他的崇拜占了上风。不幸的是，华纳兄弟唱片的人不喜欢他，那是因为他们不懂他的出身。我怀疑这种不喜欢是相互的。当时卢的第二任妻子西尔维娅（Sylvia）实际上是他的经纪人，虽然在我印象中她没管多少事，顶多也就是打打杂。我从没搞明白她在他事业发展过程中扮演的角色。我只知道卢受不了公司里的那些蝇营狗苟。他不想与任何小职员或者华纳的中间人打交道；他坚持每件事都找我解决。我不介意这些——实际上我对此非常受宠若惊，尽管他的出现总让我紧张。如果他说下午会顺道来访，我会在上午就开始有些紧张。

　　有一次，他带了几首小样来拜访我，但办公室里的音响出了点问题。我们捣鼓来捣鼓去，感觉折腾了很久，我的行政助理丽莎·莫利

1　一种在二十世纪八十年代流行的头顶和两鬓剪短后面留长的发型。

（Risa Morley）来帮忙，可卢却让她在磁带开始播放的时候离开房间。卢有点偏执，他唯一想要的是我的意见。这让我很是受用，但多少有点无意义。我从没想过要求卢·里德增加一轨钢琴或改变一个音节。他的特权是随心所欲地创作歌曲，而我的责任是确保所有音乐作品都能获得报酬、录成唱片并得到宣传。

我担心过他有吸毒的名声吗？不，不管怎么说他显然还能正常生活和工作。我所关心的是最终的结果，那是一张叫作《纽约》（*New York*）的专辑，被评论家们称赞为他的"回归之作"。接下来是他与约翰·凯尔合作的《德瑞拉之歌》（*Songs for Drella*），这是一张向已故的安迪·沃霍尔致敬的专辑，这张专辑获得了更多的喝彩。然后是《魔法与迷失》（*Magic and Loss*），另一张关于朋友离世的概念专辑。我从没指望卢·里德再写出一首《完美的日子》（Perfect Day）[1]。我知道，他就像我一样，已经走过了漫长的人生路，写下的都是上了岁数的人的忧虑，但他信守承诺，完成了一些有意义的事情。那些他最忠实的歌迷们似乎都认为《纽约三部曲》是他后期作品的亮点。

如果说卢·里德是蛋糕上的糖霜，那么布赖恩·威尔逊就是蛋糕顶上的一颗樱桃，而且同样也不是我用支票追到的。他的签约更是出于自愿。我第一次见到他，是在一九八七年三月第二届摇滚名人堂加冕典礼的后台。是我建议让布赖恩·威尔逊出场介绍"莱伯和斯托勒"[2]，因为我知道他们的音乐对少年时期的威尔逊有着重大的影响。我们都站在舞台侧翼，等着提示让我们上台发言。我不知道谁更害

---

1 卢·里德最著名的作品之一。
2 即前面提到过的红鸟唱片的两位杰出歌曲作者，杰里·莱伯和迈克·斯托勒。

怕，是他还是我，但我们相互打气，迅速建立起一种亲密关系。在经过多年的毒瘾、遁世和精神疾病的折磨之后，他面目一新，开始在公众面前露面。我一直很喜欢他的音乐，而且仍然认为他是"二战"后那个时代最伟大的流行歌曲创作者。他看上去很可爱，但也很脆弱，我只是想帮助他从很久前就陷入的深渊中爬出来。

在随后的聊天中，我跟他说起我在前塞尔唱片的艺人和朋友安迪·佩利[1]，据我所知，他一直梦想和他心目中的头号英雄——布赖恩·威尔逊合作。布赖恩以一种容易激动的、近乎孩子气的语气命令我："现在就打给他。我想和安迪聊聊。赶紧的。"我们在华尔道大酒店一条人不多的走廊里找到了一个电话亭。我用我的信用卡给安迪打了电话，在接下来大约一个小时的时间里，布赖恩·威尔逊和安迪·佩利聊啊聊啊，聊的都是音乐。我只得站在旁边，像个偷窥狂，等着拿回我的信用卡。这一切有点疯狂，但我想我们当时都感受到了上台发言后才有的肾上腺素飙升的刺激。

那通电话促成了布赖恩·威尔逊的个人复出。我为他们争取到了二十万美元的预算，这在当时是很奢侈的，不过如果你只聘请最好的乐手，并且以布赖恩·威尔逊喜欢的方式慢悠悠地工作，这些钱很容易就花掉。我不能置身事外，我在布赖恩家里度过了好几个周末，出门吃吃饭，听他们演奏，但保持一定距离。这本来应该是一段愉快的冒险之旅，唯一笼罩上空的阴影是臭名昭著的尤金·兰迪（Eugene Landy）。他是所谓的医生，为布赖恩治疗精神分裂症。公平

---

1 "佩利兄弟"乐队中的一位成员。

地说，兰迪可能救过布赖恩的命，但是在漫长而缓慢的康复过程中，兰迪开始滥用自己作为心理治疗师的权力。他接管了布赖恩的生活，包括他的商业利益，甚至将布赖恩的一些作品登记在自己名下。他自称尤金·E.兰迪医生，其实自己就是个变态，应该被关进监狱。布赖恩可爱的弟弟卡尔·威尔逊（Carl Wilson），还有布赖恩曾经的女朋友、现在的妻子梅琳达（Melinda），是最关心这一切的人。作为一个团队，我们全都在小心地努力帮助布赖恩摆脱这位无疑是怪物和骗子的"医生"的精神控制。

当伦尼·沃伦克听到我们做的音乐小样，还听说我在布赖恩·威尔逊家的花园里晒日光浴，他就像一个站在玩具店门口盯着橱窗看的小男孩一样。伦尼喜欢"海滩男孩"，所以当布赖恩和安迪花光了唱片预算，他就插手进来，用看起来没有上限的支持鼓励他们继续做下去。最后，这张唱片花费了不可思议的百万美元，也是塞尔唱片产品目录上最昂贵的产品，但在伯班克似乎没人在意。在加利福尼亚，帮助布赖恩·威尔逊被认为是一种高尚的社区服务行为。每个人都清楚，布赖恩获得第二次生命的唯一机会，就是通过工作赢回他早已破碎的自信。这张唱片的名字很简单，就叫《布赖恩·威尔逊》（Brian Wilson），参与唱片制作的人数以千计，最终令一些歌迷很失望。不过不要紧，它确实成功地帮助威尔逊找回了一些过去的自我。

在八十年代快结束的时候，我想我终于登上了人生的巅峰。塞尔唱片仍然拥有世界上最耀眼的大明星——麦当娜，而我作为一个A&R人，是行业里最炙手可热的名字之一。就我个人而言，从布赖恩·威尔逊和卢·里德身上，我也接触到了我这一代战争婴儿中最优秀的思想。老实说，仅仅是看到我的这些英雄们必须克服多少困难，就足以令人大开眼界。他们的奋斗，他们的挣扎，可能一开始就激发了他们的想象力。

所有野心的萌生，基本上都是出于对自己身份和地位的不满。我们生来就与恶魔同在，而我们必须在它们杀死我们之前驾驭它们。在很长一段时间里，我一直以为这个恶魔是我的性取向，但不论到底是什么让我不停奔走、难以入睡，我想我的生命中绝对还有更多的恶魔在虎视眈眈。某些强迫症式的行为和极端行为可能会让焦虑得到暂时缓解——我解决自身痛点的办法是追逐热门歌曲。我就像一条鲨鱼，一旦停下来就会窒息而死。我知道我是个无可救药的人，无法静静地坐下来，一刻不得消停。但是换作你，你该怎么做呢？找个兰迪医生？还是继续带着这种珍贵的疯狂继续奔跑？

Chapter 9
疯狂

　　我右手握着电话听筒，与伦敦的艺人、经纪人或唱片厂牌交谈；同时左手签署着秘书递过来的文件；这时，一名职员可能出现在门口，给我比画着有个重要电话通过另一条线打进来。在这种混乱场面中，一堆新鲜出炉的样带刚刚送到。日复一日，每张办公桌上的电话都在响个不停。

　　这就是我在八十年代和九十年代初的生活。早晨是伦敦时间，傍晚是伯班克时间，午餐是每个人都要发疯的时间。我在塞尔唱片的日常任务是保证公司在国际上保持一定的成功，结果这种成功是如此巨大，已超出控制。就像街机游戏《太空侵略者》的最后一关，外星人已经暴跳如雷。我要不停射击，不停躲避子弹才能活命，我必须尽可能拖延时间，直到"游戏结束"的画面不可避免地出现。

　　我得到的回报就是看到华纳兄弟唱片销售报告上有多少最畅销的唱片属于我们。考虑到塞尔唱片基本上就是我以及一支七八个人组成的团队，我们的成功率简直是高得惊人，可能是那个时代同规模唱片公司里最高的。但所有这一切都是以个人付出为代价的。作为一个总是因为心脏病出入病房的人，我那时候嗑了不少可卡因 —— 现在我这么大岁数来承认这件事是很尴尬的，但在当时我只有这么做才能撑得下去。节奏太紧张，甚至连我的员工都没有时间过私生活，考虑到他们在工作中能接触到多少令人激动的事情，我怀疑他们甚至没耐心去过普通人的正常日子了。在塞尔唱片工作就意味着生活里只是上班、玩乐、一日三餐，是派对、演出、出差……所有的一切汇聚成了纽约的许多年轻人梦寐以求的多彩人生。

日子一天天地过得很快，我们在办公室里待的时间也很长，所有人几乎都不着家，公寓对我们来说真的就是一个储物柜和一张床。行李箱摊开在地板上，半箱子没叠的衣服散落出来。那就是你的移动衣柜。在我自己家，我更是神龙见首不见尾，纽约市警察局甚至可以在我的厨房里上调查实践课。这里就像一个无人居住的冰雪世界，雪上只有脚印，四周静得可怕。学生警探们可以通过将水槽里每一只喝了一半的咖啡杯和桌子上堆积的未拆封信件进行匹配，来评估他们的侦查技能。

你到家了，你睡一觉，你冲个澡，然后你又"嗡嗡嗡"地飞回明亮的灯光下，快乐得像一只仲夏夜里的小昆虫。你一周要看好几场演出，每场演出都要凌晨两点才散场，而第二天早上九点钟你就要到办公室。站在自己的办公桌前，你就是甲板上的水手，必须工作到伯班克下班，也就是纽约时间大约晚上十点。日复一日，无限循环，因为你的主要工作是寻找新艺人和宣传新发行的唱片，但这时常会被打断。塞尔唱片旗下的乐队很多都在巡演途中，人们总是想要得到门票或者后台通行证，包括詹姆斯·布朗居然想去看麦当娜的演出。还有午餐、活动、名人堂的相关事务，给人帮忙等等。所有的电话你都得接，不管你有多忙，你总得维持好人缘。

唯一能腾出时间来真正聆听样带、阅读杂志、探寻新作品的办法，就是每天疯狂工作十八个小时。所以，如果你第二天必须出现在伦敦，你就不能搭乘下午的航班，那样会浪费整整一天。绝对不行！你得把整整一天的工作用十个小时干完，然后搭乘夜间航班。在飞机上你还得继续工作，抵达伦敦时已经疲惫不堪，但还得接着工作一整天，通常晚上还要再看一场演出。你得连轴转，因为伙计们，那句老话说得不假，早起的鸟儿的确有虫吃。

你走到哪里，电话铃声就跟到哪里，不论是去伦敦、巴黎、洛杉矶，还是星期天、假期、宗教节日，甚至是去看医生时……我在伦敦常去一家中餐厅——"聚会画廊"，那里的人会贴心地把电话放到我桌上，允许我边吃饭边干活。在飞机上是我唯一无法被联系到的时刻，所以我会利用这段不被打扰的安静时间处理掉一些杂事，例如整理报销单据。我的一个小怪癖就是把发票塞进飞机上提供的呕吐袋里，这样再合适不过。飞机上是我给主要助手丽莎（Risa）口授信件的最佳时机，她经常和我一起出差。可能我工作中最重要的部分就是为我的艺人争取到支持，所以，感谢传真机的发明，我的办法就是给莫和华纳的其他人写备忘录，希望能借此鼓动他们，不过我相信其中的许多留言写了也是白写。

我相信莫憎恨收到这些两三页长的文字炸弹。不过让人觉得我是一个疯狂教授倒挺合适的。我想要的只是钱和绿灯，所以我不得不以看起来不那么公然对抗的、委婉的方式提醒莫，在音乐方面我比他更有远见。如果莫能为了保全面子而告诉他的同事我精神不正常，但为了让我闭嘴而给我任何我想要的东西，那么也算是公平的交易。在华纳公司内部，我是出了名地特立独行，我知道，战场上的士兵们都期待有人郑重其事地对待他们，向他们展示他们的日常任务对整个战争进程有多重要，这样他们会倍感荣幸。

当我的传真到达伯班克大楼各个部门时，我敢肯定，员工们会认为我在写这些大段独白的同时正在"飞"大麻，的确，我的写作技能有时需要一点额外提升。不过，没有人能质疑我的行业知识、我的诚意，以及最重要的，塞尔唱片在指引音乐潮流方面取得的赫赫战功。为了让我那些不受重视的艺人得到应有的关注，我不得不搞出点事情来，激励那些并不直接受我指挥的部队。在电子邮件时代以前，一封字斟句酌、精心打印的信函所承载的分量远超一通电话。当然了，信函还有一个好处，它可以被传阅。

我在不休不眠地忙着做这些事的同时，琳达时不时地闯入画面，添了不少乱。如果我没有准时付给她抚养费，她就会折磨我的助手们，直到我给出一张支票。"国王陛下在哪儿？"她会用那种听起来很像她母亲的布朗克斯腔调对着他们哭哭啼啼。在塞尔唱片工作免不了要应付我的前妻，值得赞扬的是，他们都带着调侃的心态来做这件事。直到多年以后我的员工才告诉我，他们都觉得我和琳达很奇怪，一方面会侮辱对方，另一方面在社交场合遇上了又笑得那么真诚，我们倒真是会常常碰见对方。我们之间有一种无法理解的爱恨关系，不知为什么这种关系一直存在。我们之间就是有这样的静电，不知情的旁观者会感到他们的头发都立起来了。

我记得有一年元旦前夜，欧文·阿佐夫送了我们贝特·米德勒（Bette Midler）的演出票，演出几个小时后就要开始了。本来欧文自己要去看的，结果最后一刻出了点事。不可思议的是，我们只晚到了十分钟，以我们的低标准来看，这算是格外守时了。贝特·米德勒已经在台上了，她看到我们扒拉着观众找座位。"嗯，他们来了，又迟到了，"她在演出中宣布道，"就是那对著名的职业摔跤运动员西摩·斯坦和琳达·斯坦，我要是说'干架的斯坦夫妇'，你们就知道了。"

即使离婚很久了，我们的争吵仍然是城中热议的话题。有一次，应该是在八十年代末九十年代初，纽约某个阳光明媚的下午，我们这奇怪的一对坐在出租车后座上又吵了起来。这时距离我们离婚已经有十五年，但由于我们之间有一段共同的历史，两个女儿也已长成了大姑娘，我还是不得不忍受琳达出了名的唠叨。我那几年嗑的药可能没用。当你悠然自得地来一口的时候，最不需要的就是前妻在你耳旁尖叫。

琳达在心理上相当于一个食品搅拌机。不过，为我女儿的母亲说句公道话，她从没有对我置之不理，倒是我常常在女儿那里玩失踪的那一套。别看她的脾气如暴风骤雨一般，但她对家庭一贯忠诚，客观地说，我不值得她这样做。如果我忘了萨曼莎或者曼迪的生日，琳达会订些鲜花并在贺卡上写上我的名字；只要我一住院，她总是第一个赶来看我的人。到头来，我在事业上到达了巅峰，但在一些更简单的事情上却是一个彻底的失败者。当萨曼莎和曼迪蹦蹦跳跳地来到我办公室，我的助手们也都是些年轻女孩，她们可以看出她俩多么想和自己的父亲待在一起。唉，时间是我唯一不够用的东西。我的一切都奉献给了塞尔唱片。它就是我的孩子。我就像一个离家很久的父亲，现在有了另一个家庭。

三十年来，我一直是一个职业的音乐瘾君子。我渴望这场游戏的刺激胜过其他一切。唯一能受得了我步步紧逼的是其他唱片公司的老板们，因为我们都想听到最新鲜、最纯粹的新东西。事情就是这样，只要你们一直努力，不断地找到好东西，你那难以相处的性格就会被人原谅。

我们这一类人的大聚会是法国戛纳国际音乐博览会，这是唱片业最大的贸易博览会，位于法国里维埃拉的尼斯郊外。它在每年一月底或二月初举办，我们离开三个月后戛纳国际电影节就会在同一批酒店举办。这个展会以"会议中心"或称为"戛纳影节宫"为核心，沿着戛纳壮观的海滨十字大道蔓延展开。这里有棕榈树和俯瞰地中海的地标性酒店。对一群衣着邋遢的"音乐狗"来说，这是一个迷人的地方。对我来说，去参加展会就像去银行取钱。最初那些年，在法国戛纳国际音乐博览会上达成的交易好几次挽救了塞尔唱片，甚至到了华纳时代，它仍然是一个跟朋友见面、收集样带和分享消息的好地方。

每一个A&R人都幻想着，通过追逐田纳西州山上遥远的雷声就可以不断地抓住闪电，并把它们装进瓶子里。老实说，如果你一生中做到过两次，那你就是最幸运的人了。我长寿的秘密是我喜欢走出纽约，跟我的联系人碰面。只有动起来我才感到最幸福。在我去见同道中人时，新的风景在身边闪过。大多数时候，你不会找到下一个埃尔维斯·普雷斯利，但是只要你时不常地露露脸，跟朋友们叙叙旧，好运就会偶尔从你餐桌上的谈话中溜出来，溅到你的大腿上。

一直让我惊讶的是，我在法国戛纳国际音乐博览会上极少遇到我的美国竞争对手。这也表明美国唱片业过去有多狭隘，现在恐怕也是如此。你绝对不会在这里遇到迈克尔·奥斯汀或莫·奥斯汀。很多年来，感觉只有我们几个人能抢先收获整个欧洲乐坛的好作品，不论是在独立音乐还是主流音乐领域。展会期间，我要么住在卡尔顿要么住在雄伟巴里尔，都是海边爱德华时期[1]的建筑。还有一个稍微便宜点的选择是马丁内斯酒店，那里有全城最时髦的酒吧，晚上那里的人通常是最多的。卡尔顿酒店的一三〇号房间在博览会期间通常是为我保留的；它是套房，有一个面向大海的阳台。我需要足够大的房间作为私人办公室，因为穿过大堂或者走到海滨大道的时候，我经常被手中挥舞着样带的独立音乐人搭讪。

在这三四天里，卡尔顿酒店的大堂成了拥挤的交易大厅。如果你四处闲逛，仔细观察，就会看到一些熟悉的面孔，他们之间往往会达成重大交易。大厅里人来人往，熙熙攘攘。那个年代没有手机，我们就在酒店门房或者会议大厅的一个大信箱里相互留下消息。在各种会议之间，我们会参观展台，和最喜欢的唱片厂牌打招呼，不过真正的交易会上太嘈杂了，我们一般会把和最重要的联系人的会面安排在酒店或最受欢迎的午餐场所"菲利克斯"。

在戛纳后面的小山上，有一个叫穆然的美丽的中世纪小镇。沿着小路而上，在桉树和橄榄树之间隐藏着可能是里维埃拉最好的餐厅和客栈——穆然磨坊酒店。它是由一位著名的大厨罗杰·维尔热（Roger Vergé）开的，参加戛纳国际音乐博览会就该在这里吃饭。在那里，你会偶遇所有的大老板，包括大西洋唱片的总裁道格·莫里

1　指一九〇一年到一九一〇年英国国王爱德华七世在位时期。

斯（Doug Morris），或者索尼音乐（Sony Music）的董事长汤米·莫托拉（Tommy Mottola），又或者伊莱克特拉唱片的老板鲍勃·克拉斯诺。然而，博览会期间的客人主要还是欧洲大佬和独立音乐唱片公司老板，此外，还有艾伦·格鲁布曼和其他一百多名美国律师，以及来自世界各地的律师。我们都在各桌之间游走，就算谁把桌布扯了下来或者在木制的桌子表面切可卡因[1]也没人会皱一下眉头。侍者对我们这些付起小费很慷慨的人早已见怪不怪，他们带着典型的法国人的冷漠，该忙什么忙什么，而我们该怎么玩还怎么玩。

晚饭后，每个人都会陆陆续续地被吸引到沿戛纳海滨众多酒店的酒吧里，特别是马丁内斯酒店的酒吧，我根本顾不上喝一杯或者偷偷溜到厕所去，要知道有多少人想要把他们的样带强行推荐给我。提起戛纳，人们就想到戛纳国际电影节和戛纳国际音乐博览会，其实这里每年还有许多其他的交易会，包括电视产品、广告、免税品和其他知名行业的交易会。这一整片海岸在夏天一直是超级富豪们经常出没的地方，他们把游艇停靠在码头，去高级赌场玩玩，逛逛设计师时装店。它很像迈阿密海滩和拉斯维加斯的法国混合版，毒贩子、应召女郎、豪华轿车司机、小商贩和夜店动物们就靠一年到头这些不间断的活动来养活自己。

如果你是同性恋，法国戛纳国际音乐博览会就像圣诞节一样，因为你经常会被当地人搭讪，有同性恋，也有异性恋，他们通常是艺人、DJ、电视节目主持人、公关人员，或娱乐圈其他形形色色的人

1　即把成堆的粉末状可卡因用刀片或卡片切分成数份吸食。

物 —— 他们的英语可能非常有限，大约用十个单词就能直奔主题。本来这种事也不用废什么话，没有什么称得上是严重的语言障碍。有几次，我傍晚活动的计划都搁浅了，最终我还是进了酒店的某个房间。不过总的来说，正经事和消遣这两件事孰重孰轻，我还是拎得清的。信不信由你，在法国戛纳国际音乐博览会上我算是行为最规矩的人之一。我们当中有些人更敢玩，更浑蛋，他们实际上会一直待在穆然磨坊酒店的那几个房间里。如果你既想享受美食，又不在意花钱如流水，还惦记着嗑点儿药，那么山上的这家小店就是最好的去处。

在这里，几乎没有一个地方可以让人有充足的睡眠，所以对那些有时差还嗑药的失眠者来说，最终还能躲进一家叫"中加"的夜店，它可能是法国里维埃拉最脏的夜场。我被拖去过一两次，后来我就像躲避鼠疫一样躲着那地方。每年的这三个夜晚，所有的唱片业人士无处可去，都会拥入这家夜店，就像蝙蝠聚集在钟楼里一样。他们不停地喝酒、嗑药、对着别人的耳朵大喊大叫，直到日出的恐惧把他们吓回棺材里。

在我们这个圈子里，每个人都是半个疯子，常常是比着赛地吹牛，但我想正因为我们同病相怜，所以彼此之间才有一种说不出来的共鸣。我们可能是竞争对手，但我们会在专业上互相帮助，甚至在个人生活方面，我们是彼此同父异母或者同母异父的兄弟，要知道大多数人在实际生活中还真没有这样的兄弟。我们知道彼此的挣扎，在运动场上都是干啥啥不灵，在家里是失败的丈夫，都曾破产或有更糟的问题。我们都被困在游戏中，没法回头去过普通人的日子，也都不想退出。我们都有类似的人格障碍，可以轻易地在彼此身上看到它，却又不敢独自去面对。

这一切问题让我们凝聚成了一个社群，就像在环境恶劣的南太平洋的一块礁石上嘎嘎乱叫的鸟群，凑在一起才更安全。正是这些长期维护的人脉让你钓到了大鱼，而且让你远离法庭。我从来没有被起诉过，这当然是令人惊奇的。我的剑与盾是一部电话和一本刚刚更新的通讯录。当然，你需要耳朵才能成功；其余的则取决于你的人脉关系。

一九九〇年二月，我在戛纳参加一年一度的聚会时凑巧遇到了吉尔·辛克莱（Jill Sinclair），她是英国超级制作人特雷弗·霍恩（Trevor Horn）的妻子，他们是一个伟大的团队。在戛纳影节宫的走廊里聊天时，我们约定几天后在我伦敦的办公室见面，听听特雷弗最新的作品。法国戛纳国际音乐博览会非常适合从海外制作人那里收集音乐样带，毕竟有些人你一年只能见这一面，但这里并不是一个听音乐的理想场所。

吉尔和特雷弗的厂牌叫 ZTT，他们可能是流行音乐界最成功的夫妻档制作团队。特雷弗·霍恩因制作《音乐录像杀死了广播明星》（Video Killed the Radio Star）而成名，但作为"弗兰基去好莱坞"（Frankie Goes to Hollywood）和格雷斯·琼斯（Grace Jones）等艺人的制作人，他却因为他的完美主义而"臭名昭著"——他总是花好几个月甚至一年的时间来精雕细琢他的流行音乐杰作，使它们成为注定成功的热门歌曲。理论上，他在音乐圈里推出热门流行歌曲的成功率最高，但考虑到他在每个作品上花费的时间和金钱，圈里人常常开玩笑说，"他制作的歌必须火，不然回不了本啊。"

如果不是因为他的妻子吉尔在音乐制作过程中加入了纪律和商业

驱动力的因素，完美主义可能已经把他逼疯了。她很强势，很受人尊敬，而且总能确保特雷弗的努力工作得到足够的金钱回报。无论是代表特雷弗谈判，冲他咆哮要他在截止日期前交作品，还是追着唱片公司要钱，她都是伟大音乐制作人背后那个伟大的女人。

在法国戛纳国际音乐博览会上，吉尔给我播放了"808同盟"（808 State）的一首歌，这是他们旗下泰克诺流行风格电子乐队中的一支。这不是我的菜，不过我有完美的借口。我知道"808同盟"是一支来自曼彻斯特的录音室乐队，他们在美国的版权之前已经授予了汤米小子唱片（Tommy Boy），这是一个来自纽约的嘻哈音乐厂牌，最近才加入华纳音乐集团。汤米小子的创始人汤姆·西尔弗曼（Tom Silverman）差不多算是我的同事，所以为了给吉尔一个台阶下，我尽可能礼貌地解释道："我很确定汤姆·西尔弗曼已经给我听过他们的歌了。他没在推这个乐队吗？"

"没有，"她回复得很干脆，"我们再也不想跟汤米小子做生意了。他们还没被人签下来。"

"嗯，吉尔，现在这种情形对我来说有点棘手，"我指着她的大背包说，"当然，你肯定还有别的东西在里面。能不能给我放点新鲜的？"

"嗯，特雷弗一直在做一些东西，但离完成还差得远呢。实际上那是我们和罗布·迪金斯的新合约，如果特雷弗知道我给你听了这个，他会杀了我。连罗布还没听过呢。"

正如任何在创造金唱片方面有分量的A&R人会告诉你的那样，你只要看见对方眼里的光芒，就能感觉到这盘样带不一般。其实他们根本就不想放给你听。吉尔不管从包里掏出什么样的样带，那都可能是特雷弗·霍恩孤注一掷的新作品，他收了人家的预付款，可能已经在录音棚里花掉了，现在得靠这张样带赚回来。特雷弗是个完美主义者。不行，我得听。但要说服吉尔·辛克莱这样的铁娘子，光靠乞求是远远不够的。"你肯定知道，"我开始说，"罗布·迪金斯现在在华纳集团内部遇到了严重的问题。伊莱克特拉唱片的鲍勃·克拉斯诺讨厌他。莫也讨厌他。在大西洋唱片里的情况甚至更糟，道格·莫里斯（Doug Morris）几乎都不跟他说话。"

"真的吗？"吉尔问道，神色有些担忧。

"是的，这不是他的错，但情况变得很混乱。如果你问我是怎么回事，我得说美国人无法应付一个负责英国分公司的 A&R 人。他们过去可以直接签英国艺人。伦敦分公司从来没有过那么优秀的人，现在他们都很沮丧。不管怎样，听着，吉尔，我喜欢罗布·迪金斯。我们的交情从一九七九年就开始了，我们一起创立了克罗瓦厂牌，签下了'回声与兔人'。我了解他的想法；如果他还没有听过你的样带，那说明这首歌还没签给任何人，他也不会介意我听听。在当前情况下，我甚至可能帮他，也是帮你们解决在美国遇到的问题。"

吉尔·辛克莱这样的资深商人知道我是在向她施压，但她本能地知道我并没有撒谎。在美国，电台宣传要花上几十万美元，因此董事会政治通常决定了许多伟大唱片的命运。她把手伸进包里，摸出一盘样带递给我，我直接把它塞进随身听卡座里。"我不能把这盘样带留给你，"她警告说，"它离最终完成还远着呢，不过它能让你知道特雷弗现在正在做的是什么。"

当歌曲从前奏进入高潮，我眼前似乎出现了电影《007》中的一个场景：一座大山映入眼帘，布洛菲尔德[1]的火箭出现了。这是特雷弗·霍恩为他最新发现的艺人西尔的歌曲《疯狂》（Crazy）制作的一个早期混音版。这首歌的一切都预示着成功。合成器的重复段，太空摇滚宽广的声响，西尔游刃有余的嗓音，阴森恐怖的旋律，但最重要的，是那一段副歌传递出的信息让我在第一次听它时后背升起一股凉气。"如果我们不疯狂一点，我们就活不成了？"是的，先生，我要为它敬一杯酒，干杯！

"吉尔，这是个怪物！把这首歌签给我，我百分百地打包票，我们会在美国全力推它。"

"好吧，听着，我先答应你，当特雷弗完成这首歌后，你会第一个接到通知。但有个条件，这事得经过罗布同意。"

"我能和罗布谈谈吗？我会告诉他是我逼着你给我放点新东西。"

"好吧，就这么着，不过要婉转一点。"

"别担心，吉尔，我玩这一套也不是一天两天了。"

当我联系上罗布·迪金斯时，他从电话里就听到了我沸腾的热情。我知道，他脑子里正在权衡塞尔唱片的有利条件和他正在经历的与华纳集团内部那些美国大音乐厂牌老板们之间的麻烦。塞尔唱片规模小但历史久，让它发行西尔的唱片可能会得罪莫、鲍勃·克拉斯诺或者道格·莫里斯，他们可能雪藏这张唱片，或者至少不会全心全意去推。在那个时代，流行的是宽大的西装，而西装包裹着的可能是人

---

1 《007》系列电影里的大反派角色，魔鬼党的老大，出场于该系列电影中的三部，分别是：《雷霆谷》《女王密使》和《金刚钻》。

们更加自大的内心，所以比这更奇怪的事情发生了。鲍勃·克拉斯诺和道格·莫里斯的音乐品味是可以的，但他们并没有特别地预见到，甚至也不欢迎从英国涌现的电子乐的声音，至少没有做到像罗布·迪金斯那样。在华纳旗下的所有唱片厂牌中，客观地说，要想推广这样一首风格不为人熟知的英国歌曲，塞尔唱片是最好的选择。

"好吧，西摩，我这边没问题，"罗布回复道，"但最终还得看吉尔和特雷弗给不给你打电话。"

特雷弗·霍恩花了将近一年的时间才完成整张专辑，他做事一贯是这个节奏。而到了这个阶段，你们猜是谁在背后挑起了事端？当然，除了莫·奥斯汀也没别人。当第二年法国戛纳国际音乐博览会举办的时候，《疯狂》这首歌刚刚在英国发行，正在掀起一场风暴。它的美国版权还没签，因为在我看来，这已经是板上钉钉的事情了。然而，在戛纳的海滨步道上，我偶遇了蛹唱片的联合创始人克里斯·赖特。克里斯碰巧是特雷弗和吉尔的好朋友，他跑过来找我。

"吉尔·辛克莱正在到处找你，"他说，"她真的很难过。莫·奥斯汀在使劲逼她把西尔签给欧文·阿佐夫的新厂牌巨人唱片（Giant），但她压根不想这么做。你赶紧去找她。如果找不到，她让我告诉你，她说话算数，你也得说话算数。"

我火冒三丈。洛杉矶已经是白天，所以我打电话给莫，直接问他："你为什么要用这种手段搞我？"莫开始用他最擅长的那种老好人的语气恳求我不要签西尔。"听着，我刚刚失去了格芬唱片，"他指的是MCA从他眼皮底下买走了格芬唱片，"所以，我认为让欧文·阿佐夫签下西尔是个办法。请不要在这件事上跟我争，西摩。"

"莫，我一年前就听了这首歌曲的样带，立刻爱上了它。我不会放弃的。"

"求你了，西摩，我只是想拉欧文一把。我们必须齐心协力，做对整个集团最有利的事情。"

"你的意思是说欧文·阿佐夫自己找不到热门歌曲吗？他现在远比咱俩做得都成功。"

我对此非常生气，不单是因为莫在我背后密谋——当然这是严重的失礼，还因为莫的干预从经济角度上考虑也是毫无意义的。华纳拥有整个塞尔唱片，但只拥有巨人唱片这家新合资公司百分之五十的股份。我对欧文·阿佐夫没意见，但如果莫不相信他有能力让巨人唱片获得像格芬唱片那样的成功，他首先就不应该投资这家公司。不用说，莫一直好言好语，但却半步也不退。因为他是我老板，有权破坏这笔交易，我最终决定，如果我不能签下这张唱片，我会想办法报复他。

我打电话给鲍勃·克拉斯诺，安排吉尔给他听特雷弗的唱片。他给我回电话说他喜欢，愿意签。几天后，他又打电话过来骂我，"你他妈的这是让我蹚的什么浑水，西摩？"

"什么，莫也指望你把专辑让给他吗？"

"不！你告诉我这唱片是特雷弗·霍恩制作。你怎么不告诉我它是从罗布·迪金斯手里拿到的？"

"别挂，鲍勃。你肯定知道罗布和特雷弗、吉尔为 ZTT 厂牌做了一笔版权授权交易，但只在英国地区。吉尔和特雷弗可以决定美国版权授权给谁。别管罗布·迪金斯了，这是特雷弗·霍恩的作品。"

"西摩，你不明白吗？只要罗布·迪金斯在幕后，这事就成不了。那个浑蛋搞不出热门歌曲。他碰什么，什么就会搞砸。"

"噢，行了吧，鲍勃。你知道事情不是这样的。"

要是鲍勃·克拉斯诺认定了什么人是他特别讨厌的，那么再争论什么也没意义。不过我很幸运，吉尔·辛克莱受够了每个人的胡说八道，她态度鲜明，对所有人明确表示他们之前就答应把西尔签给塞尔，谁也不用争了。我非常感激她能顶住莫施加的巨大压力，要知道他可是整个华纳帝国里最有势力的国王，在这样的对抗中通常都会赢。吉尔立场坚定，内心强大，为此，我珍惜关于她的这段回忆，经常会想起她。

在合同签订两周后，我接到了特雷弗·霍恩的电话，关于西尔的。他还顺便提到他要飞到洛杉矶录音，问我了不了解洛杉矶有哪些热门录音棚。我不是干这个的，所以我建议他问问伦尼·沃伦克或泰德·坦普尔曼（Ted Templeman），他们是组成华纳兄弟唱片那无与伦比的产品团队的核心人物。

"哦，我想我还是问问迈克尔·奥斯汀吧，"特雷弗叹了口气。"他曾给过我一些有用的录音棚地址。顺便说一句，"特雷弗继续说，语气有所改变，"你自己知道就好。我们还考虑过把西尔签给另一个人，他就是迈克尔·奥斯汀。但我不知道为什么，可能是出于某些特殊原因吧，他就是没有迈出那一步。"

我心想，谢天谢地！赶紧闭上了嘴。

"还有一件事你恐怕也不知道，"特雷弗继续说，"我们最不想把西尔或者我们制作的其他作品签给欧文·阿佐夫。"他接着描述了

ZTT 厂牌曾被"弗兰基去好莱坞"起诉而差点倒闭的经历，据称是欧文·阿佐夫作为乐队经纪人在幕后操纵了此事。特雷弗是对的，我不知道这件事。我本应该记得的，但我想谁都不可能对听过的每一句流言蜚语都很在意。然而，这里面的讽刺意味差点让我哈哈大笑。势力强大的莫·奥斯汀想强行让吉尔·辛克莱接受对他特雷弗·霍恩的报复？这个业界老手难道这么搞不清楚状况吗？莫到处插手所有人的生意，好让他儿子掺和进来，如果他不这样做，结果可能反而会不同。

我和特雷弗道别，挂上电话，身子往后一靠，对自己微笑起来。音乐圈的聪明人开始意识到我多年来一直在说的那些话了。在老好人的面具之下，莫·奥斯汀就是一个独裁者，像所有年迈的独裁者一样，多年的清洗，任人唯亲，超格提拔，把错误的人安排在错误的位置上，都将使他垮台。当手中的一切来得太容易，又拥有太久时间，每一个独裁者都会变得松懈，将要面临日薄西山的境地。

我很高兴地报告一下，争夺西尔之战是值得的。一九九一年五月，塞尔在美国发行了西尔的同名专辑，到了九月，《疯狂》已经攀升到《公告牌排行榜前一百名》第七位，这是整个夏天北美的一大热门单曲，其太空般的声音预示着九十年代音乐的迷幻感和电子感。在其影响下，我随后签下了"原始尖叫"和"农场"（the Farm），他们都是从英国爆发开来的新一轮音乐狂欢大潮中的代表。我又一次在流行音乐接下来十年的新浪潮中乘风破浪。

当时我根本不知道将有什么样的疯狂会吞噬整个公司。洛克菲勒广场的上空乌云密布。有传闻说史蒂夫·罗斯病入膏肓。他一直是华纳在整个七八十年代崛起成为娱乐超级帝国的幕后推手，并在一九八九年通过商业合并缔造了世界上最大的传媒集团——时代华纳（Time Warner）。一九九一年，当他的前列腺癌无法治愈时，他预感到接班人之战即将爆发，按照他的行事风格，他决定先下手为强。

在他的病榻前，罗斯趁他年轻健康的对手兼董事会联合主席尼古拉斯·J.尼古拉斯（Nicholas J. Nicholas）正在度假的时候，发起了一场出人意料的政变。很显然，罗斯的这个想法受到了电视节目的启发——一九九一年八月，苏联最后一任总统米哈伊尔·戈尔巴乔夫正在克里米亚的行宫度假，而他的政治对手在莫斯科骤然发难。尼古拉斯曾是时代集团的前任老板，从充满争议的合并起，罗斯在许多决策上都与他发生了冲突。罗斯的告别政变成功地驱逐了他年轻的宿敌，但这对未来来说并不是个好兆头。不过罗斯至少选择了好一些的人，杰里·莱文（Jerry Levin）成为他在时代华纳的联合主席，而这也使莱文成为实际上的唯一继任者。

一九九二年十二月，史蒂夫·罗斯安然下葬，我们成了一个被宠坏的孩子组成的不幸家庭，所有人都在盯着那个权力真空。由于莱文是在时代这条线爬上去的，所以他对华纳的各项业务并不了解，尤其是音乐业务。结果，当时华纳音乐的董事长鲍勃·莫加多（Bob Morgado）[1] 突然发现自己拥有了在史蒂夫·罗斯统治下从未被允许过的新的自由和权力。如果你相信大多数只能被冠以"华纳帝国衰亡史"的历史描述，鲍勃·莫加多通常会被指责为后来那些年公司内战

1　即 Robert Morgado。Bob 是 Robert 的简称。

的催化剂。我对此并不太认同。鲍勃·莫加多当然是一个强势的人，绝不手下留情，或许把自己的利益看得太重，但多年来积压的紧张局势还是要归咎于莫的秘密欲望，他想爬上一个有权势的集团公司职位，同时让自己的儿子迈克尔·奥斯汀掌管华纳兄弟唱片。当命运没按照莫的喜好出牌的时候，他一定非常难受。

史蒂夫·罗斯给了莫丰厚的报酬，也给了他很大的权力。也许是因为莫太有钱，他认为自己可以扳倒鲍勃·莫加多，只要他想。然而，莫加多本身就是一名政治家，莫觉得自己该得到这个那个，这让他感到恶心和厌倦，于是他与道格·莫里斯联手收拾了莫，很多人都觉得莫是活该。道格·莫里斯曾担任大西洋唱片的总裁，也是该公司十多年来实际上的老板，一九九四年他被莫加多提拔为华纳音乐美国公司的董事长。莫必须向道格·莫里斯汇报，这让他感到十分震惊和屈辱，他正式向媒体宣布到了年底他不会与公司续约。这就是莫典型的做法，他做出一副自己会离开的样子，其实是争取几个月的时间，让自己有可能进行反击。实际上，莫加多和莫里斯已经决定把他赶走。他们没有跟他续签合同。

我的余生都会受到前华纳员工的责难，他们会说我对莫太苛刻了，说什么其实他性格开朗，人也可爱，说什么是他创办了美国历史上最伟大的唱片公司。对不起，我不相信老好人的那一套。哦，是的，这个人显然有一种罕见的天赋。是的，华纳兄弟唱片的确是一家真正伟大的唱片公司，它定义了七十年代，而且使我能够享受生命中最美好的岁月。但是，如果莫真是个好人，他就应该把他那丰厚的奖金多分一些给我和其他帮助他建立华纳的人，不是吗？如果公司真的是一个家庭，他就应该处理好接班人的事情，确保自己的一票人马在没有他的情况下也被安排得妥妥当当，因为这才是高尚的父辈们所做的事，对不对？所以，快收起加州佬的那些屁话吧；莫和我们这些东部来的老家伙一样自私。当琳达为我六十岁生日组织了一场盛大的派对时，我看到他的面孔出现在门口，我不敢相信他居然真的来了。

"莫，我没想到你会来。"我有点猝不及防。

"我可是靠你赚了不少钱。"莫微笑着说。他知道我听到这句话的时候心里会有多难受，但听上去却好像在恭维我一样。这就是典型的莫。

莫和伦尼离开了公司，史蒂夫·罗斯去世留下的权力真空更大了。不过，我们也还有来自华纳家族其他分支机构的青年才俊，尤其是罗布·迪金斯，我认为他是迄今为止公司下一代管理者当中最有趣的一位。在那个时候，他在任何一家大唱片公司都可能是最炙手可热的高管。就其本人而言，他不像其他那些希望升职的竞争者，他已经建立了属于自己的东西，而且处于黄金期。他握有世界级的艺人，例如"全红"（Simply Red）、恩雅（Enya）和西尔。他与特雷弗·霍恩和威廉·奥比特（William Orbit）合作，这两位制作人在很多方面都抓住了属于九十年代的声音。在主流流行音乐领域，罗布让谢尔（Cher）和罗德·斯图尔特咸鱼翻身，这证明他能够在每个音乐流派，针对不同年龄听众推出冠军歌曲。罗布来自音乐版权行业，也有一双好耳朵，所以他是一个与众不同的老板，他不会插手厂牌在创意方面的繁重工作。

有创造力的人通常不是好的管理者，但是在团队建设方面，罗布也拥有出色的直觉。为了管理公司日常事务，他聘请了才华横溢的马克斯·霍尔（Max Hole），霍尔是一个绝对可靠的组织者，后来掌管了环球音乐集团的国际业务（Universal Music Group International）。罗布找到了英国有史以来最好的推广和媒体二人组，莫伊拉·贝拉斯（Moira Bellas）和波士顿出生的芭芭拉·查龙（Barbara Charone）。他还招了保罗·康罗伊，另一位来自新浪潮时期的全能型人才，此人后来先后经营了蛹唱片和维珍唱片。从一个领导者招募来的新人的素质，你就可以判断出他是什么样的人，罗布的这群手下是年轻一代中最出色的。

我认为，罗布·迪金斯被他的美国大唱片公司的同行们一致憎恨的背后原因，可以追溯到自七十年代以来内苏希·埃尔特根运作华纳国际分部的方式。内苏希于一九八九年去世，他为人处世有外交家的风范，是个才华横溢的家伙，但他是一个和事佬，任由美国佬们对海外公司横行霸道，尤其是对英国分公司，在罗布接手前，它一直就是个傀儡部门。可罗布才不会买任何人的账。他拒绝了很多美国的垃圾货，而且他就像任何一位行业大佬一样，在发现热门歌曲方面绝对坚定和敏锐。但由于他是一个在美国集团里工作的英国人，年纪又轻，所以年长的美国佬们很容易把他描绘成一个自命不凡、制造麻烦的后来人。

莫认为罗布很傲慢，克拉斯诺和罗布在各自不同的音乐品味上有冲突，而我认为道格·莫里斯也有他的私心。在跨国公司里，两个人之间的一点小龃龉就会像一粒沙子一样，把命运的时钟弄得一团糟，这简直不可思议。在华纳音乐的衰落和所有影响我自己命运的一系列事件中，我总是想起罗布旗下最伟大的艺人——爱尔兰歌手恩雅。这与恩雅个人无关，但她在八十年代末太成功了，因此罗布被迫使出了一些手段，到了九十年代中期华纳内战爆发后，这件事又回过头来困扰着罗布。

回到一九八六年，罗布·迪金斯在伦敦掌权仅仅一年后，就把恩雅首张专辑的美国版权给了大西洋唱片的道格·莫里斯。但那张唱片并没有按照约定发行，所以罗布将恩雅的第二张专辑《水痕》（Watermark）的版权给了格芬唱片，而在一九八八年的那个时刻，华纳拥有格芬唱片的一半股份。格芬唱片的推广团队势如破竹，为恩雅广开市场，仅在美国就卖出了四百多万张专辑。然而到了一九九一年，就在恩雅的第三张专辑准备发行时，格芬突然把他的唱片公司卖给了 MCA。为了让恩雅留在华纳家族，罗布·迪金斯不得不再次为恩雅的美国业务寻找新东家。那段时间也正是"西尔签约战"发生的时间。

罗布想把恩雅转到华纳兄弟唱片，但是因为他和莫的关系太糟糕了，他觉得华纳兄弟唱片发行的所有作品都不适合英国市场，所以就给我打电话，想让我劝诱伦尼·沃伦克去英国见恩雅。

"你认为我应该怎么做呢？"罗布问道。

"我无权告诉你该怎么做，但如果你真的认为伦尼·沃伦克是恩雅的正确选择，你就得把手伸进口袋，付钱让她和她的经纪人出来见他。但是罗布，在你做这件事之前，听我说，道格·莫里斯势头正猛，我真的认为你应该给他打电话说，'道格，你看，格芬让恩雅火了，但是这张唱片比她第一张好得多，所以请接住他们传给你的球，然后把它踢好'。因为如果你不试着与道格·莫里斯重归于好，他永远不会忘记你之前做的事。"

罗布没有回头找道格·莫里斯修补之前的罅隙，而是凭着自己的直觉让伦尼·沃伦克成为恩雅在美国新的管理人。恩雅进了华纳兄弟唱片之后的确过上了幸福的日子，华纳帮助她把音乐纳入电影原声专辑，在没有巡演的情况下就卖出了数百万张。在商业上，罗布做出了所有正确的选择，但在政治上，我相信道格·莫里斯永远不会原谅罗布对他的冷落，如果有一件事能让道格·莫里斯那样唯我独尊的人永远怀恨于心的话，那就是看着别人家的艺人发行了轰动的热门歌曲，而这个艺人是被人从他手中抢走的。

考虑到道格·莫里斯在大西洋唱片时的营收约为九亿美元，恩雅的这桩生意本身其实算不上什么大买卖，但在一九九四年，就在莫被解雇之后，酝酿已久的怨恨终于爆发了。鲍勃·莫加多看到了罗布·迪金斯的极高天分，给了他一个改变人生的机会，让他来接替莫的位置。罗布的梦想终于实现了，我从来没有见过他这么高兴，但是在幕后，我能想象得到道格·莫里斯在强压着怒火。莫加多不该事先没有征询道格的意见就做了这个决定，因为当时道格是华纳音乐集团美国公司的老大。

我想很多旁观者会认为让一个英国人来管理这么大的一家美国大唱片公司是有风险的。尽管如此，我还是支持鲍勃·莫加多，并且我仍然相信罗布·迪金斯会将华纳兄弟带入新的音乐疆域，既能推出有意思的作品又能获得商业上的成功。同样重要的是，他会雇用新一代有才能的员工。罗布有鉴赏力、有判断力、有经验、有胆量在美国做他在英国已经做过的事情。他正是那个能够填补莫留下的巨大真空的年轻征服者。我一直认为,最好的音乐人中一定有英国人的身影,因为他们对音乐有着更全球化的眼光。如今剩下的三大唱片公司的头儿都是英国人,环球唱片集团的卢西恩·格兰奇、华纳音乐集团的马克斯·卢萨达(Max Lousada)和索尼音乐的罗布·斯特林格(Rob Stringer),我对此丝毫不感到奇怪。

不幸的是,可怜的罗布在纽约的一家酒店里等了好几天,而此时鲍勃·莫加多和道格·莫里斯一直在为此事争执。由于莫加多一着不慎,罗布·迪金斯始终没有被授予莫的旧王冠。道格·莫里斯在大西洋公司的前同事丹尼·戈德堡(Danny Goldberg)受命上任。令人惊奇的是,戈德堡认为没有必要迁至华纳兄弟唱片的伯班克总部,他在作为华纳兄弟唱片董事长的相对短暂的任期当中,大多数时间都在纽约工作。

做决定是困难的,因为有太多的问题同时发生。另一艘正在漂流的船是"伊莱克特拉"号,鲍勃·克拉斯诺被赶走了。和莫一样,克拉斯诺知道他的游戏结束了。我和鲍勃·克拉斯诺的关系向来不太融洽。不过,我想跟他处得好的人也不多。他是一位伟大的 A&R 人,是他在八十年代中期振兴了伊莱克特拉唱片。他知道如何得到他想要的,但他给自己赢得了一个坏名声,因为他过度开支,嗑药上瘾,总让别人痛苦不堪。在九十年代初的一段时间里,关于鲍勃·克拉斯诺的恐怖故事一度成为唱片业喜剧中的常见段子。但请让我重申一下,克拉斯诺有着令人难以置信的耳朵,是业内有史以来最好的之一。

压垮骆驼的最后一根稻草，是有一次克拉斯诺和客人们一起乘坐一架华纳的喷气式飞机去南美时发生的事。到了要返程的时候，克拉斯诺竟然接上一些妓女就飞走了，却把他的客人们扔下。我相信伊莱克特拉为客人们支付了回程机票，但他们传出去的故事版本却比千足虫的腿还要多。莫加多早已厌倦克拉斯诺的诡计，下定决心把他和莫一起赶出公司。

莫和克拉斯诺滚蛋了，而罗布·迪金斯也闷闷不乐地被送回了伦敦，对我来说，事情变得非常复杂。自一九七八年以来，塞尔唱片一直为华纳兄弟唱片所拥有，与之相关联，但仍是一个独立厂牌，有些外人始终没搞明白这是怎么一回事，因为到了这个阶段，我在洛克菲勒广场办公，就在伊莱克特拉唱片和时代华纳公司总部的旁边。为了给公司留下自己的印记，道格·莫里斯开始考虑他认为很早前就应该进行的公司构架改革。这不仅仅是一个地理问题，在八十年代他就通过收购唱片厂牌和所有制造"规模效应"的举措扭转了大西洋唱片的颓势，其中一个手段就是让一个办事处打理几个唱片厂牌的目录来赚取更丰厚的利润。

他和他的门生西尔维娅·罗恩（Sylvia Rhone）关系密切，她是一位迷人的黑人女性，来自哈莱姆区，一直在大西洋唱片工作。令大家都很震惊的是，道格把伊莱克特拉唱片首席执行官的职位给了西尔维娅，而我却得到了总裁这个不清不楚的头衔，这意味着我实际上只是名义上的二把手，而塞尔唱片将不再作为一个独立的音乐厂牌存在。就像东西唱片（the East West）和独特唱片（Nonesuch）厂牌一样，塞尔唱片被收编进了伊莱克特拉唱片。

当他们向我宣布这个绝对令人震惊的计划时，我第一个电话就打给了艾伦·格鲁布曼，这也能说明我当时的感受。格鲁布曼建议我闭上嘴，咬紧牙关，忍受这一切。他和我一样，也盘算了一番，我们都得出了一个令人沮丧的结论：没有任何可行的办法扭转局面。塞尔要么最终沦落为垃圾，要么只能被已踏上征服之路的道格·莫里斯收编。而当我们进一步关注细节，就会发现这个计划里有各种各样的法律陷阱。首先，麦当娜永远不会转入伊莱克特拉唱片。虽然不管怎样我终将渐渐失去她，但到了这一刻，这已是确定无疑的了。

一九九二年，我帮助麦当娜和她的经纪人弗雷迪·德曼在华纳建立了自己的子品牌特立独行唱片（Maverick Records），其中百分之五十的股份仍为塞尔唱片所有。莫坚决反对，但我支持麦当娜，并确保她能如愿以偿。我很痛苦地承认，莫对特立独行唱片的恐惧，至少在一开始，很大程度上是有根据的。在签下阿拉妮丝·莫里塞特（Alanis Morissette）等艺人之前，一切都还算顺利。除了麦当娜自己的《情色》（Erotica）专辑大卖之外，她的唱片厂牌还签下了一些艺人，他们都获得了一般或者略好于一般水平的成功。随着种种变化，我基本上不得不和我的这笔投资以及麦当娜本人说再见。我明白她不再需要我了，她会在她应在的位置，通过她在洛杉矶的音乐厂牌直接进入华纳兄弟唱片的推广机器——她仍然是华纳的主要艺人，甚至比"王子"还要大牌。

我也将失去"赶时髦"，原因大致相同，他们想继续直接进入华纳兄弟唱片。乱上加乱的是，塞尔的主要经纪人豪伊·克莱因（Howie Klein）得到了丹尼·戈德堡提供的一个黄金机会——运营过去属于莫的子厂牌重奏唱片。虽然豪伊在其他方面很有天赋，不过我觉得他的耳朵还没有好到可以管理一个厂牌的程度，但我不会像个恶棍一样在他要实现职业上的重大突破时设置障碍。他的离开给行将就木的塞尔唱片带来了双重麻烦，因为豪伊是一个很受欢迎的人，他与塞尔的大多数艺人都有密切的工作关系。我知道有些人可能会想要跟着他去重奏唱片，这当然是一种继续留在伯班克网络的方式，我的艺人之前一直通过伯班克的网络进行推广和营销。所以，当我本该把剩下的艺人哄进这个明显更小的伊莱克特拉唱片分支厂牌的时候，我面临的情况就像我屋子的后墙上撞开了一个出口，里面还闪着光。

那些糟糕的情况陆续发生了，但我也不认为其中有任何针对我的阴谋。当时整个华纳音乐集团都陷入了严重的混乱，而塞尔唱片的规模比华纳兄弟唱片、大西洋唱片或伊莱克特拉唱片都要小得多，因此不被优先考虑也是可以理解的。这种混乱局面其实就是每个人为自己争夺利益的典型例子，就像在玩抢椅子的游戏，董事会里道格·莫里斯和鲍勃·莫加多在为谁能执掌大权而斗争，一群五十来岁的老男人们则围着圆桌，在各个方向胡乱踩踏。也许因为我本来就是个不入流的人，始终没有真正成长为像道格·莫里斯那样西装革履的公司高管，于是我就成了个束手无策的傻瓜。

在公司的棋盘上，塞尔唱片基本上被牺牲了，所有艺人都去了华纳兄弟唱片。我相信批评我的人会说，那时我已经失去了发掘天才的优势，但我不这么认为。你永远不会失去你的耳朵；你真正失去的只是你连连获胜的运气、你的光环，或者说，我当时的情况就是失去了我最大牌的艺人，包括麦当娜，以及我的大部分员工。

幸运的是，上帝以他无限的智慧赐予我们犹太律师。艾伦·格鲁布曼代表我和道格·莫里斯谈妥了一笔巨额预付款，我不得不说，这大大减轻了我的痛苦。除了钱，这桩交易的其他方面都很糟糕，但这是一个简单的选择：要么继续待在塞尔，要么到别处找份工作。我咬紧牙关，搬到了西尔维娅·罗恩隔壁的办公室。公平地说，起初一切还算顺利。我击败了来自索尼音乐的竞争，签下了一支非常成功的乐队，名叫"太空猪"（Spacehog），一举鼓舞了士气。

"太空猪"由一群来自英国利兹的男孩组成，他们已经搬到了美国纽约。在二十世纪九十年代中期的英伦流行（Brit-pop）时期[1]，他们是非常酷的组合。领军人物是英俊的兄弟俩，罗伊斯顿·兰登（Royston Langdon）和安东尼·兰登（Antony Langdon），很有女人缘，曾经分别与丽芙·泰勒（Liv Tyler）[2]和凯特·莫斯（Kate Moss）[3]约会。他们的首张专辑《外星居民》（Resident Alien）卖出了一百多万张，同时还有一首歌曲《与此同时》（In the Meantime），成为《电台排行榜前四十名》上的热门单曲，就像"安慰剂"（Placebo）、"丹迪·沃霍尔"（the Dandy Warhols）、"山羊皮"（Suede）、"劲草"（Supergrass）和"果浆"（Pulp）一样，他们开始在世界各地名声大噪。我们又一次在正确的时间赶上了大潮。

1 二十世纪九十年代中期在英国出现的独立音乐主流化音乐现象，是对美国九十年代初期另类音乐的回应。这个现象主要是由媒体炒作出来的，到一九九五年左右达到高峰。代表乐队有："绿洲"（Oasis）、"模糊"（Blur）、"山羊皮"和"果浆"等。
2 美国演员，美国摇滚乐队"空中铁匠"主唱史蒂夫·泰勒的女儿，曾出演电影《魔戒》中的精灵公主。
3 英国模特，曾经在二十世纪九十年代中期掀起简约主义与病态美学。

伊莱克特拉和塞尔强强联手，我肯定是想干出点名堂来。然而，我很快发现，尽管西尔维娅·罗纳有明显的天赋和独特魅力，但她的性格却总是风风火火，从长远来看，这让人很难与她共事。她总是穿着知名服装设计师的品牌服饰，光彩照人，随时有一两名助手和一名司机陪同。在光鲜外表之下，她也是一位有主见的强势高管。不过很快我就明白了，我的任命完全是道格·莫里斯的主意，而非西尔维娅的主意。

毫不奇怪，在整个华纳音乐集团，道格手底下的所有关键职位都由他在大西洋公司的前同事担任，他多年来一直在培养这些人担任高管职位。除了西尔维娅，他的另一个门徒是瓦尔·阿佐利（Val Azzoli），他被任命为道格在大西洋的继任者。他有一头卷发和一张和蔼可亲的大脸，员工常常开玩笑说，阿佐利像是刚从比萨店走出来。当然，还有丹尼·戈德堡，他大部分时间都在大西洋唱片的纽约办公室里运营华纳兄弟唱片，这对以伯班克为根基的华纳兄弟来说是一个巨变。

几个星期过去了，几个月过去了，公司流传着一种貌似合理的说法，道格·莫里斯把我安排在西尔维娅·罗恩手下，是让我作为一张安全网。西尔维娅的确有鉴赏力，她知道如何努力工作，之前也推出过热门产品。但对我来说最大的问题是，她是从大西洋唱片出来的，在那里她曾与"时尚"（En Vogue）等艺人合作。她天生喜欢的是黑人流行音乐，这一点可以从她日后成功推出的艺人中得到证明，比如"肮脏的老杂种"（Ol'Dirty Bastard）、巴斯塔·莱姆斯（Busta Rhymes）和米茜·埃利奥特（Missy Elliott）。所以道格一定以为我可以帮助西尔维娅推出那些她从前任那里继承来的独立音乐艺人们（其中许多是在克拉斯诺掌权期间带入伊莱克特拉的），例如女歌手比约克（Björk）、电子音乐人莫比（Moby）、"治疗"、"旋转地毯"（Inspiral Carpets）、"神童"（the Prodigy）电子组合和尼克·凯夫（Nick Cave），以及重量级重金属乐队，例如"金属"（Metallica）、"克鲁小丑"（Möley Crüe）和"炭疽"（Anthrax）。当然，伊莱克特拉唱片还拥有其创始人签下的那些民谣和迷幻摇滚的艺人以往作品的版权。伟大的杰克·霍尔兹曼（Jac Holzman）在五十年代创立了伊莱克特拉唱片，他签下了"大门"、"爱"、蒂姆·巴克利、"傀儡"和MC5等艺人，这要归功于丹尼·菲尔兹和许多其他人的努力。

但这样做的风险太高了，这个理由完全说不通。华纳音乐是美国最大的唱片集团，控制着音乐市场百分之二十二的份额。它也是时代华纳集团最赚钱的部门，年营业额四十亿美元，利润高达九亿美元。所以，如果说我们的内战没有对旗下数百支乐队产生影响，那是不可能的，甚至可以说，我们的内战也影响了整个唱片业的健康发展。记者和读者最爱听的就是董事会大屠杀的故事，因为我们是"音乐街区"里最大的"帮派"，每家全国性的报纸都在报道这场地盘争夺战的最新动向。除了办公室茶水间里的八卦，忧心忡忡的经纪人们也在不停地打电话询问，记者们恨不得通过钥匙孔爬进来一探究竟。鲍勃·莫加多和道格·莫里斯之间基本上连话都不说，大家都知道下一场你死我活的斗争爆发只是时间问题。

随着所有负面新闻对时代华纳集团股价的影响，我们的集团守护者们终于再也不能坐视不管了。投资者们想要的是一个跟公司发展休戚与共的领头人，在那个时候，鲍勃·莫加多似乎是所有这些纷争的共同焦点。鲍勃·莫加多应该退后，让道格·莫里斯自由发挥。可莫加多偏偏没有这样做，他和每一个音乐厂牌主理人都闹翻了，这让他在公司里的形象很不好。然而，外人并不了解他身上有着怎样的一种个性。我一直试图提醒每一个愿意听我说话的人，这些对权力的欲望实际上已经酝酿多年了。

我永远不会忘记一九九五年五月二日发生的一幕，我办公室的门突然打开了，出现了一个送比萨的人，他手里拿着三个盒子。"我没有点比萨。"我跟那个孩子说。他盯着我，一脸茫然。与此同时，我被他身后门外飘进来的那股廉价工业奶酪的臭味熏得喘不过气。我走进大办公室，差点吐了。送比萨的男孩们像蚂蚁一样爬来爬去，把比萨盒子分发到每一张桌子上。"到底发生了什么？"我问道。就这样，我得知鲍勃·莫加多刚刚被解雇了。西尔维娅·罗恩对道格赢得战争欣喜若狂，她为一百多名员工每个人都订了一份比萨。

天啊，我憎恨那间办公室，憎恨我们在那段迷失岁月里所做的每一件事。过了不久，西尔维娅又用一屋子臭烘烘的比萨味道庆祝O.J.辛普森（O. J. Simpson）无罪释放，这让我觉得更不可思议。那个女人和她的情人不是被谋杀了吗？[1]但是，亲爱的读者，这就是带着俗气华丽外衣的、粗俗的九十年代。狂妄自大占据了上风。有太多的快钱，有太多的可卡因，而这显然无法喂饱所有饥渴的自负者，而

---

1 指妮科尔·布朗（Nicole Brown）与其好友罗纳德·戈德曼（Ronald Goldman）。两人于一九九四年六月十二日在布朗家中被谋杀。布朗的前夫、著名前美式橄榄球运动员O.J.辛普森被指控犯下该谋杀罪，经过漫长的刑事审判之后，辛普森被无罪释放。

我敢肯定，如今他们回想过去，恐怕都要为当年自己对权力和放纵的欲望感到难为情。

华纳音乐正式成为一所疯人院，虽然听起来很疯狂，但多年以来我第一次突然觉得自己比周围的每一个人都清醒。九十年代中期，我戒了可卡因，除了偶尔反复一下之外，我基本上摆脱了疯狂的岁月。看起来，我并不是困惑于这场公司悲剧的唯一目击者。当时隶属于时代华纳集团的 HBO 电视网的老板被赋予了莫加多的职责，他仔细地考量了我周围的一些人。他叫迈克尔·富克斯（Michael Fuchs），这个名字也真够有意思的。他有自己的电视帝国要掌管，而且他一直在他 HBO 的办公室里工作，所以华纳旗下唱片厂牌的每个人都错误地以为他只是临时代管，等待的是道格的全面崛起。

就在富克斯掌权的几周后，在炎热的六月的一天上午，道格·莫里斯走进 HBO 的一间会议室，期待着自己由华纳音乐美国公司董事长升任为华纳音乐全球董事长。然而，富克斯却拿出了一份新闻稿草稿，宣布道格·莫里斯被炒鱿鱼了。我只能猜测道格在震惊之余开始尖叫，随后他在保安的护送下回到洛克菲勒广场清理他的办公桌。

接到西尔维娅·罗恩的电话时，我正在开名人堂的会议，她在电话里哀号："道格被炒鱿鱼了！"她不停地打电话过来，几近歇斯底里，就像我们的生命都走到了尽头。她脑中仿佛有一条连接着道格大脑的热线电话，而且她很可能知道促使富克斯扣动扳机的所有细节。西尔维娅知道我和艾哈迈德·埃尔特根在一起，她恳求我质问他。"你认为艾哈迈德和这件事有关吗？"她强压怒火地说。我不认为她是认真的。她只是又狂乱又难过。

"当然无关，"我说道，"道格一直尊重艾哈迈德。我能保证，他亲口跟我说过。"

我把艾哈迈德拉出会场，告诉他城里发生的一切。他耸了耸肩，带着土耳其人那种意味深长的微笑。道格·莫里斯是艾哈迈德的门生，他在整个八十年代做了一项非常扎实的工作——让大西洋唱片再次炙手可热，这使得艾哈迈德享受了一段漫长而快乐的时光，因为他是这个刚刚复兴的超级帝国里的元老。我从艾哈迈德脸上的表情可以断定，他没有参与这场政变，甚至对此事一无所知。

那天以后，西尔维娅·罗恩就像完全变了个人。很明显，她依赖道格。道格是她的导师，但那又怎样呢？他确实是一位极好的导师。我有什么资格去说这件事呢？如果没有悉德·内森、杰里·韦克斯勒、艾哈迈德以及其他人给我的引导，我又会在哪里呢？她的一举一动都带着完全的偏执妄想。她开始想象竞争对手会对她下手，但我可以保证根本不会有这样的事。不光是因为伊莱克特拉最大牌的艺人都喜欢她多过克拉斯诺，而且当时负面报道已经够多了，让她无法被列入受害者名单。她又坚持干了几年，不过道格·莫里斯的下台很快让丹尼·戈德堡也完蛋了，他作为华纳兄弟唱片的老板只干了九个月。我必须承认，我真的很享受和道格一起工作的最后几个月。他完全是事必躬亲。我已经五十好几了，自以为无所不知，但我从道格身上学到了不少东西。此后，他在开始经营自己的潮涌唱片（Rising Tide Records）公司时举步维艰，却在后来成为环球唱片的负责人，并最终掌管索尼音乐。看到这一切，我一点也不感到惊讶。

富克斯需要稳定混乱的局势。他的问题是队伍中没有足够的人才能站出来改变现状。他在慌乱中采取了权宜之计，将伯班克城堡的钥匙交给了仅存的元老拉斯·赛雷特（Russ Thyret）。这个主意妙在让华纳兄弟唱片回归类似莫掌权时代的那种老班底。的确，拉斯在其黄金时期是伟大的推广人，是他把"王子"带进了华纳兄弟唱片。他是真正伟大且敬业的音乐人，但在我看来，和其他许多人一样，唱片业高管那种野心勃勃、积极进取的生活方式已经对他造成了不良影响。

我们最终都将知道，同样的故事只会不断重复。我这样说是因为我与那些事件有一定的距离。像故事里所有的主角一样，我的自我意识非常强，也有着不负责任的、自私的不良行为习惯。我当然不是唱诗班的男孩，该抽的大烟我也没少抽（虽然到现在我几乎已经戒掉了）。不同之处在于，我没有任何阴暗的幻想去试图接管别人创建的厂牌或公司。我对生活的全部期望就是让塞尔唱片这艘好船能够驶入我人生的暮年。不管怎样，他们想要做什么，我都让他们去做，不管有没有我参与，最终我成为极少数幸存下来的人之一。

为了留在行业的游戏中，我知道我必须不断签下热门的新艺人。问题是，我失去了太多的影响力、员工和确保拿到预算的能力，或许最糟糕的是，我失去了作为华纳独立音乐独行侠的小光环。没有了这些，对我来说曾经轻而易举的事情现在做起来却相当困难。在这一行混，靠的是名声，现在我们的名声已经不好了。华纳音乐集团陷入了困境。可悲的是，时代华纳集团也处在一团混乱无序中。我没有身处其中，但史蒂夫·贝克（Steve Baker）和豪伊·克莱因远非管理华纳和重奏唱片的理想人选。克莱因不是 A&R 这一行的明星。虽然他有许多强项，但其中并不包括 A&R。他擅长的是市场和推广。史蒂夫·贝克当然是最聪明、最优秀的 A&R 人之一，也是一位全能型的音乐人，问题是，在我看来他并不想扛起所有的责任。不过我也不太确定，毕竟当时我不在其位，没有亲眼见证。话虽如此，直到今天，我还是更相信他的鉴赏力而不是其他人的。

举个例子，人们总是问我，为什么一支别家厂牌旗下叫"贝尔和塞巴斯蒂安"（Belle and Sebastian）的独立乐队会写一首名为《西摩·斯坦》（Seymour Stein）的歌。事实上，我曾想签下这支乐队，并一路追到苏格兰。我去看了他们的演唱会，吸引了他们，带他们出去吃饭，但我对自己想要把他们哄上一艘明知会沉没的"泰坦尼克"号感觉很糟糕，所以当一家名叫斗牛士（Matador Records）的小型热门独立音乐厂牌向他们提出签约时，我最终放弃了。在我职业生涯最低潮的时候，能有艺人以我的名字为歌名写了一首歌，不管是当时还是现在，我都对此感到非常荣幸。每当它响起，我都会不由自主地回想起九十年代中后期那段失落的时光，仿佛还能闻到那比萨的味道。我喜欢其中的这句歌词，"今天是飞翔的好日子"（It's a good day for flying），因为它的确是。

我对一切都感到厌烦和沮丧，我决定做我父亲在这种情况下会做的事情。我跳上一架满载正统犹太人的飞机，前往乌克兰乌曼镇的纳赫曼拉比的陵寝。这样的旅行突然变得可能了，因为苏联解体后，犹太朝圣不再非法。我受到一位圣人杰西·克拉默拉比（Rabbi Jesse Kramer）的邀请，他是我去世很久的犹太法典老师利奥·罗森菲尔德拉比（Rabbi Leo Rosenfeld）的女婿。克拉默和他在犹太教堂的追随者都穿着黑色长外套，戴着黑色帽子。我穿着 T 恤和运动鞋尾随着他们，

334 Chapter 9 疯狂

看起来像个令人尴尬的笨蛋，但他们欢迎我加入他们一起体验。我的确需要陪伴，需要某种音乐无法给予我的更高层次的疗愈。我们又唱又笑，祈祷着进入恍惚状态。为我带来这一切的并不是陵寝本身，而是和善的人群，以及围绕在纳赫曼拉比遗产旁所激发的幸福感。

我想要离开伊莱克特拉唱片已经几个月了，反正我再也不想跟它有什么瓜葛。无论给我怎样一个有名无实的新头衔，对我来说，伊莱克特拉永远都是其创始人杰克·霍尔兹曼的孩子。他是君子，退休很久了，后来我积极游说，提名他进入摇滚名人堂。幸运的是，在伊莱克特拉的决策者当中有一位办事可靠、事无巨细的唱片业老前辈，倡议让我回归。他的名字叫阿伦·利维（Aaron Levy），是伊莱克特拉的首席运营官，他更像是财务主管和问题处理高手，而不是唱片人。我第一次见到他是在七十年代初，当时他在运营派拉蒙唱片。九十年代末期，阿伦已经是一位接近退休年纪的老手，但他也是当时留下来的为数不多的还保持着清醒的人之一，我非常确信他跟公司上层领导谈过这所精神病院里真正发生的事情。

感谢阿伦的帮助，最终时代华纳的董事长杰里·莱文扔给我一只救生圈。我对他的了解逐渐超过我对史蒂夫·罗斯的了解。莱文是从时代集团提拔上来的，华纳音乐家族的人一直对他抱有疑虑，认为他只是一个不走远的外行。但我理解史蒂夫·罗斯为什么选择他作为继任者，杰里真正关心并认真学习了解我们的业务。在我们讨论华纳音乐面临的问题，尤其是国际业务时，他觉得我在这些问题上很有眼光，我告诉他可以聘请宝丽金唱片伦敦公司的老板罗杰·埃姆斯。罗杰是个老行家，而且具备我们所需要的一切：优秀的耳朵、良好的管理才能、丰富的商业知识，还有国际化的视野。令我吃惊的是，几周后莱文打电话给我，宣布说："我刚刚聘请了罗杰·埃姆斯来管理华纳国际部！"为了把他吸引到纽约来，华纳不得不以两亿美元的高价买下了罗杰在伦敦唱片的股份。这个标价可不是一般的高，但罗杰的到来标志着人们期待已久的转折点，华纳灾难终于告一段落。

这也带来了一个我急需做出的改变，因为罗杰不希望伦敦唱片像莱文最初建议的那样被收编进入伊莱克特拉唱片。他特别要求伦敦唱片与塞尔唱片结盟。经过一番讨价还价，最后的结果是双方合并成为一家新唱片公司——"伦敦－塞尔"唱片（London-Sire）。它比伊莱克特拉唱片规模更小，而且从表面价值上来看，它也比我当时所在的伊莱克特拉唱片要少，但是我更喜欢小一点的唱片公司，而且在跨大西洋的音乐尝试中会感觉更自在。成立一年之后，我们推出了许多有趣的英国电子乐，比如电子音乐人"孪生阿菲克斯"、DJ保罗·奥肯弗德（Paul Oakenfold）、"轨道"（Orbital）、"雪崩"（the Avalanches）和千禧年前后流行音乐潮流中的其他一些创新艺人。

罗杰·埃姆斯晋升的速度比我想象的还要快。几个月后，莱文任命他为整个华纳音乐集团的首席执行官。从这时起，合适的人员开始被安排到了合适的位置。

对我来说，在那个阶段，唱片业开始走下坡路，我们整个华纳音乐集团从过去糟糕的岁月中长出的一身赘肉正在慢慢被塑形，"伦敦－塞尔"唱片是一项花费高昂的实验。两年来，我们在商业上成功寥寥，莱文把我叫到他的办公室。

"我要被炒鱿鱼了吗？"我直接问他。

"不，西摩，"他微笑着回答，"你太具有象征意义了。我们希望你能坐下来休息一下，慢慢地把塞尔恢复成一个独立的音乐厂牌，只是不是现在，不是在大西洋唱片内部。你将拥有你自己的音乐厂牌和办公室，附属于大西洋唱片。你可以利用他们的推广和市场渠道，但基本上是你自己再一次独立运营。"

史蒂夫·罗斯选定的继承人用他的善意拯救了我，旧时代的人们都已远去。我也许老了、落伍了、不中用了，但我是最后一个站着的人。于是，我就像一个满脸胡茬、从十年内战中蹒跚归来的老兵，又回到了当初的起点。嗯，差不多是这样吧。塞尔唱片在九十年代已经被剥夺了旗下艺人所有作品的版权；我只有一间小办公室和一名助理。但是，名义上，我又成了老"塞尔"先生。再也不用接受什么双重领导了，只有我和塞尔唱片的旗帜。你可以说我想得简单，但我一直想要的就是继续驾着我自己的船驶向伟大的未知。回首往事，我真的不知道我是怎么熬过来的。我猜是因为我不知道自己还能做什么别的事情。我的孩子们已经长大了，她们无视我的存在，过着二十几岁的人应该过的生活。我现在拥有的只是我的艺术收藏品和摇滚名人堂。

我想，是我的布鲁克林精神让我坚持了下来。即使是在最糟糕的时候，我也知道这并不是世界末日。我仍在行业游戏之中，而且我的表现还不错。如果我的自我膨胀程度像我最严厉的批评者所说的那样，我早该摔门而去，到另一家公司担任高管。我没有那样做。因为那不是我想要的事业，只是忙碌又漫长的一生。我的生活总是关于故事和冒险。我紧紧抓住塞尔，因为，各位，我们之所以被赋予宝贵的生命，就是要你知道自己属于哪里，并尽可能久地活下去。好时光只是额外的收获。我享受到的远比我理应获得的要多。我怎么能不心存感激呢？有这样一句古老的谚语，我在每一个黑暗的时刻都会对自己低语："这一切终将过去（And this，too，shall pass）。"

Chapter 10
歌曲

二〇〇七年十月三十日，这一天将铭刻在我们的记忆中，并在无数的文章、警方声明和法庭报告中一再被引用。那天我刚看完一部百老汇戏剧，正要离开的时候，曼迪打电话给我。她的话像闪电一般击中了我："琳达死了！"接下来的记忆就很模糊了，我只记得自己奔向一辆出租车——百老汇晚上十点钟竟然奇迹般的还有一辆空出租车。这时候，我的心开始下沉，我告诉司机："去第五大街九百六十五号。"

那一周曼迪恰巧在纽约工作，住在她妈妈家。当她晚上十点左右打开房门时，公寓里一片漆黑。曼迪觉得有什么不对劲，就挨个房间找，最后她发现琳达躺在地板上，脸朝下，身体已经冰冷而僵硬，头藏在一件连帽衫里。幸运的是，光线太暗了，曼迪没看见那一摊发黑的血，也没看见琳达的头部遭到了猛击。她知道她妈妈已经死了，但她以为是由心脏病发作或其他自然原因造成的。她就像油画《呐喊》（*The Scream*）[1] 描绘的那样惊恐不已，冲出房间，拨打了 911。

当我到达琳达的家时，这里已经到处都是警察了。萨曼莎、琳达

---

1 《呐喊》是挪威画家爱德华·蒙克在一八九三年创作的绘画作品，共有四个版本，是表现主义绘画的代表作品。

的妹妹阿琳和我的助手罗德尼已经到了，正在穿过警察的警戒线往里走。我们站在那里，完全蒙了，等着见曼迪，她正被探员们讯问。毫无疑问，琳达死了，我们知道他们直接把她送往太平间。

我们还没来得及接受这一现实，媒体就开始砸我们的门。按照犹太人的传统，葬礼应该在死者过世四十八小时内举行，所以我们开始在位于里弗代尔[1]的琳达童年时期的犹太教堂里准备仪式，当时我们并不知道，这将给自己以及这所教堂带来多大的困扰。我们所有的朋友从世界各地飞来，拥入教堂，许多人不得不坐在地板上，而成群的记者推搡着哀悼者，争相拍摄名人哭泣的照片。出席葬礼的人如此之多，我们非常感动，但我们完全没有料到葬礼会变得如此混乱。

在葬礼上，萨曼莎和曼迪念了悼词，当人群散去，她们开始找寻有关琳达死亡的答案。曼迪尤为焦虑，因为她第二次被警察讯问，他们不停地重复同样的问题，直到她筋疲力尽。警察又直接去医院询问法医琳达的死因，直到这个时候，一起残忍谋杀案的可怕证据才呈现在他们面前。

一定是有人把这条新闻泄露给了纽约一台（NY1）和纽约 1010 全新闻台（1010 WINS），所有的报纸迅速跟进。"明星专属房产经纪人被重器猛击致死"（REALTOR TO THE STARS BLUDGEONED TO DEATH）这样的标题见诸报端。而伦敦一家报纸上的新闻标题则是"曼哈顿谋杀之谜"（MANHATTAN MURDER MISTERY）。新闻越血腥就越吸引眼球，何况这则新闻还可以贴上名人的标签，供大众玩

1　原文 Riverside，应为笔误，应是 Riverdale。

味。在这些耸人听闻、不到最后一刻看不出谁是真凶的侦探故事里，所有从琳达那里买过房产的电影明星和流行明星都被挖掘出来，文字旁边往往还配上琳达和"雷蒙斯"或埃尔顿·约翰的合影。

花了漫长的十天时间，凶手的身份才被确认，然而这仅仅标志着一场曲折的猫捉老鼠游戏的开始。警察讯问了我们所有人，甚至连我都担心我的不在场证明听起来站不住脚。我们开始用奇怪的眼神打量彼此，直到最后，他们拘捕了琳达的私人助理，一个二十六岁的女人，娜塔维娅·洛韦里（Natavia Lowery）。

在她供认谋杀之后，警察发现了她多次偷窃的证据，并且推断她在担任助理这两个月以来至少偷了三万美元。就在事发前三个星期，还发生过一场非常离奇的骗局，洛韦里在一张支票上伪造了琳达的签名，并假装成琳达打电话给美国运通公司。她就是这样筹集到所需的四千美元，进到了电影《美国黑帮》的首映式现场，很显然，她这样做是为了见到丹泽尔·华盛顿（Denzel Washington）。没错，琳达的新助理是个声名狼藉的精神病患者，说谎和欺骗成性，而这一切有着病理上的原因。她曾被指控冒充朋友身份盗用教堂资金。面对这么多确凿的证据，洛韦里在镜头前供认了谋杀罪行。她抽着鼻子，但并没有真哭，她声称琳达侮辱她，还往她脸上吐大麻烟。洛韦里说，她一时气愤，抓起琳达做瑜伽用的一根三英尺长的棍子，打了她六下。

然而，尸检却揭示出一个远比她的供述可怕得多的死亡场景。琳达的最后时刻一定充满了完全的恐惧，她被一件钝器重击了二十四下！可能就是洛韦里供述的那根棍子，但她从未透露过它的下落。如果这还不够令人不安的话，当时琳达已经六十二岁了，刚刚经历了一场与乳腺癌的漫长而艰苦的抗争。更糟糕的是，就在被谋杀前几周，琳达的大脑里发现了一个肿瘤，虽然是良性的，但它显然很让人担心。洛韦里知道琳达能活着本身就是一种幸运，这使她的一切行为更加令人感到恐怖。

之后，洛韦里翻供，声称没人给她请律师，这让我们的噩梦演变成长达三年的拉锯战。由于凶器始终没找到，尸体本身或周边也没有发现 DNA，洛韦里和她的律师们在随后的谋杀案审判中承认了盗窃行为，但声称她在面临的谋杀指控上是无辜的。

坐在庭审旁听席上的人都能一眼看出被告绝对有罪。拜托，你这是在闹着玩吗？你在摄像机镜头前平静地承认了一桩谋杀案，没有任何迹象表明警方施加了任何不当的压力，然后你翻供了，声称你的权利被侵犯了，而且，哦，你之前说的都不是真话吗？通过多次推翻她编造的故事，洛韦里只是成功地证明了她病态般的不诚实和彻头彻尾的愚蠢，但最糟糕的是，她根本没有一丝悔意。

我只能假设，正是因为洛韦里的律师向她更为详细地解释了她面临的法律形势，她才有了一丝微弱的希望，指望着逃脱法律制裁，并在她家人的眼中挽回些许颜面。她告诉家人，琳达的谋杀案是上流社会的一起阴谋，因为，嘿，当你能让人们相信这个体系是被操控的时候，谁还会在乎证据呢？有一次，洛韦里陷入了她自己编造的不可能的谎言，她看着曼迪，怒气冲冲地说："你知道是你干的。"洛韦里的家人希望相信他们的女儿是无辜的，在她的出尔反尔中，他们开始自欺欺人，向媒体哭诉有腐败现象存在。

在纯粹的人类道义层面上，我对她的父母有一些同情，但他们的行为暴露了很多关于他们自己的情况。犯罪行为本身和荒谬的辩护都缘于洛韦里认为琳达比实际上更有钱有势。两个月盗窃了三万美元，这么大一个窟窿瞒不了太久。琳达只是一名房地产经纪人，不是埃尔多拉多理想黄金国 [1] 那样的 "银行"。好吧，我们斯坦家族的确认识很多明星，但这并不意味着我们能把纽约司法系统玩弄于股掌之间。

我不应该对那对父母太苛刻，因为从我自己的角度讲，我在那场谋杀案的审判中也毫无用处。我只出现在几次庭审中，虽然我本应该去支持我的女儿们，她们可是每天都去的。尤其是曼迪被洛韦里的律师泼脏水，他们试图暗示曼迪有理由弑母。我实在无法忍受那样的法庭。一旦我看到辩护律师配合洛韦里的把戏扬扬得意地玩起花招，我就等着听她再一次改口，申辩自己是过失杀人，等着看她的律师四面出击，声称是琳达把人逼到使用暴力的程度。一旦琳达的暴躁性格成为焦点，我知道我将是第一个被置于聚光灯下的人。整件事对我们任何人来说都不会有好结果。洛韦里就要倒下了，但我知道她会伸出脏爪子把我们拖下水。

如果说在美国有什么事是人们都喜闻乐见的，那就是名人谋杀案。我认为每个国家都是这样，但美国人把犯罪和法律这些原本严肃的事情极端戏剧化了。我们有追捕逃犯的现场追踪，我们有罪犯游街示众的实况放送，我们有法庭审判的电视直播。我们的文化是被西部片、警匪片和二十四小时新闻频道所铸就的，我们的刑事司法制度已经成为娱乐业的一个分支。而你用这话来说我们的政治体系，或许也

---

1 El Dorado，西班牙文，意为 "黄金国"，源于南美洲一个古老传说，这个传说引发了十六世纪西班牙殖民者的几次探险。

没错。

在一个场景周围架起的摄像机越多，主角就越有可能在压力下撒谎或崩溃。整件事就此演变成一场舞台表演。为什么辩护律师们会排着长队想去接手一桩轰动的案子？这是有原因的。因为无论输赢，他们都能为自己赢得名声。就连曼迪也不得不解聘她的第一任律师，因为他开始像个电视剧中的代理人角色一样，对着媒体夸夸其谈。

记者们也同样自私。他们就像一桶血水中的一群食人鱼，摄影师们会为了争抢拍照的最佳位置而大打出手。他们人越多，举止就越糟。我曾见过他们对曼迪和萨曼莎带着侵犯性的不敬场面，真的能让人对人性失去信心。她们姐妹俩从一扇门窜到另一扇门，在车里进进出出，尽量避免被拍照。但你根本无法躲开所有镜头，第二天你就会在报纸上看到自己，看上去像一只在汽车前灯照射下的兔子。

至少正义得到了伸张。陪审团花了一个小时将洛韦里面临的所有指控定罪。琳达是下午被谋杀的，当时只有洛韦里在公寓里。这座大楼处于摄像头的监控之下，足够安全，任何入侵者都无法在不被拍到的情况下进出。即使不考虑被推翻的供词，陪审团也同意探员的说法，即一切证据都绝对指向洛韦里。监控摄像头显示了她是如何离开公寓的，当时她的裤子里外穿反了，很可能是为了掩盖血迹。然后她在街上步行至一台自动取款机前，从琳达的一张信用卡里取了八百美元。

我们永远不会知道引发打斗的准确细节，但我几乎可以想象那一幕。我想一定是琳达发现了某些事情后发疯了。她可能没时间去思考或报警；她很有可能气疯了，把所有的脏话都骂了出来。就算她真的这样做了，那也只是你杀害一位老太太的卑鄙借口，毕竟她刚刚发现你掏光了她的银行账户。不管琳达有多傲慢和鲁莽，她都不应该被殴打致死。

我带着关于人的永恒教训离开了那个噩梦。好吧，琳达确实很"疯狂"，她开派对夜夜笙歌，侮辱出租车司机，不带脏字儿就不会说话，还在曼哈顿的大街上抽大麻。是的，她有时是一个难以控制的人，但她无论如何都不是一名精神病患者。琳达只是能咋呼，好显摆，但她心地善良，她支持我们所有人，为慈善机构筹集资金，真诚地关心别人的困难。琳达记得每个人的生日，我相信她对娜塔维娅·洛韦里也很好。好像洛韦里从来没有认真审视过自己行为的严重性。正是她的漠然和麻木让我深感不安。

这个世界上真正的疯子往往并不是那些大喊大叫的人，也不是纵身跳下舞台的艺人。他们通常很沉默，除了嫉妒以外什么也感觉不到。他们是如此悄无声息，而且从来都无视自己身上带有的危险性，你甚至看不到他们如何靠近。对那些内心已经半死不活的人来说，生命是廉价的。琳达给一头装扮成助理的恶狼打开了门，而这头恶狼则认为自己拿到了一家自助糖果店的钥匙。想一想洛韦里曾被指控欺诈和挪用公款，道格拉斯·埃利曼（Douglas Elliman）和临时工代理公司根本就不该录用她并把她送到琳达身边。这些代理公司收了钱，难道不该事先做背景调查吗？

当我想到娜塔维娅·洛韦里和她的家人面对媒体时的愤怒言论，眼前就浮现了已故的伟大的莱纳德·科恩站在他自己那地狱般的法庭里的形象。莱纳德·科恩的经纪人、昔日情人凯莉·林奇（Kelley Lynch）趁他在一家佛寺修行期间，挪空了他的银行账户。当林奇被勒令还钱，随后因骚扰指控而被判刑时，莱纳德·科恩获准发表私人意见，对我来说，他的话比法官的判词更能引起共鸣。"我祈祷，"科恩说，"林奇女士能在她宗教信仰的智慧中得到庇护，同理心能让她的心从仇恨转化为悔恨，从愤怒转化为仁慈，从一心想着复仇转化为从细微处践行自我革新。"

当摄制组奔向下一出悲剧现场时，我们终于有了独自哀悼的空间。当我发现琳达永远地离开了，我才意识到我是多么爱她。我知道这不是琳达年轻时梦寐以求的爱，也不是我对别人的那种爱。但琳达是我生命中独一无二的女人，是我人生这部电影的联袂主演。不仅仅是因为我们共同生育了孩子；三十五年来，我们一直通过一条热线保持着联系，从未间断，即便是我们之间存在着这样那样的分歧并因此为人津津乐道时。琳达喋喋不休的陪伴总是把我吵醒，让我烦躁，虽然我对此抱怨连连，但我也同样喜欢她给我带来的兴奋。我们就像雌雄大盗邦妮和克莱德[1]。看看一九七六年我们站在"圆屋"外面拍的那张照片，你就知道犀利的斯坦夫妇在一起时会擦出多大的火花。

我真希望我能说琳达被谋杀是我们家族最大的悲剧。然而，就在谋杀案尘埃落定两年后，萨曼莎开始偏头痛，并被诊断为脑癌。接下来的两年，她在中央公园和一〇六街拐角处的纪念斯隆 - 凯特琳癌症中心接受了大量治疗。随着她的病情恶化，事情愈加令人绝望，她又去了北卡罗来纳州达勒姆的杜克癌症中心尝试实验疗法。可悲的是，这一切最终徒劳无功。萨曼莎于二〇一三年二月去世，享年四十岁，

---

1 指电影《雌雄大盗》中的两位主角。

撇下了一个以我母亲的名字命名的八岁女儿多拉。

人的一生中，有很多打击是你能克服的，比如心碎、心脏手术、离婚、当众被羞辱，甚至是你前妻被谋杀。但有一种痛苦是无与伦比的。白发人送黑发人不合乎自然规律。它不仅会让你心碎，还会击垮你继续活下去的意志。琳达的谋杀案像一辆列车一样撞上了我们，但至少她活到了六十二岁，至少她的女儿们已经长大成人。早晚有一天，我们都能够开始讲述琳达的故事，也能笑谈往事。而在萨曼莎死后，围绕在坟墓周围的却是一片寂静的虚无，这种虚无永远也不可能让人接受或者笑得出来。只是看着那个八岁小女孩盯着她妈妈永远消失在其中的墓穴，我就心如死灰。

几个月来，我都哭不出来。我在日常生活中偶尔碰到一些熟人，他们会向我表示哀悼。每当我被人提醒，都会陷入一片死寂，像一具迷失在虚无里的僵尸。终于，在某天的清晨，我泪如泉涌，我想我这辈子从来没有这样号啕大哭过。没有人能像失去孩子的成年人那样发自灵魂深处地哭泣。你问老天为什么会这样，它却不会回答。这是我这一生受到的最残酷的判决。

令这一切痛苦如此难以承受的是，萨曼莎的人生并不是完全幸福的，我知道我要对此承担部分责任。被保姆抚养长大已经够艰难了，我想发现我是同性恋也在一定程度上影响了两个女儿的生活。但我一直认为，事实上，她们都远远超越自身所处的时代，能够接受和支持同性恋父亲。公平地说，她们一直都有同性恋朋友，她们是思想开放的纽约人，而且琳达的大多数朋友都是同性恋。萨曼莎和曼迪在很多男同性恋身边长大。但接受朋友们和叔叔们是同性恋是一回事，发现自己的父亲更喜欢男人是另一回事。

在孩提时代，萨曼莎积极向上，她总是很忙，在学校一直很受欢迎，她继承了母亲的组织能力，天生就会活跃气氛。但当她进入了可怕的青春期和大学，她觉得命运对她不公。像许多年轻人犯过的错误一样，她开始问自己那些毫无意义的问题："为什么是我？我做过什么要受到这样的对待？"她患上了饮食失调症，我现在意识到这可能是想引起我的注意。他们说这是一种求救的信号，通常是向家人的呼救。不幸的是，这不是一个我能理解或回应的呼救信号。而且，我越是没有解决她的问题，她就滑落得越深。而那正是八十年代末到九十年代初，在那段时间，我最狂放不羁，正在最大程度地享受着自己的生活。我知道她在受苦，但我不知道如何接近她。甚至连琳达都被这个问题难住了，曼迪也是。

萨曼莎独自一人滑落到了家人无法触及的境地，但感谢上帝，后来她终于能控制住她内心的恶魔。此时，只有一个人能帮助她，不是她古怪的爸爸，不是她疯狂的妈妈，也不是她幼小的妹妹，而是她自己。通过接受心理咨询、获得更好的陪伴、理清思路，以及更严格的自我约束，她找到了走出令其深陷迷宫的办法。就像很多曾经从地狱走了一遭又回来的人那样，她变得强大。每个人都喜欢萨曼莎的陪伴，她很有原则，善于倾听，与人为善。她去世时，我注意到她母亲留给她的遗产她一分钱都没碰。这只是一个细节，但我一直钦佩那些能够抵抗消费带来的廉价刺激的人，这是良好品格的一种表现。萨曼莎不是势利小人，不是没有规矩的顽童，也不是单纯的富家子弟。她懂得人和事物的真正价值。

唯一令我欣慰的是，生孩子带给萨曼莎一种纯粹的快乐。这种想法于我而言，就像救命稻草一样。小多拉是她一生旅程中最辉煌的胜利，是她在灵魂探索的尽头发现的果实和宝藏。自从她得知自己怀孕的那一刻起，她的眼睛就亮了起来，在她生命的最后八年里，她的眼中一直闪烁着身为人母的骄傲。即使她病得很重，那份爱仍像篝火一样燃烧。萨曼莎比我们这些深爱她的人更坦然地接受了自己的命运。我想，当她走完了自己的精神之路，迈向无可避免的死亡时，多拉为她原本残酷而短暂的生命提供了幸福的结局。她的时间没有白费。生命的轮回得到了尊重，母性为她带来了多年以来缺少的感激和意义。所以，小多拉，当你长大，我们都不在你身边的时候，永远记得妈妈的爱沐浴着你，曾祖母的名字仿佛温暖的外套包裹着你。如果有一天疑虑在黑暗中低语，请呼唤你的女性祖先予你指引，你将永远不会踽踽独行。

我对我的三个外孙女说，我不知道这本书是否清楚地表达了这一点，不论我面对过怎样跌宕起伏、表里不一、天真幼稚和缺乏经验的生活，以及它们带来的一切，我都不会把我热爱的音乐生涯换成世界上的任何其他东西。它是一段颠簸的旅程，但令人兴奋。作为音乐爱好者，你会发现一首非凡的歌曲、一张优秀的唱片或一位伟大的艺人，然后看着歌曲慢慢爬上排行榜，变成热门歌曲，你信任的艺人或乐队就此声名鹊起。这些事情会经历两次、三次、四次……没有什么比得上参与其中的快乐和满足。多年来，我都很享受这样的时刻，我非常感谢这些艺人和上帝让我能一直行进在这段旅程中。尽管我已经老了，但我依然不急着下车。

那么我生命中的光芒，我仅存的女儿，经历了那么多心痛的曼迪呢？她的童年在忍耐中度过，发现自己的母亲以这种方式死去，而她唯一的姐姐在四十岁时就去世了。如果这个故事中有人能在持续四十年的打击课程中存活下来，并从这所苦难学校毕业，那一定是曼迪。她是我与许多往事的连接。每次我去洛杉矶看她，看着她和两个小女儿利娅（Leia）、英迪娅（India）玩耍时，她就是温暖我的光。

现在，我是感恩节餐桌上的外祖父，我为此感到骄傲。我要感谢那些母亲们，她们的爱对孩子的自信心至关重要。我自己的成功很大程度上归功于我快乐、无私、善良的父母和我的姐姐安，她像一个小妈妈一样爱我和鼓励我。我知道我曾是一个不好管的孩子，是那么的与众不同，我感谢家人接受了我本来的样子。他们支持我的唱片厂牌，而我则是厂牌旗下那位不安分的老主人，只有他们看出了我的天赋异禀，并且接受我，一直相信我。一切都是从那里开始的。

但是请注意，如果只有爱，那还不够。一个十几岁的孩子需要学会一门手艺，才能避免自己在梦想的驱使下变得疯狂。我能生活在一个导师和学徒的时代是多么幸运！我们把向年轻人展示真正工作和事业的伟大传统丢到哪里去了呢？我知道，我被给予的远比我回报出去的多得多，也许这种不平衡就是我这一代人的失败。战后的时代创造了如此多的伟大音乐和流行文化，我们是一种稀有作物，但由于生长得太过茂盛，以至于把周围的沃土都吸干榨尽。所以，亲爱的读者，请不要认为我不中用了——我的任务还没有完成。我们这些老家伙必须一直把这个行当的技能和秘诀传承下去。尊严在传承中得以体现。这一章还有几页容我细细道来。

现在，只剩下我、曼迪和我的三个外孙女。另一个幸存者就是塞尔唱片，我在纽约曼哈顿中城的一间办公室里经营着它。塞尔唱片已经不像过去那样是一家热火朝天的热门唱片制造工厂了，但它是我自己的街角小店，仍在营业中，还将帮助年轻音乐家创作音乐，繁荣成长。在过去十五年左右的时间里，我发行了包括"杀死孩子"（Kill It Kid）、"冷锋"（Cold Fronts）、"渣孩儿"（Residual Kid）、"彩票中奖者"（Lottery Winners）、"糖人"（Sugarmen）和保罗·谢弗（Paul Shaffer）等艺人的唱片。我甚至刚做了一张辛迪·劳珀（Cindy Lauper）的专辑。我还在干着老本行，只要干得动，就会一直干下去。反正，它也不是"工作"，它可不是大多数人所指的那种"工作"。塞尔唱片一直是一种生活方式、一种职业、一种必需品、一种特权。

你现在应该了解我了：我多少有点像是架老破车（只不过不是佐治亚理工学院的[1]），支撑着我的是一根拐杖和一种不断向前的执念。人们总是开玩笑说某人飞行里程数高，但我却是五十多年来实打实地积累了超高的时差数。我很希望能把我的飞行里程数全部加起来，我相信它和阿波罗号的宇航员飞行里程数是同一个级别的。至于我看过的现场演出的数量，我只能说为何我至今未聋是一个谜。是的，我和所有强迫症患者们在一起，几十年来为了热爱的事业牺牲了家庭乃至

---

1 《佐治亚理工学院老破车》（Ramblin' Wreck from Georgia Tech）系作曲家查尔斯·艾弗斯根据一首英国歌谣改编而成，后来成为佐治亚理工学院大黄蜂橄榄球队的战歌，"老破车"是福特汽车公司三十年代生产的一款跑车，后赠送给佐治亚理工学院，并成为该校吉祥物。作者在此处称自己是"老破车"，有双关含义。

睡眠。我七十五岁了，但我还没金盆洗手。我喜欢每天去办公室，还有周游世界。

你可能在机场遇见我。无论是在洛杉矶、利物浦、孟买、多伦多、特拉维夫、新奥尔良、北京、汉堡、布莱顿还是在芝加哥，只要有音乐活动我都会准时赶到。你会在法国戛纳国际音乐博览会或者得克萨斯州奥斯汀的西南偏南盛典（SXSW）[1] 上看到我。你会在特立尼达和多巴哥发现我参加忏悔节狂欢活动，或者在冬天看到我坐在死海岸边，或者在一个下雨的星期四看到我在苏富比拍卖行转悠。你会在伦敦和巴黎我最喜欢的餐馆的角落里见到我。你甚至会看到每个早晨我仍然走在曼哈顿的大街上去上班。请跟我打个招呼。请给我播放你的歌曲。只要我还在这个世界上活着，我总有时间来听一个好故事和一首好歌。我的耳朵永远年轻。

我今天生活的世界和我出生时的那个世界不一样。当我访问印度和中国的新兴城市时，我能感受到它们具有感染力、充满自信的能量，与我在六十年代的伦敦或八十年代初的纽约感受到的一样。这些能量四处游走，音乐魔咒随之击中某些孩子，像电闪雷鸣一样随机。你可以感受到一场艺术风暴即将在发展中国家爆发；在以色列也是同样的情况，在某些地方一定会有巴勒斯坦籍和以色列籍音乐家在创作，他们会激励一代人。

去年，我出乎意料地失去了两位私交甚好的密友，他们也是塞尔唱片旗下的艺人。一位是演员比尔·帕克斯顿（Bill Paxton），他录

---

1 指每年三月在美国得克萨斯州的奥斯汀市举办的音乐节、电影节和互动式媒体节。

制了两首令人惊叹的单曲，都配有轰动一时的音乐录影带：由奥斯卡金像奖得主詹姆斯·卡梅隆执导的《触手可及》(Reach)，以及罗基·申克 (Rocky Schenck) 执导的《劳动者如何抽出时间提升自我修养》(How Can the Labouring Man Find Time for Self-Culture)。同样悲惨的是汤米·佩奇 (Tommy Page) 的离世，一九九〇年他在塞尔唱片曾发行过一首排行榜冠军歌曲《我将成为你的一切》(I'll Be Your Everything)。两人的离开都让我感到极度震惊和悲伤。我至今仍然忘不了他们。

我很感激生命中超大份的馈赠。我能做我喜的事，男人除了这些还能再要求什么？近年来我最快乐的时刻，可能也是最值得自豪的事情是，在几年前我入选摇滚名人堂之后，在二〇一六年又入选了歌曲创作者名人堂。我简直不敢相信会在名单上看到自己的名字，因为这是一个从不邀请唱片人进入的俱乐部。我从来没有写过一首歌，也没有获准成为词曲版权管理商。但它的守护人琳达·莫兰 (Linda Moran) 和查理·费尔德曼 (Charlie Feldman) 邀请我加入，因为我是唱片业中为数不多的、一直坚信"音乐的辉煌归根结底源于歌曲创作"的元老之一。我一直对那些声称"声音最重要"的制作人持怀疑态度。对我来说，歌曲成败一直都取决于"你到底要表达什么"。你自己好好聆听。在每一张流行音乐的杰作背后，总有一首杀手级的歌曲。它才是魔力的源泉，永远都是。

这么多年下来，听了这么多音乐，我得出了一个简单的结论：历史上最伟大的音乐源自那些将其推入公共领域的东西。我指的是我们最熟悉的旋律和歌词，我们的赞美诗和摇篮曲，我们的仪式歌曲和国

歌。它们比国家宝藏更有影响力，它们是人性最集中的体现，超过了
所有法定的版权限制。这些歌属于全人类，它们经过了时间的考验，
终将永恒长青。

　　我指的伟大音乐也包含古典音乐和民间音乐的精华。《平安夜》
（Silent Night）、《真挚来临》（Adeste Fideles）、《圣诞夜歌》（It Came
Upon a Midnight Clear）和《圣诞佳音》（The First Noel）的美妙，让
我每次在圣诞节听到它们时都兴奋不已。当然，我是犹太人，我不庆
祝这个节日，但这并不意味着我不喜欢这些音乐。我个人最喜欢的歌
曲之一是《伏尔加船歌》（Song of the Volga Boatmen），这是一首真正
的杰作，让你仿佛随着时光回到了十九世纪的俄国。又比如《所有誓
言》（Kol Nidre）这首歌，它是每年赎罪日的庄严仪式开始时的暖心
誓言。它可以被口头吟诵，也可以由音乐家演奏无歌词的器乐版。就
像所有真正伟大的歌曲一样，它的魔力可以通过如此多的方式被激
发。《希望》（Hatikvah）是以色列国歌，它有另一种扣人心弦的美，
从开篇旋律就明确无误地将你包围。它漫长的故事始于十九世纪的俄
国，是一首充满向往、如祈祷般的诗歌，讲述了每一个犹太人重返故
土的梦想。在以色列建国仅仅是一种模糊的可能时，在那个我们几乎
无法想象的时代，它给数百万犹太人带来了慰藉。如果你想了解以色
列，请仔细聆听这首歌曲。

　　我们美国自己的国歌《星条旗》总是让我热泪盈眶。我们差一点
选择了《哥伦比亚，海洋的瑰宝》（Columbia, the Gem of the Ocean）
作为美国国歌，它的旋律我也喜欢。但我想我们错过了一个机会，标
准的缩短版《星条旗》没有采用第四节也就是最后一节："玉碎还是瓦

全，摆在我们面前，自由的人们将奋起，保卫国旗长招展！祖国自有
天相，胜利和平在望；建国家，保家乡，感谢上帝的力量。我们一定
得胜，正义属于我方，'我们信奉上帝！'此誓永不忘。星条旗将在
胜利中飘扬，在自由的国家，勇士的家乡。"

　　关于所有这些老歌，以及其他未被提及的众多歌曲，奇怪的是，
它们是如何把某种精灵之气释放到空气中的呢？你不能像播放唱片一
样播放这些歌曲；它们只适合严肃的场合，正如祈祷是为集体仪式保
留的。在所有创作出来的歌曲中，我心里有一个特别的地方留给了法
国国歌《马赛曲》。第一次发现它时我还是个孩子，当时我正在观看
电影《卡萨布兰卡》里著名的一幕：里克咖啡馆里的人们突然唱起歌
来，淹没了纳粹士兵们唱的德国垃圾歌曲。《卡萨布兰卡》是在我出
生的那一年上映的，我想这是又一部伟大的战争题材的作品，加到了
我长长的观影名单中。我一直不明白《马赛曲》的歌词，直到很多年
后才有人向我做了解释，但这完全不影响我每次听到它时都会感到那
种纯粹的情感力量击中我的胸腔，并将我击倒在地。

　　这首歌最初写于一七九二年，当时革命的法国刚刚宣布成立共和
国，这是一首用来号召公民进行抵抗的歌曲。邻近的普鲁士和奥地利
帝国磨刀霍霍，试图消灭这些有关权利和公民的新意识。这首歌实际
上是在斯特拉斯堡写的，帝国军队正是从这里打进来的。就像所有伟
大的歌曲一样，它让个人感同身受，因为创作者身处战争这种人类体
验的前线而被赋予了生命。大致翻译一下，歌词说的是"对抗我们的
是专制暴政，血染的旗帜已经扬起"。然后，随着旋律进入忧郁的中
间部分时，歌词中问道："听见没有？凶残的士兵嗥叫在我们国土上，

他们冲到你的身边，杀死你的妻女。"在从痛苦到希望的最后一个旋律转折上，它用伟大的战斗口号掀翻了屋顶："拿起武器，公民们！"每当我听到这里，就想跳上马，拔出剑，尖叫着："冲啊！"

在和平年代，胆小的法国人对这首歌中的血腥景象感到好奇，但你可以看到，当暴政的血腥旗帜再一次践踏人们的生活时，这首歌是如何完美地融入了《卡萨布兰卡》。我从没想过会看到这一幕，但在二〇一五年到二〇一六年法国发生一系列恐怖袭击时，我正在巴黎为本书进行采访。一批声称效忠"伊斯兰国"（ISIS）的邪恶变态分子展开了一场血腥屠杀，杀害了众多作家、乐迷、犹太人、年轻人、观看巴士底狱日烟火表演的家庭成员。这是自被纳粹占领以来法国经历的最离奇可怕的极端暴力事件。

突然间，那些古老的歌词像它被写就那一年一样引发了共鸣，让那些听了多年的人感到困惑。那个血淋淋的夏天，法国恰巧在举办欧洲足球锦标赛，在每一场主队参加的比赛之前，《马赛曲》都响彻云霄，我想可以这么说，它抢了整个体育赛事的风头。在酒吧里，在乡村广场上，全国人民一起歌唱，热泪盈眶，感慨万千。他们不想发生这种毫无意义的流血事件，但在同等程度上，他们知道必须坚持自己的信仰。这一切就像现实生活中的"里克咖啡馆"。

这就是音乐的奥秘。一首歌能以任何政治领袖都无法企及的方式，团结一个分裂的民族，提振一个国家的士气。千万不要说音乐只是娱乐。虽然大多数时候，它的确只是娱乐，但当我们要表现更宏大的主题，当人类需要看清一切时，音乐正是那更高级的语言，能够指引正义的方向。

　　回首上个世纪以及更早的时代，我逐渐意识到，音乐就像一条河流，流经各个时代。有时候它是洪水，有时候它是溪流，但只要有人在这片土地上漫步并寻找幸福，它就永远不会枯竭；它只是不断地在新的风景中蜿蜒前行，在新的支流上承载着新的音乐流派和理念。我们可以感觉到它在我们的生活中流动，但只有某些人能涉足其中。比方说戴维·伯恩，还有"雷蒙斯"、"传声头像"、"伪装者"、麦当娜、"替补"、克丽茜·海因德、"赶时髦"、"史密斯"、西尔、K.D.朗、艾斯 -T、伊恩·麦卡洛克等艺人，他们和许多人一样，都以各自不同的方式做到了这一点。但即使是有史以来最伟大的艺人也无法改变这条河。鲍勃·迪伦、汉克·威廉姆斯、艾灵顿公爵、莫扎特，统统做不到。这条河只会追随着人类的故事，我们都只是沿岸的旅行者。每一首曾经写就或录制过的伟大歌曲，都像一瓶被提纯过的生命之水。打开其中任何一瓶，你将被神奇地传送到那个时代。你将呼吸它的气息，并透过它的眼睛看世界。

　　六十多年的音乐生涯中，我总会听到同样的哀叹："流行音乐已经不是从前的样子了。"如果你真的相信每一代人都在变得越来越蠢，恐怕是你已开始在走下坡路。每一代人都认为自己比上一代懂得更多，但当他们长大了，父母去世了，他们就会把蔑视的目光投向年轻人。而真相是，总有伟大的事物出现，尽管数量很少。你必须走出去，找到它。总有初出茅庐的天才被锁在房间里，被锁在自己的内心里，没人看见，没人欣赏，直到被给予一个充满爱的舞台和世界。你无法阻止这件事。那条大河一直奔涌向前，而当前世界与永恒世界会在这里交汇。现在，十几岁的青少年们正围着河岸旁的火堆跳舞，对着月亮号叫。他们就像你我在他们那个年纪的时候一样快乐。他们不在乎我们是否喜欢他们的歌曲，因为他们正在走向成熟。他们面对的是自己的未来，而我们并不是他们未来的一部分。

很久以前，我在河岸的某个地方搭起了帐篷。年复一年，我一直在行走，试着近距离接触这些孩子。这些面孔来了又去，有时候某些歌曲很难让人理解。跟上快速变化的音乐语言可不是一件容易事。但我要告诉你：音乐的世界仍然是地球上最好的地方。那充满魔力的河水让我们的灵魂保持年轻，正是它让我的心脏依然跳动。请放心，伟大的音乐还在后面，而且永远都是这样。

保持积极向上的精神是穿越生命的唯一途径。所以，请充分利用你所拥有的一切吧。趁着你还能干，现在就去干！

附录

我的音乐生涯中遇到的人

我七十五岁了，仍然积极投身于音乐事业。回首往事，我意识到，我成功的主要原因之一，以及由此带来的快乐和幸福，是因为我在很小的年纪就决定了音乐事业是我的毕生追求，尽管那时我并不知道这意味着什么。我还在高中时代每天下午就为《公告牌》工作，因而遇到了这么多伟大的人，这也是一个主要因素。

如果我没有尽可能多地提到我能回忆起来的人，那是我的疏忽，我在职业生涯中与他们有过交集，尤其是在初期，也就是二十世纪五十年代中期到六十年代中期。有些人我可能只见过一两次，有些见过很多次，还有些与我密切合作过。

我很快就把这张名单整理好了，其中许多人我在本书中已提及。这是一段伟大的音乐之旅，历经许多时代和音乐流派，我绝不会用它来换取其他任何东西。

我希望我没有漏掉任何人，如果有，我深表歉意。

国王唱片：悉德·内森（辛辛那提）、泽拉·内森（Zella Nathan）、约翰·凯利（John Kelley）、玛丽·卢·史密斯（Mary Lou Smith）、阿尔·米勒（Al Miller）、约翰尼·米勒（Johnny Miller）、埃迪·史密斯（神奇的工程师，Eddie Smith [amazing engineer]）、米特·德拉古尔（Milt Dragul）、阿尔·罗戈夫、阿尼·奥林斯（Arnie Orleans）、桑尼·汤普森（芝加哥分部）、鲁迪·图姆斯（Rudy Toombs）、纳特·坦南（Nat Tannen）、乔治·利维（George Levy，纽约分部）、海·彭泽尔（Hy Penzell）、"左撇子"·史蒂文斯（Lefty Stevens）、杰克·珀尔（国王唱片的律师）。

词曲版权管理商：莱斯特·西尔、拉尔夫·皮尔（Ralph Peer）、朱利安·阿伯巴赫和简·阿伯巴赫（希尔和兰吉音乐版权管理公司，Julian and Jean Aberbach[Hill& Range]）、弗雷迪·宾斯托克（卡林音乐版权管理公司，Freddy Bienstock [Carlin]）、欧文·米尔斯（米尔斯音乐，Irving Mills [Mills Music]）、卢·利维（利兹音乐，Lou Levy[Leeds Music]）、唐·柯施纳（Don Kirschner）和阿尔·内文斯（Al Nevins）、乔恩·普拉特（华纳－查普尔音乐版权管理公司，Jon Platt[Warner-Chappell]）、比尔·洛韦里（Bill Lowery）、韦斯利·罗斯（Wesley Rose）、乔·桑特利和乔吉·乔伊（桑特利－乔伊，Joe Santly and Georgie Joy[Santly-Joy]）、哈里·古德曼和吉恩·古德曼（雷根特和马克音乐，Harry and Gene Goodman[Regent and Mark Music]）、戈尔迪·戈德马克（谢尔登音乐，Goldie Goldmark[Sheldon Music]）、乔·塞达（三位一体音乐，Joe Csida[Trinity Music]）。

独立音乐厂牌

纽约

大西洋唱片：艾哈迈德·埃尔特根、杰里·韦克斯勒、内苏希·埃尔特根、赫布·艾布拉姆森、米丽娅姆·宾斯托克

韵律唱片：阿奇·布莱尔（Archie Bleyer）

巨响唱片：伯特·伯恩斯（Bert Berns）

恐龙之声/新声唱片（DynoVoice/NewVoice Records）：鲍勃·克鲁（Bob Crewe）

卡尔顿唱片（Carlton Records）：乔·卡尔顿（Joe Carlton）

音乐人唱片（Musicor Records）：阿伦·施罗德（Aaron Schroeder）

彩虹唱片（Rainbow Records）：埃迪·赫勒（Eddie Heller）

卡普唱片（Kapp）：戴夫·卡普（Dave Kapp）

苏唱片（Sue Records）：贾基·默里（Juggy Murray）

火焰/狂怒唱片（Fire/Fury Records）：博比·鲁滨逊（Bobby Robinson）

享受唱片（Enjoy Records）：丹尼·鲁滨逊（Danny Robinson）

卡玛·苏特拉唱片（Kama Sutra Records）：阿蒂·里普（Artie Ripp）、菲尔·斯坦伯格（Phil Steinberg）、海·米兹拉希（Hy Mizrahi）

巴顿唱片（Baton Records）：索尔·拉比诺维茨（Sol Rabinowitz）

J&S唱片（J&S Records）：泽尔·桑德斯（Zell Sanders，布朗克斯分部）

钻石唱片（Diamond Records）：菲尔·卡尔（Phil Kahl）、乔·柯尔斯基（Joe Kolsky）、韦斯·法雷尔（Wes Farrell）

先驱/余烬唱片（Herald/Ember Records）：阿尔·西尔弗（Al Silver）

权杖/魔杖唱片（Scepter/Wand Records）：弗洛伦斯·格林伯格（Florence Greenberg）、卢瑟·狄克逊（Luther Dixon）、马文·施拉克特（Marvin Schlacter）

阿波罗唱片（Apollo Records）：艾克·伯曼和贝丝·伯曼（Ike and Bess Berman）

劳丽唱片（Laurie Records）：罗伯特·施瓦茨和吉恩·施瓦茨（Robert and Gene Schwartz）、艾伦·苏塞尔（Allan Sussel）、道格·莫里斯

朱比利唱片：杰里·布莱恩、赫布·艾布拉姆森

男女混合唱片（Coed Records）：马文·凯恩（Marvin Cane）

贝尔通唱片：莱斯·卡恩（Les Cahan）

联合艺人唱片（United Artists）：迈克·斯图尔特（Mike Stewart）

埃米/玛拉/贝尔唱片（Amy/Mala/Bell Records）：拉里·阿塔尔

轰动唱片（Smash Records）：查理·法奇（Charlie Fach）（在那里我第一次遇到了昆西·琼斯）

加拿大人－美国人唱片（Canadian-American Records）：格里·格拉纳亨（Gerry Granahan）、赫奇·戴维（Hutch Davie）（原总部位于北达科他州）

赫尔唱片（Hull Records）：布兰奇·卡萨林（Blanche Casalin）

DCP唱片（DCP Records）：唐·科斯塔（Don Costa）、特迪·兰达佐（Teddy Randazzo）

芝加哥

切斯唱片：莱纳德·切斯和菲尔·切斯（Leonard and Phil Chess）、马歇尔·切斯（Marshall Chess）、马克斯·库珀斯坦（Max Cooperstein，顶级推广人）

维杰唱片：薇薇安·卡特（Vivian Carter）、吉米·布拉肯（Jimmy Bracken）、尤尔特·艾布纳（Ewart Abner）

水星唱片：欧文·格林（Irving Green）、欧文·斯坦伯格（Irwin Steinberg）

全国唱片（National Records）：阿尔·格林、赫布·艾布拉姆森

机遇唱片（Chance Records）：阿特·谢里登（Art Sheridan）

新泽西

全白金唱片（All Platinum Records）：乔·鲁滨逊和西尔维娅·鲁滨逊（Joe and Sylvia Robinson）

高领唱片（T-Neck Records）：艾斯利兄弟（凯利、鲁迪和罗恩，Isley brothers[Kelly，Rudy and Ron]）

费城

配角／大路唱片（Cameo/Parkway）：伯尼·洛（Bernie Lowe）、戴夫·阿佩尔（Dave Appell）

杰米／盖登唱片（Jamie/Guyden Records）：哈罗德·利普修斯（Harold Lipsius）、哈里·芬弗（Harry Finfer）

埃塞克斯唱片（Essex Records）：戴夫·米勒（Dave Miller）

首相唱片（Chancellor）：鲍勃·马库奇（Bob Marcucci）、皮特·迪安吉利斯（Pete DeAngelis）

天鹅唱片（Swan Records）：伯尼·宾尼克（Bernie Binnick）、托尼·马马雷拉（Tony Mammarella）、迪克·克拉克（Dick Clark）

匹兹堡

卡里科唱片（Calico Records）：赫布·科恩（Herb Cohen）、尼克·森西（Nick Cenci）

辛辛那提

兄弟会唱片（Fraternity Records）：哈里·卡尔森（Harry Carlson）；当然还有国王唱片、联邦唱片、奢华唱片与伯利恒唱片。

底特律

摩城唱片：贝里·戈迪、巴尼·阿莱斯、斯莫基·鲁滨逊

金世界唱片（Golden World）：乔安妮·布拉顿

幸运唱片（Fortune Records）：杰克·布朗和德沃拉·布朗（Jack and Devora Brown）

安娜唱片（Anna Records）：哈维·富卡（Harvey Fuqua）、格温·戈迪（Gwen Gordy）

明尼阿波利斯

索玛唱片（Soma）：阿莫斯·海利彻（Amos Heilicher）

西雅图

多尔顿唱片（Dolton）：邦尼·"吉他"（Bonnie Guitar）、鲍勃·雷斯多夫（Bob Reisdorff）

休斯顿

公爵/孔雀/后半拍唱片（Duke/Peacock/Backbeat）：唐·罗比（Don Robey）

纳什维尔

斑点唱片（Dot Records）：兰迪·伍德（Randy Wood，加勒廷分部）、尼基·艾迪（Nicki Addy，纽约分部）

明星日唱片：唐·皮尔斯（Don Pierce）

阁下唱片（Excello Records）：厄尼·扬（Ernie Young）

新墨西哥

诺 - 瓦 - 杰克唱片（Nor-Va-Jak Records）：诺曼·佩蒂（Norman Petty，克洛维斯分部），少数真正的天才之一，是他发掘并 / 或率先与下列艺人合作："巴迪·霍利和蟋蟀"（Buddy Holly & the Crickets）乐队、罗伊·奥比逊（Roy Orbison）、韦伦·詹宁斯（Waylon Jennings）、巴迪·诺克斯（Buddy Knox）、"火球"（Fireballs）、"弦长"（String-A-Longs）等。

旧金山

秋天唱片（Autumn Records）：汤姆·多纳休（Tom Donahue）、博比·米切尔（Bobby Mitchell）、西尔维斯特·"斯莱·斯通"·斯图尔特（Sylvester"Sly Stone"Stewart）

洛杉矶

自由唱片：西·沃伦克、斯纳夫·加勒特

帝国唱片：卢·查德（Lew Chudd）

专长唱片（Specialty Records）：阿特·鲁普（Art Rupe）

现代唱片：比哈里兄弟（朱尔斯、索尔和乔尔，Bihari Brothers[Jules，Saul and Joel]）

阿拉丁唱片：埃迪·梅斯纳和利奥·梅斯纳（Eddie and Leo Mesner）

纪元唱片：赫布·纽曼

金色唱片：卢·比德尔

敏锐唱片（Keen Records）：鲍勃·基恩（Bob Keane）

四星唱片：小威廉· A.麦考尔（William A. McCall，Jr.），克利福德·麦克唐纳（Clifford McDonald）和理查德· A.纳尔逊（Richard A. Nelson）

独家唱片（Exclusive Records）：莱昂·勒内（Leon René）

格调唱片（Class Records）：古吉·勒内（Googie René）

杜声唱片（Dootone Records）：多希·威廉姆斯（Dootsie Williams）

菲利斯唱片：菲尔·斯佩克特、莱斯特·西尔

新奥尔良

米尼特唱片（Minit Records）：阿伦·内维尔（Aaron Neville）

J&M录音棚（J&M Recording Studio）：科西莫·马塔萨（Cosimo Matassa）

什里夫波特

珍宝/宝拉唱片（Jewel/Paula Records）：斯坦·刘易斯（Stan Lewis）

孟菲斯

太阳唱片：萨姆·菲利普斯（Sam Phillips）、谢尔比·辛格尔顿和约翰·辛格尔顿（Shelby and John Singleton）

斯塔克斯/伏特唱片（Stax/Volt）：吉姆·斯图尔特（Jim Stewart）、埃丝特尔·阿克斯顿（Estelle Axton）

嗨唱片（Hi Records）：乔·科吉（Joe Cuoghi）

迈阿密

TK唱片：亨利·斯通（Henry Stone）和史蒂夫·阿莱莫（Steve Alaimo）

马萨诸塞州

巡回者唱片（Rounder Records）：肯·欧文（Ken Irwin）、比尔·诺林（Bill Nowlin），玛丽安·莱顿-利维（Marian Leighton-Levy）

密西西比

王牌唱片（Ace Records）：约翰尼·文森特（Johnny Vincent，杰克逊分部）

弗吉尼亚

罗格朗唱片（Legrand Records）：弗兰克·吉达（Frank Guida，诺福克分部）

布里尔大厦/百老汇一六五〇号的老伙计们

波穆斯博士（Doc Pomus）

奥蒂斯·布莱克韦尔（Otis Blackwell）

莫特·舒曼（Mort Shuman）

戴恩·迪穆奇（Dion DiMucci）

尼尔·塞达卡和豪伊·格林菲尔德（Howie Greenfield）

巴里·曼恩（Barry Mann）和辛西娅·韦尔（Cynthia Weil）

格里·戈芬（Gerry Goffin）和卡萝尔·金

约翰尼·马克斯（圣诞先生，Johnny Marks[Mr. Christmas]）

鲍勃·费尔德曼和杰里·戈德斯坦

尼尔·戴蒙德

汤米·博伊斯（Tommy Boyce）

博比·哈特（Bobby Hart）

托尼·瓦恩（Toni Wine）

托尼·奥兰多（Tony Orlando）

弗兰克·斯莱（Frank Slay）

汉克·梅德雷斯（Hank Medress）和米切尔·马戈（"象征"乐队，Mitchell Margo [the Tokens]）

肯尼·范斯（Kenny Vance）、杰伊·布莱克（"杰伊和美国人"乐队，Jay Black [Jay and the Americans]）

乔尔·戴蒙德（Joel Diamond）

阿尔·库珀（Al Kooper）

哈尔·费恩（罗斯福音乐，Hal Fein[Roosevelt Music]）

布鲁克斯·阿瑟（Brooks Arthur）

斯坦利·卡特龙（Stanley Catron）

拍卖行

苏富比：萝伯塔·洛克斯（Roberta Louckx）、皮特曼·谢伊（Pittman Shay）、本·多勒（Ben Doller）、乔迪·波拉克（Jodi Pollack）、莉迪娅·克雷斯韦尔－琼斯（Lydia Cresswell-Jones）、菲利普·加纳（Philippe Garner）

佳士得（伦敦）：维多利亚·沃尔克夫（Victoria Wolcough）、马丁·贝斯利（Martin Beisly）

宝龙（Bonhams，洛杉矶）：斯科特·莱维特（Scot Levitt）

拉戈艺术（Rago Arts，新泽西）：戴维·拉戈（David Rago）

斯旺（Swann，纽约）：尼古拉斯·"尼科"·劳里（Nicholas "Nico" Lowry）、托德·韦曼（Todd Weyman）

弗里曼（Freeman's，费城）：阿拉斯代尔·尼科尔（Alasdair Nichol）

尼尔（Neal's，新奥尔良）：莉萨·威斯道弗（Lisa Weisdorffer）

巴黎所有伟大拍卖行的人们：

米永拍卖行（Millon）

阿居特拍卖行（Aguttes）

塔让拍卖行（Tajan）

艾德拍卖行（Artcurial）

费利克斯·马西亚克（Félix Marcilhac）

布可夫斯基拍卖行（Bukowski，斯德哥尔摩）：伊娃·西曼（Eva Seeman）

多萝瑟姆拍卖行（Dorotheum，维也纳）

鸣谢

　　《听见天才：塞尔唱片和独立音乐的故事》出版之年与塞尔唱片的五十周年纪念日密切相关，我在音乐行业里也已度过了六十年多一点的时间。回顾我伟大的音乐之旅开始的时间和地点，我回想起那些记忆、冒险、好时光和坏时光，最重要的是，那些一路上帮助我的人。我在以下段落中会提到他们中的一些人，但不幸的是，并非全部。首先，感谢我的父母戴维和多拉，我二〇一三年去世的女儿萨曼莎，我的外孙女多拉·韦尔斯、利娅·罗根（Leia Logan）和英迪娅·罗根（India Logan），还有我已故的前妻琳达，我的姐姐安和她的丈夫马丁·韦德克尔（Martin Wiederkehr），我的堂弟阿兰德·韦斯伯格（Arland Weisberg）和凯·韦斯伯格（Kay Weisberg）、赫尔曼·韦斯伯格（Herman Weisberg），我的外甥女苏珊·卡茨（Susan Katz）和罗宾·卡茨（Robin Katz）以及她们的丈夫巴里（Barry）和乔纳森（Jonathan），还有他们的后代。

　　还要感谢我的家庭医生艾伦·波洛克博士，多年以来尽管我不管不顾的，他都一直让我活着而且活得很好。还有乔治·戈德纳，我和杰里·莱伯、迈克·斯托勒一起在红鸟唱片公司为他工作过。最重要的，感谢我的女儿曼迪，她是我的灵感源泉和动力，她帮助我挑选并拿到了这本书里大多数的精彩照片，也帮助我选择了如鲍勃·格伦、萝伊塔·贝利和博比·格罗斯曼等伟大的摄影师。

　　我在音乐方面的成功直接归功于我的导师们，是他们将自己在音乐行业的所学传授给我，特别是什么是伟大的歌曲和艺人，要有成为领导者的勇气而不能随波逐流。幸运的是，也许正是因为我从这么小的年纪就开始了我的探寻（职业生涯），所以我有过很多导师，他们大多是独立唱片厂牌的创始人，还有在我不过十三四岁时鼓足勇气闯入《公告牌》办公室因此有幸遇到的那些人。以下会提到其中一些人。

　　他们中某些人的职业生涯甚至可以追溯到二十世纪二十年代。在他们之中，除了《公告牌》的汤姆·努南和保罗·阿克曼之外，最主要的是国王唱片公司的悉德·内森，以及大西洋唱片公司的杰里·韦克斯勒、艾哈迈德·埃尔特根和内苏希·埃尔特根。

最后要感谢的是，杰里·莱伯、迈克·斯托勒、乔治·戈德纳、埃莉·格林尼治、杰夫·巴里（Jeff Barry）、"影子"莫顿（Shadow Morton）、史蒂夫·韦内特（Steve Venet），他们都曾在红鸟唱片公司工作。这一点超级重要，因为我就是在那里第一次遇到理查德·戈特尔，几年后，我和他一起创建了塞尔唱片公司。红鸟唱片在大厦的八楼，理查德和他的合作伙伴鲍勃·费尔德曼 ¹ 以及杰里·戈德斯坦的 FGG 制作公司在大厦的九楼。我们工作的时候上下电梯总能碰到。在最初的七年里，我们是塞尔唱片的合伙人，他们这些人是最难搞的，但也是最好的。

塞尔唱片的第一位助理是一位年轻的英国姑娘，海伦·格拉特（Helen Glatt），是我从红鸟唱片带过来的。在她之后，在大西洋两岸又有许多伟大的女性陆续担任塞尔唱片的助理工作，我非常感谢她们：丽莎·莫利、桑迪·阿卢埃特（Sandy Alouete）、杰拉尔丁·奥克利［台词唱片（Lines）］、玛克辛·康罗伊［福罗斯特唱片（Forrest）］、卡伦·鲁尼（Karen Rooney）、艾伦·朱克（Ellen Zucker）、戴尔德丽·艾伦（Deirdre Allen）、埃莉·史密斯（Ellie Smith）和苏珊娜·埃米尔（Susanne Emil）。

多年以来，塞尔唱片里还有其他一些人脱颖而出，他们是保罗·麦克纳利、兰迪·米勒（Randy Miller）、肯·库什尼克、迈克尔·罗森布拉特、肯尼·奥斯汀（Kenny Ostin）、马克·卡明斯、莱尔·普雷斯拉尔（Lyle Preslar）、克雷格·温克勒（Craig Winkler）、史蒂夫·萨沃卡（Steve Savoca）、约翰·蒙哥马利（John Montgomery）、拉里·德梅莱尔（Larry Demellier）、菲尔·格林诺普和塞尔温·特恩布尔（Selwin Turnbull）。还有一些人来自不同的唱片厂牌，塞尔从这些厂牌得到了版权授权。感谢百代唱片的 L.G.伍德、罗杰·埃姆斯［我一直在宣扬他的功劳，最终当我在华纳音乐集团（WMG）的时候，他当了我好几年的老板］，还

1　原文 Bobbly，应为笔误。

有戴维·克罗克（David Croker）。在艺人当中，我要感谢"高潮布鲁斯乐队"、"文艺复兴"、"巴克利·詹姆斯·哈维斯特"、"斯塔克里奇"、凯文·艾尔斯（Kevin Ayers）和其他一些帮助塞尔唱片开门营业的人。感谢伦敦"粗野交易"唱片店的杰夫·特拉维斯，是他推荐了"史密斯"。还有彼得（Peter）、朱迪思（Judith）和史蒂夫（Steve），我一直不知道他们的姓氏，还有静音唱片的丹尼尔·米勒。我在这家唱片店遇到了他们，正是他们出于信任把"赶时髦""擦除""雅茨/雅祖""硅少年"和"常态"推荐给了塞尔唱片。感谢乞丐宴会唱片和4AD唱片的马丁·米尔斯、伊沃·沃茨－拉塞尔（Ivo Watts-Russell）推荐了"邪典"和"现代英语"。感谢创造唱片的艾伦·麦吉（Alan McGee）推荐了"原始尖叫""我的血腥情人"和"驾驭"。感谢跨大西洋唱片的纳特·约瑟夫和萨拉·约瑟夫（Nat and Sarah Joseph）推荐了"异人"和"约翰斯顿"（the Johnstons），还要感谢我早期在英国认识的约翰·吉莱斯皮（John Gillespie）、尼尔·斯莱文（Neil Slaven）、约翰·里德和菲尔·格林诺普。

在一九七七年与华纳兄弟唱片合资之前，下列几家厂牌为我们做过分销商：感谢伦敦唱片公司，在那里我们与赫布·戈德法布（Herb Goldfarb）、米米·特雷佩尔（Mimi Trepel）和戴安娜·韦勒（Diana Weller）共事，留下许多美好的回忆。感谢宝丽多唱片的杰里·舍恩鲍姆；感谢派拉蒙唱片的托尼·马泰尔和阿伦·利维。感谢迪卡唱片英国公司的休·门德尔（Hugh Mendl），他是签下"忧郁布鲁斯"（Moody Blues）的伟大音乐人，并且与迪克·罗（Dick Rowe）一起签下了"滚石"，还有迪卡唱片的杰弗里·米尔恩（Geoffrey Milne）和爱德华·刘易斯爵士（Sir Edward Lewis）。感谢ABC唱片那位伟大的老派音乐人杰伊·拉斯克，他在迪卡唱片芝加哥分部时期就是我的导师，还要感谢包括查理·迈纳和丹尼斯·拉文索尔在内的支持团队。

在华纳，这么多年来给予我支持最多的是戴恩·辛格（Dion Singer）、迈克尔·南希（Michael Nance）、克雷格·科斯蒂奇、伦尼·沃伦克、泰德·坦普尔曼、卡尔·斯科特、利兹·罗森伯格、汤姆·鲁菲诺（Tom Ruffino）、安德鲁·威克姆、史蒂夫·贝克、鲍勃·雷格尔、博比·肖、鲍勃·默利斯（Bob Merlis），迈克尔·希尔（Michael Hill）、彼得·斯坦迪什（Peter Standish）、约翰·埃斯波西托（John Esposito）、史蒂夫·马戈（Steve Margo）、汤姆·德雷珀（Tom Draper）、本尼·梅迪纳（Benny Medina）、布赖恩·邦伯里（Brian Bumbery），以及近期的罗宾·赫利（Robin Hurley）、詹姆斯·史蒂文（James Steven）、妮科尔·史密斯（Nicole Smith）和鲍勃·考斯（Bob Kaus）。感谢华纳英国分部的罗布·迪金斯、马克斯·霍尔、保罗·康罗伊、莫伊拉·贝拉斯、芭芭拉·查龙，以及目前我的密友和助理瑟琳·萨斯（Serene Sass）。感谢跨过英吉利海峡华纳法国分部的尼基·凯格拉斯（Neeky Kergraisse）。感谢埃利亚·塞顿（Eliah Seton）和 ADA 公司的每个人，这是世界上最伟大的独立音乐分销商。最后，感谢乔恩·普拉特，他不仅是伟大的词曲版权管理商，也是伟大的歌曲创作人。

与塞尔唱片紧密相关的唱片公司：感谢蓝色地平线唱片的迈克·弗农和理查德·弗农［彼得·格林的"弗利特伍德·麦克"、"鸡舍"、达斯特·贝内特（Duster Bennett），以及有史以来那些最伟大的布鲁斯艺人］。感谢杰姆唱片的马蒂·斯科特（"内科塔"和"协同作用"）。感谢真实唱片的戴夫·希尔（"伪装者"）。感谢汉莎唱片的特鲁迪·迈泽尔（"博尼 M"组合），他还把我推荐给了阿里奥拉/贝塔斯曼唱片那群了不起的家伙，包括哈特维希·马祖赫（Hartwig Masuch）和凯特·海曼（Kate Hyman）。还要感谢十四行诗唱片（Sonet）的达格·海格维斯特（Dag Haeggqvist）。

感谢多年来我的律师们，尤其是我现在的律师、朋友和顾问杰斯·德拉布金（Jess Drabkin）。我可以毫不夸张地说，如果没有他的帮助、理解和支持，这本书很可能永远也写不出来。此外还要感谢传奇人物艾伦·格鲁布曼、艾伦·斯坦（Alan Stein），后者跟我并无亲属关系，是塞尔唱片的第一位律师，是他带领我和理查德穿过最初的未知水域。感谢华纳的吉姆·莫舍（Jim Mosher）、里克·斯特雷克（Rick Streicker），塞尔唱片的公司内部律师乔纳森·布雷特，我的堂弟和家庭律师阿兰·韦斯伯格以及他的妻子凯（这本书里收录了阿兰已故的兄弟布赖恩拍的一些家庭照片），还有我的会计师们，科恩会计和咨询公司（CohnReznick）的彼得·费尔利（Peter Fairley）和阿南德·维斯瓦纳特（Anand Viswanath）。

感谢音乐行业内外其他亲爱的朋友和支持者们：丹尼·菲尔兹、歌曲创作人名人堂的琳达·莫兰和她的丈夫迈克·莫兰（Mike Moran），迈克是埃尔维斯·普雷斯利在 RCA 维克多唱片的主要录音师之一。感谢 BMI 的查理·费尔德曼、杰里·布拉瓦特（Jerry Blavat，带加热器的"魔术师"）、伊恩·"莫莉"·梅尔德拉姆（Ian"Molly"Meldrum）、费城传奇 DJ 弗雷迪·格申（Freddie Gershon）、比尔·帕克斯顿、布雷特·拉特纳（Brett Ratner）、曼尔·塔库尔（Mandar Thakur）、托尼·威尔逊、戴夫·皮奇林基（Dave Pichilingi）、中国摩登天空唱片的沈黎晖、阿图尔·丘拉马尼（Atul Churamani）、布莱斯·费尔南德斯（Blaise Fernandes）、维拉杰·萨万特（Viraj Sawant）、上海王江、穆罕默德·哈姆扎（Mohammed Hamzeh）、保罗·德拉·普帕（Paolo Della Puppa）、谢普·戈登（Shep Gordon）、克里斯蒂娜·森巴 / 世界音乐博览会（Christine Semba/WOMEX）[1]、杰里米·休什（Jeremy Hulsh）、埃德·佩托（Ed Peto）、马克·波特（Mark Potter）、埃里克·拉莫斯和雯达·拉莫斯（Eric and Wanda Ramos）、加里·库弗斯特、萨特·比斯拉（Sat Bisla）、盖伊·奥塞里、豪尔赫·伊诺霍萨、安德鲁·卢·奥尔德姆（Andrew Loog Oldham）、琳达·雷蒙（Linda Ramone）、希利·克里斯特尔、阿图罗·韦加（Arturo Vega）、弗兰克·巴萨罗那（Frank Barsalona）、苏珊·埃文斯和查姆·克拉默拉比（Rabbi Chaim Kramer）、来自大逃亡音乐节（Great Escape Festival）和格拉斯顿伯里音乐节（Glastonbury Festival）的马丁·埃尔伯恩（Martin Elbourne）、来自美国洛杉矶音乐博览会（MUSEXPO）[2]的萨特·比斯拉、来自品牌化公司（BRANDED）的贾斯珀·多纳特（Jasper Donat）、来自澳大利亚的迈克尔·古丁斯基（Michael Gudinski）和迈克尔·查格（Michael Chugg），以及来自加拿大音乐周（Canadian Music Week）的尼尔·狄克逊（Neill Dixon）。

特别感谢担任我私人助理近三十年的罗德尼·理查森（Rodney Richardson），他是我认识的最聪明的人之一，我从他那里学习到了许多有关艺术的知识。罗德

1　WOMEX 世界音乐博览会（THE WORLD MUSIC EXPO）是国际性音乐组织，一九九四年在柏林创立。
2　MUSEXPO美国洛杉矶音乐博览会，二〇〇五年创办于美国好莱坞。

尼帮助我建立了令人叹为观止的收藏，更重要的是，不管我怎么折腾自己，他都保证我的健康。在过去的三十年里，我们一起分享了许多激动人心的重要冒险以及发现天才之旅。而且，在那些旅行中，我们遇到了国际音乐界很多伟大的男男女女。

还要感谢我以前的助手让 - 米歇尔·科莱特（Jean-Michel Coletti），他后来在华纳音乐法国分部有过一段职业生涯，以及罗恩·梅达（Ron Maida）和阿利斯泰尔·科亚（Alistair Coia）。还有现在塞尔唱片的员工罗宾·赫尔利、埃里克·麦克莱伦（Eric McLellan）、迈克·凯恩（Mike Kain）和蒂莎·爱德华兹（Teasha Edwards）。

在我六十年的音乐生涯中，我有幸与这么多人打过交道。我在本书的附录中列出了许多人，其中包含了一些拍卖行，那里是我最喜欢消磨时间的地方。

—— 西摩·斯坦

加雷思·墨菲（Gareth Murphy）感谢下列人士的帮助与支持：

伊丽莎白·贝尔（Elizabeth Beier）、杰夫·卡普休（Jeff Capshew）、克里斯·弗朗茨、布赖恩·鲍尔斯（Brian Powers）、丽莎·莫利、罗德尼·理查森、迈克尔·罗森布拉特、肯·库什尼克、丹尼·菲尔兹、安迪·威克姆、阿琳·阿德勒（Arlene Adler）、曼迪·斯坦（Mandy Stein）、理查德·戈特尔、克雷格·莱昂、马蒂·斯科特、玛克辛·福斯特（Maxine Forrest）、杰拉尔丁·莱恩斯、安·威德克尔（Ann Wiederkher）、阿兰·韦斯伯格、桑迪·阿卢埃特、查姆·克拉默拉比、迈克·弗农、理查德·弗农、让-米歇尔·科莱蒂、丹尼尔·米勒、杰夫·特拉维斯、马丁·米尔斯、妮科尔·威廉姆斯（Nicole Williams）、珍妮弗·多诺万（Jennifer Donovan）、马克·福勒（Mark Fowler）、唐·巴杰玛（Don Bajema）、伊沃·沃茨 - 拉塞尔、朱迪思·阿祖莱（Judith Azoulay）和詹姆斯·阿祖莱（James Azoulay）。

索引

---

1 本处疑为作者笔误，正文该人名为 Otway，即奥特韦。

1　本处疑为作者笔误，应为 Lester，Sill。

图书在版编目（CIP）数据

听见天才：塞尔唱片和独立音乐的故事／（美）西摩·斯坦，（法）加雷思·墨菲著；余永黎译. -- 北京：北京联合出版公司，2022.8
ISBN 978-7-5596-5039-9

Ⅰ. ①听… Ⅱ. ①西… ②加… ③余… Ⅲ. ①西摩·斯坦－自传 Ⅳ. ① K835.655.76

中国版本图书馆 CIP 数据核字（2021）第 017399 号

SIREN SONG: My Life in Music
Text Copyright © 2018 by Seymour Stein
Published by arrangement with St. Martin's Press. All rights reserved.
Simplified Chinese edition © 2022 Pan Press Ltd

听见天才：塞尔唱片和独立音乐的故事

作　　者：[美] 西摩·斯坦　　　[法] 加雷思·墨菲
译　　者：余永黎
出 品 人：赵红仕
策 划 人：王　江
策　　划：乐府文化
责任编辑：龚　将　夏应鹏
责任印制：耿云龙
特约编辑：董素云
营销编辑：云　子　帅　子
装帧设计：好谢翔

北京联合出版公司出版
（北京市西城区德外大街 83 号楼 9 层　100088）
北京联合天畅文化传播公司发行
北京美图印务有限公司印制　新华书店经销
字数 350 千字　787 毫米 ×1092 毫米　1/32　14.75 印张
2022 年 8 月第 1 版　2022 年 8 月第 1 次印刷
ISBN 978-7-5596-5039-9
定价：88.00 元